DIE GEHEIMEN LEBEN DES ALBERT EINSTEIN

BYBLOS VERLAG BERLIN

Roger Highfield
Paul Carter

•

Die geheimen Leben des Albert Einstein

Eine Biographie

•

AUS DEM ENGLISCHEN VON ANITA EHLERS

DEUTSCHE ERSTAUSGABE 1994
BYBLOS VERLAG GMBH, BERLIN
DIE ORIGINALAUSGABE ERSCHIEN 1993 UNTER DEM TITEL
›THE PRIVATE LIVES OF ALBERT EINSTEIN‹
IM VERLAG FABER AND FABER, LONDON

SCHUTZUMSCHLAG: GIJS SIERMAN
SATZ: LVD GMBH, BERLIN
DRUCK: DRUKKERIJ BARIET BV, RUINEN
ISBN 3-929029-33-2

Inhalt

Vorbemerkung

Es sind Hunderte von Büchern geschrieben worden, die die Relativitätstheorie allgemeinverständlich erklären, und viele Biographien, die sich mit dem Leben Einsteins beschäftigen. Mit nur ein oder zwei Ausnahmen wird Einstein immer so dargestellt, wie wir ihn uns gewünscht hätten – als einen Individualisten, der sich von persönlichen Dingen fernhält, um wissenschaftliche Erleuchtung zu finden.

Unser Interesse an Einstein wurde Ende der achtziger Jahre geweckt, als wir für ein früheres Buch (›Anti-Chaos‹) Nachforschungen anstellten. Wir hatten das Glück, die Liebesbriefe einsehen zu können, die Albert Einstein mit Mileva Marić wechselte, die später seine erste Frau werden sollte. Diese Briefe, die 1987 in Band 1 der ›Collected Papers of Albert Einstein‹ (Princeton University Press) veröffentlicht wurden, taten der verbreiteten Vorstellung Abbruch, Einstein sei ein Mann gewesen, der keine Zeit für andere Leidenschaften hatte, weil er sich ausschließlich der Wissenschaft widmete.

Die Korrespondenz gibt ein lebhaftes Bild von seiner Beziehung mit Mileva Marić, die zu einem vorehelichen Kind und zu einer Ehe führte und schließlich mit der Scheidung endete. Wir hatten geplant, eine Biographie von Mileva zu schreiben, aber mit der Veröffentlichung weiterer Unterlagen und der Entdeckung neuen Materials entwickelte sich unser Vorhaben stärker in eine Richtung, in deren Mittelpunkt Albert Einstein stand; seine persönliche Geschichte wird durch jene beleuchtet, die ihm nahestanden: seine Familie, seine Frauen und seine Kinder. Um aufzuzeigen, warum dies eine etwas geheimnisumwitterte Seite Einsteins ist, beschäftigen wir uns auch mit der »Zensur«, die seinen Namen bis vor kurzem schützte.

Wir haben uns ebenso auf Gespräche mit jenen gestützt, die Mileva Marić und Albert Einstein kannten, wie auf solche mit Historikern und Archivaren und haben Originalmaterial von Privatpersonen und in Archiven in Boston, Zürich, Oxford, Edinburgh und Berlin eingesehen. Andere wichtige Quellen waren die Bände der ›Collected Papers‹ (besonders Band 1 und 5 und der in Vorbereitung befindliche Band 8) und ein Manuskript, das Auszüge aus Briefen enthält, die Einstein nach der Trennung von Mileva geschrieben hat.

Wir sind einer Reihe von Menschen zu Dank verpflichtet, die wir im folgenden aufführen, aber wir möchten betonen, daß alle Fehler in diesem Buch uns zugeschrieben werden müssen und daß die von uns vertretenen Ansichten nicht notwendig von jenen vertreten werden, die uns geholfen haben.

Robert Schulmann, einer der Leiter des »Einstein Paper Project« an der Boston University, und seine Kollegen Jürgen Renn und John Stachel haben uns während unserer Gespräche in Boston, London und Berlin und am Telefon sehr großzügig mit Anleitung, Information und Rat geholfen. Sie haben auch das Manuskript gelesen und unschätzbar wertvolle Zusätze und kritische Bemerkungen gemacht.

Ebenso hervorragend ist der Beitrag von Einstein-Enkelin Evelyn, die wir in Zürich und Kalifornien besuchten. Sie verschaffte uns Zugang zu neuem Material, vermittelte viele wichtige Einsichten und machte uns Fotografien zugänglich, von denen einige zuvor noch nicht veröffentlicht wurden.

Doris Highfield hat uns in wertvoller Weise geholfen, indem sie die deutschsprachigen Interviews führte und Dokumente und Briefe übersetzte, von denen einige handgeschrieben und sehr schwierig zu lesen waren – zum Beispiel Einsteins Briefwechsel mit seinem Kollegen Heinrich Zangger.

Ze'ev Rosenkranz, Kurator des Albert-Einstein-Archivs der Hebräischen Universtät in Jerusalem, gab uns ebenfalls sehr hilfreiche Ratschläge.

Durch Briefe, Telefaxe, persönliche und telefonische Gespräche haben wir entweder direkt oder indirekt bei unseren Nachforschungen die Hilfe sehr vieler Menschen in Anspruch genommen.

In den USA haben uns ganz besonders die Kollegen Robert Schulmanns am »Einstein Paper Project« bei drei Besuchen geholfen. Wir danken Rita Lübke, Annette Pringle und Adam Bryant für ihre Hilfe bei unseren Nachfragen.

Wir profitierten von dem Rat Gerald Holtons, den wir an der Harvard University trafen, und von Gesprächen mit Don Howard von der University of Kentucky, der unschätzbar wertvolle Beobachtungen zu der Arbeit beitrug, die er während seiner Mitarbeit am »Einstein Paper Project« gemacht hatte.

Am Institute for Advanced Study in Princeton stellte ein von Rachel Gray auf Einladung von Phillip Griffiths und Peter Kann organisierter Besuch sicher, daß wir uns die Ansichten von Physikern wie Frank Wilczek zunutze machen konnten. Der Archivar des Instituts, Mark Darby, lieferte uns wertvolles Hintergrundmaterial und half, Informationen aufzutreiben. In Princeton half uns auch Louise Sayen, mit ihrem Sohn Jamie Kontakt aufzunehmen, dem Verfasser einer Biographie über Einsteins Leben in Amerika.

Bei einem Besuch in Berlin sprachen wir mit mehreren Mitgliedern des Max-Planck-Instituts für Bildungsforschung, Arbeitsstelle Albert Einstein, darunter Peter Damerow, Tilman Sauer und Werner Heinrich. Wir danken insbesondere Giuseppe Castagnetti, der uns zusätzliche Information über Einsteins Berliner Zeit vermittelte und einige wichtige Hinweise auf andere Archiv-Informationen gab. In Berlin spürten wir auch Einsteins frühere Haushaltshilfe Herta Waldow auf. In Telefongesprächen, die von Doris Highfield geführt wurden, vermittelte sie uns unschätzbare Hintergrundinformationen zu der von ihr veröffentlichten Darstellung des Lebens mit Einstein. Wir trafen auch Angela und Karlheinz Steinmüller, die an einer Einstein-Biographie arbeiteten, und besuchten Einsteins Sommerhaus in Caputh. Dieser Besuch wurde nur durch die freundliche Hilfe von Gary Smith vom Einstein-Forum, Erika Britzke und Robert Schulmann ermöglicht.

Bei zwei Besuchen in der Schweiz sprachen wir mit mehreren Menschen, die Mileva oder ihren Sohn Eduard Einstein gekannt hatten. Wir möchten dafür Hilde Jost, Waltrud Kappeler, Maja Schucan, Maria Grendelmeier, Hans Freimüller und Nora

Herzog danken. Außerordentlich hilfreich war außerdem Beat Glaus von der Bibliothek der ETH Zürich, die den Nachlaß von Carl Seelig enthält, insbesondere seinen Briefwechsel und seine Forschungen zu Einstein. In der Schweiz halfen uns ebenfalls Hans Koch von der Mediothek der Bibliothek der ETH, Sibylle Frank und Morten Guddal von der Bibliothek der ETH, Vladimir Prelog von der ETH, Pierre Speziali und Charles Enz von der Universität Genf, Werner Zimmermann, Meret Tavernaro-Zürcher, Eduard Rübel sowie Rolf Mösli und Victoria Owen vom Burghölzli. Wir möchten auch Helmut Ograjenschek von ›Blick‹ danken, der in seiner Zeitschrift eine Bitte um Information über Mileva Marić veröffentlichte.

In Wien halfen uns Wolfgang Mader Thaner vom Verein für die Geschichte der Arbeiterbewegung und Rudolf Ardelt vom Institut für Neuere Geschichte und Zeitgeschichte der Universität Linz bei unseren Bemühungen, der Korrespondenz mit Friedrich Adler auf die Spur zu kommen.

Wir hatten gehofft, im früheren Jugoslawien nachforschen zu können, wurden aber durch den gegenwärtigen Krieg davon abgehalten. Dord Krstić und Milan Popović boten uns Hilfe und Rat an, ebenso Milisav Stanković von der Botschaft der Bundesrepublik Jugoslawien in London.

Wir besuchten mehrere Male die Nationalbücherei von Schottland in Edinburgh, um die Papiere, Fotokopien und Gespräche zu überprüfen, die Ronald Clark für seine Einstein-Biographie verwendete. Sheila Mackenzie lieferte unschätzbare Hilfe, und wir danken auch der Witwe Robert Clarks, Elisabeth Clark, für ihre Hilfe und die Erlaubnis, seine Papiere einzusehen.

Am Nuffield College in Oxford überprüften wir die Korrespondenz Einsteins mit Professor Frederick Lindemann (Lord Cherwell). Uns halfen dabei Eleanor Vallis und Richard Temple.

Dank schulden wir auch den Folgenden: James Albisetti von der University of Kansas; Dorothea Barfknecht von der Staatsbibliothek Berlin; Micha Battsek; Peter Bergmann, Professor em. und Forscher an der Syracuse University; Adrian Berry; Anne Blumberg; Marianne Borsutzky vom Archiv zur Geschichte der Max-Planck-Gesellschaft, Berlin; Charles Boyd von der University of the Health Science in New Jersey; Gulshan Chunara für ihre unermüdliche Hilfe bei den Büroarbeiten; Mary Creese von der University of Kansas; Marian Diamond von der University of California, Berkeley; Douglas Egan vom Emilio-Segré-Archiv; Einsteins Urenkel, Paul Einstein; Aude Einstein; Hazel Gaskin und Richard Williams von Sandy Lane; Sam Guntley; Lutz Haber; Evan Harris Walker vom Walker Cancer Research Institute; Enda Jackson; Laurie Kaufman von der American Arbitration Association; Walter Lippincott, Alice Calaprice und Florence Slade von der Princeton University Press; Sue Mallia; Susanne McDadd und Julian Loose von Faber and Faber; James Lyle; Terry Manners; Jagdish Mehra; Claudia Meier von der Baur au Lac; Vivian Nutton von Wellcome; Dorinda Outram vom University College, Cork; David Perry; Mike Shaw von Curtis Brown & John Farquharson and James Woodhouse.

Wir möchten denen danken, die die Entwürfe lasen und uns ihren Rat und ihre Meinung mitteilten: Peter Coveney, Bob Davenport, Evelyn Einstein, Doris Highfield, David Johnson, Eamonn Matthews, Susanne McDadd und Gerald Whitrow. Besonders hilfreich war hier Michael Wright, der in vielen langen Gesprächen gründliche und gescheite Kritik übte.

Wir möchten auch unseren Herausgebern, Max Hastings vom ›Daily Telegraph‹ und Sir Nicholas Lloyd vom ›Daily Express‹, danken, die uns ermöglichten, dieses Vorhaben zu verfolgen.

Julia Brookes gab wertvolle Hilfe beim Korrekturlesen und bei der Planung der Reisen in die Schweiz und nach Kalifornien. Sie half auch entscheidend beim Marathon der Abschlußarbeiten. Vor allem aber schenkte sie ihrem Ehemann Roger Highfield erneut Liebe und Ermutigung für dieses aufwendige und kräftezehrende Vorhaben.

Wir schulden auch Yasmine Khan, der Ehefrau Paul Carters, die intensiv an unserem Projekt beteiligt war, außerordentlich viel Dank. Ohne den stetigen Strom ihrer Ideen, ihr analytisches Talent und ihre uneingeschränkte Unterstützung wäre dieses Buch bei weitem ärmer. Nur sie und ihr Ehemann können ermessen, was sie zu erdulden hatte und wie viele unschätzbare Gedanken sie beisteuerte.

Folgenden Personen und Einrichtungen verdanken wir die Erlaubnis, aus verschiedenen Quellen zu zitieren: Albert-Einstein-Archiv, Hebräische Universität Jerusalem; Buchverlag Der Morgen (Friedrich Herneck, ›Einstein privat. Herta Waldow erinnert sich an die Jahre 1927 bis 1933‹); Butterworth Heinemann (Anton Reiser, ›Albert Einstein. A Biographical Portrait‹); The Cabinet Office und English-Speaking Union (Cherwell-Korrespondenz, Crown Copyright. Veröffentlicht mit Genehmigung des Leiters von HMSO); Carol Publishing Group (Albert Einstein, ›The World as I See It‹); A. P. French (›Einstein. A Centenary Volume‹, Heinemann); Handschriftenabteilung der Staatsbibliothek Berlin (Nachlaß 165, Maja Winteler); Carl Hanser Verlag (M. Grüning, ›Ein Haus für Albert Einstein‹); Elsevier Science Publishers (Martin Klein, ›Paul Ehrenfest, Volume 1, The Making of a Theoretical Physicist‹); HarperCollins Publishers (Paul Schilpp, ›Albert Einstein, Philosopher-Scientist, Volume 1‹); Paul Haupt Verlag (Desanka Trbuhović-Gjurić, ›Im Schatten Albert Einsteins. Das tragische Leben der Mileva Einstein-Marić‹ und Eduard Rübel, ›Eduard Einstein‹), Princeton University Press (›The Collected Papers of Albert Einstein, Volumes 1, 2 und 5‹; englische Übersetzung von Volume 1 und 2; ›Albert Einstein/Mileva Marić, the Love Letters‹ und ›Albert Einstein, The Human Side‹); University of Iowa und Dord Krstić (Elisabeth Roboz Einstein, ›Hans Albert Einstein. Reminiscences of His Life and Our Life Together‹); University of Oklahoma Press (Morris Goran, ›The Story of Fritz Haber‹, © 1967); Oxford University Press (Abraham Pais, ›Subtle is the Lord ... The Science and Life of Albert Einstein‹); Peters, Fraser and Dunlop (Ronald Clark, ›Einstein. The Life and Times‹); Peter Plesch (Janos Plesch, unveröffentlichte Erinnerungen an Einstein und seine Autobiographie ›Janos. The Story of a Doctor‹); Lewis Pyenson, IOP Publishing und Adam Hilger (Lewis Pyenson, ›The Young Einstein‹); Russell & Volkening Inc. (Leopold Infeld, ›Albert Einstein: His Work and Its Influence On Our World‹); Rutgers University Press (Pnina Abir-Am und Dorinda Outram, ›Uneasy Careers and Intimate Lives‹, © 1987 by Rutgers, State University); Jamie Sayen und The Crown Publishing Group (Jamie Sayen, ›Einstein in America‹, © Crown Publishers); Harry Woolf, (›Some Strangeness In the Proportion‹, © Addison-Wesley, 1980).

I

DAS VERMÄCHTNIS

Hans Albert Einstein lag nach seinem Schlaganfall im Sommer 1973 vier Wochen lang im Koma. Der einzige überlebende Sohn des größten Wissenschaftlers des Jahrhunderts war neunundsechzig Jahre alt. Er war von den Ärzten vor seiner Herzschwäche gewarnt worden, er hatte aber die Warnungen mißachtet und seinen Kindern gesagt, er habe »am meisten Angst« vor der Würdelosigkeit, künstlich am Leben erhalten zu werden. Achtzehn Jahre früher hatte sein sterbender Vater die Zustimmung zu einer Notoperation mit der Begründung verweigert, es sei geschmacklos, das Leben über seine natürliche Dauer hinaus künstlich zu verlängern. Wie bei so vielem anderen hatte Hans Albert auch hier das Vermächtnis eines Mannes übernommen, den er abwechselnd verehrt und verachtet hatte. »Am Leben hängen« – das hatte einen Anstrich von Sentimentalität, Hans Albert aber hatte von seinem Vater gelernt, Gefühlen stoisch zu widerstehen. Nichts hätte er schrecklicher gefunden als die Vorstellung, seine zweite Frau, Elizabeth, würde Tag und Nacht an seinem Krankenhausbett sitzen und auf eine Besserung warten, die niemals kommen würde.

Nach einem Vortrag an der Woods Hole Oceanographic Institution in Massachusetts war Hans Albert Einstein beim Anstehen vor der Essensausgabe in der Mensa zusammengebrochen. Wie sein Vater, der noch auf dem Totenbett um Papier und Bleistift gebeten hatte, weil er bis zuletzt arbeiten wollte, hatte sich Hans Albert von der Welt zurückgezogen, indem er sich der Forschung widmete. Er war ein Hydraulik-Ingenieur und genoß auf dem Gebiet der Sedimentforschung und der Flutkontrolle internationales Ansehen. Ein Assistent erinnert sich nicht daran, daß er jemals von seinem berühmten Vater, seiner Familie oder seinem Privatleben gesprochen hätte. Nur wenn es um Musik ging, ließ er sich gelegentlich auf ein Gespräch ein, das über rein fachliche Fragen hinausging. Der Musik und dem Segeln gehörte seine Liebe – genau wie bei seinem Vater. Ihm ähnelte er im Körperbau besonders dann, wenn er stämmig und muskulös in der Bucht von San Francisco am Ruder seiner hölzernen Segeljacht saß. Ein weniger erfahrener Mitsegler schrieb, für Hans Albert habe eine einfache Regel gegolten: Man durfte denselben Fehler zweimal machen, beim dritten Mal aber mußte man einen Wutanfall über sich ergehen lassen. Auf dem Klavier spielte er ausschließlich klassische Musik und mied alles, war er zu modern oder zu trivial fand.

Hans Albert wurde von seinen Kollegen und Freunden als außerordentlich begabt geachtet und aufgrund seiner eigenen Verdienste geliebt und verehrt. Aber alles, was er tat, trug dennoch den Stempel seines Vaters, und es gelang ihm niemals, die Last des großen Namens abzuschütteln. Er bekannte einmal, daß die immer wiederkehrende Frage: »Sind Sie mit Albert Einstein verwandt?« ihn verfolgte wie das stete Tropfen der chinesischen Wasserfolter. Er versteckte seine Gefühle hinter einem gleichbleibend sanften Lächeln, seine Tochter Evelyn jedoch spürte einen unterdrückten Groll, der sich aus den vielen Familiengeheimnissen speiste, die sein Vater hinterlassen hatte.

Albert Einstein ist in einem solchen Maß zum modernen Idol geworden, daß es schwer ist, ihn mit neuen Augen zu sehen. Er war erst sechsundzwanzig, als er 1905 die Spezielle Relativitätstheorie veröffentlichte, aber die berühmtesten Bilder zeigen ihn in seinen letzten Jahren, ein halbes Jahrhundert später. Wie Einstein im Alter aussah, ist so oft beschrieben worden, daß einem die Sätze fast automatisch in den Sinn kommen: Das wirre, weiße Haar wird fast immer als »Mähne« oder »Halo« bezeichnet, die Augen unter der Stirn mit ihren berühmten Falten wurden so oft »mild« und »sanft« genannt, daß wir einen etwas härteren und hämischen Schimmer leicht übersehen. Wir machen uns gewöhnlich ein etwas verschwommenes Bild, das irgendwo zwischen dem liebenswürdig albernen »Weißen Ritter« des Lewis Carroll und Aslan, dem Löwen-Christus aus C. S. Lewis' ›Narnia‹, changiert. Der Physiker und Schriftsteller C. P.

Snow meinte, Einstein habe »auf den ersten Blick Ähnlichkeit mit einer erleuchteten frommen Vogelscheuche«.

Das faßt es schön zusammen. Einstein ist zum populären Inbegriff des exzentrischen Genies geworden, das für die Kamera die Zunge herausstreckt und in Schuhen ohne Socken herumläuft. Er meinte oft scherzhaft, er sei zu einem jüdischen Heiligen geworden. Nicht nur haben seine Entdeckungen unsere Sicht von Raum und Zeit verändert und das wissenschaftliche Denken des zwanzigsten Jahrhunderts neu begründet; er beschrieb sein Werk bereitwillig mit religiösen Begriffen, obwohl er selbst ganz unorthodoxe religiöse Ansichten vertrat, und äußerte sich geradezu mit Begeisterung zu Fragen der Politik und Moral. Einsteins Ruf beruht nicht nur auf seinen wissenschaftlichen Triumphen, sondern auch auf seinen Verdiensten als Vorkämpfer für den Pazifismus und die Menschenrechte. Er gab den Anschein großer Demut und Milde, eines völligen Einklangs mit sich selbst. In einem weltlichen Zeitalter umgab ihn die Aura eines Heiligen.

Dies war nicht der Vater, den Hans Albert kannte. Er hatte mit dem privaten Einstein gelebt – einem Mann, dessen öffentliche Worte und private Taten oft im Widerspruch zueinander standen und dessen äußerlich sichtbare Gelassenheit innere Verwirrung verbarg. Er war ein Mann, in dem sich intellektuelle Weitsicht mit einer emotionalen Kurzsichtigkeit verband, der etliche seiner Mitmenschen zum Opfer fielen.

Heilige wandeln auf einsamen Wegen, und der Gedanke, persönliche Beziehungen hätten in Einsteins Leben eine wichtige Rolle gespielt, läßt sich nur schwer mit dem Bild vereinbaren, das wir heute gewöhnlich von ihm haben. In oft zitierten Worten stellt er den missionarischen Einsatz für soziale Gerechtigkeit seiner Bedürfnislosigkeit in bezug auf unmittelbaren menschlichen Kontakt gegenüber:

Ich bin ein richtiger »Einspänner«, der dem Staat, der Heimat, dem Freundeskreis, ja selbst der engeren Familie nie mit ganzem Herzen angehört hat, sondern all diesen Bindungen gegenüber ein nie sich legendes Gefühl der Fremdheit und des Bedürfnisses nach Einsamkeit empfunden hat, ein Gefühl, das sich mit dem Lebens-

alter noch steigert. Man empfindet scharf, aber ohne Bedauern die Grenze der Verständigung und Konsonanz mit anderen Menschen. Wohl verliert ein solcher Mensch einen Teil der Harmlosigkeit und Unbekümmertseins, aber er ist dafür von den Meinungen, Gewohnheiten und Urteilen der Mitmenschen weitgehend unabhängig und kommt nicht in Versuchung, sein Gleichgewicht auf solch unsolide Grundlage zu stellen.

Bertrand Russell nahm ihn beim Wort, wie viele andere, die ihn kannten, und behauptete: »Persönliche Dinge wurden in die hintersten Winkel seiner Gedankenwelt verdrängt.« Eine klarsichtigere Analyse lieferte C. P. Snow, der schrieb: »Niemand hat die Ansprüche des Selbst rücksichtsloser beiseitegeschoben ... Aber es ist auch bei Einstein nicht angebracht, ihn in einem romantischen Licht darstellen zu wollen. Mir scheint, daß ein Mann ein ziemlich starkes Ego haben muß, wenn er sich gezwungen sieht, es so völlig herunterzuspielen.« Er muß auch ein starkes Gefühlsleben haben, wenn der Wunsch, es zu unterdrücken, so stark ist, wie Einsteins Schilderung es vermuten läßt. Seine Schriften sind gespickt mit Bekenntnissen zu Genügsamkeit und gefühlsmäßiger Distanz, aber schon ihre Häufigkeit sollte Zweifel an ihrer Glaubwürdigkeit wecken. Der private Einstein war ein Mann mit starken Leidenschaften, und sein Bemühen, sie zu leugnen, hatte keinen Erfolg.

Einstein beschrieb seine Hingabe an die Wissenschaft als einen Versuch, dem zu entkommen, was er »das Nur-Persönliche« nannte, indem er seinen Blick auf das objektive Universum richtete. Die Grundlage seiner wichtigsten Arbeiten war der Wunsch, eine Wirklichkeit zu finden, die frei ist von menschlichen Ungewißheiten. Seine beiden Relativitätstheorien versuchen, eine Beschreibung des Universums zu geben, die widerspruchsfrei ist, unabhängig von menschlichen Beobachtern und unbeeinflußt von einem Wechsel des Bezugssystems. Auch seine hartnäckige Gegnerschaft zur Quantenmechanik ergab sich aus der Weigerung, anzuerkennen, daß ihre Ungewißheit eine unabdingbare Eigenschaft der subatomaren Physik ist und daß einige Aspekte der Quantenwirklichkeit sich nur durch Beobachtung bestimmen lassen. Heute ist es klar, daß diese Eigenschaften wirklich zum Wesen der Quantenwelt gehören – einer Welt, die Einstein entdecken half. In der Naturwissenschaft wie im Leben konnte selbst er das menschliche Element nicht ausschalten.

Der Wunsch nach unpersönlicher Distanziertheit und der Wunsch nach Intimität führten in Einstein einen heimlichen Krieg – genau wie sein Idealismus mit einem blanken Zynismus auf dem Kriegsfuß stand und seine Bescheidenheit mit Arroganz. Wenige haben diese Widersprüche besser gekannt als Hans Alberts Mutter – Mileva Marić –, die Einstein kennenlernte, als beide in der Schweiz Physik studierten. Ihre Ehe, die von 1903 bis 1919 bestand, umspannte wesentliche Jahre in Einsteins Leben und den größten Teil seiner schöpferischen Tätigkeit. Aber Mileva ist in Einsteins Biographien immer eine Schattengestalt geblieben. Erst in den letzten Jahren hat sich allmählich die ganze Geschichte ihrer Beziehung herausgeschält. Zu Beginn ist es die Geschichte eines verliebten jungen Mannes, der gegen seinen familiären Hintergrund rebelliert, um eine Frau von außerordentlicher Strebsamkeit und Intelligenz zu gewinnen. Dazu gehört Einsteins Versuch, sich mit Hilfe von Mileva von seiner Mutter zu lösen, die ihn gefühlsmäßig besonders stark band, was ihn sein Leben lang zeichnete. Dazu gehört die Geburt einer vorehelichen Tochter, die er weggab und deren Existenz bis 1987 geheim blieb – die aber möglicherweise heute noch lebt. Am heftigsten umstritten sind neuere Forschungsergebnisse, die andeuten, daß Einstein sich womöglich stark auf Mileva stützte, als er die ersten Umrisse der Relativitätstheorie zu entwickeln begann. Er nannte seine frühen Untersuchungen »unsere Arbeit« und schilderte Mileva als seine Mitverschworene bei dem, was zu einer wissenschaftlichen Revolution wurde. Einstein pries Mileva als seine »rechte Hand«, eine »ebenbürtige Kreatur«, »gleich kräftig und selbständig« wie er selbst, ohne die es ihm »an Selbstgefühl, Arbeitslust, Lebensfreude« fehlte.

Mileva war nach dem Ende dieser Beziehung eine gebrochene Frau, die den Traum einer eigenen akademischen Karriere aufgegeben hatte. Sie wurde in dem Jahr von Einstein geschieden, in dem er seine Berühmtheit erlangte, und sie hatte keinen Teil daran. Kürzlich veröffentlichte Dokumente ermöglichen es zu verfolgen, wie die Ehe immer brüchiger wurde und wie Einstein

Mileva in einer heimlichen Liebesbeziehung zu der Kusine, die später seine zweite Frau wurde, betrog. Als Mileva bald nach der Trennung einen körperlichen und nervlichen Zusammenbruch erlitt, von dem sie sich nie wieder völlig erholte, verhielt er sich in einer Weise, die seine engsten Freunde entsetzte. Dennoch überließ er ihr das Geld, das er mit dem Nobelpreis für Physik erhielt, der größten Anerkennung, die die wissenschaftliche Welt zu vergeben hat. So hoffte er die Zukunft der beiden Söhne zu sichern, die das Paar lebenslang verbanden.

Hans Albert war der ältere der Söhne und zur Zeit der Scheidung fünfzehn Jahre alt. Er entwickelte seinem Vater gegenüber eine Verbitterung, derer er sein Leben lang nicht Herr wurde und die diesen sehr verletzte. Die Auseinandersetzungen zwischen ihnen taten das Ihre, einen Spalt zwischen Hans Albert und den Anhängern seines Vaters aufzureißen, der noch heute zwischen den jeweiligen Nachkommen klafft. Das unglücklichste Familienmitglied jedoch war Einsteins jüngerer Sohn Eduard, dessen Gefühlskrise sich in den Jahren nach der Scheidung schließlich zu einer Geisteskrankheit auswuchs. Freunde und Lehrer entdeckten in ihm einen Funken des Genies seines Vaters; Eduard fühlte sich aber nicht zur Naturwissenschaft hingezogen, sondern zur Literatur und den schönen Künsten. Einstein konnte Eduards große Begabung wohl niemals wirklich würdigen, und sein Horror vor Krankheit und moderner Medizin war so groß, daß er sich von seinem Sohn abwandte. Eduard verbrachte viele Jahre in einer Schweizer Nervenheilanstalt, wo ihn sein Vater niemals besuchte. Er starb unter erbärmlichen Umständen.

Weitere unerwartete Seiten von Einsteins Charakter lassen sich an anderen Beziehungen aufzeigen. Wir wissen jetzt etwas über seine erste unglückliche Liebesbeziehung, noch vor der Begegnung mit Mileva, bei der schon viele der Themen anklangen, die sein späteres Leben durchziehen sollten. Ebenso ist in den letzten Jahren viel neues Material zutage gekommen, das sich auf seine zweite Ehe bezieht. Seine Kusine Elsa übernahm eher die Rolle einer Mutter als die einer Ehefrau. Sie regelte sein tägliches Leben und schirmte ihn vor der erbarmungslos neugierigen Öffentlichkeit ab. Er wiederum erwies sich ihren Gefühlen gegenüber als recht rücksichtslos. Seine Eskapaden wurden ein Teil der Familienlegende; seine Enkelin Evelyn etwa spricht von ihm als »ein Schürzenjäger ... ein Schlawiner«. Aber sein Gefallen an weiblicher Gesellschaft ging anscheinend oft mit einer Verachtung für den Verstand und den Charakter von Frauen einher, die an Menschenverachtung grenzte.

Einstein sprach diese Fragen 1955, einen Monat vor seinem Tod, in einem Beileidsbrief an Sohn und Schwester seines eben verstorbenen besten Freundes Michele Besso an. Die Worte des Sechsundsiebzigjährigen sind erfüllt von einem Gefühl für die eigene Sterblichkeit. Er war damals sehr gebrechlich und wußte schon seit einigen Jahren, daß eine Ausbeulung der großen Unterleibsaorta eines Tages platzen und ihn töten würde. »Nun ist er«, so schrieb er, »auch mit dem Abschied von dieser sonderbaren Welt ein wenig vorausgegangen.« Er bot als Trost an, daß er als Physiker davon überzeugt sei, »der Unterschied zwischen Vergangenheit, Gegenwart und Zukunft sei nur eine, wenn auch hartnäckige Illusion« – der Tod sei nicht wirklicher als das Leben, dem er anscheinend ein Ende setze. Am enthüllendsten jedoch waren die Worte, die er als persönliches Epitaph für seinen Freund wählte. »Was ich aber am meisten an ihm als Menschen bewunderte, ist der Umstand, daß er es fertig brachte, viele Jahre lang nicht nur im Frieden, sondern sogar in dauernder Harmonie mit einer Frau zu leben – ein Unterfangen, in dem ich zweimal ziemlich schmählich gescheitert bin.«

Als Hans Albert am 26. Juli 1973 starb, lag der Schlüssel zu dieser »Schmach« und vielen anderen der Geheimnisse seines Vaters in einem Schuhkarton in einer Küchenschublade seines Hauses im kalifornischen Berkeley. Der Karton enthielt den Briefwechsel der Familie vom Ende des letzten Jahrhunderts an – darunter Liebesbriefe, die Einstein an Mileva geschrieben hatte, und viele andere Briefe, die er nach ihrer Trennung an sie und seine Söhne geschrieben hatte. Die Sammlung war für die Nachlaßverwalter, die über die Veröffentlichug seiner Worte zu befinden hatten, so heikel, daß sie vor Gericht gegangen waren, um Hans Albert und dessen erste Frau von der Veröffentlichung bestimmter Einzelheiten abzuhalten. Nicht einmal Einsteins

Sohn durfte dieses vertrauliche Material an die Öffentlichkeit bringen.

Dies war nur ein Beispiel für die anhaltenden Bemühungen, mit der die Hüter von Einsteins gutem Ruf – »die Einstein-Priester«, wie ein Forscher sie nannte – Informationen unterdrückten, die seine persönlichen Schwächen enthüllten. Erst seit kurzem und nach viel Detektivarbeit durch eine Forschergruppe werden diese Briefe als Teil von Einsteins ›Collected Papers‹ veröffentlicht. Die umfangreiche Gesamtausgabe, die zur Zeit unter Leitung der Professoren Martin Klein, A. J. Kox und Robert Schulmann an der Boston University erarbeitet wird, hat erste zwingende Argumente für eine völlig neue Einschätzung von Einsteins Charakter erbracht. Im Licht ihrer bahnbrechenden Untersuchungen erhalten viele Anhaltspunkte, die frühere Biographien lieferten, eine neue Bedeutung. Es ist jetzt möglich, durch eine neuerliche Überprüfung ihrer Arbeit und unter Zuhilfenahme einer großen Menge von Archivmaterial, verbunden mit Gesprächen mit Familienmitgliedern, Gelehrten und jenen, die Einstein kannten, einem Verständnis des Privatmanns Einstein näherzukommen – des Einsteins, den Hans Albert kannte und der ihm ein solch widersprüchliches Vermächtnis hinterließ.

2

ERSTE LIEBE

Als Einsteins Mutter einmal gefragt wurde, warum in ihrem Haushalt alles so gut lief, hatte sie lächelnd geantwortet: »Das ist Disziplin.« Pauline Einstein war »großgewachsen und strotzte vor Gesundheit«; von ihr hatte der junge Einstein anscheinend die ausgesprochen fleischige Nase und auch den unzähmbaren Haarschopf geerbt. Ihre grauen Augen blickten oft voll Schalk in die Welt; Familienangelegenheiten wurden von ihr mit gesundem Mutterwitz geregelt. Einstein spielte in seinen Briefen öfters darauf an, wie gern sie ihn geneckt hatte. In seiner eigenen Neigung zum Sarkasmus schien dieser Wesenszug durch. Ein Freund beschrieb, mit welch scharfem Spott Einstein oft sonst freundliche Unterhaltungen würzte, und wie sehr er seine Gesprächspartner verunsicherte, die nicht wußten, ob sie lächeln oder beleidigt sein sollten. Sein Lachen war ansteckend, hatte aber manchmal einen unangenehm scharfen Klang. In dieser und in anderer Hinsicht war Einstein ganz der Sohn seiner Mutter.

Als Einstein am 14. März 1879 um 11.30 Uhr in Ulm geboren wurde, glaubte seine Mutter, erschreckt durch den Anblick des außergewöhnlich großen, eckigen Hinterkopfes, zunächst an eine Mißgeburt. Später ließ sie die langsame Sprachentwicklung dieses stillen, pummeligen Kindes befürchten, es sei geistig behindert. Als ihr Sohn heranwuchs, hegte Pauline in mütterlichem Stolz immer ehrgeizigere Erwartungen in bezug auf seine Zukunft. Aber sie war niemals eine verwöhnende Mutter, und ihre starke Persönlichkeit gab in Einsteins Kindheit weitgehend den Ton an. Dieser Teil seines Lebens ist schon früher beschrieben worden, uns aber stehen jetzt viele neue Einzelheiten zur Verfügung. Zudem rückte erst mit der Freigabe seines privaten Briefwechsels Einsteins Beziehung zu seinen Eltern ganz ins Blickfeld. Trotz seiner gegenteiligen Behauptungen läßt sich heute erkennen, daß die Bindung an die Familie – sie führte zu vielen Spannungen, vermittelte aber auch Sicherheit – für ihn ungeheuer wichtig war. Viele der Menschen, die Einstein kannten, haben gesagt, er habe sein Leben lang eine gewisse Kindlichkeit behalten. Intellektuell zeigte sie sich in seiner unvermittelten Direktheit und seiner Bereitschaft, das in Frage zu stellen, was andere für gesichert hielten. In emotionaler Hinsicht waren die Auswirkungen nicht immer so gutartig.

Einstein wurde einmal aufgefordert zu sagen, wer von den Eltern in seiner Familie das Sagen gehabt habe. »Kann man nicht sagen« war die Antwort. Er war ebenso brüsk, als er ein andermal gefragt wurde, welchem Elternteil er seine große Begabung verdanke. »Ich habe keine besondere Begabung, sondern bin nur leidenschaftlich neugierig«, entgegnete er. »Damit entfällt also die Frage nach der Erbmasse.« Einstein war abwehrend, wenn er lediglich nach seinem Vater gefragt wurde. Zu Hermanns Eigenschaften zählte er »guten Sinn für Humor, Geduld, Güte, Charme«. Als derselbe Fragesteller darauf beharrte, sein Vater sei doch vielleicht streng gewesen, bestand Einstein darauf, er sei »außerordentlich freundlich, mild und weise« gewesen. Hermann habe, so sagte er, einen moralischen Einfluß auf ihn gehabt, aber keinen intellektuellen.

Es ist schwer, irgendwelche öffentlichen Äußerungen Einsteins über die Verdienste seine Mutter zu finden. Man kann verstehen, warum sein Freund Janos Plesch schrieb, er sei stärker an seinen Vater gebunden gewesen. Rudolf Kayser, Ehemann seiner Stieftochter und Verfasser einer anscheinend autorisierten Darstellung von Einsteins Kindheit, meint, er habe »sich an seinem Vater orientiert«, aber wir sollten das im Licht der Art von Richtungsfindung sehen, die seinem Vater zu eigen war. Hermann wählte nämlich den Weg, den die Familie bei ihrem Sonntagsausflug gehen sollte, das Ziel aber wurde immer von Pauline vorgegeben.

Kayser schrieb, Pauline habe die Welt nicht immer durch Hermanns »optimistische Augen« gesehen. Dazu hatte sie guten Grund, denn das Leben ihres Mannes war mit Fehlschlägen gespickt. Hinter seinem Kneifer und dem ansehnlichen Schnurrbart war Hermann mild und träge. Er war bei jenen, die ihn kannten, beliebt (»besonders bei Frauen«, sagt Kayser), aber er kümmerte sich nicht um die praktischen Seiten des Lebens. Er war einunddreißig, als sein Sohn geboren wurde, und war als Partner der Federbettenfirma eines Vetters ins Geschäftsleben eingetreten. Für einen Mann mit einem so sanften und zuvorkommenden Wesen könnte das als passender Beruf erscheinen, aber ein so fügsamer Mensch wie Hermann eignete sich nicht zum erfolgreichen Unternehmer. Er soll schon früh eine Begabung für Mathematik gezeigt haben, wurde aber durch die finanziellen Einschränkungen, die eine große Familie seinem Vater auferlegte, davon abgehalten, seinen Interessen nachzugehen. Seine Tochter Maja, Einsteins jüngere Schwester, hielt ihn für zu verträumt, als daß er Entscheidungen fällen konnte, und für zu weichherzig, um sich Willensstärkeren widersetzen zu können. Hermanns jüngerer Bruder Jakob verfügte über einen solchen stärkeren Willen; er konnte ihn 1880 zu einer Beteiligung an seinem »Geschäft für Wasserleitungen und Elektrizitätsanlagen« in München überreden. Die Familie zog um, als Albert gerade ein Jahr alt war. Anfangs war die neue Firma recht erfolgreich. Sie lieferte 1888 das elektrische System für die Strom- und Lichtversorgung von ganz Schwabing mit seinen damals zehntausend Einwohnern. Einstein verbrachte die meisten seiner Kinderjahre in beträchtlichem materiellem Komfort in der Villa der Familie, einem großzügigen zweigeschossigen Gebäude mit einer Dachterrasse, das inmitten geflegter Gärten lag.

Obwohl Jakob über technisches Geschick verfügte, übernahm er sich. Sein Ehrgeiz ließ ihn eine größere Fabrik errichten, in der eine von ihm konstruierte Dynamomaschine gebaut werden sollte, aber Konkurrenten mit größeren finanziellen Mitteln verdrängten die Gebrüder Einstein vom kapitalintensiven Markt. Ihr Besitz wurde verkauft und ihre Münchner Firma 1894 aufgelöst, aber wieder einmal wurde Hermann von seinem unternehmungslustigeren Bruder mitgerissen. Jakob überredete ihn, sie sollten ihre Aktivitäten nach Norditalien verlegen, wo die Firma bereits erfolgreich gearbeitet hatte, und träumte von dem Bau und dem Betrieb eines Wasserkraftwerks in Pavia. Zwei Jahre nach dem umfangreichen Unterfangen, das ein Umzug über die Alpen bedeutete, war auch dieses neue Wagnis gescheitert. Bei aller später von seinem Sohn gepriesenen Weisheit wurde Hermann Einstein für den Rest seines Lebens von finanziellen Problemen geplagt.

Jakob gab die Niederlage zu und suchte sich eine Anstellung als Ingenieur, Hermann jedoch kämpfte allein weiter und richtete, diesmal in Mailand, wieder eine elektrische Fabrik ein. Das brachte neue Schulden und neue Sorgen mit sich – aber wieder trieb ihn eine stärkere Persönlichkeit an. Hermann fürchtete, seine Frau würde sich nicht mit dem geringeren gesellschaftlichen Status abfinden können, den die Aufgabe seiner beruflichen Unabhängigkeit bedeuten würde. Pauline war an Reichtum und Erfolg gewöhnt; sie konnte sich nur schwer mit den Einschränkungen abfinden, zu denen seine Fehlschläge allmählich führten. Sie hatte beträchtliche finanzielle Mittel in die Ehe gebracht, und große von ihren Verwandten investierte Summen gingen bei den Unternehmungen ihres Mannes verloren.

Die Familiengeschichte von Pauline kann einige ihrer Charakterzüge erklären. Ihr Vater, Julius Koch, ursprünglich Bäcker, hatte es mit seinem Bruder zusammen zum Getreidehändler gebracht und ein ansehnliches Vermögen erworben. Nach Maja Einsteins Darstellung hatte er eine »praktische Intelligenz und große Energie«, und alles Theoretisieren lag ihm fern. Er genoß seinen Reichtum und neigte sogar zum »Kunst-Mäzenatentum«, aber, wie Maja erzählte, »in kleinem Stil und nach dem Prinzip seines Berufes, d. h. möglichst wenig dafür auszugeben. Dabei unterlief es ihm leicht, dass er Kopien für echte Bilder ausgab.« Koch stand einem außerordentlich engen Familienverband vor: Er und sein Bruder und ihre Frauen und Kinder hatten einen gemeinsamen Hausstand unter einem Dach, wobei die Frauen »gemeinsame Küche« führten, indem, wie Maja sagte, jede abwechselnd »je eine Woche Regiment und Verantwortung übernahm. Dieses Verfahren habe sich jahrzehntelang ohne jegliche Reibung bewährt; Maja schrieb das Verdienst dafür Jette, Einsteins Großmutter mütterlicherseits, zu. Sie war eine Frau mit »einer stillen und fürsorglichen Natur«, aber »klar und methodisch«. »Den Härten, welche die cholerische Gemütsart Großvater Kochs etwa mit sich brachte, begegnete sie mit entwaffnendem Humor. Sie war recht eigentlich die Seele des merkwürdigen Haushalts der beiden Bruderfamilien.« Die Familien von Hermann und Jakob wohnten in München in einem Haus, in das nach Jettes Tod 1886 auch Julius Koch einzog. Engverbundene Familien, deren Mittelpunkt starke Frauen bildeten, waren eine Tradition, mit der Einstein aufwuchs.

Wie ihre Mutter war auch Pauline die Seele ihres Haushalts. Wohl völlig zutreffend schrieb Maja, sie habe »im Grunde« eine warme fürsorgliche Natur gehabt. Aber sie zeichnete das Bild eines Menschen, der an der Erfahrung gestählt wurde (Pauline lernte früh »die realen Seiten des Lebens kennen«) und bewahrte sich auch stets einen gewissen realen Sinn. Nach Meinung ihrer Tochter ließ Pauline ihren Gefühlen selten freien Lauf; es wird klar, daß sie weniger daran interessiert war, ihren Sohn mit Liebe zu überschütten, als sicherzustellen, daß er mehr Rückgrat haben würde als sein Vater. Maja erinnerte sich an die Strenge, mit der Einstein zur Selbständigkeit erzogen wurde, und bemerkte, welch einen Gegensatz das zu der »ängstlichen Bevormundung des sonst üblichen Erziehungssystems« darstellte. Mit drei oder vier Jahren schon wurde ihr Bruder durch die belebtesten Straßen Münchens geschickt, »erstmals ihm den Weg zeigend, das zweite Mal ihn unauffällig beobachtend.« Als er fünf war, stellten seine Eltern eine Hauslehrerin ein, weil sie anscheinend beschlossen hatten, er solle beim Eintritt in die Grundschule im folgenden Jahr später gleich die zweite Klasse besuchen. Maja erinnert sich, wie streng zu Hause darauf geachtet wurde, daß »die Schulaufgaben gemacht waren, bevor das Spiel beginnen durfte; keine Entschuldigung wurde bei Zuwiderhandlungen gegen dieses Gebot von den Eltern gelten gelassen.« Hermann und Pauline wollten ein Kind erziehen, das gleichzeitig unabhängig und abhängig, also gehorsam, war. Das war zwangsläufig eine gefährliche Mischung.

Einstein beschreibt sich selbst als einsames und verträumtes Kind, das nicht leicht Gefährten fand. Er vermied die wilden Spiele, wie sie beim Besuch der Kinder von Verwandten im Einsteinschen Garten gespielt wurden, außer um bei Streitfällen als Schiedsrichter zu wirken. Maja meinte, »dieselbe Eigenschaft, die seine Mutter nie ermüden liess bei der Ausführung noch so langwieriger und komplizierter Handarbeiten, kam beim Sohne vorerst beim Spiel, später beim wissenschaftlichen Arbeiten zum Vorschein.« Er errichtete nicht nur mit seinem Anker-Steinbaukasten komplizierte Bauwerke, sondern baute auch als noch nicht Zehnjähriger Kartenhäuser, vierzehn Stockwerke hoch.

Der kleine Albert war nicht sehr begeistert, als er seine Schwester im November 1881 zuerst sah. Man hatte ihm gesagt, er habe jetzt eine Schwester, mit der er spielen könne, und er hatte sich vorgestellt, sie sei eine Art Spielzeug. »Ja, aber wo hat es denn seine Rädchen?« fragte er verwundert. In mancher Hinsicht scheint er seine Schwester sehr auf die Probe gestellt zu haben. Wie sein Großvater Julius Koch neigte er zu Wutausbrüchen – bei denen sein Gesicht ganz gelb, die Nasenspitze aber schneeweiß wurde. Diese heftigen Angriffe galten gelegentlich auch Maja. Einmal warf er »seinem Schwesterchen eine große Kegelkugel an den Kopf«, und ein andermal »diente ihm eine Kinderhacke dazu, ihm ein Loch in den Kopf« zu schlagen. »Woraus ohne weiteres ersichtlich ist, dass auch ein gesunder Schädel dazu erforderlich ist, die Schwester eines großen Denkers zu sein.« Vielleicht tröstete es sie, daß nicht sie allein das Ziel der Ausbrüche ihres Bruders war. Er schlug auch seine Privatlehrerin mit einem Stuhl – »die darob einen solchen Schreck empfand, dass sie entsetzt fortlief und sich nie mehr blicken ließ«.

Während solcher Wutanfälle, die »schon während der ersten Schuljahre verschwanden«, schien Einstein unfähig zu sein, sich selbst zu kontrollieren. Zu anderen Zeiten zeigte er eine fast unnatürliche Ruhe. Sein Kindermädchen hatte ihren scheinbar so behäbigen Zögling »Pater Langweil« genannt. Diese scheinbare Trägheit nährte die Sorge um seine geistige Entwicklung. Nachdem er relativ spät das Sprechen gelernt hatte, wiederholte er leise jeden Satz, den er laut sagte – und behielt diese Gewohnheit bei, bis er sieben war. Selbst als Neunjähriger sprach er noch nicht flüssig. Offenbar lag das Problem genauso an einem Widerwillen gegen die Verständigung wie in einer etwaigen Unfähigkeit dazu.

Außer bei seinen plötzlichen Zornausbrüchen hielt Einstein seine Gefühle unter besserem Verschluß als seine Mutter die ihren. Eine seiner wenigen Ausdrucksmöglichkeiten war die Musik – eine Tätigkeit, der seine Mutter sehr zustimmte. Musik bedeutete seinem Vater wenig, aber Pauline hatte Talent und spielte gern mit Ingenieuren aus der Fabrik ihres Mannes Klavierduette. Ihr Sohn zeigte früh seine musikalische Begabung und begann im Alter von fünf Jahren mit dem Geigenspiel. Nach seiner eigenen Schilderung ging die Musik nicht über das Handwerksmäßige hinaus, bis er etwa dreizehn Jahre alt war, aber er hielt durch, und seine Mutter begleitete ihn gern am Klavier. Die Musik wurde für ihn zu einer »inneren Notwendigkeit« und die Geige zu einer steten Begleiterin. Als junger Mann bezeichnete er seine Geige als sein Kind, als er einmal witzelte, sie würde, nachdem er sie wegen einer Handverletzung lange nicht hatte spielen können, vielleicht glauben, sie »hätt einen Stiefpapa bekommen«. Er nannte sie eine »alte Freundin, durch die ich mir alles sage & singe, was ich mir gar oft in dürren Gedanken auch nicht im mindesten zugestehe, sondern höchstens drüber lache, wenn ich es in anderen sehe.« Viele Jahre später erinnerte sich Hans Albert: »Er sagte oft zu mir, daß eines der wichtigsten Dinge in seinem Leben die Musik sei. Immer wenn er das Gefühl hatte, ans Ende eines Weges gekommen zu sein oder wenn er sich bei seiner Arbeit einer schwierigen Herausforderung gegenüber sah, suchte er Zuflucht in der Musik, und das löste all seine Schwierigkeiten.« Zu seinen Lieblingskomponisten gehörten Mozart, Bach und Schubert, den Einstein wegen seiner »hervorragenden Fähigkeit, Gefühle auszudrücken« pries. Aber er wollte die Gefühle immer durch eine gesunde musikalische Struktur gemäßigt wissen, und es widerstrebte ihm, über das zu sprechen, was ihn am Werk eines Komponisten bewegte. Sein Motto war einfach: »Hören, spielen, lieben, verehren – und das Maul halten.«

Im Alter von sieben Jahren wurde Einstein in eine öffentliche Grundschule geschickt, eine katholische Institution, wo er der einzige jüdische Junge seiner Klasse war. In seiner Geburtsstadt hatte es eine große und angesehene jüdische Gemeinde gegeben, in München jedoch machten Juden nur zwei Prozent der Bevölkerung aus. Obwohl seine Eltern »ganz irreligiös« waren und nie über Religion sprachen, isolierte sie ihre Konfession in München noch weiter. Es gibt eine berühmte Geschichte, die Einstein als wahr bestätigte, wonach einer seiner Lehrer einmal einen großen Nagel zeigte und versicherte, mit einem solchen sei Christus ans Kreuz genagelt worden. Anscheinend hat dieser Lehrer jedoch die Kreuzigung nicht, wie es manchmal geschah, den Juden angelastet. In einem Briefentwurf von 1920 erinnert sich Einstein, daß die Schule liberal war und Juden nicht diskriminierte. Nicht seine Lehrer, sondern die Klassenkameraden waren antisemitisch. Heftige Angriffe und Beschimpfungen auf dem Schulweg waren die Regel, und auch wenn die meisten »nicht gar zu bösartig« waren, hatten sie, wie er schrieb, »genügt, um ein lebhaftes Gefühl des Fremdseins schon im Kinde zu festigen«. Er äußerte später, er habe erst nach dem Ersten Weltkrieg sein Judentum bemerkt, als er für den Zionismus gewonnen wurde. Aber seine zionistischen Überzeugungen fielen nicht vom Himmel, und Einstein war sich seines Erbes wohlbewußt. Als junger Mann, der 1901 eine Anstellung an einer Universität suchte, schrieb er, eines der wesentlichen Hindernisse sei der Antisemitismus, der ihm in »deutschen Ländern ebenso unangenehm als hinderlich sei«.

Für Grundschüler in Bayern war Religionsunterricht ein Pflichtfach; Einstein erhielt daheim von einem Verwandten Unterricht in jüdischer Religion. Diese Lektionen weckten in ihm anscheinend Gefühle, die er zuvor verborgen gehalten hatte. Es wird erzählt, der Knabe sei durch die Gleichgültigkeit, die sein Vater der Religion gegenüber zeigte, irritiert gewesen, jetzt aber voller Begeisterung. Als einziger in der Familie weigerte er sich, Schweinefleisch zu essen, und mit etwa elf Jahren war er so von seinem Glauben erfüllt, daß er Lobpreisungen für Gott komponierte und sie auf der Straße sang. Er identifizierte Gott mit der Natur, weswegen Maja sich veranlaßt fühlte zu schreiben, sein Unterricht habe ein »inniges Religionsgefühl« geweckt, das jedoch nicht in die orthodoxe Lehre integriert worden sei. Einstein beschrieb diese Phase später als eine der »tiefen Religiosität« und deutete an, daß darin ein kindlicher Wunsch zur Profilierung steckte. Die Begeisterung war echt, aber ihre Ausdrucksformen waren noch nicht voll ausgereift.

Einstein war immer ein großer Selbstdarsteller, aber diese

frühe Rollenwahl ist eine der interessantesten. In seinen eigenen knappen biographischen Notizen sagt er: »Es ist mir klar, daß das so verlorene religiöse Paradies der Jugend ein erster Versuch war, mich aus den Fesseln des »Nur-Persönlichen« zu befreien, aus einem Dasein, das durch Wünsche, Hoffnungen und primitive Gefühle beherrscht ist.« Einstein schrieb dies im Alter von 67 Jahren und in der impliziten Überzeugung, diese »Ketten« wirklich abgeworfen zu haben. Er fragte nicht, ob das Ziel erreichbar war: Er hegte anscheinend keine Zweifel daran, daß ein Mensch wirklich ohne Gefühle und Wünsche leben könnte. Er fragte auch nicht danach, warum dieses Ziel ein so junges Kind ansprechen sollte. Einstein war anscheinend ein Kind, dessen Erziehung ihm nur in der Musik Möglichkeiten bot, Gefühle zu verstehen oder leicht auszudrücken. Die Sublimation solcher Gefühle in religösen Eifer war eine ungeheure Befreiung – wenn auch sicher nicht, wie er später glaubte, eine Art Flucht. Die Freude, die ihm seine »Religiosität« brachte, kam nicht aus der Vernichtung dieser primitiven Gefühle, sondern daher, daß er sie äußerte. Es war auch keine Flucht vor dem Persönlichen. Indem er sich in einer Familie Nichtgläubiger so glühend der Religion zuwandte, bekundete er deutlich seine Eigenständigkeit. Dies war kein Rückzug in das Unpersönliche – es lief eher auf die Erschaffung einer persönlichen Nische hinaus.

Die angebliche Mittelmäßigkeit Einsteins als Schulkind stellt einen besonders verführerischen Teil der Legende dar: Sie gibt uns anderen Hoffnung. Die Schulkameraden der Grundschule verhöhnten ihn mit dem Spitznamen »Biedermeier«, weil er so direkt und schroff war. Seine Schwester bemerkte, daß er als nur mittelmäßig begabt galt, weil er zum Überlegen Zeit brauchte. »Von seiner Spezialbegabung für Mathematik war vorderhand nichts zu bemerken, er war nicht einmal ein guter Rechner im Sinne der Geläufigkeit, wohl aber zuverlässig und ausdauernd.« Die Geschichten darüber, wie zurückgeblieben er war, sind jedoch stark übertrieben. Schon mit sieben Jahren gab er zu berechtigten Hoffnungen Anlaß. Pauline schrieb ihrer Mutter im August 1886, er sei wieder »der Erste, er bekam ein glänzendes Zeugnis«. Es wurde Teil der Familienlegende, sie habe erklärt, ihr kleiner Albert werde eines Tages ein großer Professor sein.

Einstein sprach mit Verbitterung von seiner Ausbildung am Luitpoldgymnasium, in das er im Alter von neuneinhalb Jahren eintrat. Er war einer von 1330 Schülern in einer Schule, deren Lehrmethoden er später als geistlos und stumpfsinnig beschrieb. »Ich ließ also lieber jede Sorte von Bestrafungen über mich ergehen, als daß ich etwas auswendig herplappern lernte.« In seinen autobiographischen Notizen gab Einstein zu, daß »jede Erinnerung gefärbt ist durch das jetzige So-Sein, also durch einen trügerischen Gesichtspunkt.« Das Luitpoldgymnasium war für seine Zeit recht fortschrittlich, und Einstein erwies sich als erfolgreicher Schüler mit guten Noten. Er war immer ausgezeichnet in Mathematik, erhielt in Latein die besten Noten und kam dem im Griechischen nahe. Seine einzige Schwachstelle war der Sport, der ihn müde und schwindlig machte. Es stimmt wohl, daß er sich nicht voll und ganz einfügte und Paulines mütterliche Disziplin erträglicher fand als die seiner Lehrer. Sein Griechischlehrer verdiente sich Unsterblichkeit, indem er sagte, aus ihm würde nie etwas werden. »Und in der Tat«, beobachtete seine Schwester Maja, »hat Albert Einstein es nie zur Professur in griechischer Formenlehre gebracht.«

Neben der schulischen Ausbildung, auf die besonders sein Mathematiklehrer Josef Zametzer großen Einfluß hatte, erhielt Einstein einen entscheidenden Teil seiner Erziehung außerhalb des Klassenzimmers. Obwohl Einstein später behauptete, niemand in seiner Familie habe wirklich über wissenschaftliche Kenntnisse verfügt, war er von Erwachsenen umgeben, die mit dem Fernmeldewesen und der Elektrotechnik zu tun hatten. Diese Gebiete waren damals an der vordersten Front der zeitgenössischen Technologie, ähnlich wie heute Computer und Laser. Der Partner seines Vaters, Onkel Jakob, hatte in Stuttgart eine Ingenieursausbildung abgeschlossen und daher eine umfassende mathematische Bildung. Jakob führte Einstein in Geometrie und Algebra ein; die Algebra machte er zu einem amüsanten Spiel, bei dem man nach dem Tier »x« jagte, dessen Namen unbekannt war.

Die mit der Herausgabe der Hinterlassenschaft Einsteins betreuten Forscher haben immer wieder betont, daß der junge Einstein allgemeinverständliche wissenschaftliche Bücher gelesen hat; einige wurden ihm von Max Talmey gegeben, einem armen jüdischen Medizinstudenten, der bei der Familie Einstein einen Freitisch hatte. In der Zeit zwischen Alberts zehntem und fünfzehntem Lebensjahr verwickelte ihn Talmey bei seinen wöchentlichen Besuchen immer wieder in intellektuelle Debatten. Maja erinnert sich, daß ihr Bruder die »naturwissenschaftlichen Volksbücher« von Aaron Bernstein durcharbeitete, die ihm von Talmey empfohlen worden waren. Einstein selbst sagte, er habe sie mit atemloser Spannung gelesen. Wie Kayser bemerkt, waren sie bunte, schöne Naturatlanten, die den Grenzen des kindlichen Verständnisses angemessen waren. Für Albert kamen diese Bücher der Offenbarung gleich. Er verschlang sie mit der Leidenschaft, mit der sich andere Jungen den Indianergeschichten widmen. Heutige Einstein-Forscher haben verblüffende Parallelen zwischen Gedanken in den Büchern Bernsteins und einigen der wichtigsten von Einstein aufzeigen können. Wie Jürgen Renn und Robert Schulmann bemerkten, erörterte Bernstein die Korpuskeltheorie des Lichts, die Einstein später wiederbelebt – er erwähnt sogar die Möglichkeit der Lichtablenkung durch ein Schwerefeld, die schließlich einer der Hauptbelege für die allgemeine Relativitätstheorie wurde. Einstein machte sich nie etwas daraus, die Einzelheiten der Wissenschaft um ihrer selbst willen auszuarbeiten: Er malte auf einer großen Leinwand. Bernsteins Bücher ermöglichten es ihm, die dringlichen Fragen der laufenden Forschung zu erfassen, ohne von Einzelheiten überwältigt zu werden. Eines der Themen, die ihm am Herzen lagen, hatte damit zu tun, wie unsichtbare Kräfte das Weltall zu einer Einheit machen. Renn hat auf ein anderes hingewiesen – auf den Gedanken, daß sich die Welt durch atomares Verhalten beschreiben ließe – ein Thema also, das Einsteins revolutionären Arbeiten von 1905 zugrunde lag.

Einstein sagte, es sei die Lektüre der populärwissenschaftlichen Bücher gewesen, die seiner »religiösen Phase« im Alter von zwölf Jahren ein plötzliches Ende setzte, weil er dadurch zu der Überzeugung kam, vieles in den Erzählungen der Bibel könne nicht wahr sein. Er ging zum anderen Extrem glühenden Zweifels über und machte ein Phase fanatischer Freidenkerei durch, in der er davon überzeugt war, man hätte ihn belogen. Er äußerte später, dadurch sei ein Mißtrauen gegenüber allen Autoritäten der etablierten gesellschaftlichen Ordnung genährt worden, das ihn nie wieder verlassen habe. Gleichzeitig konzentrierten sich seine Gefühle der Verehrung stärker auf die unbelebte Welt. Er beschreibt sie in seinen autobiographischen Notizen unmittelbar nach dem Abschnitt über die religiöse Phase so:

Da gab es draußen diese große Welt, die unabhängig von uns Menschen da ist und vor uns steht wie ein großes ewiges Rätsel, wenigstens teilweise zugänglich unserem Schauen und Denken. Ihre Betrachtung wirkte als eine Befreiung, und ich merkte bald, daß so mancher, den ich schätzen und bewundern gelernt hatte, in der hingebenden Beschäftigung mit ihr innere Freiheit und Sicherheit gefunden hatte.

Hier sah Einstein die Möglichkeit, in die »außerpersönliche Welt« zu entfliehen, die ihn sein ganzes Leben lang antreiben sollte. Der Knabe, der in menschlichen Beziehungen weder Sicherheit noch Freiheit gefunden hatte, und dessen Versuche, sie in der Religion zu finden, ergebnislos geblieben waren, würde sie jetzt in der Naturwisenschaft suchen. Und doch fällt auf, wie Einstein die Sympathie betont, die er für Gleichgesinnte fühlt. »Ähnlich eingestellte Menschen der Gegenwart und Vergangenheit sowie die von ihnen erlangten Einsichten waren die unverlierbaren Freunde.«

Einstein griff häufig auf eine religiöse Sprache zurück, um sein Gefühl der Ehrfurcht vor der physikalischen Welt zu beschreiben. Wenn er an einen Heiligen erinnert, rührt das zum Teil von der Art her, wie er seinen wissenschaftlichen Bemühungen den Anschein einer heiligen Sendung gab. Berühmt ist die Begründung seiner Zweifel an der Quantenmechanik, wenn er sagt: »Ich kann nicht glauben, daß Gott mit der Welt Würfel spielt.« Fast ebenso gefeiert ist sein Glaubensbekenntnis, daß es letztlich keine unzugänglichen Geheimnisse der Physik gibt: »Raffiniert ist der Herrgott, aber boshaft ist er nicht.« Sein erklärtes Ziel war »zu wissen, wie Gott diese Welt erschaffen hat«, und er schrieb einmal, daß Naturwissenschaftler wie er »die einzigen tief gläubigen Menschen« seiner Zeit seien. Was Einstein seine »kosmische religiöse Erfahrung« nannte, die Verehrung der Schönheit der Physik, ist zum gemeinsamen Glaubensinhalt einer ganzen Generation von Physikern geworden. Der britische Kosmologe Stephen Hawking zum Beispiel hat in auffallend ähnlichen Worten von seinem eigenen Wunsch gesprochen, »Gottes Plan« zu erforschen.

Aber Einsteins Wortwahl macht den Begriff schlecht faßbar. Einsteins Ansichten waren in fast jeder wichtigen Hinsicht atheistisch. Er fand es unmöglich, sich einen persönlichen Gott vorzustellen, glaubte nicht an ein Leben nach dem Tod, und er betrachtete die Moral als ausschließlich von Menschen geschaffen. Seine Verehrung für die kosmische Harmonie war echt, seine Behauptung, sie sei das Gesicht Gottes, jedoch bestenfalls freundliche Verstellung. Einstein deutete das unverkennbar an, als er auf die Frage nach seiner Reaktion, wenn seine Relativitätstheorie nicht vom Experiment gestützt worden wäre, antwortete: »Es hätte mir leid getan für den lieben Gott.« Es war, als ob er fühlte, nur religiöse Sprache könne seine Kapitulation vor dem Weltlichen, dem Nicht-Spirituellen, dem krass Erdgebundenen verhindern. In Wahrheit hatte er niemals ganz die Religiosität seiner Jugend überwunden.

Eine der berühmtesten Anekdoten über Einstein führt seine Verehrung für die geheimnisvollen Kräfte der Natur auf ein Erlebnis zurück, das er im Alter von vier oder fünf Jahren hatte. Damals schenkte sein Vater ihm, als er krank im Bett lag, einen Kompaß. Es erfüllte ihn mit Staunen, wie die Nadel durch eine unsichtbare Kraft gezwungen wurde, nach Norden zu zeigen. Es ist oft bemerkt worden, daß Einstein, als er von dem »tiefen und bleibenden Eindruck« erzählte, den dies auf ihn gemacht hatte, seine leise Sorge äußerte, es könne eine Ausschmückung des Gedächtnisses sein, die beim Wiedererzählen hinzugefügt wird. Aber ein ähnlicher Anstoß scheint für den etwa zwölfjährigen Einstein von dem ausgegangen zu sein, was er – wieder mit einem Anflug von Religiosität – das »heilige Geometriebüchlein« nannte. Dieses ganz gewöhnliche Mathematikbuch von der Sorte, die zahllose Schulkinder in Schrecken zurückweichen ließ, verblüffte ihn als ein Beweis für die Macht des »bloßen Denkens«. Er schrieb von dem unauslöschlichen Eindruck, den die

»Klarheit und Sicherheit« auf ihn gemacht habe, mit der scheinbar grundlose Behauptungen bewiesen werden konnten. Im Lauf der nächsten vier Jahre machte er sich mit den anderen Elementen der Mathematik vertraut, darunter auch der Infinitesimalrechnung.

Als seine Familie sich 1894 an den glücklosen Umzug nach Italien machte, blieb der fünfzehnjährige Einstein in München, um eine Unterbrechung seiner Ausbildung zu vermeiden. Es war eine harte Entscheidung, die vermuten läßt, daß der Ehrgeiz, den Pauline und Hermann für Albert hegten, größer war als ihr Wunsch, ihm nahe zu sein. Sie führte zu einer der großen emotionalen Krisen seines Lebens, denn im Frühling des folgenden Jahres verließ Einstein – anderthalb Jahre vor dem Abitur – plötzlich und ohne sich mit seinen Eltern zu beraten die Schule und überquerte die Alpen, um wieder bei der Familie zu sein. Er ermöglichte seine Flucht, indem er seinen Lehrern ein medizinisches Attest vorlegte, wonach er an nervösen Störungen litt. Nach der autorisierten Fassung seines Lebens, wie sie von Kayser aufgezeichnet wurde, war dies eine »notwendige Lüge«, die mit Hilfe eines mitfühlenden Arztes ausgeführt wurde. Einstein, so wird uns gesagt, wollte lediglich eine Ausrede haben, um die Schönheiten Italiens genießen zu können, das ihm jüngere Vettern aus Genua als das Paradies auf Erden geschildert hatten. Es ist jedoch genauso wahrscheinlich, daß die nervliche Belastung wirklich zu groß war. Seine Schwester gibt in ihrer Darstellung der Episode keinen Hinweis auf eine Betrügerei, sondern sie sagt, Einstein sei deprimiert und nervös gewesen und meint, seine lakonisch gehaltenen Briefe an die Eltern hätten sie auf sein Elend aufmerksam machen sollen. Zu den Gründen dafür gehörte seine Unzufriedenheit mit der Schule und die sich nähernde Gefahr, zum Militärdienst eingezogen zu werden. Anscheinend hatte ihm zudem sein Griechischlehrer gesagt, seine bloße Anwesenheit verdürbe ihm in der Klasse den Respekt, und er solle die Schule besser verlassen. Aber die meisten Darstellungen übersehen vermutlich das Wesentliche: Einstein vermißte seine Eltern.

Sicherlich rieb sich Einstein an den intellektuellen Begrenzungen seiner Familie. In seinen Briefen an Mileva ging es immer wieder darum, wie engstirnig und verdummend er das Leben daheim fand. Dies spiegelt sich in Kaysers Biographie mit ihrer Beschreibung der »wohlhabenden philiströsen Atmosphäre«, in der Einstein aufwuchs. »Philiströs« wurde Einsteins Kürzel für alles, was ihm an seiner Familie mißfiel. Kayser schildert einen Knaben, der in einer fremden Welt lebte, umgeben von Unterhaltungen, die nichts mit seinen Träumen und Wünschen zu tun hatten. Trotzdem war dieses sein Zuhause für ihn ungeheuer wichtig; außerhalb des Elternhauses gab es für ihn kein wirkliches Leben. So konnte er sich nur an einen einzigen Schulfreund erinnern. Bei allen Mängeln fand er daheim materielle Sicherheit und Geborgenheit.

Maja läßt uns nicht darüber im Zweifel, wie schmerzlich der Umzug der Familie nach Italien gewesen sein muß. Das schöne Haus, in dem ihr Bruder eine »glückliche Kindheit« verlebt hatte, wurde an einen Bauunternehmer verkauft, »der sofort die schönen Anlagen als Baugrund verwendete, die prächtigen alten Bäume umhauen liess und eine ganze Reihe hässlicher Mietskasernen erstellte. Die Kinder mussten bis zum Zeitpunkt der Übersiedlung noch vom Wohnhause aus der Zerstörung der Zeugen ihrer liebsten Erinnerungen zuschauen.« Es wundert nicht, daß Einstein keinerlei Wunsch verspürte, noch länger allein in München zu bleiben.

Die Eltern waren erschrocken, daß ihr Sohn so plötzlich die Schule abgebrochen hatte. Er wollte auch unbedingt die deutsche Staatsbürgerschaft aufgeben, um von der Verpflichtung zum Wehrdienst befreit zu sein, der sonst nach seinem siebzehnten Geburtstag unvermeidbar geworden wäre. Sein lebenslanger Antimilitarismus scheint seine Wurzeln in der frühen Kindheit zu haben, und zwar nicht in einer Abscheu vor Gewalt, sondern im Widerwillen gegen die Reglementierung, die Soldaten keinen eigenen Willen läßt. Der junge Einstein, so wird erzählt, war von Furcht und Haß erfüllt, wenn er auf den Straßen Soldaten marschieren sah. Ob dies seine Aufgabe der deutschen Staatsbürgerschaft völlig erklärt, bleibt zweifelhaft. Er meldete sich 1901 brav in der Schweiz zum Militärdienst, wurde jedoch wegen seiner Krampfadern und Plattfüße für untauglich befunden. Wenn er nicht Bürger seines Geburtslandes sein wollte, steckte darin etwas anderes als der Widerwillen gegen das Soldatenleben: Anscheinend lehnte er damit alle »philiströse« Formalität ab, die sich für ihn mit Deutschland verband. Vielleicht sollte man darin auch einen Versuch sehen, sich gegen seine Familie aufzulehnen, in der er dieselben Mängel sah, und, nachdem er ihr nach Italien gefolgt war, doch seine Unabhängigkeit zu behaupten. Es blieb in seinem Wesen viel mehr vom Stereotyp des Deutschen, als ihm lieb war – besonders eine eiserne Selbstdisziplin und seine Ungeduld mit jenen, die er für schwächer hielt als sich selbst.

Einstein versuchte, seine Eltern zu beruhigen, indem er versprach, sich um einen Platz an der Eidgenössischen Polytechnischen Hochschule in Zürich zu bewerben, einem der besten Orte für die technische Ausbildung in ganz Europa (heute heißt sie Eidgenössische Technische Hochschule oder ETH). Er beugte sich ihren Wünschen und setzte sich selbst das Ziel, ein Elektro-Ingenieur oder Techniker zu werden. Einstein wollte eigentlich schon damals einen mehr theoretischen Weg gehen, aber sein Vater sagte ihm, er solle solch »philosophischen Unsinn« vergessen und einen vernünftigen Beruf erlernen. Einstein gab nur widerstrebend nach und bewahrte unglückliche Erinnerungen an die Auseinandersetzung. Es entbehrt nicht der Ironie, daß es viele Jahre später mit Hans Albert zu einem Spiegelbild derselben Konfrontation kam.

Pauline Einstein machte sich daran, alle möglichen Fäden zu ziehen, um dem Fortkommen ihres Sohnes förderlich zu sein. Sie bat Gustav Maier, einen Freund der Familie, seinen Einfluß in Zürich geltend zu machen, und Maier überredete Albin Herzog, den Direktor des Polytechnikums, Einstein die Eintrittsprüfung ablegen zu lassen, obwohl ihm zu dem üblichen Eintrittsalter von achtzehn noch zwei Jahre fehlten und er nicht die zum Studium berechtigende Reifeprüfung abgelegt hatte. Was Maier damals über den Jungen sagte, läßt sich aus Herzogs zweifelnder Antwort ahnen, in der er flüchtig von »sogenannten Wunderkindern« sprach. Wenn Einstein die Eingangsprüfung bestanden hätte, wäre sein Leben wieder ins Geleise gekommen. Aber er fiel durch. Wenn wir seinen eigenen Erinnerungen glauben, war er so wenig begeistert von der Laufbahn, die seine Eltern für ihn gewählt hatten, daß er wenig tat, um sich außerhalb seiner eigenen Interessengebiete auf die Prüfung vorzubereiten. Seine Leistungen waren am schlechtesten im sprachlich-historischen Teil, wo es also um Allgemeinwissen ging, aber er glänzte in Mathematik und Naturwissenschaft. Der Physikprofessor des Polytechnikums, Heinrich Weber, war sehr beeindruckt und lud Einstein ein, seine Vorlesungen als Gasthörer zu besuchen. Direktor Herzog jedoch riet ihm, eine höhere Schule zu besuchen, die Reifeprüfung zu bestehen und das Studium im folgenden Jahr zu beginnen.

Am 26. Oktober 1895 schrieb Einstein sich als Schüler der dritten Klasse in die technische Abteilung der Kantonsschule in Aarau, zwanzig Kilometer südlich von Zürich, ein. Wieder einmal war er von seinen Eltern getrennt, aber diesesmal fand er einen Ersatz, der sein Leben veränderte. Professor Jost Winteler unterrichtete in einer anderen Abteilung der Schule in Aarau Griechisch und Geschichte. Er und seine Frau Pauline nahmen oft Schüler als Pensionsgäste auf, und man kam überein, daß Albert in ihrem Haus, dem Rössligut, gleich gegenüber der Schule, wohnen sollte. Einstein verbrachte alle drei Semester, die er in Aarau war, bei der Familie Winteler, die für ihn wie eine zweite Heimat wurde. Seine Schwester Maja heiratete später den Sohn Paul, und sein bester Freund Michele Besso heiratete die Tochter Anna. Am wichtigsten jedoch war für Einstein die Tochter Marie, seine erste Liebe.

Es war eine der glücklichsten Zeiten seines Lebens; er beschrieb die Stadt später als »eine unvergeßliche Oase« in der europäischen Oase Schweiz. Professor Winteler hatte dieselbe unbeschwerte Lebenshaltung wie Einsteins Vater und war ein ungewöhnlich freundlicher Mann. Typischerweise sprach keiner der beiden Männer von den »Pensions-Bedingungen«, bis der junge Mann sich schon eingelebt hatte. Intellektuell jedoch gab es deutliche Unterschiede. Die Ausbildung von Hermann Einstein war auf die in einem Technikum beschränkt, Winteler dagegen war der Sohn eines Lehrers und hatte an den Universitäten Zürich und Jena ein strenges Studium absolviert. Obwohl seine Fachgebiete der Naturwissenschaft fernlagen (er hatte Geschichte, Germanistik und Philologie studiert), konnte er dem jungen Albert ganz neue geistige Anregungen vermitteln. Unter seinem Vorsitz versammelte sich die ganze Familie regelmäßig am Tisch, um Tagesprobleme zu erörtern. Hermann Einstein war offensichtlich beeindruckt von dem »sehr geehrten Herrn Professor« und hoffte, der »anregende Verkehr« in seinem Hause werde dem Wissen seines Sohnes »höchst förderlich sein«. Hermann befaßte sich nicht mit Politik, aber Professor Winteler vertrat deutlich liberale Ansichten, die mit denen in Einklang waren, die sich bei Einstein herausschälten. Insbesondere teilte Winteler den Argwohn des jungen Mannes in bezug auf Deutschland und seinen Militarismus. Er hatte eine etwas eigensinnige Rechtschaffenheit, die Einstein Eindruck machte. So hatte er einen Direktorenposten an einer anderen Schule aufgegeben, als es zu einer Auseinandersetzung mit dem streng katholischen Schulvorstand gekommen war. Vielleicht bewirkte er mehr Gedankenfreiheit, als er selbst hatte. Einstein äußerte später Mileva gegenüber, Winteler bleibe »ein alter Dorfschulmeister, was er auch sagt«. Einstein ließ sogar wissen, daß er den Professor ziemlich eigenwillig und selbstgefällig fand, aber dies waren Schwächen, die er zur einen oder anderen Zeit bei fast jedem beklagte. Im Grunde war sein Respekt für die Intelligenz und Anständigkeit des Mannes, den er »Papa Winteler« nannte, unwandelbar.

Frau Winteler hatte eine viel wärmere Persönlichkeit als Einsteins Mutter. Während Pauline Einstein mißtrauisch und zurückhaltend war, war Pauline Winteler nachgiebig und offenherzig. Sie hatte sieben eigene Kinder und nahm Albert wie ein weiteres Kind in ihre Schar auf. Er wiederum nannte sie »Mamerl« und hegte schmerzlich schöne Erinnerungen an die Zeiten, in denen sie im sonnigen stillen Frieden des Rössliguts Vertraulichkeiten austauschten. Nach seiner Abreise schickte er ihr Briefe, die vor Zuneigung überschäumten und gewöhnlich mit »Tausend Grüße und Küsse« endeten. Seiner natürlichen Mutter hätte Einstein wohl kaum geschrieben, bei »Hanneles Himmelfahrt« habe er »weinen müssen wie ein Kind, halb selig, halb im Schmerz«, aber er schrieb es an Pauline Winteler. Er hätte seiner eigenen Mutter auch wohl kaum geschrieben, sein äußeres Leben sei »so philiströs, daß die Leute ihre Uhr nach mir richten könnten – nur würden in der Früh dann die Uhren etwas nachgehen.« Pauline Winteler konnte den Spaß verstehen, und sie begriff, was er mit »philiströs« meinte, ohne beleidigt zu sein. Sie wiederum schickte ihm liebevolle Briefe und mit ihnen Geschenke, Gedichte und Maiglöckchen.

Bald nach der Ankunft seines Sohnes im Rössligut schrieb Hermann Einstein Jost Winteler von seiner tiefen Dankbarkeit für die Gastfreundschaft, die Albert dort empfing. Hermann spürte, daß Albert sich in Aarau schon wie zu Hause fühlte. Das wurde klar, als sein Sohn beschloß, die Weihnachtsferien 1895 dort zu verbringen.

Anscheinend regten Wintelers in Einstein eine Seite seines Gefühlslebens an, die seinen Klassenkameraden, die ihn immer noch als einen Einzelgänger sahen, verborgen blieb. Sein Freund Hans Byland hinterließ ein recht einschüchterndes Bild dieses »kecken Schwaben« in seiner »originellen Selbstherrlichkeit«: »Den grauen Filz auf die Seidenfülle des schwarzen Haares zurückgeschoben, schritt er energisch und sicher daher in schnellem, ich möchte fast sagen reißendem Tempo des rastlosen Geistes, der eine Welt in sich trägt.« Hier war ein zuversichtlicher, selbstbewußter Klardenker. »Ungescheut rückte er mit seiner persönlichen Meinung heraus, gleichviel, ob sie verletzte oder nicht«, und dessen witziger Spott »jeden Dünkel und jede Pose aufs Korn nahm«. So schreibt er: »Ein spöttischer Zug um den schwellenden Mund mit der vorstehenden Unterlippe ermutigte den Philister nicht, mit ihm anzubinden.« Schließlich war ihm »alle Gefühlsschwärmerei« verhaßt. Eines Tages jedoch erhaschte Byland einen Einblick in etwas ganz anderes, als Einstein im Speisesaal der Schule auf seiner Geige Mozartsonaten spielte. »Das Gemach schien sich zu weiten – zum ersten Mal erstand der wahre Mozart vor mir ... bald in schalkhafter Grazie, bald machtvoll erhaben.« Dieses Bild schien Byland nicht mit dem des intellektuellen Haudegen im Klassenzimmer vereinbaren zu können. Er folgerte scharfsinnig: »Er zählte zu jenen Doppelnaturen, die durch eine stachelige Hülle das zarte Reich ihres inneren Gefühlslebens zu schützen wissen.«

Byland nennt den Zufall glücklich, der einen solchen jungen Mann in eine so »romantisch veranlagte« Familie führte. Die

Wintelers strahlten eine Wärme und herzliche Offenheit aus, die sie von ihren kühlen Schweizer Nachbarn unterschied. Das zeigte sich von seiner besten Seite in einer faszinierenden Exzentrizität – Jost Winteler, ein eifriger Vogelkundler, soll sich gern mit Vögeln unterhalten haben. Im schlimmsten Fall lieferte es Hinweise auf geistige Instabilität, die ein Jahrzehnt nach Einsteins Aufenthalt schreckliche Folgen hatte. Im November 1906 wurde Pauline von ihrem Sohn Julius, einem Schiffskoch, erschossen, der geisteskrank wurde und nach seiner Heimkehr aus Amerika Amok lief. Er tötete dann den Ehemann seiner Schwester Rosa, Ernst Bandi, bevor er Selbstmord beging. Der Vorfall hinterließ tiefe Narben bei den Überlebenden; Einsteins Jugendliebe Marie verbrachte die letzten Jahre ihres Lebens in psychiatrischer Pflege. Nach einer Darstellung behauptete Professor Winteler, die Geisteskrankheit sei durch seine Frau in die Familie hinein gebracht worden, ganz ähnlich wie Einstein später die Schuld für die Geisteskrankheit seines Sohnes Eduard Mileva zuschieben sollte. In seinem Kondolenzschreiben nach dem Unglück schob Einstein die Schuld taktvoller dem »blinden Schicksal« zu.

Marie war die hübscheste der drei Töchter, und zwei Jahre älter als Einstein. Ihre Namen wurden kaum zwei Monate nach seiner Ankunft in Aarau in einem Brief seiner Mutter an die Familie Winteler in Verbindung gebracht. Nach einem Neujahrsgruß an die ganze Familie und dem Ausdruck der Erleichterung, ihren Sohn »in solch trefflicher Obhut zu wissen«, schrieb Pauline an »liebes Fräulein Marie«. Sie bedankte sich für ein »Briefchen«, das Einstein und Marie gemeinsam geschickt hatten und das sie »unendlich gefreut« habe und versprach, Marie »in Bälde« zu antworten. Vier Monate später schrieb Einstein aus den Schulferien in Italien mit all der Sehnsucht an Marie, die man von einem verliebten Siebzehnjährigen erwarten würde.

Vielen, vielen Dank Schatzerl für Ihr herziges Brieferl, das mich unendlich beglückt hat. Es ist so wunderbar, so ein Papierchen ans Herz drücken zu können, auf das zwei so liebe Äuglein liebend gesehen, auf dem die zierlichen Händchen lieblich herumgerutscht sind. Ich habe jetzt im vollsten Maaße einsehen müssen, mein Engelchen, was Heimweh und Sehnsucht bedeutet. Doch die Liebe beglückt wieviel mehr, als die Sehnsucht schmerzt. Jetzt sehe ich erst, wie unentbehrlich meine liebe kleine Sonne meinem Glück geworden ist ... Sie sind meiner Seele mehr als früher die ganze Welt.

Einsteins Ausflüge in die Sprache der Liebe neigten immer zum Süßlichen, und dieser Brief – der einzige an Marie, der erhalten blieb – schlug einen Ton an, der in seiner späteren Korrespondenz mit Mileva widerhallte. Einstein war gewöhnlich am liebevollsten, wenn die Objekte seiner Liebe in sicherer Entfernung waren, als ob er dann mit ihnen machen konnte, was er wollte.

Die Sehnsucht nach Marie und das »Heimweh« nach Aarau gingen Hand in Hand. Das Städtchen war wie gemacht für verliebte junge Leute. Es liegt in den Ausläufern des großartigen Schweizer Juragebirges, und sein alter Stadtkern mit seinem Irrgarten enger Straßen erhebt sich terrassenförmig über die Aare. Aarau ist als »Stadt der schönen Giebel« bekannt, und ihre schönen Gebäude sind mit Erkern, schmiedeeisernen Schildern, Fresken und dekorierten Gesimsen verziert. In der offenen Landschaft der Umgebung genoß Einstein Sonntagsspaziergänge mit Jost, Marie und der übrigen Familie. Rudolf Kayser schrieb später, Einstein sei von Marie »fasziniert« gewesen, deren leichtherziges Wesen eine verführerische Ablenkung von seinen Studien bedeutet habe. Ihre ältere Schwester Anna erinnert sich, er sei ein »angenehmer Hausgast« gewesen, der viel gearbeitet habe und nur selten ausgegangen sei. Bei alledem war er nie ein Spielverderber und konnte gelegentlich herzlich lachen. Einstein waren Maries Versuche willkommen, ihn wegzulocken, wenn er müde und nachdenklich über seinen Büchern saß. Unter anderem verband sie ihre gemeinsame Liebe zur Musik. Bei der »Instrumentalmusikprüfung« in der Schule bemerkte der Inspektor zu dieser Zeit die »verständnisinnige Wiedergabe eines Adagio aus einer Beethoven'schen Sonate« und lobte sein Geigenspiel. Marie spielte wie seine Mutter Klavier, und sie spielten oft vierhändig.

Im Vergleich dazu war das neue Heim seiner Familie in Pavia regelrecht langweilig. Einsteins Brief vom April versetzte der

Stadt einen streitbaren Hieb, indem er sich fragte, wie sich ihre Seele wohl mathematisch ausdrücken ließe. Die Gleichung müsse wohl die »Summe der Ladstöcke« enthalten, welche ihre unbeugsamen Bürger anscheinend verschluckt hätten und den »Gemütseindruck, welchen diese überall gleichmäßigen dreckigen Mauern & Straßen auf den Beschauer machen«. Einstein murrt hier über genau die gleich Art von Spießigkeit, die ihm anscheinend in Deutschland so zuwider war. »Wie anders ist es, mit seinem Liebchen, ein einfaches, süßes Liedchen zu spielen, als mit ladstöckigen aufgeputzten Paveser Damen eine anerkannt schwere Sonate, wenn auch noch so ›glücklich‹ zu überstehen, wobei immer ›möglichst schnell & dabei möglichst wenig Fehler‹ als ideales Ziel vorschwebt oder auch, ›sich möglichst elegant aus der Situation zu ziehen‹.«

Hinter diesen Szenen lauerte die Gestalt von Einsteins Mutter. Er schrieb Marie, Pauline habe sie ins Herz geschlossen, ohne sie auch nur zu gesehen zu haben. Er gab sogar zu, seiner Mutter zwei von Maries Briefen zu lesen gegeben zu haben. Sie hatte ihn ausgelacht und ihren Sohn damit aufgezogen, daß ihm jetzt die »Mädeln nicht mehr gefallen wollen«, von denen er früher »doch immer so entzückt gewesen sei.« Aber in dem verschwörerischen Ton eines mütterlichen Postskriptums steckt ein persönliches Siegel der Zustimmung: »Ohne diesen Brief gelesen zu haben, sende ich Ihnen herzliche Grüße!«

Marie schrieb später über ihre Beziehung zu Einstein: »Wir haben uns innig geliebt, aber es war eine durchaus ideale Liebe.« Der Ton ihrer erhaltenen Briefe ist inbrünstig, aber zurückhaltend. Genau wie Einstein davon sprach, daß er Maries Brief an sein Herz drückte, so schrieb sie von ihrem Verlangen, seine müde Stirn zu streicheln. In Maries Erinnerung war er »bildschön«, aber sie fühlte sich offensichtlich überwältigt von dem scharfen Verstand ihres »weisen lieben Lockenkopfs« und des »großen lieben Philosophen«. Einstein fand sich genötigt, sie zu tadeln, als sie sich selbst als »das kleine unbedeutende Schatzerl« beschrieb, das »nichts kann und nichts versteht«. Der Kuß, mit dem er sie bestrafen wollte, erscheint als eine ziemlich selbstgefällige Strafe, aber in Marie suchte er keine intellektuelle Partnerin. Vielmehr war er glücklich, wenn er sich in ihrer Zuneigung sonnen und an ihrer Hochstimmung Anteil haben konnte. »Und ob ich geduldig sein will? Was bleibt mir denn sonst bei meinem geliebten, ungezognen Engelchen anderes übrig? Umsomehr, da ja die Engelchen immer schwach sind ... und Sie doch mein liebes Engelchen sind und sein sollen.« Einstein behandelte Marie, als ob sie etliche Jahre jünger wäre als er und nicht älter. Er nannte sie sogar »mein geliebtes Kind«.

Wenn Einsteins Selbstvertrauen in seine Fähigkeiten zunimmt, zeigt sich darin zum Teil auch, wie gut die Schule in Aarau war. Um die Mitte des neunzehnten Jahrhunderts war der Kanton Aargau als »Kulturstaat« der Schweiz bekannt geworden, und sein Erziehungssystem wurde wegen seiner fortschrittlichen Methoden gerühmt. Als Einstein im Oktober 1895 nach Aarau kam, hatte die Kantonatsschule zwei Zweige: ein Gymnasium, in dem 56 Schüler Latein als Pflichtfach hatten, und einen technisch-wirtschaftlichen Zweig mit neunzig Schülern. Einstein besuchte diesen und fand keine Spur von der autoritären Haltung, die ihm in München so mißfallen hatte. Die Schüler wurden als Individuen behandelt und ermutigt, selbständig zu denken. Während seiner Zeit dort wurde ein neues Gebäude eröffnet, dessen Physiklabor über eine Ausrüstung verfügte, um die es eine kleine Universität hätte beneiden können. Einstein hatte im Sommer zuvor einen ersten wissenschaftlichen Aufsatz geschrieben (und ihn stolz an einen seiner Onkel geschickt) und begann jetzt, Bücher über theoretische Physik zu lesen. Er erinnerte sich später, daß er sich als Sechzehnjähriger gefragt hatte, wie es wäre, wenn man einer Lichtwelle mit Lichtgeschwindigkeit nachläuft. Das war ein entscheidender Auslöser: Das erste kindliche »Gedanken-Experiment« berührte eines der Geheimnisse der Relativitätstheorie.

Im Sommer 1896 machte Einstein mit der Schule eine Exkursion in den Nordosten der Schweiz. Er schickte Marie einen Brief aus dem Toggenburg-Tal und schrieb, er wünschte, ihre Beziehung wäre von Dauer, obwohl ihre Wege sich zu trennen begannen. Ende des Septembers machte er die Abschlußprüfung, die ihn zum Studium berechtigte. Einen Einblick in seinen Ehrgeiz gibt die Französischprüfung, bei der er zum Thema »Meine Zukunftspläne« schrieb, er wolle gern Lehrer für Mathematik und Physik werden, wobei er den theoretischen Teil wählen möchte. Er verließ Aarau im Oktober, um sich am Polytechnikum in Zürich einzuschreiben. Im folgenden Monat nahm Marie eine Aushilfsstelle als Lehrerin in Olsberg an, einem Dorf im Nordwesten von Aargau. Sie war weiterhin völlig hingerissen von Einstein und sah in einem ihrer Erstkläßler, die »sonst rechte Strohköpferl« waren, »einen lieben Zug« von ihrem geliebten Albert. Immer, wenn sie das Kind sah, das auch den Namen Albert trug, beschwor es sein Bild herauf. Es braucht nicht gesagt zu werden, daß der Junge von seiner Lehrerin besonders gefördert wurde

Maries zwei Briefe an Einstein, die sie von Olsberg aus schrieb, erzählen eine traurige kleine Geschichte. Der erste begann damit, wie atemlos sie sich auf ein geplantes Wiedersehen freute. »Ich danke Ihnen, Albert, daß Sie nach Aarau kommen wollen und so gern, gelt? Daß ich fast die Minuten zähle bis dahin, brauch ich ja nicht zu sagen. Morgen ist Donnerstag und dann Freitag und dann endlich endlich Samstag und dann kommen Sie mit Ihrer Geige, Ihrem lieben Kinde, und Ihr anderes Kind (ists auch lieb?) kommt von der anderen Seite.« Wenige Zeilen später kommt plötzlich die Wirklichkeit ins Spiel: »Mein Lieb, ich begreife eine Stelle in Ihrem Brief nicht recht. Sie schreiben, daß Sie nicht mehr mit mir korrespondieren wollten, warum aber nicht Schatzi? Sie sagten ja schon im Toggenburgerbrief, daß wenn ich in Olsberg sei, wir uns wieder schreiben wollten ... Sie schelten mich ungezogen, Albert, daß ich nicht schreiben will, wieso und warum ich hieher gekommen. Aber Sie Lieber Böser, wissen Sie denn nicht, daß es viel Schöneres und Gescheiteres zu schwatzen gibt und zu erzählen als so was Dummes ...«

Maries Brief läßt vermuten, daß Einstein ihr vorgeworfen hatte, sie habe ihre Liebesbeziehung durch ihren Weggang beenden wollen. Das war angesichts seines eigenen Umzugs nach Zürich ein feines Stück Heuchelei, aber, worauf sie in der Folge aufmerksam machte, selbst bei ihrem weisen lieben Lockenkopf waren nicht immer alle Gedanken logisch. Zu dieser Zeit schickte Einstein Marie noch seine schmutzige Wäsche, die sie für ihn wusch und ihm zurückschickte. Marie war entschlossen, sein Herz durch den reinen Überschwang ihrer Zuneigung zurückzugewinnen. »Sie wissen ja gut, was drinn bei mir im Herzen für Sie ganz allein alles wohnt und lebt und fühlt, und daß es so schön ist, seit Ihre liebe Seele in meiner webt und lebt, ich könnts ja nie sagen, weils keine Worte dafür gibt, ich kann ja nur sagen, ich hab Sie in alle Ewigkeit lieb, Schatzi und Gott behüte und beschütze Sie.«

Eine Antwort von Einstein, die jetzt verloren ist, versetzte Marie in einen Rausch der Wiederholungen. »Mein lieber, lieber Schatz!« begann sie. »Endlich endlich hab ich mich gefreut, gefreut, wie es nur Ihre lieben langen Briefe zu Stande bringen können.« Trotzdem wußte sie, daß etwas nicht stimmte. Sie war gezwungen gewesen, »fürchterlich lang« auf eine Antwort zu warten und sogar ihre Mutter gebeten nachzusehen, ob Einstein krank war. Ihr Gefühl, ihm geistig unterlegen zu sein, war schmerzlicher denn je. Sie verschwendete keinen Gedanken an ihr eigenes Glück, »aber nur aus dem Grund, weil ich überhaupt nicht denke, nur wenns gar eine zu dumme Rechnung kommt, wos nöthig ist, daß ich mal zur Abwechslung mehr weiß als meine Schüler.« Marie hatte Einstein eine Teekanne zum Geschenk gemacht und dafür nur einen mürrischen Dank erhalten. Sie bat ihn, kein böses Gesicht mehr zu machen, das »ja aus allen Häuschen des Briefpapieres geguckt hat.« Wieviel böser muß dieses Gesicht geworden sein, als er von ihren Plänen las, ihn in Zürich zu besuchen. »Dann will ich alles so stellen wies mir gefällt, gelt und dann sind Sie noch einmal so gern in Ihrem Studierstübchen.« Tatsächlich hat Einstein den Gedanken, eine Frau könnte sich in seine Arbeitsbedingungen einmischen, immer verabscheut.

Wann genau die Beziehung endete, ist unklar, weil sich die Endphase hinzog. Einige Wochen nach Maries zweitem Brief schrieb Einsteins Mutter ihr von Frau zu Frau mit einem Anflug von Wut. Das Studentenleben habe ihren Sohn verändert, sagte sie. »Der Schlingel ist fürchterlich faul geworden, man merkt, es fehlt die liebevolle Mahnung, denn seine Briefe lassen an Regelmäßigkeit sehr zu wünschen übrig.« Sie versprach, ihm bei seinem Besuch »ordentlich den Text zu lesen«, und fügte ohne Überzeugung hinzu: »Obs wohl hilft?« Pauline hatte die Beziehung begrüßt und scheint alles getan zu haben, sie dauerhaft zu machen. Sie schrieb Marie drei Monate später, im März 1897, wieder und berichtete, Einstein habe die Ferien daheim verbracht und sehe vorzüglich aus. Er habe einen Riesenappetit entwickelt und sei so voll überschüssiger Energie gewesen, daß ihre »mütterliche Autorität« häufig vollständig untergraben worden sei. Der heitere Ton dieses Briefs muß der Empfängerin das Lesen schwer gemacht haben.

Der erste deutliche Hinweis auf ein Ende kam im Mai, als Einstein an Pauline Winteler schrieb, um »einen Seelenkampf« zu beenden, »dessen Ergebnis doch in mir feststeht«. Er war zu Pfingsten nach Aarau eingeladen worden, hatte aber beschlossen, nicht zu gehen. Es wäre, schrieb er Pauline »meiner mehr als unwürdig, wenn ich ein Paar Tage Wonne mit neuem Schmerz erkaufte, den ich dem lieben Kindchen schon viel zu viel durch meine Schuld verursacht habe.« Seine Worte legen nahe, daß der Schmerz allein Maries wäre und für ihn die freudige Aussicht auf Aarau und sein »zweites Mamerl« ungetrübt sei. Nur weil sein Besuch jetzt unmöglich war, teilte er Maries Elend.

Vielleicht. Die Heftigkeit der Briefe Einsteins an Pauline Winteler läßt vermuten, seine Gefühle für sie seien fast ebenso stark gewesen wie jene, die er für ihre Tochter empfand. Maries Zuneigung und Bewunderung hatte ihm gefallen, aber es war ihm auch immer bewußter geworden, wie abhängig sie von ihm geworden war. Ein solches Problem gab es mit ihrer Mutter nicht. Trotzdem läßt Einsteins Nachricht an Pauline wenig Zweifel daran, daß seine Beziehung zu Marie ihn mehr aufgewühlt hatte, als seine einleitenden Bemerkungen es zugeben. Der Hauptteil gehört zum Faszinierendsten, was er je geschrieben hat.

Es erfüllt mich mit einer Art seltsamer Genugthuung, jetzt auch einen Teil des Schmerzes durchkosten zu müssen, den mein Leichtsinn & meine Unkenntnis einer so zarten Natur dem lieben Mädchen bereitet haben. Die angestrengte geistige Arbeit & das Anschauen von Gottes Natur sind die Engel, welche mich versöhnend, stärkend & doch unerbittlich streng durch alle Wirren dieses Lebens führen werden. Wenn ich nur dem guten Kind auch etwas davon geben könnte! Und doch, welch seltsame Art ist das, um die

Stürme des Lebens zu ertragen – in mancher klaren Stunde komme ich mir vor wie der Vogel Strauß, welcher seinen Kopf in den Wüstensand steckt, um die Gefahr nicht zu sehen. Man schafft sich da selbst so ein Weltchen, wie kläglich unbedeutend es auch immer sei, gegen die ewig wechselnde Größe des wahren Seins, und fühlt sich noch wunder wie groß & wichtig dabei, wie etwa der Maulwurf in seinem selbstgegrabnen Loch. – Doch wozu sich selbst heruntersetzen, das besorgen schon andere wenns not thut, drum genug davon.

Einsteins Rede davon, er wolle sich selbst den »strengen Engeln« der Naturwissenschaft widmen (und nicht seinem »ungezogenen kleinen Engel« Marie) klingt vertraut. Dies ist offensichtlich derselbe Rückzug ins Unpersönliche, von dem er später schrieb, er habe ihn schon als Kind versucht. Es wird jedoch deutlich, daß er noch nicht gelungen war, sonst wäre dieses Stück der Umwidmung unnötig gewesen.

Der Einstein-Forscher Robert Schulmann zweifelt nicht daran, daß diese Absichtserklärung ernst gemeint war. »Ich nehme es wörtlich, wenn er Maries Mutter sagt, er werde sein Schicksal in den Sternen finden«, sagt er. »Natürlich ist das schlau und theatralisch, aber ich glaube, so war er.« Aber damit ignoriert er den zweiten Teil des Abschnitts, in dem er von der Absurdität spricht, sich wie ein Vogel Strauß zu verhalten, und der dem ersten Teil viel Boden entzieht und viel scharfsichtiger, witziger und überzeugender klingt. Die ersten drei Sätze sind grandios, selbstgefällig und Marie gegenüber gönnerhaft. Sie zeigen wenig mehr als einen Jugendlichen, der sich selbst in Pose setzt, und es ist seltsam, daß sie den Ton für einen großen Teil von Einsteins Leben angeben. In seinen autobiographischen Notizen ließ er – bei allen Widersprüchlichkeiten – keine Zweifel aufkommen, daß es sowohl wünschenswert als auch möglich war, dem »rein Persönlichen« zu entkommen. Hier schrieb er als ein viel jüngerer Mann von den klarsichtigen Augenblicken, in denen er den Wahnsinn dessen sehen konnte, was er da vorschlug. Einstein schrieb nicht, er wolle selbst in die Naturwissenschaft eintauchen oder sich einem größeren Grund widmen, der ihn ganz in Anspruch nehmen würde. Er schrieb vielmehr, er werde ein

Maulwurf in seinem selbstgemachten Loch sein. Wenn er selbst die Grenzen seiner Welt definieren könnte, würde er immer der wichtigste Mensch darin sein, ungestört durch die Ansprüche anderer. Wie während seiner religiösen Phase als Kind würde dies eine Flucht nicht in das Unpersönliche, sondern in das Persönliche sein.

Einsteins nächster Brief an Pauline Winteler, den er während der Pfingsttage schrieb, die er gehofft hatte, bei ihr zu verbringen, war fast so bemerkenswert wie der vorige, aber weniger wegen seines klaren Aufbaus der Gedanken als wegen seines nervösen und geschraubten Tonfalls. Seine »strengen Engel« konnten ihn nicht davor bewahren, von Heimweh nach Aarau überschwemmt zu werden, das sich wie in einer reißenden Flut ergoß. Er schrieb davon, daß es ihm »im Kopf herum so allerliebst toll« klinge, und nachher sei ihm »dann so dumm, so merkwürdig zwischen Lachen und Weinen«. In verschlungenen Bildern tanzten ihm »tausend Erinnerungen, alte & junge, lustige & traurige« an die alten Tage vor den Augen. »Sie packen mich jetzt noch manchmal bei der Nase, wenn ich stirnrunzelnd in meiner Bude der goldnen Gelahrsamkeit pflege.« So hatte Marie ihn einst abgelenkt, und ihm schien sogar, als ob ihm »schließlich das liebe Klavier nach der Seel« töne, »ruhig oder verrückt, wie es eben gerade gelaunt ist«. Wieder ist von Engeln die Rede. Gott habe ihm nun »musikalische Genüsse durch einen jener Engel« gesandt, »welche nicht mit dem gefährlichen zweischneidigen Schwert sensiblen Herzen gefährlich werden.« Denn, so schrieb er: »Es ist eine Dame, welche bereits Großmama ist, & sich doch, trotz vieler durchlebter Schicksalsschläge, ihre Seele jung & frisch erhalten hat & wundervoll groß & doch echt weiblich ist in ihrer Auffassung.« Mit ihr musizierte er anscheinend bei musikalischen Abenden in Zürich. In solcher Gesellschaft hatte er »glücklicherweise keine Zeit, sich mit dem süßen Gedanken zu quälen, wie es jetzt wäre, wenn ... & wenn nicht ... usw.«

Marie meinte später, Einstein hätte sie einst gern geheiratet. Das habe nur ihre eigene Widerspenstigkeit und Hartnäckigkeit verhindert, mit dem sie den »Pfad der Tugend« gehen wollte. Sie behauptete das viele Jahre später, als sie keine völlig zuverlässige

Quelle mehr war. Trotzdem scheint es, daß beide Elternpaare sehr glücklich gewesen wären, wenn es zu einer Ehe gekommen wäre, und die spätere Heirat von Maja Einstein mit Maries Bruder Paul kann ihr Bedauern nur verschärft haben. Lange nach dem Ende der Beziehung gestand Einstein Mileva, daß der Gedanke an Marie ihn immer noch verfolgte. Das Bekenntnis kam im September 1899, als Maja seinen Fußstapfen folgte und Schülerin in Aarau wurde. Einstein pflegte noch enge Beziehungen zur Familie, versprach Mileva aber, er werde nicht mehr so oft nach Aarau gehen, »denn das kritische Töchterlein kommt nachhause, in das ich mich vor 4 Jahren so schrecklich verliebt habe.« Mit Worten, die darauf berechnet gewesen sein mögen, Mileva einen Schauer über den Rücken zu jagen, fügte er hinzu: »Ich fühle mich zwar sonst ziemlich sicher auf meinem hohen Schloß Seelenruhe. Aber wenn ich das Mädchen ein paarmal sähe, wär ich gewiß verrückt. Das weiß ich & fürcht ich wie das Feuer.«

Vielleicht dachte Marie an Mileva, als sie später schrieb, die Beziehung sei durch eine andere Frau zerbrochen worden. Als Marie ihre Briefe aus Olsberg schrieb, kannten sich Einstein und Mileva bereits. Obwohl ihre Freundschaft damals noch nicht eng war, belastete die Nachricht davon seine Beziehung zur Familie Winteler. Noch zwei Jahre später entschuldigte er sich bei Pauline Winteler für den Kummer, den er verursacht hatte. Es kam an einen Punkt, an dem ein gemeinsamer Freund es für besser hielt, Einsteins Namen in Gegenwart der Wintelers nicht zu erwähnen, und Einstein klagte, daß sie anscheinend dächten, er habe in Zürich ein »lüderliches Leben« geführt. Sogar in seinem Brief an Professor Winteler nach dem Gemetzel von 1906 spielte er auf diese Dinge an.

Marie fand niemals dauerhafte Liebe. Sie unterrichtete weiter, arbeitete von 1902 bis 1905 an einer Grundschule in Murgenthal im Aargau und gab später Orgel- und Klavierunterricht. Als Professor Schulmann Einsicht in ihre Personalakte hatte, fand er, daß sie sich oft krank gemeldet hatte – vielleicht mit einer jener geheimnisvollen »Nervenkrankheiten«, die damals so häufig waren. Ein lebendes Mitglied der Familie Einstein ist davon überzeugt, daß Maries unglückliche Beziehung zu Einstein sie

»verwirrte«; die Tragödie von 1906 brachte neue Verzweiflung. Marie heiratete 1911 einen anderen Albert – Albert Müller, den Geschäftsführer einer Uhrenfabrik in Buren im Kanton Bern. Das Paar hatte zwei Söhne (von denen einer etwas Ähnlichkeit mit Einstein hatte), wurde aber 1927 geschieden. Als Marie in den vierziger Jahren in Zürich lebte, bat sie Einstein um Hilfe bei ihrer Auswanderung in die USA. Sie blieb jedoch in der Schweiz und verbrachte ihre letzten Lebensjahre in der Nervenheilanstalt des Fremdenverkehrsorts Meiringen. Dort starb sie am 24. September 1957 in einem Altersheim.

Zweifellos wäre Marie von dem Rat betroffen gewesen, den Einstein einer anderen jungen Frau gab, mit der er musizierte, während er bei den Wintelers wohnte. Seine Freundschaft mit Julia Niggli, der Tochter eines Stadtdirektors und Musikhistorikers, wurde so eng, daß sie ihn um Rat fragte, als sie eine Liebesbeziehung zu einem älteren Mann unterhielt. Sie ärgerte sich, weil ihr Liebhaber sie nicht heiraten wollte. Einsteins Reaktion war scharf:

> *Wie doch so eine Mädchenseele aussieht! Glauben Sie denn wirklich, für die Dauer das Lebensglück durch andere, und sei es auch der einzig geliebte Mann, finden zu können? O, ich kenne diese Tierchen persönlich aus eigner Anschauung, da ich doch selbst eins bin. Von denen ist nicht so sehr viel zu hoffen, das weiß ich ganz genau. Wir sind heut mürrisch, morgen übermütig, übermorgen kalt, dann wieder gereizt & halb lebensüberdrüssig. ... so gehts weiter, doch hätt ich fast noch die Untreue & Undankbarbeit & Selbstsucht vergessen, in welchen Dingen wir es auch fast alle bedeutend weiter bringen als die guten Mädchen ...*

Als der zwanzigjährige Einstein im August 1899 diese Worte schrieb, hatte er schon seine Beziehung zu Mileva aufgenommen.

3

JOHONESL UND DOXERL

Die großen, dunklen Augen der jungen Mileva Marić glühten mit stiller Intensität. Auf einem Foto aus Milevas erstem Studienjahr zeugen sie von der Klugheit und Entschiedenheit dieser jungen Frau. Sie trägt ein modisches Kleid mit weißem Kragen und großer Schleife; etwas vorsichtig schaut sie mit ihrem hellen, ruhigen und freundlichen Gesicht in den Raum. Die Gesichtszüge sind angenehm gerundet, ja sanft, enden jedoch in einem entschiedenen und festen Kinn. Der Mund ist breit und sinnlich, aber er lächelt nicht. Ihr dunkles, glänzendes Haar über der leicht gerunzelten Stirn, unter der die ausdrucksvollen Augen hervorblicken, ist zurückgekämmt. Während Einstein oft durch den Betrachter hindurch zu blicken scheint, weit in den Raum hinein, sind Milevas Augen aufmerksam und beobachtend. Es sind die Augen einer bemerkenswerten jungen Frau.

Mileva war Serbin; sie kam aus der Provinz Vojvodina im Norden des früheren Jugoslawien. Dieses Land voll endloser Mais- und Sonnenblumenfelder, das sich nördlich von Belgrad über die pannonische Ebene erstreckt, ist flach, eine Tiefebene, der Boden eines prähistorischen Ozeans. Jahrelang war es die Grenze zwischen den großen Reichen der Habsburger und der Ottomanen. Als Mileva am 19. Dezember 1875 geboren wurde, gehörte das Land zu Ungarn und damit zur k. und k. Monarchie. Schon seit langem hatte man dort Siedler geworben, die auf diesem trockengelegten Marschland ein Bollwerk gegen die Türken bilden sollten. Es kamen so viele Kolonisten oder Flüchtlinge, daß man diese Gegend mit einem Mitteleuropa im kleinen verglichen hat. Zu den wohl zwanzig Bevölkerungsgruppen gehörten Kroaten, Slowaken, Rumänen, Ruthenen, Albaner,

Zigeuner und Griechen. Viele der ersten Siedler stammten aus Einsteins deutscher Heimat; die Bevölkerung der Hauptstadt Neusatz, dem heutigen Novi Sad, bestand zu einem großen Teil aus ihren Nachkommen.

In dieser Gegend war 1846 Milevas Vater Miloš geboren worden. Er stammte aus einer der vierzigtausend serbischen Familien, die bei der sogenannten Großen Wanderung von 1690 vor der Türkenherrschaft geflohen waren. Die Flüchtlinge – wohlhabende Händler, Handwerker und Bauern – waren im Gefolge der Habsburger Truppen gekommen, die, schon tief in Feindesland eingedrungen, doch zum Rückzug gezwungen wurden. Unter Führung ihres Patriarchen überquerten sie die Donau und machten sich die Fruchtbarkeit des dortigen Bodens zunutze. Sie und ihre Nachkommen waren sehr erfolgreich; diese Gegend war die Kornkammer des Landes, bis Jugoslawien in neuester Zeit zerrissen wurde.

Mileva sagte im Scherz zu Einstein, sie komme aus einem »Räuberländchen«. Die rebellierenden Heiducken, die die Türken terrorisiert hatten, gehörten zur serbischen Folklore, und dem ganzen Gebiet haftete ein Hauch von Wildem Westen an. Der Donauabschnitt, an dem sie geboren wurde, war berühmtberüchtigt wegen der serbischen Seeleute, die einst mit Gewehren und Bajonnetten bewaffnet in ihren Kanonenbooten patroulliert hatten. Vojvodina – oder »das Herzogtum« – war Teil der sogenannten militärischen Grenze Ungarns, und die Siedler erhielten zum Dank für ihren Dienst in der k. und k. Armee ein Stück Land. Das Leben an der Grenze förderte unter Milevas Vorfahren einen hartgesottenen Pragmatismus, der heute noch anhält. »Man fragt einen Mann aus Vojvodina nicht nach seinen Idealen«, wurde einem Reisenden im zwanzigsten Jahrhundert einmal bedeutet. »Man fragt ihn, wieviel er verdient.«

Die ersten Siedler wußten, daß sie in ihrer Adoptivheimat mit Argwohn betrachtet wurden. Um subversive Zusammenkünfte in den Hausfluren zu unterbinden, bestanden die Habsburger darauf, daß die Häuser zur Straße hin bis auf ein einziges »Klatschfenster« keine Öffnung haben sollten. Das Dekret hatte den Dörfern der Region zu einer Atmosphäre der Zurückgezogenheit verholfen, aber die Serben waren mehr daran interessiert, das Reich auszubeuten, als sich dagegen zu verschwören. Sie hatten dazu in der Monarchie mehr Möglichkeiten als unter den Türken, und der Militärdienst bot Gelegenheit zu Weiterbildung und Aufstieg. So bildete sich eine serbische Intelligenzija heraus, für die Vojvodina das Zentrum einer nationalen Widerstandsbewegung wurde. Neusatz wurde gar zum »serbischen Athen«. Diese kulturelle Wiedererweckungsbewegung spornte – zusammen mit Geld und Munition aus Vojvodina – die ottomanischen Serben an, als sie 1804 die Grenze stürmten. Drei Jahre nach Milevas Geburt erhielten sie schließlich ihre Unabhängigkeit.

Ihr Vater war ein großer, schlanker, imposanter Mann mit einer hohen Stirn, einem scharfem Kinn und einem zuversichtlichen Blick. Das martialische Erbe der Vojvodina floß in seinen Adern. Sein Geburtsort, die kleine Stadt Kać, war nur über kurvige, für Angreifer hinderliche Straßen zu erreichen. Die zerbrochenen Pflastersteine der Kirche bezeugen, daß sie der ungarischen Kavallerie als Stall gedient haben muß. Es war fast unvermeidlich, daß Miloš im Alter von sechzehn Jahren die Militärschule in Novi Sad besuchte. Die nächsten dreizehn Jahre machte er in der Armee Karriere; sie führte ihn nach Titel, eine Stadt an der Tisa, wo er Marija Ružić begegnete, einer von drei Töchtern einer wohlhabenden ortsansässigen Familie, über die wenig bekannt ist. Er heiratete sie im Oktober 1867.

In der Geschichte der jungen Mileva gab es keinen wissenschaftlichen Ansporn, der sich mit dem vergleichen ließe, den Einstein durch das Interesse seiner Familie an der Technik zunutze kam. Miloš war jedoch anscheinend ein eifriger Leser und so etwas wie ein Autodidakt. Sein Ehrgeiz hatte ihn wohl die Armee als Sprungbrett sehen lassen und nicht als Lebensaufgabe. Als Beamter in ungarischen Staatsdiensten erwarb er später ein beträchtliches Vermögen und großes Ansehen. Hans Albert Einstein schrieb: »Ich erinnere mich an meinen Großvater als einen freundlichen, aber ziemlich ernsten Mann, dem man sowohl Vertrauen als auch Angst entgegenbringen konnte ... Meine Großmutter war still, freundlich und immer beschäftigt.« Ein Zeitgenosse aus Novi Sad erinnerte sich, daß Milos̀ »sehr umgänglich und heiter war und gerne Witze machte«, aber er bestätigte auch das Bild eines stolzen und vielleicht arroganten Mannes. Selbst im reifen Alter benahm er sich wie ein Soldat; er trug immer den vornehmen Halbzylinder, ein Zeichen seines gesellschaftlichen Standes. Im serbischen Lesesaal der Stadt genoß er es, wenn er der jüngeren Generation von seiner Armeezeit erzählen konnte. Ein Zuhörer erinnerte sich daran, daß er die Leute etwas »von oben herab« behandelte; sein Verhalten war voll »echt patriarchalischer Autorität«.

Mileva war das erste Kind ihrer Eltern. Der Priester, der sie taufte, hatte auch ihre Mutter getauft und ihre Eltern getraut. Eine Schwester Zorka wurde 1883 geboren und ein Bruder Miloš 1885. Aber immer blieb Mileva das Lieblingskind ihres Vaters, der sie mit dem Kosenamen »Mitza« rief, den eines Tages Einstein auch verwenden sollte.

Miloš wurde einen Monat nach Milevas Geburt aus der Armee entlassen. Er wurde Beamter am Bezirksgericht in Ruma, einem Bauernstädtchen zwischen Novi Sad und Belgrad, und hier besuchte seine ältere Tochter von 1882 an die Grundschule. Mileva war ein kleines und schüchternes Mädchen, das sich schon damals ihres Hinkens bewußt war, unter dem sie ihr Leben lang zu leiden hatte. Sie war mit einer Verrenkung der linken Hüfte geboren worden, was aber anscheinend erst bemerkt wurde, als sie zu laufen begann. Die Ärzte ihrer Heimatstadt konnten das Problem nicht beheben; ihre Schwester litt später unter derselben Behinderung. Wahrscheinlich hatten Schüchternheit und die Behinderung, die das Hinken beim Spielen dargestellt haben muß, den Rückzug Milevas in ihre eigene Welt begünstigt. Ein alter Lehrer soll Miloš gesagt haben: »Passen Sie auf dieses Kind auf. Das ist ein seltsames Phänomen!« – ein herzwärmendes Zeugnis, falls es zutrifft, aber eines, das auch die stolzen Lehrer und Eltern zahlloser nur zum Mittelmaß bestimmter Kinder vorweisen können. Nach derselben Quelle scheint sich Miloš jedoch sehr um die Förderung von Milevas Erziehung bemüht zu haben. Der Militärdienst hatte es ihm ermöglicht, die deutsche Sprache zu erlernen, die auch zu Hause gesprochen wurde. Die junge Mileva soll deutschsprachige Ausgaben der Grimmschen Märchen und der Werke von Hans Christian Andersen gelesen haben. Ihr Vater rezitierte serbische

Volksdichtungen, die Mileva auswendig lernte; mit acht Jahren erhielt sie Klavierunterricht.

Milevas Schullaufbahn ähnelte von jetzt an einer Rundreise durch die Region, was vermuten läßt, daß Miloš sie antrieb, sich besonders hohe Ziele zu setzen. Sie kam 1886 in die erste Klasse der serbischen Höheren Mädchenschule in Novi Sad. Eine Schulkameradin, Jelisaveta Barako, erinnerte sich an sie als eine ausgezeichnete Schülerin, deren gute Noten und Strebsamkeit ihr den Spitznamen »Heilige« einbrachten. Im nächsten Jahr wechselte sie in die zweite Klasse einer Realschule in Sremska Mitrovica, wo sie bis 1890 blieb; dann schickte ihr Vater sie über die Grenze nach Serbien. Miloš wollte seiner Tochter gern eine Gymnasialbildung verschaffen, aber in Österreich-Ungarn gab es nur Gymnasien für Jungen. Diese Beschränkungen waren in Serbien aufgehoben, und deshalb wurde Mileva Schülerin der fünften Klasse des Gymnasiums in Šabac.

Ihre Leistungen waren besonders hervorragend in den Fächern Mathematik und Physik, aber ihre Interessen waren breitgefächert. Nachdem sie ursprünglich am Deutschunterricht teilnehmen wollte, erhielt sie 1891 die Erlaubnis, Französisch zu lernen. Sie zeigte auch eine große zeichnerische Begabung. In Šabac befreundete sie sich mit der ebenfalls ehrgeizigen und begabten jungen Ružica Dražić, mit der sie wenige Jahre später in Zürich die Wohnung teilen sollte. Jetzt war ihre Freundschaft nur von kurzer Dauer, weil Miloš im Dezember 1891 eine neue Stellung als Offizial der königlichen Banaltafel, dem Obergericht in Zagreb, erhielt. Miloš holte für seine Tochter eine Sondergenehmigung ein, damit sie als Privatschülerin das Königliche Obergymnasium, eine reine Knabenschule, besuchen durfte. Dieser bemerkenswerte Schritt machte sie zu einer der ersten Frauen in Österreich-Ungarn, die mit Jungen im selben Klassenzimmer sitzen durften.

Mileva bestand die Aufnahmeprüfung und kam im Schuljahr 1892 in die sechste Klasse der Schule. Die erste Hürde, die sie zu nehmen hatte, war ihre Unkenntnis des Griechischen. Eine Bitte Miloš', man möge ihr dieses Fach erlassen, wurde abgelehnt, aber Mileva lernte schnell. Ihr nächster Erfolg war die Erlaubnis, gemeinsam mit ihren Mitschülern am Physikunterricht teilnehmen zu dürfen. Auch hierfür brauchte sie eine Sondergenehmigung, die ihr auf Empfehlung ihres Klassen- und Mathematik- und Physiklehrers 1894 gegeben wurde. Der Einsteinforscher Gerald Holton erzählt von seinen eigenen Erfahrungen im Wien der dreißiger Jahre unseres Jahrhunderts, um zu betonen, welche Bedeutung diesem Antrag zukam. »Ich besuchte ein Gymnasium – ein Knabengymnasium natürlich –, und der Gedanke, ein Mädchen könnte am Unterricht teilnehmen, war, ja, einfach bizarr«, sagt er. »Wenn es das gegeben hätte, würde das arme Mädchen in den ersten Jahren überfallen und in späteren Jahren verführt worden sein. Jedenfalls wäre es schwierig gewesen, dabei Physik zu lernen.« Trotz solcher Ablenkungen bestand Mileva ihre Abschlußprüfungen Anfang September 1894 geradezu triumphal. Sie erhielt in Mathematik und Physik die allerbesten Zensuren.

Etwa zu dieser Zeit – der genaue Zeitpunkt ist unklar – wurde Mileva ernstlich krank. Anscheinend weiß man nur, daß sie heftig erkältet war und dann eine schwere Lungenentzündung bekam. Dies war nach Meinung ihrer serbischen Biographin ein Grund, warum sie sich jetzt entschied, ihre Familie zu verlassen und in die Schweiz zu gehen. Die Ärzte waren damals besonders bei der Behandlung der Tuberkulose fest von der Heilwirkung der reinen Alpenluft überzeugt. Es ist möglich, wenn auch keineswegs sicher, daß dies Milevas Krankheit war. Es finden sich bei Einstein mehrere Hinweise darauf, daß sie diese Krankheit gehabt hatte, die er für die Ursache einer ganzen Reihe von Problemen hielt. Er erzählte seinem Biographen Carl Seelig, daß ihr »depressives« Wesen zum Teil mit »einer gewissen körperlichen Behinderung zu tun hatte, die wohl auf eine Tuberkulose zurückgeführt werden müsse, die sie als Kind gehabt habe.« Da dies jedoch ein Hinweis auf ihr Hinken zu sein scheint, das nach allen Berichten angeboren war, gibt es guten Grund zum Zweifel. Die Tuberkulose wird nur in der ausführlichsten Darstellung von Milevas Kindheit erwähnt, und dort leidet Ružica Dražić, ihre Schulfreundin in Šabac, daran.

Der wichtigste Grund für Milevas Umzug in die Schweiz war ihr ehrgeiziger Wunsch nach Erfolg. Die Schweizer Schulen waren in ganz Europa als hervorragend bekannt, und in den

Höheren Schulen wurden Frauen dort viel weniger Hindernisse in den Weg gelegt als in anderen Ländern. Fräulein Mileva Marić aus Agram (so hieß Zagreb damals) wurde am 14. November 1894, kurz vor ihrem neunzehnten Geburtstag, provisorisch in die Höhere Töchterschule der Stadt Zürich aufgenommen. Außer Mathematik und Physik standen Latein, Gesang, Naturkunde, Geschichte und Stenographie auf ihrem Stundenplan. Sie wurde vom Turnen und von einigen anderen Fächern befreit, aber das Zulassungsformular verzeichnet, daß sie zu Privatunterricht in Französisch und, falls nötig, Geschichte, Geographie, Zoologie und Botanik verpflichtet war.

Im Frühling 1896 bestand sie ihre Maturitätsprüfung, die sie zum Studium berechtigte. Im Licht späterer Behauptungen über ihre Begabung zur Physik ist es wichtig, daß sie sich nicht sofort dem Studium der Physik zuwandte. Sie begann vielmehr, an der Universität Zürich, die neunzehn Jahre zuvor als erste in Europa Frauen zum Studium zugelassen hatte, mit dem Medizinstudium. Mileva war wohl nie ebenso beinahe fanatisch von der Physik fasziniert wie Einstein, und dies ist der erste Hinweis darauf, daß ihre eigentlichen Interessen trotz ihrer Begabung woanders lagen. Die Medizin war ein Fach, das ihren Bruder Miloš und später ihren jüngsten Sohn anzog. Ihre Briefe an Einstein zeigen immer wieder ein Interesse an der Psychologie, und vielleicht lag hier ihre wirkliche Neigung. Die an der Universität angebotenen Vorlesungen sprachen sie jedoch offenbar nicht an, denn sie hörte sie nur im ersten Sommersemester. Im Oktober wechselte sie zur Sektion VI a der Eidgenössischen Polytechnischen Schule über, und damit strebte sie den Abschluß an, der sie zum Unterricht der Mathematik und Physik an Oberschulen berechtigte. Auch Einstein wollte mit diesem Studium Lehrer werden; die Ausbildung zum Lehrer war eher ein Ziel an sich als die Eintrittskarte zu höheren akademischen Posten.

Mileva, jetzt fast einundzwanzig, war die einzige Frau, die in diesem Jahr zur Sektion VI a gehörte und erst die fünfte überhaupt, nachdem eine Norwegerin fünf Jahre zuvor den Weg gebahnt hatte. Sie hatte es seit ihren relativ bescheidenen Anfängen schon weit gebracht auf ihrem Weg, als sie den damals herrschenden Vorurteilen über die Beziehung zwischen den Geschlechtern trotzte und sich an einer der Eliteuniversitäten Mitteleuropas einschrieb. Dieser Weg hatte alle Stärke und Härte gebraucht, die sich zwar in einem Foto andeutet, aber Mileva zeigte diese Eigenschaften selten öffentlich. Ihre Zürcher Bekannten beschreiben sie als »ein liebes, sympathisches, schüchternes Mädchen« und »ein bescheidenes, keusches Geschöpf«. Ihre Landsmännin, Milana Bota, schrieb ihrer Familie, daß Mileva »ein sehr gutes Mädchen« sei, doch »gar zu ernst und zu schweigsam. Man würde gar nicht glauben, daß sie ein so kluger Kopf ist.« Bota fand bald heraus, daß ihre neue Freundin eine viel wärmere und frechere Seite hatte. Sie erzählte ihren Eltern, wie sie zusammengesessen hatten und »einen komischen Bulgaren« nachgemacht hatten, der in Botas Pension wohnte, und »dabei viel gelacht«. Aber Mileva war in einer Weise zurückhaltend und ausweichend, die ihren Freundinnen nicht immer gefiel. In einem anderen Brief beschreibt Bota sie als »klein, zart, brünett und häßlich«. Sie erwähnt auch Milevas Hinken und den »Akzent einer Neusätzerin«, und merkt noch freundlich an, daß Mileva »sehr gute Manieren« hat.

Einstein dagegen war jetzt ein gutaussehender junger Mann mit starker Ausstrahlung. Noch glich er überhaupt nicht der Gestalt mit dem struppeligen Haar späterer Zeiten, die einmal mit einem pensionierten Schäferhund verglichen wurde; er hatte, wie es eine Freundin seiner zweiten Frau einmal beschrieb, das »männlich gute Aussehen der Art, die um die Jahrhundertwende Herzen brach«. Er war 1,76 m groß, hatte regelmäßige Gesichtszüge mit warmen braunen Augen, viel pechschwarzes Haar und einen etwas ordinären Schnurrbart. Obwohl er jeder Art von Gymnastik höchst gleichgültig gegenüberstand, war sein Körperbau eindrucksvoll – und blieb es auch bis ins Alter. »Er sieht beleibt aus«, schrieb sein Berliner Freund Janos Plesch, »aber er ist ziemlich muskulös und recht kräftig gebaut.« C. P. Snow, dem Einstein 1937 begegnete, als er außer kurzen Hosen nichts anhatte, bemerkte mit Überraschung, daß sein Gastgeber »einen kräftigen Körper mit sehr ausgeprägten Muskeln hatte ... er war noch immer ein ungewöhnlich starker Mann.«

Der Student Einstein hatte gelernt, wie er Frauen gegenüber seinen Charme spielen lassen und sie mit seinem provozierenden Humor für sich einnehmen konnte. Margarete von Uexküll, eine Biologiestudentin und Freundin von Einstein und Mileva, gab eine anschauliche Beschreibung ihrer ersten Begegnung. Sie hatte einen ganzen warmen Juniabend mit einem Versuch im Labor des Polytechnikums verbracht. In ihrer großen Verstimmung ließ sie sich auf eine Auseinandersetzung mit einem kleinen, fetten Physikprofessor ein, der nicht wollte, daß sie das Reagenzglas mit einem Korken verschloß, weil er befürchtete, es werde explodieren. Plötzlich bemerkte sie, wie sie »zwei ungewöhnlich ausdrucksvolle Augen deutlich warnten«. Es waren die Einsteins, der ihr leise versicherte, der Professor sei verrückt und neulich während der Vorlesung bei einem Zornesausbruch ohnmächtig geworden. Er schlug vor, sie solle ihm ihr Notizbuch geben, damit er »ein annehmbares Resultat herausrechnen« könne. Bei der nächsten Übung rief der Professor aus: »Nun sehen Sie, daß Sie mit etwas gutem Willen trotz meiner unproduktiven Methoden doch noch etwas Brauchbares errechnen können.«

Zugegebenermaßen könnte von Uexküll diese Anekdote etwas aufpoliert haben, denn sie behauptet, Einstein habe, als sie ihm ihr Laborbuch gab, schon acht davon gehabt, die auf ähnliche Verbesserungen warteten. Er scheint sich in ihrer Gegenwart jedenfalls außerordentlich gut benommen zu haben. Sie hielt ihn für »bescheiden, freundlich, hilfsbereit und milde, sogar in seinem Urteil über unsere Dozenten« (obwohl er den Geisteszustand des Professors für verdächtig hielt). Dies ergibt ein ganz anderes Bild als das, was seine Briefe an Mileva entwerfen, aber von Uexküll bleibt eine faszinierende Zeugin, da sie und Mileva beide bei Johanna Bächtold wohnten. Sie erinnerte sich, Einstein häufig im Wohnzimmer der Pension neben Mileva sitzen gesehen zu haben, »die nähte oder Klavier spielte oder ihn bisweilen beim Geigen begleitete«. Er hatte schon damals die Gabe, schwierige Probleme auf einfache Weise zu erklären, erinnert sie sich, und er überschüttete sie mit Gedanken, wenn sie vom Labor aus heimgingen. »Mileva«, sagte von Uexküll, »war wohl die erste Person, die unbedingt an die Richtigkeit seiner Theorien glaubte. Auf meine Frage, ob sie diese nicht phantastisch fände, antwortete sie: »›Aber er kann sie doch beweisen.‹ Ich dachte bei mir, sie muß wirklich verliebt sein!«

Es ist unklar, wann diese Liebe begann. Mileva und Einstein trafen sich im ersten Wintersemester am Polytechnikum. Im nächsten Jahr hörten sie dieselben Pflichtvorlesungen – Differential- und Integralrechnung, analytische Geometrie, Darstellende Geometrie, Projektive Geometrie und Mechanik. Statt jedoch zu Beginn ihres zweiten Jahres ans Polytechnikum zurückzukehren, ließ Mileva sich am 5. Oktober 1897 exmatrikulieren. Sie fuhr nach Deutschland und verbrachte den Winter in Heidelberg. Vielleicht tat sie das, weil die Beziehung zu Einstein sie schon zu überwältigen drohte und sie Zeit brauchte, um sich über ihre Gefühle klar zu werden, und weil sie außerhalb seines geradezu magnetischen Anziehungsbereichs in Sicherheit sein wollte. Dies klingt etwas hochtrabend; wahrscheinlich war die Anziehungskraft Heidelbergs als einer alten und berühmten Universität rein akademischer Natur. Die Zeit, in der Einsteins Charme Mileva hinriß, war wohl noch nicht gekommen. Ihr erster erhaltener Brief an ihn, den sie etwa zwei Wochen nach dem Umzug schrieb, läßt zwar auf eine Liebelei schließen, aber nicht auf die Leidenschaft ihrer späteren Beziehung.

Mileva beantwortete einen verlorengegangenen vierseitigen Brief, den Einstein ihr nach einer gemeinsamen Sommerwanderung geschrieben hatte. Ihre Worte zeigen mehr kokettierendes Selbstvertrauen als liebestrunkene Verwirrung. Einstein hatte ihr gesagt, sie solle erst schreiben, wenn sie sich langweile; Mileva schrieb: »Ich wartete und wartete, bis die Langeweile eintreten sollte. Aber bis heute ist mein Warten vergeblich gewesen, und ich weiß wirklich nicht, wie ich das anstellen soll; ich könnte bis in alle Ewigkeit warten.« Sie scherzt. Sie erzählt von einem Kommilitonen, der die Vorlesung nicht mehr anhörte, weil er vermutlich einer unerwiderten Liebesbeziehung zum Opfer gefallen war, und bemerkt, es geschehe ihm recht, denn »was verliebt er sich noch heutzutage?« Sie hatte jedoch Einstein schon ausführlich von dem anderen Mann in ihrem Leben erzählt – ihrem Vater. »Mein Papa hat mir etwas Tabak mitgegeben und ich sollte es durchaus Ihnen einhändigen, er wollte Ihnen so gern das Maul wässern nach unserem Räuberländchen«, schrieb sie. »Ich habe ihm von Ihnen erzählt; Sie müssen durchaus einmal mit. Da würden Sie sich aber herrlich unterhalten! Aber [ich] würde schon die Rolle eines Dolmetschers übernehmen.«

Frauen war die Immatrikulation in Heidelberg nicht erlaubt, aber sie waren seit 1891 als Gasthörerinnen zugelassen. Unter den Dozenten war der spätere Nobelpreisträger Philipp Lenard, damals noch Mitte Dreißig, aber schon Professor für Experimentalphysik. Lenard war nach dem Ersten Weltkrieg einer der giftigsten Gegner Einsteins, als er sich den Antisemiten anschloß, die die Relativitätstheorie abzuwerten versuchten. Als früher und begeisterter Anhänger der Nationalsozialisten tat er Einsteins »verpfuschte Theorien« als Perversionen ab, an denen »sich der einfache Verstand eines Naturforschers« stößt. Aber Lenard bahnte Einstein den Weg zu seinem Nobelpreis, denn er entdeckte, daß Licht aus der Oberfläche bestimmter Metalle Elektronen herausstößt. Einsteins Erklärung des »photoelektrischen Effekts« war einer der ersten große Erfolge der Quantentheorie. Mileva lernte Lenard kennen, als er in seiner Blütezeit war, und ihr Brief an Einstein enthält einen begeisterten Bericht über eine seiner Vorlesungen.

Der Professor hatte die kinetische Gastheorie beschrieben, die das Verhalten der Gase durch die Eigenschaften der Moleküle in diesen Gasen erklärt. Genau diese Probleme standen im Mittelpunkt einer der Arbeiten Einsteins von 1905, aber Milevas Bericht legt eher eine gewisse wissenschaftliche Naivität an den Tag. Sie schrieb: »O das war zu nett gestern in der Vorlesung von Prof. Lenard ... da stellte es sich also heraus, dass die Moleküle des O sich mit einer Geschwindigkeit von über 400 m. in einer Sekunde bewegen. Dann rechnet der gute Prof. und rechnete, stellt Gl. auf und differen. integrierte, setzte ein und endlich kam es heraus, dass diese Moleküle sich zwar mit dieser Geschwindigkeit bewegen, aber daß sie nur einen Weg von 1/100 von einer Haarbreite zurücklegen.« Dieser respektlose Ton hat seinen Reiz, aber es scheint, daß Mileva nicht erfaßt hatte, worauf es Lenard ankam. Die Rechnung, die sie anscheinend verwirrte, sollte nicht die Geschwindigkeit der Moleküle bestimmen – die läßt sich recht einfach berechnen – und die winzige Entfernung, die Moleküle zwischen Zusammenstößen zurücklegen, hätte sie eigentlich nicht überraschen sollen. Sie hängt davon ab, wie oft ein Molekül in einem bestimmten Zeitraum mit anderen zusammenstößt. Obwohl dies nur eine heitere Anekdote ist, deutet sie doch darauf hin, daß Mileva das intuitive Verständnis Einsteins für die Physik fehlte.

Dieser erste Brief zeigt Mileva jedoch von ihrer besten Seite. In den Worten der Einsteinforscher Robert Schulmann und Jürgen Renn zeigte sie »einen hohen Grad an Selbstbewußtsein und Unabhängigkeit, Disziplin bei ihrem Studium und ein gesundes Maß an Unverschämtheit«. Man könnte dieser Liste etwas Gerissenheit und einen Sinn für Romantik hinzufügen. Als sie schrieb, »verhüllte das liebliche Neckartal seine Reize im dicken Nebel«. Die graue Trostlosigkeit ließ Mileva die Geheimnisse des unendlichen Raums bewundern. Sie schrieb:

> *Ich glaube nicht daran, dass der Bau des menschlichen Schädels schuld ist, dass der Mensch das Unendliche nicht fassen kann. Das könnte er gewiss auch, wenn man nur nicht den kleinen Mann in seinen jungen Tagen, wo er das Begreifen lernt, so grausam an die Erde, oder gar in ein Nest, in die engen 4 Wände einpressen würde, sondern ihn bissel spazieren liesse in's Weltall hinaus. Ein unendliches Glück kann auch der Mensch so gut denken, und das Unendliche des Raums sollte er fassen können, ich glaub, das müsste noch viel leichter sein.*

Es steckt etwas wirklich Visionäres in diesen Zeilen – und ein Glaube an die Macht des menschlichen Verstandes –, das Einstein angezogen haben muß. Niemand wünschte mehr als er, »ein bissel ins Weltall hinaus zu spazieren«, statt der Welt verhaftet zu sein. Trotzdem hinterläßt der Abschnitt den Eindruck einer eher phantasievollen als streng wissenschaftlichen Empfindsamkeit. Milevas Worte klingen wegen ihrer Schlichtheit und Freimütigkeit und ihres Optimismus nicht affektiert. Später, als sich ihre Beziehung zu Einstein entwickelte, klingen ihre Worte fatalistischer.

Nach dem Wintersemester kehrte Mileva von Heidelberg nach Zürich zurück und hörte vom April 1898 an wieder Vorlesungen am Polytechnikum. Obwohl sie Einstein sehr gern wiedersehen wollte, scheint sie doch Zweifel gehegt zu haben, ob sie ihr Studium in Zürich wieder aufnehmen sollte. Er schrieb ihr im Februar, wie sehr er ihre Entscheidung begrüßte und versicherte ihr, es sei die richtige. Sein eigener Rat – den er zugegebenermaßen für vielleicht nicht »ganz selbstlos« hielt – war, unverzüglich zurückzukehren. Er bot ihr eine Zusammenfassung der versäumten Vorlesungen an, meinte aber, sie könne das Vermißte leicht nachholen, wenn sie die »in unseren Heften gedrängte« Information lesen würde. Die Verwendung des Plurals ist bedeutungsvoll. Einstein verließ sich nicht nur auf seine eigene Mitschrift, sondern auch auf die seines Klassenkameraden Marcel Grossmann, der später entscheidend bei der mathematischen Fassung der Allgemeinen Relativitätstheorie half.

Während Grossmann die Vorlesungen gewissenhaft besuchte und ihren Inhalt mitschrieb, schwänzte Einstein gern und las statt dessen, was ihn interessierte. Er schrieb später, er habe in den wenigen Monaten vor seinen Prüfungen seine Kenntnisse auffrischen können, indem er Grossmanns Hefte auslieh. Dies ist nur das erste Beispiel für Einsteins lebenslange Gewohnheit, sich auf enge Kollegen zu verlassen, die sich dann veranlaßt sahen, Hilfsarbeiten zu verrichten, während er sich mit größeren Fragen beschäftigte.

Mileva mußte verlorene Zeit einholen, und Einsteins offensichtliche Zuneigung zu seiner »kleinen Ausreißerin« führte zu einer immer engeren Zusammenarbeit. Mileva lieh sich seine Mitschriften, und er lieh sich ihre Lehrbücher, die er bissig kritisierte. Der junge Einstein hatte keinen Respekt vor Autoritäten. Er schrieb Mileva, die Arbeit von Paul Drude, einem der führenden Theoretiker seiner Zeit, sei »sehr anregend und reichhaltig, wenn auch das Einzelne manchmal an Klarheit & Präzision zu wünschen übrigläßt«. Albin Herzog, Rektor des Polytechnikums, der seine erste Bewerbung beantwortet hatte, lehre »sehr klar und gut – in der Dynamik etwas oberflächlich«. Wilhelm Fiedler, ein Fachmann für projektive Geometrie, [sei] derselbe undelikate, rohe Mensch wie früher ... doch immer geistvoll & tief«. Einstein wünschte sich Frische und die rücksichtslose Anwendung von Grundprinzipien auf Grundprobleme. Zu seinen Helden gehörte Hermann von Helmholtz, der für seine Beiträge zur Energieerhaltung berühmt geworden war. Dies war ein Mann mit der Originalität und Unabhängigkeit, die Einstein anstrebte. Er beschäftigte sich mit der Arbeit von Helmholtz zuerst 1899 während der Sommerferien, versicherte Mileva jedoch, »aus Angst vor Ihnen & nebenbei zum eigenen Vergnügen füg ich noch gleich hinzu, daß ich die ganze Geschichte auch mit Ihnen überlesen will.« Das gemeinsame Studium war zu einer Gewohnheit geworden. Er sagte ihr: »Als ich das erstemal im Helmholtz las, konnte ichs gar nicht begreifen, daß Sie nicht bei mir saßen & jetzt gehts mir nicht viel besser. Ich finde das Zusammenarbeiten sehr gut & heilsam & viel weniger austrocknend.«

Einsteins Briefe an Mileva stellten sie immer mehr als seine intellektuelle Genossin dar, die bei seiner Reise durch die Naturwissenschaft an seiner Seite war. Zu diesem Zeitpunkt jedoch war er ihr deutlich voraus, obwohl er bereit war, alten Boden wiederzubeackern, bis sie ihn eingeholt hatte. Der uns erhalten gebliebene Briefwechsel macht keinerlei Andeutungen, daß Mileva neue Gedanken und Einsichten beitrug, aber sie machte das Studium viel erfreulicher. Hier war – nach seinen »philiströsen« Eltern und der bescheidenen Marie Winteler – jemand, der dazu begabt und daran interessiert war, die Gedanken zu teilen, die ihn beschäftigten.

In den zwei Jahren nach Milevas Rückkehr aus Heidelberg verwandelte sich die Freundschaft in Liebe. Zunächst waren die Dinge etwas steif. Einstein redete Mileva in seinen Briefen mit »Liebes Fräulein« oder »LFM« (Liebes Fräulein Marić) an. Beide benutzten lange das formale Sie; erst 1900 findet sich der erste Brief Milevas mit dem vertrauten »du«. Einige Monate zuvor hatte Einstein Mileva mit dem Kosename »Doxerl« angesprochen. Von LD (Liebes Doxerl) im August 1899 geht er bis zum Oktober zu »LSD« (Liebes süßes Doxerl) über. Im folgenden August wird sie seine »süße Kleine« und sein »liebster kleiner Liebling«. Dies war noch keineswegs der Gipfel seiner Erfindungsgabe. Einstein nannte Mileva seine kleine Hexe, seinen kleinen Frosch, sein kleines Kätzchen, seinen kleinen Straßenigel, seinen lieben kleinen Engel, seine kleine rechte Hand, sein liebstes Kindchen, sein kleines schwarzes Mädchen und zahlreiche Variationen dieser Themen. Sie hat ihn anscheinend gewöhnlich »Johonesl« genannt. Dieser Name kommt in dem Brief vor, in dem sie ihn zum ersten Mal duzt. Sie schreibt nur kurz, und reizend wie selten:

Mei liebs Johonesl!
Da ich dich so gern hob und du so weit bist, daß ich dir keins Putzerl kann geben schreib ich dir jetzt dieses Brieferl und frag dich ob du mich auch so gern host, wie ich dich? Antworte mir sofort. Tausend Küßerline von deins
D[oxerl]

Eine Antwort, falls es sie gab, ist nicht erhalten.

Einstein und Mileva benutzten oft ihre Kosenamen, um von sich in der dritten Person zu schreiben – er schrieb also von »dem Johonesl« fast als ob der jemand anderes sei. Johonesl und Doxerl schienen ein Eigenleben zu führen und Gefühle auszudrücken, mit denen Einstein und Mileva normalerweise nichts zu tun hatten. Die beiden Geschöpfe hatten anscheinend nur die besten Eigenschaften ihrer Alter egos und ließen es zu, daß ihre Schwächen übersehen wurden.

Es muß viele von Einsteins Zeitgenossen überrascht haben, daß er sich zu diesem kleinen, schweigsamen, hinkenden Mädchen hingezogen fühlte: Für einen jungen, gutaussehenden geistvollen Mann wie ihn wäre es ein leichtes gewesen, andere, üblicherweise als reizvoller betrachtete Eroberungen zu machen. Ein Kollege soll eines Tages unter bezug auf Milevas Hinken gesagt haben: »Ich hätte niemals den Mut gehabt, eine Frau zu heiraten, die nicht absolut gesund ist.« Einstein antwortete ruhig: »Aber sie hat eine so liebe Stimme.«

Milevas gute Singstimme und ihre gemeinsame Liebe zur Musik waren in der Tat ein mächtiges Band. Genau wie in seiner Kindheit und bei seiner Beziehung zu Marie Winteler fand Einstein seinen eigenen Gefühlsausdruck am leichtesten durch die Musik. Dieser Wortwechsel läßt jedoch auch vermuten, daß Einstein sich in seinem Kopf eine bestimmte Vorstellung von Mileva gemacht hatte und bereit war, alles zu verdrängen, was nicht dazu paßte. Gerald Holton von der Universität Harvard hat das Gefühl, Einsteins Freude, möglicherweise eine verwandte Seele gefunden zu haben, habe ihn bereit gemacht, Milevas mögliche Unzulänglichkeiten zu übersehen. »Sie hinkte, sie war launisch und sie war sehr dunkelhäutig, was damals nicht sehr in Mode war«, bemerkt er. »Aber das zählte für ihn nicht, weil sie Verstand hatte.« Hier besteht die Gefahr, eine rein verstandesmäßige Beziehung nahezulegen, aber Einstein fühlte sich nicht allein durch Milevas Verstand angezogen – ein Brief vom März 1899 endet verschmitzt: »Seien Sie herzlich gegrüßt u.s.w., letzteres besonders, von Ihrem Albert.« Obwohl er sich später brutal beleidigend über Milevas Aussehen äußerte, fand er in seiner Jugend nichts zu beklagen. Er schrieb Mileva, er wünsche sie sich »nudeldick« und sie solle »kolossal gepuzerlinet« sein.

Das Paar teilte eine unschuldige Freude an den einfacheren sinnlichen Genüssen des Lebens – sie hatten beide Freude am Essen und Trinken. Es gibt in ihren Briefen mehrere Hinweise auf die anregenden Eigenschaften von frisch gemahlenem Kaffee, wobei Einstein sich selbst als »guten Kollegen und Kaffeesaufbrüderchen« beschreibt. »Wir verstehen uns gegenseitig so gut auf unsere schwarzen Seelen & daneben aufs Kaffeetrinken & Würstelessen etc ... «. Für Einstein ging die Liebe immer durch den Magen, und es scheint kein Zufall zu sein, daß seine Mutter ihm ihre Zuneigung vor allem auf diesem Wege zeigte. Pauline schickte oft Freßpakete mit Kuchen und Süßigkeiten an ihren Studentensohn, und Mileva bemerkte, »welch großartige Wirkung« ihre Ankunft auf ihn hatte – »strahlend ging er mit der Schachtel in beiden Händen durch die Plattenstr. und schaute keinen Menschen an vor lauter Vergnügen.« Davon abgesehen lebte er von einem Wechsel über 100 Schweizer Franken, den seine Tante Julie monatlich an den »kleinen Professor« schickte.

Er hatte Tabak gern – wenige Jahre später wurde sein Rauchen als abstoßend empfunden –, aber er trank keinen Alkohol und aß gewöhnlich in Restaurants, in denen kein Alkohol ausgeschenkt wurde. Oft bestand seine Mahlzeit in einem Stück Torte, das er sich in einer Konditorei kaufte und in seinem Zimmer verschlang. Ihn quälten sein Leben lang Magenprobleme – Mileva sprach von seinem »berühmten Leiden« –, die der unausgeglichenen Ernährung zugeschrieben wurden. Als sie sich bei einem Abendessen beide den Magen verdorben hatten, sprach er davon, »wie nahe unser psychisches und physiologisches Leben verknüpft ist.«

Einstein war schon damals sehr zerstreut – immer vergaß er seine Schlüssel oder seinen Regenschirm, oder er ließ sein Nachthemd und Waschzeug zurück, wenn er in den Ferien seine Eltern besuchte. Die dreieinhalb Jahre ältere Mileva war gerade die richtige, um ihm eine helfende Hand zu reichen. Sie hatte ihr hausfrauliches Geschick vermutlich in jungen Jahren entwickelt, als sie für ihre Geschwister sorgte (ihre Schwester war über sieben Jahre jünger); als Studentin war sie eine gute Köchin, und sie nähte sich ihre Kleider selbst, um Geld zu sparen. Eine der kleineren Ungerechtigkeiten, die Mileva angetan werden, ist die Behauptung, daß sie dessen schuldig war, was der Einstein-Biograph Ronald Clark »die unentschuldbare slawische Neigung, Dinge laufen zu lassen« nennt. Clark gründete sein Urteil auf den Bericht eines anderen, wonach Mileva »nicht gerade das Muster einer deutsch-schweizerischen Hausfee war, deren Ehrgeiz im Kampf gegen den Staub, die Motten und den Schmutz gipfelt.« In Wirklichkeit gehörte ihre Mütterlichkeit zu dem Charme, den sie für Einstein hatte, dessen Briefe voll von Anerkennung für Milevas hausfraulichen Fleiß, ihre »geschickten Hände« und die »gluckenartige Begeisterung« sind, mit der sie für ihn sorgte. Er schickte ihr einmal sogar einen »Grundriß« von »Dem Johonesl sei Haxen«, damit sie ihm Strümpfe stricken konnte. »Da du eine große Phantasie hast & astronomische Distanzen gewöhnt bist, glaube ich, daß das nebenstehende Kunstwerk genügen wird.«

Wie weit Mileva Einstein bemutterte, spricht vielleicht aus einer der wenigen Einstein-Biographien, die Mileva mehr als nur nebenher Beachtung schenken. Das 1963 veröffentlichte, sehr leicht verständlich geschriebene Buch ›Einstein: Profile of the Man‹ (es erschien 1968 als ›Albert Einstein. Genie des Jahrhunderts‹ in deutscher Übersetzung) wurde von Einsteins Sekretärin Helene Dukas als völliger Unsinn abgetan. Der Verfasser, Peter Michelmore, gründete seinen Bericht auf Gespräche mit Hans Albert, der später sagte, er fände in dem Buch keine Fehler. Zumindest läßt es vermuten, wie Mileva die Dinge sah und was sie ihren Kindern erzählte. Der Student Einstein wird als »hoffnungslos unpraktischer« Mensch beschrieben, der sich zu alltäglichen Dingen nie eine Meinung bilden konnte – was auffallende Ähnlichkeit mit der Beschreibung hat, die Maja Einstein von ihrem Vater gab. Die Beschreibung von Milevas Charakter erinnert andererseits deutlich an die von Pauline Einstein – »sie hat zu allem eine Meinung«:

Sie beurteilte Menschen rascher und war in ihren Vorlieben und Abneigungen entschieden. Sie hatte bei jeder Auseinandersetzung einen bestimmten Gesichtspunkt. Sie versuchte auch in Alberts Leben Ordnung zu bringen ... Sie sorgte dafür, daß er regelmäßig aß und riet ihm, sich sein Taschengeld gut einzuteilen. Häufig regte sie sich über seine Zerstreutheit auf. Er schaute sich dann das zornige kleine Mädchen an, das mit den Füßen stampfte, und ein Funken von Bosheit war in seinen Augen. Er machte dann einen Witz oder zog ein Gesicht und charmierte sie langsam aus ihrer schlechten Stimmung heraus.

Obwohl dies ein Bericht aus dritter Hand ist, klingt es ganz nach der Zerstörung der »mütterlichen Authorität«, die Pauline Einstein in ihrem Brief an Marie Winteler erwähnt. In vielerlei Hinsicht räumte Einstein Mileva den Platz seiner Mutter ein.

Einsteins erster erhaltener Brief an Mileva begann mit einem Katzenbuckel vor ihrem »kritischen Auge«, weil er nicht früher geschrieben hatte. Der zweite – nur zwei Sätze lang – bat, »es nicht übel zu nehmen, wenn ich Ihnen in meiner Not den Drude entführte« – er hatte sich ein Buch ausgeliehen. »Seien Sie bitte nicht böse«, heißt es in seinem dritten Brief nur wenig später, als ihn eine Krankheit an sein Zimmer fesselte. Er rechnete immer mit Milevas Mißbilligung: mit »bitterem Groll« wegen seines Schweigens oder mit finsterem Ärger, weil er ihr eine Mitschrift nicht geliehen hatte. »Schmollen Sie mir drum nicht, Hexchen!« Er spaßte natürlich, aber nur bis zu einem gewissen Punkt. Bei all ihrer Liebenswürdigkeit hatte seine Freundin ein heftiges Temperament, das Einstein noch dazu merkwürdig bekannt vorkam. »Dadurch, daß mir soeben der Kopf tüchtig gewaschen worden ist, hab ich mich lebhaft an Sie erinnert« schrieb er, als er im März 1899 seine Mutter besuchte, bevor er sich ausmalte, wie

»profitlich« Mileva schmunzeln würde, falls ein versprochenes Geschenk nicht angekommen wäre. Etwas in Einstein ließ sich gern kommandieren, während er ihr zur selben Zeit die Zunge herausstreckte. »Ich sehe & fühle, daß Ihre wohltätige Fuchtel nicht über mir schwebt, die sonst die Schranke bewahrt«.

Einstein und Mileva lebten als Studenten nicht zusammen, aber er schrieb bald von »unserem Haushalt«, als ob es so gewesen wäre. Er hatte Mileva vor ihrer Rückkehr aus Heidelberg gewarnt, daß ihr altes Zimmer in der Pension Bächtold von dem »bewußten Züricher Philister« bewohnt wurde. Sie meldete sich zunächst dort an, zog aber bald in die Pension Engelbrecht in der Plattenstraße um, in der schon ihre Schulfreundin Ružica Dražić aus Šabac und die serbische Psychologiestudentin Milana Bota wohnten. Bota erinnert sich, daß sie im Mai 1898 Milevas »gutem Freund« Einstein vorgestellt wurde, der dann ein ständiger Besucher wurde. Im folgenden Jahr erwog er, in dieselbe Straße zu ziehen (»aber nicht in Ihr Haus – den Zungen der Menschen zuliebe«), bevor er sich schließlich mit einem Zimmer in der nahen Unionstraße abfand. Einstein sprach von Milevas Zimmer als von »unsrer Haushaltung«, und beide hielten es während der Sommerferien 1899 für angebracht, dieses Zimmer ihre wahre Heimat zu nennen. Einstein, der bei seiner Familie in Italien war, fand es »bei ›uns‹ doch am nettesten und gemütlichsten«. Mileva, bei ihren Eltern in Vojvodina, schrieb, seine Briefe »heimelten sie an«. Einstein schien besonders erfreut, als seine Mutter die neue Situation anerkannte und versprach, ihre Freßpakete »in die Haushaltung zu schicken: direkt Plattenstraße«.

Der Sommer 1899 war für Mileva eine schwierige Zeit. Wie alle Diplomanden mußte sie während ihres Studiums zwei akademische Hürden nehmen: die Zwischenprüfung und das Abschlußexamen. Die erste bestand aus mündlichen Prüfungen, die Einstein, wie es üblich war, zu Beginn seines dritten Studienjahrs im Oktober 1898 abgelegt hatte. Er war mit einem Durchschnitt von 5,7 von 6 Punkten der Beste seiner Gruppe gewesen, aber Mileva hatte die Prüfung damals nicht abgelegt. Die Unterbrechung ihres zweiten Studienjahrs durch ihren Aufenthalt in Heidelberg zwang sie, bis zum Oktober 1899 zu warten, sie also zusammen mit den Kommilitonen zu machen, die ein Jahr später begonnen hatten. Sie verbrachte den Sommer daheim in Kać auf dem Bauernhof, den ihr Vater nach seiner Pensionierung bewirtschaftete, mit der Wiederholung des Stoffes. Anfang August schrieb sie Einstein, die schwere Arbeit gefalle ihr, aber dieser frühe Schwung hielt nicht an. Ihr nächster Brief klang betrübt. Es herrsche eine schreckliche Hitze, und sie traue sich nicht in die Stadt, weil in dem Gebiet Scharlach und Diphtherie grassierten. Ihre Arbeit machte nur langsame Fortschritte, wobei ihr Fiedlers Geometrie – Einstein witzelte über die »Fiedlerei« – am meisten Schwierigkeiten bereitete. Sie bat verzweifelt um Rat, welche Fragen zu erwarten waren, und wollte sich gern Einsteins Aufzeichnungen ausleihen. Ihre Besorgnis war unverkennbar, als sie schrieb, daß sie mit »gemischten Gefühlen« nach Zürich zurückkehre und wehmütig fragte: »Haben Sie nicht Mitleid mit mir?«

Einstein schickte ihr eine Reihe von Briefen voller Mitgefühl und Unterstützung. Sie war ein armes Mädchen, weil sie diese »Stopfkur« machen und »arg viel Bücherstaub schlucken« müsse, aber bald sei es ja überstanden und sie hätte »wieder einmal einen Sieg mehr«. Die anderen Studenten seien schließlich harmlose Konkurrenten; sein Doxerl wisse allein, »was es will und kann & hats schon öfters bewiesen«. Die Arme habe »es eigentlich viel härter« als er letztes Jahr, weil sie die Prüfung nach ihren Mitsemestern ablegte. Er erinnerte sich, wie er und Marcel Grossmann »so viel über diese Sachen gelacht« hatten, »aber außen lachts & innen krachts«. Einstein schien durch die Intensität von Milevas Stimmung etwas gereizt gewesen zu sein. Ihm war vermutlich die heitere Unverwüstlichkeit lieber, die er in ihrem Brief aus Heidelberg gefunden hatte. Er spaßte hoffnungsvoll, sie sei »ein Hauptkerl & habe viel Lebenskraft und Gesundheit in ihrem kleinen Leibchen«, er lobte immer wieder ihr Durchhaltevermögen, nannte sie ein »prächtiges Mädel«, ein »hartes Köpfchen«, und ihre Einstellung zum Examen – als ob er sie daran erinnern müßte, aber er sieht sie schon »lächeln über meine Trösterei & denken: Aus so etwas macht sich ein Dockerl wenig.« Mileva empfand ihre Prüfungen natürlich als viel schwieriger als ihr Freund. Sie bestand, aber nur als fünfte der sechs Kandidaten mit einem Durchschnitt von 5,05. Sie war am besten in Physik, wo sie 5,5 Punkte erhielt – genau wie Einstein. Er hatte in keinem Fach eine schlechtere Note erhalten, und in zweien (analytische Geometrie und Mechanik) volle sechs Punkte erreicht. Milevas andere Noten waren glatte 5,0 und 4,75 Punkte in der gefürchteten »Fiedlerei«.

Einstein war schon damals von Aspekten der Physik erfüllt, die weit über den von ihm als frustrierend eng empfundenen Lehrplan des Polytechnikums hinausgingen. Während Mileva den Lernstoff wiederholte, hatte er ihr geschrieben, er sei immer mehr davon überzeugt, daß »die Elektrodynamik bewegter Körper, wie sie sich gegenwärtig darstellt, nicht der Wirklichkeit entspricht, sondern sich einfacher darstellen lassen wird.« Die Elektrodynamik ist der Zweig der Physik, der damit zu tun hat, wie die Bewegungen geladener Teilchen, etwa von Elektronen, von elektrischen und magnetischen Feldern beeinflußt werden. Einsteins Zweifel darüber wurden später zum Ausgangspunkt der Arbeit, die er 1905 unter dem Titel »Zur Elektrodynamik bewegter Körper« veröffentlichte und in der er die spezielle Relativitätstheorie darlegte. Er beschäftigt sich in dieser Arbeit mit der Frage, warum die Felder und Kräfte, die in einem Motor wirken, der Elektrizität in Bewegung umsetzt, anders zu erklären sind als jene in einem Dynamo, der Bewegung in Elektrizität verwandelt. Dies war rätselhaft, weil doch die beiden Geräte physikalisch im wesentlichen gleich sind und beide von der Relativbewegung eines elektrischen Leiters und eines Magneten abhängen. Indem Einstein die Beschreibung des Phänomens, das beiden Geräten zugrunde liegt, vereinheitlichte, zerstörte er die 300jährigen Grundlagen der Newtonschen Physik.

Im Sommer 1899 lag dies noch weit vor ihm, aber Einstein schrieb Mileva von seinen ersten Gedanken dazu. Das Thema, dessen war er gewiß, ließe sich »einfacher« behandeln. Er widmete seine Aufmerksamkeit vor allem dem Äther, dem Stoff, der nach Meinung der damaligen Wissenschaftler Licht und andere elektromagnetische Wellen durch den Raum trug, genau wie Wasser das Wellengekräusel auf seiner Oberfläche trägt. Dieser geisterhafte Stoff fülle, so meinte man, nicht nur die Luft, sondern auch den luftleeren Raum und feste Stoffe wie Glas, durch die Licht scheinen kann. Einstein tat seine Existenz 1905 in einem einzigen Satz, der die Naturwissenschaft erschütterte, recht beiläufig ab; Zweifel hatte er schon 1899 gehegt. Er schrieb Mileva: »Die Einführung des Namens ›Äther‹ in die elektrischen Theorien hat zur Vorstellung eines Mediums geführt, von dessen Bewegung man sprechen könne, ohne daß man, wie ich glaube, mit dieser Aussage einen physikalischen Sinn verbinden kann.« Er skizzierte seine Gedanken mit Hilfe einer Formel und sprach in anderen Briefen von Versuchen, die er sich zur Überprüfung ausgedacht hatte.

Dies ist der erste Hinweis darauf, daß Einstein schon früh mit den Fragen rang, die eines Tages durch seine Relativitätstheorie beantwortet werden sollten. Mileva war die erste Person, der er sie mitteilte – eine deutliche Bestätigung dafür, wie sehr sie intellektuell seine Vertraute geworden war. Einsteins Freude daran, für seine Gedanken ein aufmerksames Gehör zu finden, war fast greifbar. Mileva jedoch hatte die bevorstehenden Prüfungen im Sinn und konnte sich nicht auf ein Gespräch über solche weitreichenden Probleme einlassen. Das schien ihm bewußt zu sein, und er war es zufrieden, seine Gedanken einfach mitzuteilen, ohne eine Antwort zu fordern. »Doch nichts mehr davon! Ihr armes Köpfchen ist voll genug von den Steckenpferdchen der verschiedensten, auf denen Sie haben reiten müssen. Da muß ich doch nicht noch meines aufrücken lassen.«

Die Grenzen ihrer Beziehung waren auch anderswo erkennbar. Er verbrachte die Sommerferien 1899 nicht mit ihr, sondern mit seiner »alten Henn & Schwester« im Hotel Paradies in Mettmenstetten, einem kleinen Erholungsort südwestlich von Zürich. Es war nicht die einzige für Mileva schwierige Zeit, die Einstein trotz seiner zwiespältigen Gefühle lieber mit seiner Familie verbrachte. Die Berichte an Mileva waren voll vernichtender Kritik an dem »stumpfsinnigen Geschwätz« und voller Klagen darüber, wie unangenehm die Freunde und Verwandten seiner Mutter waren. Am schlimmsten von allen war eben die Tante Julie, die freundlich sein Studium finanzierte. Sie war nach Meinung ihres dankbaren Neffen »ein veritables Ungetüm an

Arroganz & stumpfsinnigem Formalismus«. Aber Einsteins Ernüchterung war umfassend. Er schrieb Mileva:

> *Meine Mutter & Schwester finde ich ein wenig engherzig & philiströs bei aller Sympathie, die ich für sie empfinde. Es ist merkwürdig, wie allmählich die Lebensweise uns ändert mit allen Tönen unserer Seele, so daß die engsten natürlichen Bande der Familie zur Gewohnheitsfreundschaft heruntersinken & man sich im Innern gegenseitig so unbegreiflich ist, daß man in keiner Weise lebendig mitfühlen kann, was das andere bewegt.*

Die schmeichelhafte Folgerung war, daß Einstein nur bei Mileva wirkliches Mitgefühl spürte und sie beide mit den spießigen Banalitäten seiner Familie nichts zu schaffen hatten. Aber Einstein fühlte sich wohl kaum ganz so unterdrückt, wie er es andeutete, denn er gestand Mileva ein: »Doch freu ich mich trotz allem mit jedem frischen Ferientag an diesem reizenden ruhigen Plätzchen.« Es fällt auf, daß sein Mitgefühl für Mileva angesichts der sich nähernden Prüfungen keinen praktischen Ausdruck fand. Als er Anfang September, bevor sie aus Kać zurückkam, einen kurzen Abstecher nach Zürich machte, behauptete er, zu beschäftigt gewesen zu sein, ein Heft, wie sie es erbeten hatte, in ihre Pension zu bringen. »Ich würde Ihnen so gern in Zürich die Zeit des Examens angenehmer zu machen versuchen«, versicherte er ihr, »wenn ich nicht dadurch meinen Eltern einen sehr begreiflichen Schmerz bereiten würde.« Er kehrte vielmehr bis zum Semesterbeginn nach Italien zu seiner Familie zurück. Bei all seinem Gerede von »bei ›uns‹ und ›unsre Haushaltung‹« konnte er sich nicht vom Elternhaus lösen.

Auch andere erhoben Anspruch auf seine Zuneigung. Einstein flirtete gern, und einer der Reize, die Mettmenstetten bot, war die Gesellschaft einer jungen Frau, die drei Jahre jünger war als er. Anna Schmid war die Schwägerin von Robert Markstaller, dem Besitzer des Hotels Paradies, mit dem Einstein sich so gut befreundete, daß die beiden Männer gemeinsam durch die Berge wanderten. Anscheinend freundete er sich noch enger mit der siebzehnjährigen Anna an. Beim Abschied schrieb er einige Verse in ihr Poesiealbum. Sie lauteten:

Du Mädchen klein und fein
Was schreib ich Dir hinein?
Wüßte Dir gar mancherlei
Ein Kuß ist auch dabei
Aufs Mündchen klein.

Wenn Du drum böse bist
Mußt nit gleich greinen
Die beste Strafe ist
Gibst mir auch einen.

Dies Grüßchen zum
Andenken an Ihr spitzbübisches Freunderl

Albert Einstein

Dies zeigt eine Intimität, die bei einem Mann, der gleichzeitig Mileva »tausend herzliche Grüße« schickt, unerwartet ist.

Julia Niggli, die Freundin aus Aarau, die er über die Unzuverlässigkeit der Männerherzen belehrt hatte, war ebenfalls eine Zielscheibe seines Charmes. Zu ihrem Erstaunen lud Einstein sie ein, ihn im Mettmenstettener Hotel zu besuchen. »Wie konnte ein junger Mann nur daran denken, mich einzuladen, mit ihm ins ›Paradies‹ zu gehen?« erinnert sie sich. Er lachte hell auf, als er ihre Verlegenheit bemerkte und sagte, alles würde in Ordnung sein, weil auch seine Mutter und Schwester da sein würden. Als er immer eindringlicher bat, versprach sie ihm einen Besuch – sie wußte, daß ihre »gestrenge Frau Mama dies nicht zugeben würde«. Auch in Zürich suchte Einstein weibliche Gesellschaft. Er musizierte gern mit Susanne Markwalder, der Tochter einer seiner Vermieterinnen, und widmete ihr »in Freundschaft und Bewunderung« eine Ausgabe einiger Mozartscher Klaviersonaten. Mit ihr segelte er auf dem Zürichsee – dort stellte er seine lebenslange Zuneigung für Boote unter Beweis, die seiner Erinnerung nach begonnen hatte, als er etwa zwölf war und in einem Bottich von einem Meter Durchmesser Schiffchen schwimmen ließ. Er besuchte Mileva oft zum Tee mit ihren Freundinnen, die er galant nach Hause begleitete; insbesondere bestand er darauf, einer Marie Rohrer die Bücher aus der Bücherei zurückzutragen.

Mileva blieb jedoch bei weitem die engste Begleiterin – so sehr sogar, daß seine ständige Gegenwart von ihren Freundinnen Milana Bota und Ružića Dražić als störend empfunden wurde. Die drei waren eine Einheit. Sie liebten den Kaffeklatsch, halfen einander beim Nähen und fuhren gemeinsam mit dem Zug in die Ferien. Später ließen sie sich zum Andenken an ihr »gemeinschaftliches Leben« in der Pension Engelbrecht fotografieren. Botas erster Eindruck von Einstein war vorteilhaft: Sie schrieb ihren Eltern, daß er »herrlich Geige spielt, man kann sagen, er ist ein Künstler, und so werde ich wieder mit jemandem musizieren können«, aber Mileva hatte nicht die Absicht, sich ihren Platz als Einsteins Begleiterin nehmen zu lassen. Es kam zu einer Auseinandersetzung, und obwohl Bota bald wieder schreiben konnte, Mileva sei jetzt wieder »sehr liebenswürdig mit mir«, waren Botas eigene Gefühle Einstein gegenüber vergiftet. Im Sommer 1900 schrieb sie ihrer Mutter: »Mitza sehe ich wenig, wegen ihrem Deutschen, den ich hasse.« Damals kündigte sie und Dražić an, daß sie ausziehen wollten. Mileva bemerkte: »Die Mädchen scheinen auch auf mich etwas böslich zu sein, ohne dass ich eine Ahnung habe warum; vielleicht muss ich da gar fremde Sünden büssen oder sonst was.« Einstein, fügte sie hinzu, habe »ein Spottgedichtel auf sie gemacht, sehr gut aber sehr boshaft, und will es ihnen geben. Das wird erst schön werden.«

Einsteins Mutter scheint zunächst über die Beziehung ihres Sohnes gelächelt zu haben. Er hatte ihr im März 1899 ein Foto von Mileva gezeigt und berichtet, es habe bei seiner »Alten großen Effekt« gemacht.« Er habe ihre Vorzüge noch verdeutlicht, indem er »sehr verständnisinnig: Ja, ja, die ist halt ein gescheidtes Luder« hinzugefügt habe. Am Ende des Briefes fügte er mit stillem Triumph hinzu: »Gruß von meiner Alten.« Ähnliche Nachschriften kamen in diesem Sommer zweimal vor, zusätzlich zu einem knappen »beste Wünsche von P. Einstein«, auf einem der Umschläge. Das vertuschte nicht eine zugrunde liegende Spannung. Der erste Hinweis auf Reibungen kam im August, als Einstein Mileva in einer versteckten Bemerkung vergewisserte, daß er sich »die Geschichte wegen Mama und Ihnen nur einbildete«. Offensichtlich war Mileva argwöhnisch und bestand darauf, er solle niemanden sonst ihre Briefe lesen lassen.

Vielleicht hatte er zugegeben, daß er seiner Mutter die Briefe von Marie Winteler gezeigt hatte. Mileva war entschieden: »Sie sagten einmal, Sie hätten das Profane nicht gerne, und wenn mir das profan erscheint, können Sie es mir schon tun!« Er schrieb ihr, seine Alten neckten ihn zu viel, weil er ohne Antwort so viel schreibe.

Pauline wurde regelrecht feindselig, als deutlich wurde, daß diese Beziehung wichtiger war als seine früheren Flirts. Es machte ihr anscheinend nichts aus, daß Mileva keine Jüdin war – das war Marie Winteler auch nicht –, aber sie scheint die verbreiteten deutschen Vorurteile gegen die Serben geteilt zu haben. Die Meinung, Slawen seien minderwertig, hatte lange vor Hitler tiefe Wurzeln geschlagen. Pauline mißtraute Mileva auch, weil sie älter und körperlich behindert war, und weil sie fürchtete, sie werde ihren Sohn vom rechten Wege abbringen. Obwohl sie bereit war, Pakete an Milevas Anschrift zu schicken, geriet sie außer sich bei dem Gedanken, sie teilten schon jetzt ein Zimmer. Die Nachricht von ihrer verhärteten Einstellung erhielt Mileva nicht von Einstein, sondern von einer gemeinsamen Freundin, Helene Kaufler. Kaufler, eine Studentin der Geschichte an der Universität Zürich, hatte das Paar kennengelernt, nachdem sie in die Pension Engelbrecht eingezogen war. Sie besuchte Einsteins Elternhaus in Mailand, als sie am Gardasee Ferien machte und fand, daß Paulines Gegnerschaft zu Mileva sich in geradezu lächerlicher Weise zeigte. Mileva war aufgrund von Kauflers Bericht von ihrem Aufenthalt verzweifelt und schrieb:

> *Glauben Sie, dass sie mich gar nicht mag? Hat sie arg über mich gespottet? Wissen Sie, ich kam mir so ganz armselig vor im Augenblick, so ganz gründlich armselig, aber dann habe ich mich halt doch getröstet, denn die Hauptperson ist ja anderer Meinung, und wenn sie mir von schönen Zukunftsbildern erzählt, vergesse ich eben alle Armseligkeiten, oder finden Sie dass ich nicht sollte?*

Diese Zeilen wurden im Juni oder Juli 1900 geschrieben. Von Anfang 1899 Oktober bis wenigstens eine Woche nach dieser Zeit ist nur ein kurze Mitteilung erhalten. Diese Lücke macht es unmöglich, die Entwicklung ihrer Beziehung in diesen entscheidenden Monaten genau zu verfolgen. Milevas Worte lassen vermuten, daß Einstein angesichts der nahen Abschlußprüfung von Ehe sprach. Seine Verbundenheit mit seinen Eltern blieb jedoch seltsam stark. Aus Milevas Brief scheint hervorzugehen, daß Kaufler sie als sehr liebenswürdige Gastgeber empfunden hatte, und sie gab sogar zu, sich auch über ihre Freundin lustig gemacht zu haben. Mileva zeigte darüber keinen Ärger und schrieb, Einstein habe sich außerordentlich gefreut, daß Kaufler seine »Alte Frau« so sehr gemocht hatte.

Eine Krise war unvermeidlich, und sie kam prompt. Im Sommer 1900 unterzogen sich Einstein und Mileva ihrer Abschlußprüfung – einer schrecklichen Mischung aus mündlichen Prüfungen und einer Abschlußarbeit. Sie arbeiteten bei der Vorbereitung auf diese Quälerei, von der ihre Zukunft abhing, eng zusammen und schrieben ihre Arbeiten beide über die Wärmeleitung. Die Ende Juli bekanntgegebenen Ergebnisse waren jedoch ganz verschieden. Die Noten der fünf Kandidaten sind nicht genau vergleichbar, (die anderen drei hatten als Hauptfach Mathematik und nicht Physik studiert), aber sie zeigen, daß Mileva den Antrieb zum Studium verloren hatte. In der theoretischen Physik war sie nach Einstein die zweitbeste, in Astronomie jedoch war sie mit Grossmann zusammen die letzte. Für die schriftliche Arbeit erhielten sie und Einstein ähnliche Noten: Er erhielt 18 und sie 16 von möglichen 24 Punkten. Aber dies waren die schlechtesten Noten ihrer Gruppe, denn alle anderen hatten über 20 Punkte. Die Mathematik erwies sich als ihr Stolperstein: In der Funktionentheorie erhielt sie weniger als die Hälfte der Noten der anderen vier Kandidaten. So war Milevas Durchschnitt schließlich 4,00, der Einsteins 4,91. Dabei war seine Leistung nicht besonders gut, denn der Durchschnitt der anderen lag zwischen 5,14 und 5,45. Aber die Prüfer, die vermutlich einen Durchschnitt von 5 für das Bestehen für nötig hielten, erkannten allen vier männlichen Kandidaten das Diplom zu, auch Einstein. Nur Mileva war durchgefallen.

Vielleicht hatten die mündlichen Prüfungen vor den ausschließlich männlichen Prüfern ihre Chancen verschlechtert. Sie war innerhalb der Männerwelt des Polytechnikums immer im Nachteil, weil die meisten der Professoren es kaum für möglich hielten, daß Frauen Erfolg haben könnten. Selbst die klügste

Studentin konnte nicht im selben Maße Ermutigung und Förderung erwarten wie ein männlicher Kommilitone. Vielleicht jedoch beherrschte Mileva auch einfach nicht den Stoff. Anders als ihre Kollegen legte sie ihre Abschlußprüfung im selben Jahr ab wie die Zwischenprüfung, mußte also eine Hürde gleich nach der anderen nehmen. Ihre von ihr selbst eingestandenen Schwierigkeiten mit der Geometrie des Professor Fiedler sind ein Hinweis darauf, wie schwer ihr ein Teil der Arbeit fiel, wenngleich auch Einstein selbst Fiedler »undurchsichtig« und »einen argen Schulmeister« nannte. Er erzählte seinem Biographen Carl Seelig, Mileva habe trotz ihrer Begabung und ihres Wissensdursts die »Leichtigkeit der Auffassung« gefehlt. An anderer Stelle bekannte Einstein, als Student genau dieselbe Schwäche gehabt zu haben; Mileva fehlte sie anscheinend wirklich. Sein Eifer, Literatur im Umfeld der Themen zu lesen, mag sie ermutigt haben, mühsame Vorlesungsnacharbeit zu vernachlässigen; ihr fehlte jedoch seine Fähigkeit, im letzten Augenblick das Wesentliche zu erfassen.

Mileva kehrte müde und niedergeschlagen nach Vojvodina zurück. Aber ihr Mut war noch nicht gebrochen, und sie war entschlossen, die Prüfung im folgenden Jahr zu wiederholen. Einstein fuhr in den Schweizer Kurort Melchtal,um mit Mutter und Schwester und in Begleitung seiner verhaßten Tante Julie Ferien zu machen. Er wurde »abgebusserlt«, als er auf dem Bahnhof des nahen Sarnen ankam, aber die freundliche Stimmung trügte. Maja Einstein stieg mit ihrem Bruder aus der Kutsche aus, die sie zum Hotel bringen sollte, »um etwas zu wandeln«. Bei dieser Gelegenheit warnte sie ihn dringend vor der angespannten Atmosphäre. Sie habe es nicht gewagt, »etwas über die ›Dockerlaffäre‹ zu berichten« und bat ihren Bruder, er möge »die Mama ›schonen‹« und nicht »mit der Thüre ins Haus fallen«. Es war vergebens. Einstein suchte Streit und brachte eine Nachricht, von der er wußte, daß sie dazu führen mußte. Wir verdanken unsere Kenntnis von dem Geschehen der Beschreibung, die er später im Bett sitzend mit ungeheurem Genuß für Mileva niederkritzelte. Er stellte sich seiner Mutter in ihrem Hotelzimmer, und die Unterhaltung begann, wie zu erwarten, mit einem Gespräch über die Prüfungen am Polytechnikum. Trotz seines Erfolges hatte Einstein keine Stelle und eine unsichere Zukunft vor sich. »Nun, und was wird denn aus Dockerl?« fragte ihn seine Mutter harmlos. »Meine Frau«, antwortete Einstein.

Es provozierte seine Mutter damit vorsätzlich, und sie hatte ihn genau so vorsätzlich dazu aufgefordert. Einstein schrieb, er habe es harmlos gesagt und sei doch auf eine gehörige »Szene« gefaßt gewesen. Er wurde nicht enttäuscht.

Mama warf sich auf ihr Bett, verbarg den Kopf in den Kissen und weinte wie ein Kind. Als sie sich von dem ersten Schreck erholt hatte, ging sie sofort zu einer verzweifelten Offensive über: »Du vermöbelst Dir Deine Zukunft und versperrst Dir Deinen Lebensweg«. »Die kann ja in fast keine anständige Familie«. »Wenn sie ein Kind bekommt, dann hast Du die Bescherung.« Bei diesem letzten Ausbruch, dem noch mehrere vorangegangen waren, brach mir endlich die Geduld. Ich wies den Verdacht, daß wir unsittlich zusammengelebt hätten, mit aller Energie zurück, schimpfte tüchtig ...

Man bezweifelt, daß Einstein ganz so gelassen blieb, wie seine Darstellung es nahelegt oder daß seine Mutter es sich gefallen lassen hat, derartig oberlehrerhaft zurechtgewiesen zu werden, wie er es schildert. Andere Einzelheiten jedoch klingen wahr. Er berichtet, er habe daraufhin das Zimmer verlassen wollen. An dieser großen Geste wurde er jedoch durch die Ankunft einer Freundin seiner Mutter gehindert, und in Gegenwart von Frau Bär, einer kleinen und lebhaften Frau, die er offenbar mochte, veränderten sich die Manieren von Mutter und Sohn offensichtlich auf geradezu komische Weise. Augenblicklich machten sie mit größtem Eifer Konversation über das Wetter, die anderen Hausgäste, selbst das schlechte Benehmen einiger Kinder. Das »philiströse Geschwätz«, das Einstein so verabscheute, kam ihm leicht von den Lippen, und seine große Konfrontation mit seiner Mutter löste sich ins Absurde auf. Bald war es Zeit zum Essen, und danach wurde die Illusion herzlicher Beziehungen gewahrt, als die Gäste sich zum Musizieren zusammenfanden. Erst später, beim »Gute Nacht unter 4 Augen ging wieder dieselbe Historie los, doch ›piu piano‹«. Pauline Einsteins größte Angst war, das Paar »hätte schon ein Verhältnis gehabt«. Andernfalls bestand

Hoffnung, »Mittel und Wege« zur Vermeidung der Katastrophe zu finden. »Sie ist ein Buch wie Du – Du solltest aber eine Frau haben«, sagte sie und fügte, um das Maß vollzumachen, hinzu: »Bis Du 30 bist, ist sie eine alte Hex.«

Einstein spottete über die Plumpheit der Angriffe seiner Mutter, die ihn, wie er Mileva schrieb, nur wütend gemacht hätten. Wenn er sich auf einen solchen Streit einließ, konnte er kaum hoffen, seine eigenen Interessen zu wahren. Seine Taktik läßt vermuten, er habe eine so dramatische Krise herbeiführen wollen, daß seine Mutter schließlich ihre Macht über ihn verlieren würde. Wenn er sie in solchen Einzelheiten wiedererzählte, wollte er vermutlich Mileva eher beunruhigen als sie vergewissern; vor allem kam es ihm wohl darauf an, seiner Verlobten und sich selbst zu zeigen, wie tapfer er seiner Mutter getrotzt hatte. Auf dem Prüfstein aber war es ihm unmöglich, seine Strategie durchzuhalten.

4
DAS HEIKLE THEMA

Kaum hatte diese anfängliche Feindseligkeit nachgelassen, als Einstein begann, jeder Laune seiner Mutter nachzugeben. Er wurde zum Inbegriff eines pflichtbewußten Sohnes, musizierte für die anderen Hotelgäste und umgarnte seine ganze Umgebung mit Schmeicheleien. Mit seiner zunehmenden Beliebtheit besserte sich anscheinend Paulines Stimmung; sie war »Balsam auf das verletzte Schwiegermutterherz«, wie er Mileva schrieb. Innerhalb weniger Tage hatten sie sich »mehr oder weniger« wieder versöhnt, und schon bald berichtete er, es sei nachgerade richtig gemütlich. Er zog es vor, nicht zu viel über die Gründe nachzudenken und schrieb an Mileva in der Zuversicht, seine Mutter werde sich allmählich mit dem Unvermeidlichen abfinden. Das »heikle Thema« der Verlobung wurde nicht mehr erwähnt, und er verbrachte seine Zeit abwechselnd auf Spaziergängen mit seiner Schwester über Berghänge voller Edelweiß und zufriedener Forschung, wenn der häufige Regen sie das Zimmer hüten ließ. Bald tat Pauline, als ob nichts passiert war, übergab Einstein höflich Milevas Briefe und gab vor, es nicht zu bemerken, wenn Einstein sich hinsetzte, um sie zu beantworten.

Langsam dämmerte ihm, daß dies nur ein taktischer Rückzug war. Seine Mutter hatte »die offene Feldschlacht aufgegeben und wird wohl erst in Gemeinschaft mit Papa die biedern Kanonen losschießen«. Einstein hatte an seinen Vater geschrieben und ihm von der geplanten Heirat erzählt, aber Mileva lässig versichert, der zu erwartende Widerstand seines Vaters sei unwichtig. Der reagierte mit einem »Moralitätsbrief«, den sein Sohn als Predigt abtat, und dem Versprechen, die Hauptsache werde mündlich nachfolgen, wenn Einstein mit seiner Mutter Ende August nach Italien zurückkehrte. Einstein beklagte sich bei

Mileva, seine Eltern betrachteten »die Frau als einen Luxus des Mannes, den sich dieser erst gönnen kann, wenn er eine behagliche Existenz hat.« Danach unterschieden sich, wie er meinte, »Frau und Dirne lediglich dadurch«, daß »erstere sich vermöge ihrer günstigeren Lebensumstände vom Manne einen Vertrag fürs Leben zu erzwingen vermag.« Einstein begann seine hastige Ankündigung der Verlobung zu bedauern und bedrängte Mileva, die Neuigkeit ihren eigenen Eltern nicht mitzuteilen, obwohl er zugab, daß das Urteil am besten ihr überlassen bleiben sollte. In seinen Briefen finden sich Anzeichen einer widerwilligen Anerkennung, daß sie in bezug auf diese Themen schon mehr Weisheit und Reife gezeigt hatte als er. »Ich hätt besser getan, Schatz, wenn wir alles unter uns gelassen hätten«, gab er zu.

Sein Gewissen war von widersprechenden Gefühlen zerrissen. Er schrieb Mileva, er wolle seine Eltern schonen – aber »ohne in irgend etwas von dem abzugehen, was ich für gut halte – und das bist Du, mein lieber Schatz«. Der Druck wurde stärker, als er sich nach einigen Tagen in Zürich auf den Weg nach Mailand machte. Ein Ziel seiner Reise war es, sich in die »Praxis seines Vaters« »einweihen zu lassen«. Er spottete darüber als ein unwillkommenes Ritual – er solle des »heiligen Sakraments teilhaftig« werden. Es sei ja möglich, daß sein Vater »erkrankte oder sonst abgehalten wäre und er hat niemanden zu seiner Verfügung.« Trotzdem, es zeigt, wie nahe er daran war, der Wissenschaft verlorenzugehen und im Geschäft der Familie aufzugehen.

Zwei Tage nach seiner Ankunft in Italien war Einstein davon überzeugt, daß sich der Sturm über die sogenannte Doxerl-Affäre gelegt hatte. Von »Behandlung« sei keine Rede, schrieb er, und: »So viel ich merke, haben sie gar nichts gegen unser Verhältnis.« Er habe Milevas Namen da und dort genannt ohne daß eine Reaktion erfolgt sei. Seine Eltern wüßten nun endlich, daß sie ihn nicht mehr beeinflussen konnten. Das war ein schöner Traum. Wenige Tage später war seine Verwirrung vollständig, als er seinem »lieben Kätzchen« schrieb:

Meine Eltern sind sehr bekümmert wegen meiner Liebe zu Dir. Mama weint oft bittere Thränen & kein ungestörtes Augenblickchen wird mir hier zuteil. Meine Eltern beweinen mich fest, wie wenn ich gestorben wäre. Immer wieder jammern sie mir vor, daß ich mich durch mein Versprechen mit Dir ins Unglück gestürzt hätte, daß sie glaubten, Du seist nicht gesund ... o Doxerl, es ist zum närrisch werden! Du glaubst nicht, wie ich leide, wenn ich sehe, wie sie mich beide lieb haben ...

Dies waren die Kanonen, die Einstein gefürchtet hatte, und der Ansturm durchbrach schon bald seine dürftige Deckung. Vorher hatte er sich gebrüstet, seine Eltern hätten »am ganzen Leib weniger Starrsinn« als er in seinem kleinen Finger. »Ich begreife meine Alten recht gut«, hatte er selbstsicher verkündet. Jetzt betäubte ihn die Stärke ihres Urteils. Es war, als ob er nicht glauben konnte, daß dies dasselbe Paar war, dessen Selbstgefälligkeit er gewöhnlich als so gönnerhaft und unterwürfig erlebt hatte. Er schrieb Mileva, sie verhielten sich jetzt, als ob sie verhext seien – »und meinen, ich sei's auch«. Er komme sich fast vor wie ein Verbrecher, sagte er, und nicht wie ein Mann, der getan hatte, was ihn »Herz und Gewissen unwiderstehlich zu tun drängten«. Es gab schon zuvor Pläne für eine Rundreise zu den Elektrizitätsanlagen der Familie, die er mit seinem Vater machen sollte. Traurig und niedergeschlagen und vielleicht auf der Suche nach einer Möglichkeit zurückzuschlagen, hatte er gesagt, er weigere sich mitzugehen. »Doch sie erschraken so heftig, daß mir ganz Angst wurde«, und er fügte sich.

Ironischerweise bestärkte dieser Konflikt mit seiner Familie Einsteins Leidenschaft für Mileva und auch die Angst, sie zu verlieren. Der Mangel an Briefen in der ersten Hälfte des Jahres 1900 macht direkte Vergleiche unmöglich, aber nach dem ersten Krach mit seiner Mutter äußert Einstein deutlich stärkere Gefühle und ließ mehr Nähe zu. Wie als Echo auf seinen Brief an Marie Winteler vom April 1896 schrieb er Mileva, er sehe »erst jetzt«, wie »furchtbar lieb« er sie habe. In seinen Worten liegt glühende Sexualität, wenn ihn danach verlangte, sie »zu herzen und zu drücken« und wenn er spitzbübisch bemerkte, wie er die keuschen katholischen Geistlichen bemitleidet habe, die er in der Nähe seines Ferienhotels in Melchtal gesehen hatte. Seine Briefe schlossen jetzt immer mit Küssen – kolossalen und zarten und innigen, innigsten und herzinnigsten. Immer wieder betonte er, wie richtungslos und unvollständig er sich ohne Mileva fühlte. So schrieb er aus dem Hotel: »Wenn ich Dich nicht habe, so ist mir gerade zu Mute, wie wenn ich selbst nicht ganz wäre. Wenn ich sitze, möchte ich gehen, wenn ich gehe, dreue ich mich heim, wenn ich mich unterhalte, möchte ich studieren, wenn ich studiere, fehlt es mir an Beschaulichkeit und Ruhe & wenn ich schlafen gehe, bin ich nicht befriedigt über den verlebten Tag.«

Das blieb auch so, als er kurz in ihr gemeinsames Territorium Zürich zurückkehrte. Dort war er frei, zu gehen, wohin er wollte – »ich gehöre doch nirgends hin und ich vermisse zwei Ärmchen und das glühende Mäulchen voll Zärtlichkeit und Puzerline.« Er klagte, schon wieder seien »ein paar öde Tage« an seinem schläfrigen Auge vorübergelaufen«, Tage, »an denen man spät aufsteht, weil man nichts Rechtes zu tun weiß, sich so halb aufs Essen freut und schlaffen Geistes über hochwichtige philosophische Fragen nachdenkt«. Das Studium hatte keinen Reiz, wenn Mileva ihn nicht dazu ermutigte. »Ohne Dich«, sagte er, »fehlt es mir an Selbstgefühl, Arbeitslust, Lebensfreude – kurz, ohne Dich ist mein Leben kein Leben.«

Auch Einsteins Äußerungen über seine Verwandten und ihre »Anhängsel« erhielten eine neue Intensität. Sein Ton war so scharf, daß er gelegentlich an den eines gestrengen Ideologen erinnert, der gegen die dekadente Bourgeoisie wettert. Diese Menschen waren »verweichlicht« und ihr Verstand ausgetrocknet: »Hoffentlich verschimmle ich nicht auch so, wenn ich alt bin!« Vor allem griff er die Frauen an: Er fand sie »aufgeputzt und faul« und immer war ihnen etwas nicht recht. Natürlich war Einstein keiner, der sich beklagte – die Gesellschaft dort war eben »dumm und kalt und trostlos öde«. Im Mittelpunkt ihres Interesses standen allein die großen Mahlzeiten, die eine Stunde oder länger dauerten. Das Problem, so schrieb er in einer seiner großzügigeren Stimmungen, bestand darin, daß bei seinen Eltern und den meisten anderen Menschen »die Sinne die unmittelbare Herrschaft über die Gefühle ausüben, während bei uns dank der glücklichen Umstände, in denen wir leben, der Lebensgenuß unendlich erweitert ist«. Deshalb seien sie wohl als eine niedrige Form der sozialen Entwicklung zu sehen, die gebildetere

Minderheit dürfe jedoch nicht vergessen, »wie viele Existenzen der ersten Art nötig sind«, um dies zu ermöglichen.

An diesen Bemerkungen Einsteins wird deutlich, wie er sich immer stärker als jemand sieht, der große Ähnlichkeit mit Nietzsches Übermensch hat – ein einsamer Intellektueller, der der Horde der Menschen entfremdet ist und der in dem »Eis und Hochgebirge« spiritueller Einsamkeit leben muß. Die unmittelbarsten Anregungen in dieser Richtung erhielt er von Schopenhauer, dem großen Vorläufer Nietzsches, auf den sich seine Briefe aus dieser Zeit oft mit warm bestätigenden Verweisen beziehen. In Schopenhauers Aphorismen und Aufsätzen findet sich vieles, das sich auch bei Einstein finden läßt – von seiner Gleichgültigkeit gegenüber dem Buchwissen und einem leidenschaftlichen Glauben an »selbständiges Denken« bis zu einer Begeisterung für den Gedanken der Polygamie und die Verachtung der bürgerlichen Einstellung zur Ehe. Aber die aufschlußreichste Verbindung ist die Betonung der Einsamkeit des Genies, das von verständnislosen geringeren Wesen umgeben ist. Es wird deutlich, daß der junge Einstein gern in diesen Begriffen von sich dachte. Der Gegensatz zu dem Bild, das er in seiner Reifezeit abgibt, wenn er sich höchst liebenswürdig abwertete, ist groß. So schrieb Schopenhauer: »Bescheidenheit bei mittelmäßigen Fähigkeiten ist bloße Ehrlichkeit, bei großen Talenten ist sie Heuchelei.«

Einsteins Verachtung für seine weiblichen Verwandten erinnert an Schopenhauers bekannte Frauenfeindlichkeit – die auf die Probleme des Philosophen mit seiner eigenen Mutter zurückgingen. Später schien Einstein oft Schopenhauers Ansicht auszudrücken, wonach »die Weiber im ganzen genommen die gründlichsten und unheilvollsten Philister sind und bleiben«. Aber zu dieser Zeit lag ihm daran, zu betonen, daß Mileva mit ihm zur Elite gehörte. Er versicherte ihr, daß es in dem ganzen Ameisenhügel des Melchtaler Hotels kein »so geschicktes rühriges Ding« gab wie sie. So stark ihn auch die Einsamkeit reizte, so wollte er doch nicht auf Milevas Liebe und Unterstützung verzichten. Wenn er die anderen Hotelgäste anschaute, war sein einziger Trost der Gedanke: »Johonesl, Dein Doxerl ist doch eine andere Maid.«

Die Gefahr für Einstein bestand darin, daß er ein Bild von Mileva schuf, dem sie nicht entsprechen konnte, als ihre lange Trennung beendet war. In seinen Briefen blitzt gelegentlich die Erkenntnis auf, wie belastend die Vorgänge für sie sein mußten. Ihre Gesundheit war nicht gut und ihr Vertrauen war schwer erschüttert. Einstein drängte sie, sich auszuruhen, und äußerte wiederholt Freude darüber, daß Milevas Mutter sie mit ihren Kochkünsten »prächtig herausfüttert«. Es war, als ob er aus diesem mütterlichen Verwöhnen ersatzweise Kraft schöpfte, wenn der Nachschub aus näheren Quellen fraglich wurde. Milevas Mutter und Vater waren ein Beweis, sagte er, daß nicht jeder solche Eltern haben müßte wie er. Er riet ihr, nicht soviel zu lernen – später würde es genug Zeit geben, in der sie das gemeinsam tun könnten. Aufgrund der jetzigen Schwierigkeiten würde die Freude nur um so größer sein, wenn sie in Zürich »beim duftenden Gofeerl die Weisheit« vermehrten. »Ich kanns gar nicht erwarten, bis ich Dich wieder herzen und drücken und mit Dir leben kann«, schrieb er. »Und lustig werden wir drauf los arbeiten und Geld haben wie Mist.« Er versicherte Mileva, daß er, wenn er jetzt an sie dachte, sie nie mehr ärgern & aufziehen wolle, sondern »immer sein wie ein Engel. O schöne Illusion!«

Während dieser Zeit schwankte Einstein zwischen fieberhaftem Optimismus und Verzweiflung. Er war am heitersten am 20. August 1900, unmittelbar nach seiner Rückkehr aus Mailand. Seine heitere Gewißheit, den Widerstand seiner Eltern besiegt zu haben, ergoß sich in Form eines Schnadahüpfls:

O mei! Der Johonzel,
Der is ganz verruckt.
Gmoant had er seins Doxerl
Und's Kissen hot er druckt.

Wenns Schatzerl mir schmollen thut,
Werd i windelweich.
Doch es zuckt mit die Oxeln
Und sogt: Is jo gleich.

Moane Olden, die denken
Dees is a dumme Sach
Ober sogen thans nix,
Sonst kriegatens auf Dach.

Mein Doxerl sei Schnaberl
Des mecht i gern hern
Und nachher ihm's lusti
mit meinem verspern ...

Diese reizende Albernheit ist merkwürdig enthüllend. Während er sich noch damit brüstet, daheim nicht von seinen Eltern geduckt zu werden, sonnt er sich in der Erinnerung daran, wie er sich in seinem anderen »Haushalt« vor Mileva duckt. Der Gedanke an ihre schmollende Strenge scheint ihn so sehr zu erregen wie sein sentimentaleres Bild von ihr als einem süßen kleinen Vogel. Ein Gedicht wie dieses verträgt wohl kaum eine genaue Textanalyse, aber schon allein seine Rührseligkeit ist verdächtig. Die kindliche Sprache steht in einem seltsamen Gegensatz zu Einsteins Schilderung ihrer Beziehung als einem von hoher Gesinnung getragenem Bündnis gegen die Philister.

Zu dieser Einstellung kehrte er nur wenige Tage später, nach dem Gegenangriff seiner Eltern, zurück. Er schrieb Mileva, die Naturwissenschaft sei seine einzige Ablenkung, und sie seine einzige Hoffnung. »Ohne den Gedanken an Dich möchte ich gar nicht mehr leben in diesem traurigen Menschengewühl.« Schon wenige Tage später ist er wieder albern – und vermittelt eine amüsante Einsicht in die Rollen, die jeder von ihnen übernommen hatte, wenn sie beisammen waren. Einstein schrieb: »Weißt Du auch schon, daß ich mich seit einiger Zeit mit bestem Erfolg selbst rasiere? Du wirst gucken Toxerline! Das kann ich immer dann thun, wenn Du's Goferl kochst nach dem Mittagessen, daß ich nicht, wie gewöhnlich, weiter studier, während das arme Doxerl nadierlich gochen muß, während der faule Johonzel sich nimmer rührt, sobald er das rasch erledigte Gebot ›Mahl ders‹ schleunigst erledigt hat.«

Ganz abgesehen von seiner belasteten Liebesbeziehung stand Einstein vor der Aufgabe, seine zukünftige Laufbahn neu zu arrangieren. Nachdem er seine Prüfungen bestanden hatte, hatte er gehofft, eine Assistentenstelle am Polytechnikum zu erhalten. Im September, als ein möglicher Rivale anderswo eine Stelle gefunden hatte, schrieb er deswegen an Professor Adolf Hurwitz, den Vorstand seiner alten Sektion. Hurwitz antwortete ihm, er habe Aussichten – obwohl er einige der Pflichtseminare geschwänzt hatte – aber sie erwiesen sich nicht als ausreichend. Der Professor entschied, es gebe keinen völlig geeigneten Kandidaten und empfahl, die Stellung zwischen zweien von ihnen aufzuteilen. Einstein war keiner von ihnen. Damit war er der einzige der vier Absolventen der Sektion VI a des Jahres 1900, der keine Anstellung erhielt. Er war an der ersten Hürde gescheitert.

Anfang Oktober, eine Woche bevor Hurwitz seine Entscheidung bekanntgab, versicherte Einstein Mileva, er hege »kaum einen Zweifel« an seinem Erfolg. Das war geprahlt. Er wußte, daß seine kecke Art und die unregelmäßige Teilnahme an den Vorlesungen ihn den Dozenten des Polytechnikums nicht besonders sympathisch gemacht hatten. Professor Heinrich Weber, sein Physiklehrer, hatte ihm gesagt, daß seine Gescheitheit mit einem großen Fehler behaftet war: »Sie lassen sich nie etwas sagen.« Einstein rächte sich, indem er ihn statt mit »Herr Professor« mit »Herr Weber« anredete, so wie er einmal seinen Geigenlehrer geärgert hatte, als er ihn mit »Du, Herr Schmied« ansprach.

Seine Vertrauensbekundungen für Mileva waren durchsetzt mit Versicherungen, daß der Mißerfolg ihm nichts anhaben könne, solange sie einander hatten, studieren konnten und niemandem Rechenschaft schuldig waren. Mit derselben Sorglosigkeit kehrte er am 7. Oktober nach Zürich zurück. Er verdiente seinen Lebensunterhalt, indem er Privatunterricht in Mathematik gab, etwa acht Stunden in der Woche, und er begann, für die Promotion Thermoelektrizität zu lernen (die Erzeugung von Elektrizität in Abhängigkeit von Temperaturunterschieden). Dazu mußte er sich bemühen, Professor Weber freundlich zu stimmen, weil sein Labor die besten Arbeitsmöglichkeiten bot.

Mileva war nun gestählt, um ihre Abschlußprüfung zu wiederholen. Sie kam in Begleitung ihrer jüngeren Schwester Zorka drei Tage nach Einstein in Zürich an. Obwohl Einstein angekündigt hatte, er habe zwei neue Kaffeelöffelchen gekauft, um ihrer Schwester Eindruck zu machen, kam Zorka erst nach reichlichem Drängen zu Besuch. »'S geht halt nix über ein Frauenzimmer«, schrieb Einstein an Mileva und fügte hastig hinzu, sie als Naturforscherlein sei bei solchen Betrachtungen natürlich immer ausgenommen. Vor ihrer Vereinigung war er voller häuslicher Träume gewesen und hatte Pläne gemacht, auf Fahrräder zu sparen, mit denen sie Ausflüge aufs Land unternehmen könnten. Die Wirklichkeit war ganz anders. Er mußte zugeben, daß der Privatunterricht eine unzuverlässige Einkommensquelle darstellte und ihr »Zigeunerleben« wenig zufriedenstellend war.

Als das Jahr seinem Ende zuging, konnte einzig der Fortschritt, den er in der Naturwissenschaft gemacht hatte, Trost spenden. Er hatte seine Aufmerksamkeit auf die Kapillarität konzentriert, ein Phänomen, das erklärt, wie die Oberfläche einer Flüssigkeit steigt oder fällt, wenn sie so feste Körper wie die Wände eines Rohrs berührt. Seine Gedanken beruhten auf einer von ihm selbst entworfenen Theorie der Molekularkräfte. Nachdem die Molekülvorstellung selbst noch umstritten war, schienen ihm diese Begriffe völlig neu zu sein. Sie bildeten den Inhalt seiner ersten wissenschaftlichen Arbeit, die er Anfang Dezember an die ›Annalen der Physik‹, die wichtigste deutschsprachige Fachzeitschrift für Physik, schickte. »Kannst dir vorstellen, wie stolz ich auf mein Schatzerl bin«, schrieb Mileva an ihre jungverheiratete Freundin Helene Savić (geborene Kaufler) und erklärte, dies sei »keine alltägliche Arbeit, sondern sehr bedeutend«.

In den Worten von Professor John Stachel, der Milevas wissenschaftliche Beziehung zu Einstein genau untersucht hat, war ihr Lob nach physikalischen Maßstäben übertrieben, wenn auch nicht nach denen der Liebe. Einstein selbst tat diese Arbeit als eine seiner beiden wertlosen Anfängerarbeiten ab. Sein späterer Kollege und Biograph Abraham Pais nannte sie »zu recht vergessen« und als bedeutsam nur wegen des Interesses, das sie an einer möglichen Verbindung zwischen Molekülkräften und Gravitation zeigte. Dies war ein Hinweis auf Einsteins Wunsch, universale Grundsätze zu finden, ein Kennzeichen der außerordentlichen Arbeiten, die folgen sollte.

Trotz ihrer Grenzen war die Veröffentlichung dieser Arbeit die erste Feder an Einsteins Gelehrtenhut, und es gibt einigen Grund zu der Annahme, daß Mileva ihm half. Im Oktober hatte er versprochen, sie würden in Zürich zusammen daran arbeiten, indem sie »empirisches Material« sammelten, und hinzugefügt: »Wenn sich dabei ein Naturgesetz ergibt, schicken wirs ein in ›Wiedemanns Annalen‹.« In späteren Briefen schrieb Einstein von »unserer Arbeit« und »unserer Theorie der Molekularkräfte«, »unserer Abhandlung« und »unserer Untersuchung«. Er zeigte sich besonders daran interessiert, ob »unsere Theorie« sich auf Gase ebenso anwenden lassen würde wie auf Flüssigkeiten. Mileva schrieb Helene Savić: »Wir haben sie auch privatim dem Boltzmann eingeschickt und möchten gern wissen, was er dazu meint, hoffentlich schreibt er uns.« Natürlich ist die Verwendung des Plurals noch kein Beweis für eine intellektuelle Partnerschaft. Anderen gegenüber, etwa seinem Freund Marcel Grossmann, schrieb Einstein von »meiner Theorie« als seiner ganz persönlichen Angelegenheit. Wenn Mileva ihrem Stolz Ausdruck gab, verriet sich darin keinerlei Versuch, Mitverfasserschaft in Anspruch zu nehmen; sie überließ ihm in dem Brief an Savić gern die ganze Ehre (»Albert hat eine Arbeit geschrieben«). Ihre Beiträge zu dieser Arbeit bestanden wahrscheinlich darin, daß sie Einstein half, experimentelle Belege für Schlüsse zu finden, die er schon gezogen hatte. Diese Hinweise legen jedoch sehr wohl nahe, daß sie gefühlsmäßig stark an seiner Arbeit beteiligt war und er sie gern in seine eigene Welt hineinzog. »Sogar meine Arbeit erscheint mir zwecklos und unnötig, wenn ich mir nicht dazu denke, daß Du dich mit dem freust, was ich bin und was ich thu«, hatte er ihr im September geschrieben. Man muß Einsteins Überschwang immer mit Vorsicht begegnen, denn er gab oft einen besseren Hinweis auf die Tiefe seiner jugendlichen Verwirrung als auf die Stärke seiner Überzeugungen, aber Milevas Vertrauen und Unterstützung waren für ihn zu einer Zeit, wo er wenig anderes hatte, dessen er sich sicher sein konnte, wie ein Fels, auf den er baute.

Wer verläßlich ist wie ein Fels, muß damit rechnen, belastet zu werden. Einstein legte Mileva viel Gewicht auf, konnte ihr seinerseits aber nicht annähernd die gleiche Unterstützung geben.

Seit sie durch die Prüfung gefallen war und die Feindseligkeit von Einsteins Eltern offensichtlich wurde, hatte Milevas Selbstvertrauen anscheinend stetig abgenommen. Daß sie die Prüfung nicht im ersten Anlauf bestanden hatte, war für ihre bisher erfolgreiche Karriere der erste ernsthafte Rückschlag. Sie wußte, daß sie jetzt selbst dann, wenn sie im zweiten Anlauf bestehen würde, nicht mehr als Überfliegerin gelten würde. Außerdem waren die Schwierigkeiten, die sie, wie sie offen bekannte, mit einem großen Teil des Vorlesungsstoffs hatte, eine Warnung, daß weitere akademische Fortschritte immer mühsamer werden würden. Ihre Bemerkungen zu Einsteins Arbeit über die Kapillarität lassen vermuten, daß ihr eigener Ehrgeiz jetzt in seinem aufging. Sie war jetzt nicht mehr die selbstsichere Partnerin, auf die er sich verlassen konnte, wenn er bemuttert und unterstützt werden wollte, ohne seinerseits mehr als seinen jungenhaften Charme einsetzen zu müssen, sondern Mileva war jetzt genauso abhängig von ihm wie er von ihr. Aber es war sehr fraglich, ob er ihr die Unterstützung geben konnte, die sie brauchte – zum Teil, weil es ihm nicht gelang, eine Anstellung zu finden, und zum Teil durch die seinem Charakter gesteckten Grenzen.

Nachdem die Aussicht auf eine Anstellung so schlecht war wie je, entschied sich Einstein, zu seinen Eltern nach Mailand zurückzukehren. Er schien Mileva davon überzeugt zu haben, daß er sich von dort aus besser eine Stellung suchen konnte, indem er die Kontakte seiner Familie nutzte. Sie schrieb Helene Savić, daß er ihr »halbes Leben« mitnehme, fügte aber hinzu: »Es ist so besser für seine Carrière und ich kann mich dieser ja nicht in den Weg stellen, dazu habe ich ihn viel zu lieb, aber was ich dabei leide, weiss nur ich. Wir haben alle beide in der letzten Zeit sehr viel auszustehen gehabt, doch dass jetzt die Trennung kommt, bringt mich fast um.«

Mileva sehnte sich danach, ihre Liebe vor der ganzen Welt zu bekennen, und beneidete Helene um ihre Hochzeit im November. Helenes Ehemann, Ingenieur Milivoj Savić, war ein hartnäckiger Bewerber gewesen, wurde jedoch von Einstein verachtet, der vorhersagte, »ihr feiner Geist« werde nun »in seinem Fett ersticken«. Für Mileva zählte einzig, daß aus Helenes Briefen ein Glück strahlte, von dem sie kaum glauben konnte, es würde ihr einmal geschenkt sein. Ihre Stimmung besserte sich nur wenig, als Einstein ankündigte, er werde in Zürich bleiben, bis er im nächsten Jahr seine Dissertation fertiggestellt habe. Selbst dann zog er es vor, zu Weihnachten nach Hause zu fahren, obwohl er zuvor versprochen hatte, das Fest mit ihr zu verleben. Mileva kannte Einsteins schwankendes Wesen und befürchtete, seine Eltern würden ihn gegen sie einnehmen. Sie war auch verbittert durch die »Verleumdungen und Intrigen«, die ihm die ihrer Meinung nach verdiente Anstellung an der Universität vorenthielt. Seine eigene Stimmung war insgesamt gehobener, wie ein weiterer seiner Knittelverse zeigt.

'S Maderl hod gwoant
Dass da Bua mus si druckn
Mir ham aba gmoant
mir dun uns net mucken.

Nach Weihnachten, das anscheinend ohne besondere Zwischenfälle verlief, verbrachte das Paar einige glückliche Tage beim Schlittenfahren auf dem Zürichberg. Insbesondere Einstein hatte ein kindliches Vergnügen daran, »wie ein Teufel« zu rasen. Im folgenden Februar erhielt er die Schweizer Staatsbürgerschaft. Bevor er den Antrag zum ersten Mal gestellt hatte, war er fast vier Jahre lang staatenlos gewesen. Er wollte gern Schweizer werden, weil er einerseits das politische System der Schweiz bewunderte und andererseits ganz pragmatische Vorteile erhoffte, vor allem den, dadurch Beamter, insbesondere Lehrer an staatlichen Schulen, werden zu können. Seine Aussichten waren jedoch sehr unsicher. »Wir wissen nämlich noch gar nicht, was das Schicksal mit uns beschlossen hat«, schrieb Mileva an Helene Savić.

Einstein kehrte im März 1901 nach Mailand zurück und verbrachte die folgenden Wochen mit erfolglosen Versuchen, sich in ganz Europa um eine Assistentenstelle bei Physikern zu bewerben. Seine uns bekannten Ziele reichten von Wien über Leipzig, Göttingen, Stuttgart, Bologna bis nach Pisa. »Bald werde ich alle Physiker von der Nordsee bis an Italiens Südspitze mit meinem Offert beehrt haben.« Mileva half ihm, indem sie Sonderdrucke seiner ersten Arbeit verschickte, aber beide vermuteten, daß Einsteins früherer Physikprofessor Weber seine Aussichten durchkreuzte, indem er schlechte Meinungen über ihn verbreitete. Auf Milevas Drängen schrieb Einstein an Weber und betonte, wie sehr er auf seine Empfehlung angewiesen war. Es kam nichts dabei heraus, und Einstein murrte, er hätte längst eine Stellung gefunden, »wenn nicht Weber ein falsches Spiel spielte«.

Durch seine Eltern verstärkte sich der Druck noch mehr, denn Einstein sah, wie sich ihre finanzielle Lage verschlechterte. Sie wurden wegen ihrer Schulden von Hermanns Hauptgeldgeber, dem Onkel, den Einstein Rudolf den Reichen nannte, bedrängt. Einsteins wachsende Verzweiflung kam zu ihrer hinzu, und sein Vater schrieb insgeheim an Professor Wilhelm Ostwald, einen der beiden Leipziger Professoren, bei denen sich Einstein beworben hatte. Hermann Einstein bat ihn vergebens, seinem zweiundzwanzigjährigen Sohn einige Zeilen der Ermutigung zu schicken, da er »tief unglücklich« sei und das Gefühl habe, mit seiner »Carriere entgleist« zu sein. Außerdem, sagte sein Vater, »drückt ihn noch das Bewußtsein, daß er uns, die wir wenig vermögende Leute sind, zur Last fällt.«

Einsteins Mitgefühl für die Not seiner Eltern wird im ersten Brief deutlich, den er Mileva von dort aus schickte. Er beschäftigt sich mit der Tatsache, daß »die Armen« trotz ihrer eigenen anhaltenden Sorgen ihr Bestes taten, seine Nerven ein wenig zu beruhigen. In dieser Zeit gemeinsamer Belastungen war die Versuchung groß, auf der Suche nach alten Gewißheiten in den Schoß der Familie zurückzukehren. Wie zur Beruhigung für Mileva bestand er jedoch bald darauf, daß er sich zu Hause »recht fremd« fühle: »Ich sehe jetzt so recht ein, was Schätzchens Liebe gegen Elternliebe ist. Das ist wie Tag und Nacht verschieden. Sei drum herzlich geküßt und sollst wissen, daß mir ohne sie das Leben unsagbar öd wäre.«

Mileva sorgte sich weiterhin, daß er sie nicht mehr an seinen Gefühlen teilhaben lasse. Sie glaubte, sein Optimismus sei geschwunden, und das ermögliche es seinen Eltern, zwischen sie einen Keil des Zweifels zu treiben. Das brave Gesicht, das er als Antwort auf ihr Bohren aufsetzte, war nicht völlig überzeugend. Er versicherte ihr, er sei »gar nicht entmutigt« durch die

Ablehnungen, die er erhalten hatte und habe sich »den Ärger schon abgewöhnt, der doch zum großen Teil gekränkter Eitelkeit entstammte.« Er fuhr fort: »Wenn ich verstimmt gewesen wäre, hätte ich Dir gewiß schon das Herz ausgeschüttet, Du liebe gute Seele, wie ichs seit langem gewöhnt bin.« Diese Worte wurden am 10. April 1901 geschrieben. Nur fünf Tage später entschuldigte sich Einstein bei Mileva, daß er eine Verabredung in Lugano nicht eingehalten hatte. Er sagte, er sei zu enttäuscht gewesen, weil mehrere weitere Bewerbungen abgelehnt worden waren.

Während Einstein sich um eine Assistentenstelle bemühte, die niedrigste Sprosse auf der akademischen Leiter, lernte Mileva für die Wiederholung ihrer Abschlußprüfung und hoffte, ihre Diplomarbeit zu einer Dissertation ausbauen zu können. Es war für Einstein viel einfacher, zu ihr über Physik zu schreiben als über seine Gefühle, und seine Briefe strotzten während dieser Zeit von Naturwissenschaft, obwohl er persönliche Sorgen hatte und klagte, das Leben daheim mache ein intensives Studium unmöglich. In ihrer Abwesenheit schien eine Flut von Gedanken aus ihm herauszuströmen. Eine Einsicht über Wärme und Energie war ihm blitzartig während der Zugfahrt nach Italien gekommen; es stellten sich grundlegende Zweifel an der Strahlung ein, als er eine Arbeit von Max Planck las; er hatte eine »äußerst glückliche Idee« gehabt, »welche eine Anwendung unserer Theorie der Molekularkräfte auch auf Gase gestattet«. Sein Verstand war unablässig tätig, während er eine Reihe von Revisionen und Erweiterungen seiner früheren Sichtweisen ankündigte. Dieser Strom von Kreativität legte kaum nahe, daß Milevas Gegenwart für seine Inspiration notwendig war, aber sein Wunsch, seine Gedanken mit ihr zu teilen, war so groß wie immer. Er bat sie, in der Bücherei Daten nachzusehen und ihm ein wichtiges Lehrbuch zu schicken. Er schrieb von Überlegungen, die sie gemeinsam anstellen sollten, um seine neuen Einsichten zu entwickeln. Vor allem gibt es einen Satz, der auf der Seite eines 1901 geschriebenen Briefs ins Auge springt und den man als Beweis dafür angesehen hat, daß er und Mileva eng zusammenarbeiteten an der Theorie, mit der er sich einen Namen machen würde. »Wie glücklich und stolz werde ich sein, wenn wir beide zusammen unsere Arbeit über die Relativbewegung siegreich zu Ende geführt haben!«

Es ist wichtig, einen Schritt zurückzugehen und sich diese Bemerkung im Zusammenhang anzusehen. Es war fast zwei Jahre her, seit Einstein an Mileva, die damals für die Zwischenprüfung lernte, geschrieben und einen der Gedanken geäußert hatte, der zu seiner revolutionären Arbeit von 1905 führen sollte. Seit damals war das Thema der Elektrodynamik bewegter Körper aus seinen Briefen fast völlig veschwunden, nicht jedoch aus seinem Kopf. Er erörterte es nicht nur mit Mileva, sondern auch mit Marcel Grossmann, mit dem zusammen er Mathematik studiert hatte, und mit seinem Freund Michele Besso. Als seine große Arbeit schließlich veröffentlicht wurde, war Besso der einzige von diesen dreien, deren Hilfe er offiziell anerkannte. Er ist eine wichtige Gestalt in der Geschichte Einsteins.

Sie waren sich 1896 bei einem Musikabend in Zürich begegnet, wo Besso am Polytechnikum Ingenieurwesen studierte, bevor er an einer Fabrik für elektrische Maschinen in Winterthur arbeitete. Er war kleingewachsen, mit einem vollen Bart und dickem, dunklem Kraushaar. Sein Hintergrund war der eines Kosmopoliten – seine Familie war jüdisch und hatte ihre Wurzeln im Spanien des siebzehnten Jahrhunderts. Sie lebte jetzt in Italien, hatte aber Schweizer Staatsbürgerschaft. Besso selbst stammte aus Riesbach bei Zürich und hatte schon in früher Kindheit eine hervorragende Begabung für Mathematik gezeigt. Obwohl Einstein sich fortwährend über den Mangel an Ehrgeiz und Antrieb bei seinem Freund beklagte – »Michele ist zwar ein arger Schlemihl«, bemerkte er – hatte er gewaltige Achtung vor seiner Begabung und seinem umfassenden Wissen. Besso war auch ein poetischer, empfindsamer und gefühlvoller Mann. Einstein nannte ihn »fast unzurechnungsfähig«, mochte ihn dafür aber nur um so lieber, wie ihn oft Menschen anzogen, deren Leidenschaften freieren Lauf nahmen als seine eigenen. Durch Vermittlung Einsteins hatte Besso Anna Winteler kennengelernt, die er 1898 heiratete. Anfang 1901 arbeitete er als beratender Ingenieur für die Gesellschaft für die Entwicklung elektrischer Unternehmungen in Mailand.

Einstein hatte Mileva am 27. März dieses Jahres von »unserer

Arbeit über die Relativbewegung« geschrieben. Wenige Tage später, am 4. April, schrieb er ihr, Besso habe »an unsern Forschungen großes Interesse genommen«. Die beiden Männer hatten vier Stunden lang über den Äther, die Definition der absoluten Ruhe, Molekularkräfte und andere Themen gefachsimpelt. Einstein verbarg nicht, daß es ihm »großen Genuß« bereitet hatte, spickt seinen Bericht aber mit Bemerkungen, daß Besso »ein arger Schwächling« sei, ohne einen »Funken gesunder Menschlichkeit«, und einen zwar »überaus feinen Kopf« habe, in dem aber ein »unordentlicher Betrieb« herrsche. Einstein erzählte als Beispiel, wie Besso »von seinem Prinzipal in die Zentrale Casale« geschickt wurde, damit er »die neu gemachten Leitungen inspiziere und prüfe. Unser Held entschließt sich abends zu fahren, natürlich um kostbare Zeit zu sparen, versäumte aber leider den Zug. Am nächsten Tag dachte er zu spät an seinen Auftrag. Am dritten Tag ging er zeitig an die Bahn, merkte aber zu seinem Schrecken, daß er nicht mehr wußte, was man ihm aufgetragen hatte; er schrieb also sofort eine Karte ins Bureau, man solle ihm hintelegraphieren, was er zu thun hätte.« Einstein schließt: »Ich glaube, der ist nicht normal«, und hatte anscheinend seine eigene ähnliche Zerstreutheit vergessen.

Diese Anekdote untergräbt ein wenig die Glaubwürdigkeit seines Freundes als wissenschaftlicher Partner. »An unsern Forschungen nimmt er großes Interesse, wenn er auch oft vor kleinlichen Skrupeln das große Ganze übersieht. Das liegt so in seinem kleinlich angelegten Wesen, das ihn beständig mit nervösen Vorstellungen plagt«, schrieb er Mileva. Darin steckte insgeheim die Versicherung, Mileva habe keine solchen Scheuklappen. Sie beide waren Visionäre. Einstein schien bemüht, Mileva nicht eifersüchtig zu machen, weil er sein Vertrauen einem anderen schenkte. Warum dies so wichtig war, wird klarer, wenn wir zu seinem früheren Brief über »unsere Arbeit« zurückkehren und den Absatz im Ganzen zitieren. Einstein hatte wieder von Besso erzählt, den er für seine Stellungssuche an italienischen Universitäten um Hilfe gebeten hatte. Er schrieb dann weiter:

> *Du brauchst keine Angst zu haben, daß ich ihm oder sonst jemand ein Wort von Dir sage. Du bist und bleibst mir ein Heiligtum, in das niemand dringen darf; auch weiß ich, daß Du mich von allen am innigsten liebst und am besten verstehst. Auch versichere ich Dir, daß es hier niemand wagt noch wollte, was Schlimmes über Dich zu sagen.* Wie glücklich und stolz werde ich sein, wenn wir beide zusammen unsere Arbeit über die Relativbewegung siegreich zu Ende geführt haben! *Wenn ich so andere Leute sehe, da kommt mirs so recht, was an Dir ist!*

Die Hervorhebung des entscheidenden Satzes zeigt, daß er nicht in einen der vielen Abschnitte mit wissenschaftlichen Überlegungen eingebettet ist, sondern in seine überschäumende Versicherung, seine Liebe für Mileva sei trotz ihrer Trennung absolut. Besso war kaum die offensichtlichste Bedrohung für seine ewige Treue, solange Einstein bei seinen Eltern lebte, aber er wurde hier in die Liste der Verdächtigen aufgenommen. Schon die wissenschaftliche Freundschaft der beiden Männer bedrohte den Gedanken, daß Mileva und Einstein ganz allein gegen den Rest der Welt kämpften.

Einsteins Hinweis auf »unsere Arbeit« läßt sich am besten als ein Versuch sehen, dieses ausschließliche Band zwischen ihnen zu bestätigen, also als Beweis für Mileva, daß niemand sonst in das Heiligtum eingedrungen war. Professor John Stachel hat in seiner eigenen Analyse dieses Abschnitts, in der er auf das weitere Umfeld verweist, festgestellt, Einstein sei »ein junger Mann gewesen, sehr verliebt, der die Grenzen seines eigenen Ego ausweitete, um Marić einzuschließen ... obwohl er ein argwöhnisches und manchmal sogar feindliches Gefühl gegenüber der Trennung zwischen den beiden und der Außenwelt behält.« Stachel meinte, es sei für Einstein natürlich gewesen, die Leistung der geliebten Frau überzubewerten und seine eigenen Leistungen als die beider anzusehen. Aber bei aller Einsicht berücksichtigt diese Erklärung nicht den defensiven, protestierenden Ton der Worte Einsteins. Sie lassen eher auf einen jungen Mann schließen, der einen Glaubensartikel wiederholt, weil eben dieser Glaube ernsthaft auf die Probe gestellt wird. In der letzten Zeile wird wieder einmal impliziert, daß er Mileva nur dann voll würdigen konnte, wenn er sah, wie schrecklich andere Menschen sind. Schreibt dies wirklich, wie Stachel meint, ein »sehr verliebter« Mann? Oder war dies ein Zweiundzwanzigjähriger, den Mileva zutiefst liebte, und der sich, weil sie so ängstlich an dieser Liebe hing, gar nicht sicher war, ob er seine Gefühle ihr gegenüber nur vortäuschte? Beim Lesen der Liebesbriefe von Einstein an Mileva fragt man sich manchmal, ob sie überhaupt »Liebesbriefe« genannt werden sollten. Er zeigte darin alle Merkmale eines Menschen, der gern verliebt wäre, das aber als Schwerstarbeit empfindet.

Einsteins Berufssorgen wurden schließlich im April 1901 durch Marcel Grossmann beschwichtigt, dessen Vater ein alter Kollege von Friedrich Haller war, dem Direktor des Schweizer Amtes zum Schutze des geistigen Eigentums in Bern, kurz Patentamt genannt. Der ältere Grossmann empfahl Haller, er solle Einstein anstellen, und daraufhin erhielt Einstein die Nachricht, es werde sich vermutlich binnen kurzem eine Stellung finden. Im vorigen Sommer noch hatte Einstein das Angebot einer Urlaubsvertretung bei einer Versicherung zurückgewiesen und gesagt, die Plackerei eines Achtstundentags sei zu verdummend, als daß sie auszuhalten sei. Das Patentamt bot eine ähnlich aufreibende Routinearbeit und nur wenig mehr an geistiger Anregung, aber die Enttäuschungen mit der akademischen Laufbahn hatten ihn weniger wählerisch gemacht. Unter den jetzigen Umständen erschien dies als »eine wunderbare Arbeit«, und er schrieb Marcel, er sei »wirklich gerührt« über die »Treue und Menschenfreundlichkeit, die Dich Deinen alten Freund und Pechvogel noch nicht hat vergessen lassen.« Plötzlich – wieder dank einer Empfehlung von Freunden vom Polytechnikum – wurde ihm auch eine auf zwei Monate befristete Stelle an einer Oberschule in Winterthur, etwa 15 km nordöstlich von Zürich, angeboten, wo er einen zum Militärdienst eingezogenen Lehrer vertreten sollte. Die Aussicht, in jeder Woche dreißig Stunden im Klassenzimmer verbringen zu müssen – und dazu noch mit darstellender Geometrie, dem von Mileva so gehaßten Fach –, war nicht besonders reizvoll, aber Einstein brauchte Geld. »Der wackre Schwabe forcht sich nicht«, behauptete er und nahm den Posten an. Die gute Nachricht verwandelte seine Stimmung zurück in liebevollen Übermut, und er bestellte Mileva zu einer feierlichen Wiedervereinigung nach Como. Sie erhielt den Auftrag, ihm seinen blauen Schlafrock mitzubringen, den er in Zürich gelassen hatte, damit »wir uns beide drein wickeln können«. Und er versprach ihr: »Du wirst sehen, wie frisch und lustig ich geworden bin und wie ich alle Stirnrunzelei vergessen habe! Und so gern hab ich Dich wieder! Ich war nur aus Nervosität immer so wüst mit Dir. Du wirst mich kaum wieder erkennen, so frisch und lustig bin ich geworden und sehne mich sehr danach, mein liebes gutes Doxerl wiederzusehen.«

Mileva zog Erkundigungen über ihre eigene Zukunft ein. Sie hatte sich überlegt, ob sie nach Haus zurückkehren sollte, um in Zagreb an einer Oberschule zu unterrichten – vorausgesetzt, sie bestand die Prüfung für das Staatsexamen. Einsteins plötzliche Hochstimmung ließ diesen Ehrgeiz in seinen Augen absurd erscheinen. Wozu brauchte sie eine eigene Karriere, wenn er sie in Bern zu seinem »lieben kleinen Naturforscherlein« machen konnte? »Bist mir 1000mal mehr, als Du allen Agrämern sein könntest!« sagte er. Nicht nur war sein Selbstvertrauen wiederhergestellt, es erreichte neue Höhen. Jedes seiner Worte war Ausdruck seiner Überzeugung, daß Mileva sich äußerst glücklich schätzen konnte, ein Teil seines Lebens zu sein. »Wenn Du wüßtest, was Du mir bist, thätest keine von Deinen Freundinnen beneiden, denn in meiner Bescheidenheit glaub ich, Du hast mehr als sie alle.«

Der Überschwang seiner Selbstsicherheit überwand Milevas anfänglichen Widerstand. Bevor sie ihn in aller Kraft erfuhr, hatte sie geschrieben, sie habe »alle Lust« verloren, nicht nur »zu einem Vergnügen, sondern auch zum Leben«, und bat ihn, die Tour nach Como allein zu machen. »Ich werde mich einsperren und streben, weil ich doch sonst nichts ungestraft haben kann«, schrieb sie. »Nun leb wohl, Schatzerle, sei recht lustig und wenn Du schöne Blumen findest, bring mir auch ein paar.«

Dieser Anflug von Trübsinn hatte seine unmittelbare Ursache in einem Brief, den Mileva von daheim erhalten hatte und der nicht erhalten geblieben ist. Aber er hatte nur zu tieferer Hoffnungslosigkeit beigetragen, die in ihr wuchs, während sie allein in Zürich studierte. Sie war voller Selbstmitleid, sogar verdrießlich, und gab damit Einstein einen deutlichen Hinweis darauf, daß sein eigenes Glück nicht unbedingt ihres mit sich brachte. Die Trübseligkeit gab sich jedoch rasch. »Ich wurde ein bischen lustiger, da ich sehe, wie lieb Du mich hast, und denke wir machen das Reiserl doch«, schrieb sie ihm einen Tag nach der Absage.

Jetzt war Mileva voller Sorge, er könne verschlafen und den Augenblick des Wiedersehens verpassen: »Und so gerne hast Du Dein Doxerl, und so Sehnsucht hast Du nach ihr! Wie freut sie sich immer mit Deinen Briefchen, die voller heißer Liebe sind, und ihr zeigen, dass Du wieder ihr lieber Schatz bist, von früher her und Gotterl! Was hat sie Dir für schöne Putzerline aufbewahrt! ... Es erwartet Dich mit tausend Freuden Dein geplagtes Toxerline.«

Ihr Wiedersehen war einer der zärtlichsten Momente ihrer Beziehung; Mileva berichtet Helene Savić in atemlosen Einzelheiten davon. Einstein hatte sie »mit offenen Armen und klopfendem Herzen« erwartet. Sie verbrachten den halben Tag in Como, wo die Cafés und Hotels weit über das Wasser auf die Berge schauen. Dann fuhren sie mit dem Schiff nach Colico am nordöstlichen Ende des Sees, unterbrachen aber in Cadenabbia an der Westküste, wo sie die berühmte Villa Carlotta besichtigten. Gemeinsam bewunderten sie die Sammlung von Marmorstatuen von Canova, darunter eine Gruppe mit Cupido und Psyche, bevor sie den »prächtigen Garten« bewunderten. Mileva hatte Einstein geschrieben, wie sehr sie sich »aufs Botanisieren« freute, und wurde nicht enttäuscht. Die wegen ihrer Azaleen, Kamelien und Rhododendren berühmten Parks am Seeufer leuchteten in der strahlenden Frühlingssonne. »Ich kann Dir gar nicht sagen, welche Pracht wir da überall fanden«, erinnert sie sich. Der Garten sei ihr »besonders am Herz geblieben, weil wir nicht ein einziges Blümchen stibietzen durften.«

Am nächsten Tag reisten sie über den Splügenpaß nach Norden. Die Straße zieht sich in vielen Nadelkurven durch eine romantische Landschaft voller Schluchten und Wasserfälle. Das milde Wetter blieb bald hinter ihnen, denn auf dem über zweitausend Meter hohen Paß lag bis zu sechs Meter hoch Schnee. Sie hatten, wie Mileva Savić erzählte, einen Schlitten gemietet, »wo hinten auf einem Brett der Kutscher steht und die ganze Zeit schwatzt und einen ›signora‹ nennt« – als ob sie die Ehefrau sei. Der Schlitten habe gerade genug Platz geboten für zwei Menschen, die sich gern haben. »Es schneite die ganze Zeit so lustig und wir fuhren bald durch lange Galerien, bald auf offener Straße, wo sich bis in die weiteste Ferne unseren Augen nichts darbot als Schnee und wieder Schnee, so dass es mich manchmal vor dieser kalten weissen Unendlichkeit ganz schauerte und ich meinen Schatz unter Mänteln und Tüchern, die uns bedeckten, fest am Arm hielt.«

Sie fuhren einige Stunden bis zum Paß hinauf und gingen dann zu Fuß weiter. Es war nicht einfach, durch den Schnee hindurchzukommen, und das Wetter wurde immer düsterer, aber die Freude am Beisammensein war so groß, daß sie sich nichts daraus machten. Gelegentlich traten sie Lawinen los, »um uns so recht in Angst zu setzen« – und wohl auch die Bewohner des Rheintals zu ihren Füßen. »Wie glücklich war ich, wieder meinen Lieben ein bisschen zu haben, besonders weil ich sah, dass er ebenso glücklich ist!« schrieb Mileva.

Nachdem Einstein sein Hab und Gut in Zürich eingesammelt hatte – wo sich ein Hotel geweigert hatte, ihn zu beherbegen, nachdem sein »dubioser Aufzug von Kopf bis Fuß gemustert« worden war – fuhr er nach Winterthur zu seiner Aushilfsstelle. Er fand ein sauberes und geräumiges Zimmer bei der Pensionswirtin seines alten Freundes Hans Wohlwend, mit dem er während seines Aufenthalts häufig zusammen war. Vormittags gab er seinen Unterricht am Technikum, was ihn frisch genug ließ, seine eigenen Forschungen am Nachmittag in der Bücherei oder daheim fortzusetzen. Die Sonntage waren gewöhnlich für Besuche bei Mileva reserviert, die bei Professor Weber an einer neuen Diplomarbeit arbeitete. Wenn sie eine Dissertation einreichte, würde sie von der Universität Zürich promoviert, falls sie ihre Abschlußprüfung bestand.

Einstein war bald frustriert, weil die wissenschaftlichen Kenntnisse seiner Lehrerkollegen sehr beschränkt waren, und schrieb Mileva weiterhin, nur sie gebe seinem Leben einen Sinn. Ihre liebevolle Nähe auf der Rückreise von Como hatte ihn nur noch begieriger gemacht. »Wie schön war es das letzte Mal, als ich Dein Persönchen an mich drücken durfte, wie die Natur es gegeben. Sei mir innigst dafür geküßt.« Mileva wartete genauso ungedudig auf seinen nächsten Besuch: »Bis dahin will ich nun recht fleißig sein um mich ganz frei mit Dir freuen zu können – Gotterl, wie wird da die Welt schön aussehen, wenn ich Dein Weiberl bin. Du wirst sehen, es wird kein glücklicheres Weibchen geben auf der ganzen Welt und dann muss das Manderl auch so sein.«

Dann entdeckte Mileva, daß sie schwanger war. Für sie als eine junge Frau, die sich immer mehr als Opfer sah und daran gewohnt war, auf Schwierigkeiten zu stoßen, wenn sie einmal optimistisch war, muß die Nachricht verheerend gewesen sein. Sie war allein und fern von ihrer Familie, nur zwei Monate vor der Wiederholung der Prüfung, die so wichtig war für ihr Selbstwertgefühl und ihre Hoffnungen auf eine eigene Karriere. Ihr Liebhaber war ein mittelloser Träumer, für den die Ehe in weiter Ferne lag, dessen Eltern sie ablehnten und der erst noch eine Dauerstellung finden mußte. Obwohl Mileva einen starken Mutterinstinkt hatte, der später in der Sorge für ihre beiden Söhne vollen Ausdruck finden sollte, und obwohl sie stolz war, das Kind des Mannes zu tragen, den sie bewunderte, war das Glück, von dem sie geträumt hatte, in noch fernere Zukunft gerückt denn je zuvor.

Mileva teilte Einstein die Neuigkeit vermutlich während einem seiner Wochenendbesuche in Zürich mit; der erste erhaltene Hinweis darauf findet sich in einem vom 28. Mai 1901 datierten Brief. Einstein begann mit einem Ausruf rührender und ehrlicher Freude – aber nicht über seine Vaterschaft. Vielmehr erzählte Einstein von dem letzten physikalischen Aufsatz, der ihn beschäftigt hatte, und wandte sich erst dann Milevas Problem zu:

Mein liebes Miezchen!
Eben las ich eine wunderschöne Abhandlung von Lenard über die Erzeugung von Kathodenstrahlen durch ultraviolettes Licht. Im Eindruck dieses schönen Stückes bin ich von solchem Glück erfüllt und solcher Lust, daß Du auch unbedingt etwas davon haben mußt. Sei nur guten Mutes, Liebe, und mach Dir keine Grillen. Ich ver-

lasse Dich ja nicht und werde schon alles zum guten Ende bringen. Man muß halt eben nur Geduld haben! Wirst schon sehen, daß man nicht schlecht ruht in meinen Armen, wenns auch ein bisserl dumm anfängt. Wie gehts Dir denn, Liebe? Was macht der Junge? Meinst, wie schön es sein wird, wenn wir wieder ganz ungestört zusammen schaffen können, und uns niemand mehr was dreinreden darf! Da wirst Du schon die jetzigen Sorgen glänzend ersetzt kriegen durch viele Lust, und ruhig werden die Tage dahingehen, ungerufen und ungejagt.

Es findet sich keine Andeutung, daß Einstein sich im klaren darüber war, wie weitgehend Elternschaft sein Leben zu verändern drohte und wie unwahrscheinlich es war, daß er und Mileva nach der Geburt eines Kindes »wieder völlig ungestört arbeiten« könnten. Mehr noch, er irrte sich wohl in der Annahme, sie wäre in der Stimmung, seine Begeisterung über Lenards Arbeit zu teilen. Die gekünstelte und indirekte Art und Weise, in der er von dem Kind spricht – sie verbirgt sich hinter der Mutmaßung, es könne ein Junge sein – zeigt, daß er sich entschlossen hatte, die Situation so leicht zu nehmen wie nur möglich. Etwas später im selben Brief fragt er: »Wie gehts denn unserm Söhnchen und Deiner Doktorarbeit?«

Milevas Schwangerschaft beschäftigte Einstein in den folgenden Wochen nur flüchtig. Er war mit seiner ersten Herausforderung an die etablierte Wissenschaft beschäftigt, in der er Paul Drude angriff, den Herausgeber der ›Annalen der Physik‹. In einem langen Brief schickte er Drude ein Reihe von Einwänden gegen seine Elektronentheorie der Metalle (in der thermale und elektrische Eigenschaften durch die Eigenschaften von Elektronengasen erklärt werden). Einstein schrieb stolz an Mileva, Drude werde »kaum etwas Vernünftiges einwenden können, da die Sachen sehr einfach liegen.« Er hatte eine ähnliche Theorie wie die Drudes aufgestellt, deshalb hielt er es für ganz angebracht, in ihm einen Gleichgestellten zu sehen und »ihn auf Irrtümer aufmerksam zu machen«. Wieder erhielten wissenschaftliche Fragen Vorrang vor den persönlichen. »Weißt Du noch, wie ungeschickt ich war das letzte Mal? Davon hab ich dem guten Drude aber nichts geschrieben, glaubst Dus. Wie geht es Dir denn immer mit dem Studium und mit dem Kinderl und mit der Laune? Hoffentlich gehts allen dreien gut, wie sichs gehört. Sei mir besonders gebusserlt, damit es an der letzteren nie fehle. Was die Gegenwart zu wünschen übrig läßt, wird schon die Zukunft bringen, aber gründlich.«

Einstein hoffte, die Brillanz seines Briefes an Drude würde ihm ein Stellenangebot verschaffen: Er hatte darin klargemacht, daß er darauf angewiesen war. Statt dessen tat Drudes Antwort Einsteins Einwände schlichtweg ab. Ein Hilfslehrer hatte nichts anderes zu erwarten, wenn er es mit einer der wissenschaftlichen Koryphäen seiner Zeit aufnahm, aber es versetzte Einsteins Stolz einen niederschmetternden Schlag. Drei Monate zuvor hatte er Mileva gesagt, Drude sei zweifellos »ein genialer Kerl«, jetzt aber sah er ihn als »trauriges Subjekt«, dessen Antwort seine Erbärmlichkeit untrüglich unter Beweis stellte. Mehr denn je war er davon überzeugt, alle Dummköpfe der Welt hätten sich gegen ihn verbündet. »Es ist kein Wunder, wenn man nach und nach Menschenverächter wird.« An Jost Winteler schrieb er, er werde Drude »demnächst mit einer tüchtigen Veröffentlichung einheizen«. Denn, so sagte er: »Autoritätsdusel ist der größte Feind der Wahrheit.«

Einsteins Drohungen stellten sich schließlich als leer heraus: Er veröffentlichte keinen Angriff auf Drude und verursachte ihm niemals auch nur die kleinste Ungelegenheit. In seiner revolutionärsten Arbeit von 1905 zum Lichtquantum zitierte Einstein Drudes Arbeit als allererste, ohne auch nur das Geringste gegen seine Methoden zu sagen. Seine Drohungen ähnelten dem theatralischen Gehabe, das Mileva schon vorher beobachtet hatte, wenn er seine Auseinandersetzungen mit seiner Mutter beschrieb. Daß Drude ihn brüskierte, hatte jedoch eine wichtige Folge: Einstein gelobte jetzt trotzig, seine schwangere Freundin um jeden Preis zu heiraten. Er schrieb Mileva, er habe den »unwiderruflichen Entschluß« gefaßt, sich sofort eine, wenn auch noch so erbärmliche Stelle zu suchen und weder »wissenschaftliche Ziele« noch »persönliche Eitelkeit« sollten ihn davon abhalten, die »untergeordnetste Rolle« zu übernehmen. Sobald er Arbeit gefunden hätte, würden sie heiraten, »ohne ein Wort davon zu schreiben, bis alles erledigt ist«.

»Dann aber kann niemand einen Stein auf Dein liebes Haupt werfen, sondern weh dem, der sich was gegen Dich erlauben wollte.« Einstein behauptete später, er habe Mileva nur aus Pflichtgefühl geheiratet – aber diese Äußerung läßt auf eine leidenschaftlichere Verpflichtung schließen, als ihm im Alter lieb war. Nachdem er eine demütigende Ablehnung erlitten hatte, wollte er Mileva bei seinem Kampf gegen die Philister auf seiner Seite haben.

Milevas Freude wurde durch Zweifel getrübt, als sie sein Gelöbnis las. Sie war zu empfindlich, als daß sie sein theatralisches Getue aus vollem Herzen begrüßen konnte, und sie warnte ihn, seine Ziele nicht zu niedrig zu stecken: »Aber natürlich, Lieber, es darf sich nicht um eine schlechteste Stelle handeln, das wäre mir zu arg, das könnte ich nicht.« Er erwog ernsthaft, zu einer Versicherung zu gehen, wobei er die Hilfe von Bessos Vater in Anspruch nehmen wollte, der in Triest Direktor einer großen Firma war. Auf Drängen von Jost Winteler bewarb er sich bei einer technischen Schule in Burgdorf bei Bern, wurde aber abgewiesen. Bei einer anderen Stellung als Lehrer an einer Oberschule in Frauenfeld kam ihm niemand anderer als Marcel Grossmann zuvor. Die Hoffnung auf eine Anstellung am Schweizer Patentamt hatten sich noch nicht erfüllt, und er wurde schlichtweg abgewiesen, als er sich dort um eine Verwaltungsstelle bewarb. Er fand lediglich Aushilfsstellen; so kam er an ein privates Pensionat in Schaffhausen, bei dem er vor allem einen neunzehnjährigen Engländer, Louis Cahen, auf die Matura vorzubereiten hatte.

Mileva legte ihr Staatsexamen Ende Juli 1901 zum zweitenmal ab. Unter den Umständen war ein Versagen vermutlich unvermeidlich. Die Schwangerschaft hatte sie unter großen Druck gesetzt, und ein Brief, den sie Einstein inmitten der Vorbereitungen für das Examen schrieb, läßt vermuten, daß die Sehnsucht nach seiner Gesellschaft sie sehr ablenkte. Sie erzählte ihm von der schweren Arbeit, und wie sie sich mit Weber beschäftigte, nur um hinzuzufügen: »Und dazwischen freue ich mich immer auf den Sonntag, bis ich Dich wieder sehen und busseln kann ganz wahrhaftig, nicht nur in Gedanken, und fast so wie es mir aus'm Herzen kommt und überall, überall.« Statt an ihrer

Seite zu sein und sie zu entlasten macht Einstein wieder einmal mit Mutter und Schwester im Hotel Paradies in Mettmenstetten Urlaub. Ein Brief, in dem er Mileva Glück wünscht, brachte ihr auch die Nachricht von seiner Ablehnung am Patentamt und einen dunklen Hinweis, daß seine Mutter ihre Beziehung immer noch mit Argwohn beäugte. Keine dieser Nachrichten kann Mileva willkommene Lektüre gewesen sein. Sie gesteht, daß sie in der Zeit vor den Prüfungen Reibereien mit Professor Weber gehabt hatte. Möglicherweise wurde die Beziehung zwischen Professor und Studentin durch ihre Bitterkeit darüber getrübt, wie Weber Einstein behandelte. Milevas eigene Aussichten, die schon durch ihre Schwäche in Mathematik gelitten hatten, wurden vielleicht weiter durch ihre Bereitschaft in Mitleidenschaft gezogen, den Kampf ihres Freundes und Liebhabers zu ihrem eigenen zu machen.

Jedenfalls fiel Mileva zum zweitenmal durch die Prüfung. Ihre Durchschnittsnote war 4,0, genau wie im Vorjahr. Wieder war sie die einzige Kandidatin, der die Lehrerlaubnis versagt wurde, während die anderen in ihrer Gruppe von sechs alle einen Durchschnitt von 5 oder mehr hatten. Mileva ließ ihre Dissertation liegen und schwor, nie wieder mit Weber arbeiten zu wollen. Sie kehrte niedergeschlagen nach Vojvodina zurück, aber bereit, ihren Eltern all die »unangenehmen Nachrichten« akademischer wie persönlicher Art zu unterbreiten. Sie hatten verabredet, daß Einstein vorweg einen Brief an ihren Vater schreiben sollte, in dem er von ihren Heiratsplänen berichtete. Mileva bat ihn, ihr zu zeigen, was er geschrieben hatte, bevor sie abfuhr, und sie riet ihm, nur einen kurzen Brief zu schreiben – frühere Hinweise auf sein diplomatisches Geschick ließen solche Vorsicht geraten sein. Während seines Urlaubs war es zu weiteren Zusammenstößen mit seiner Mutter gekommen, obwohl Mileva sich weigerte zu glauben, daß Pauline ihre Feindschaft niemals aufgeben würde. »Es müßte denn ihr Verhältnis zu Dir nur Ehrgeiz und Selbstliebe ausmachen und ganz ohne Liebe sein, und solche Mütter gibt es ja gar nicht«, schrieb Mileva. Betont optimistisch bestand die 25jährige darauf, sie könne Einsteins Eltern für sich gewinnen und die falsche Vorstellung zerstören, die sie sich von ihr machten, auch wenn das lange dauern würde. Mileva deutete an, daß sie sich eine Reihe listiger Methoden ausgedacht hatte, wie das geschehen könnte, aber ihr einziges Beispiel war der eher lahme Gedanke, sie würde sich bei einem Bekannten der Einsteins einschmeicheln, als ob dann ihre Zuneigung eine geradezu magische Folge sei. Es war wenig mehr als ein tröstlicher Tagtraum. Mileva hatte zu niemand außer zu Einstein selbst wirklich Vertrauen, und der hatte ihr erzählt, daß selbst ihr gemeinsamer Freund Besso sich vermutlich unbehaglich fühlen würde, wenn er von ihrer Schwangerschaft wüßte. Mileva reagierte darauf, indem sie Michele mit den übrigen ihrer philiströsen Gegner in einen Topf warf, die schon so in die Alltäglichkeit des Lebens versunken waren, daß sie schon alle »über das Stadium der reinen menschlichen Empfindung hinaus« seien.

Ihr Wiedersehen mit Mutter und Vater war zweifellos schmerzlich; Einstein machte später einen versteckten Hinweis auf die Prügel, die Marija Marić ihm verheißen hatte. Es scheint jedoch, daß Milevas Familie bereit war, ihre Situation mit resigniertem Verständnis zu akzeptieren. Was sie wütend machte, war ein Brief, den sie im Herbst von Pauline Einstein erhielten, in dem diese den Charakter ihrer Tochter bitter angriff. Sie verunglimpfte Mileva mit einer Heftigkeit, die das Opfer kaum fassen konnte: Sie konnte sich nicht mehr vormachen, Pauline sei eine im Grunde gütige Frau. Mileva versuchte vergebens, ihren Ärger mit Ironie zurückzuhalten, und erzählte ihrer Freundin Helene Savić, die ganze Trübsal käme vom liebenswürdigen Benehmen ihrer Frau Schwiegermama. »Diese Dame« scheine es sich nämlich »zur Lebensaufgabe« gemacht zu haben, »nicht nur mir, sondern auch ihrem Sohn das Leben soviel wie möglich zu verbittern. O Helene, ich hätte es nie für möglich gehalten, dass es so herzlose und geradezu böse Menschen geben könnte!«

Diese Worte wurden einige Wochen nach dem Ausbruch der Krise in Novi Sad geschrieben, und Mileva erklärte, sie habe andere Versuche, ihre Gefühle in Worte zu fassen, zerrissen, weil sie fürchtete, sie seien zu voll mit Verbitterung und Unmut, um sie abzuschicken. Ihre erste Reaktion war der Wunsch gewesen, in die Schweiz zurückzufahren, um an Einsteins Seite zu sein. Seit Anfang September war er Lehrer in Schaffhausen, 30 Kilometer nördlich von Zürich. Anfang November machte Mileva sich auf die Reise dorthin. Sie mietete sich im Hotel Steinerhof in Stein am Rhein ein, einige Kilometer entfernt von Schaffhausen, weil sie vermeiden wollte, von Einsteins Eltern entdeckt zu werden. Wie immer lebte sie in der Angst, er werde sich verraten, und sie gab strenge Anweisungen, daß er seiner Familie keinen Hinweis auf ihre Anwesenheit geben sollte. Selbst seiner Schwester sollte er nicht vertrauen, so bemüht war Mileva, einen weiteren Angriff durch seine Mutter zu vermeiden. »Nur keinen weiteren Stürmer. Mir graust es, wenn ich daran denke«, schrieb sie. »Die jetzige Ruhe ist doch so nett und wohltätig ... Sag ihnen, ich sei in Deutschland.«

Ihr Aufenthalt dauerte nur wenige Wochen. Einstein war seltsam unwillig, sie zu sehen, obwohl es ihr offensichtlich schlecht ging. Es sind zwei Briefe erhalten, in denen sie ihre Mißbilligung deutlich äußert. Er behauptete, er habe nicht genug Geld, sie zu besuchen, aber das machte auf Mileva keinen Eindruck, denn sie erinnerte ihn daran, daß er im Monat 150 Franken verdiente und Unterkunft und Verpflegung zusätzlich bekam. Sie bot ihm sogar an, ihm Geld zu schicken und drohte, sie würde abreisen, wenn er weiterhin wegbliebe. »Wenn Du nur wüßtest, wie gern ichs [liebe Schatzerl] wieder sehen möchte! Den ganzen Tag denk ich an es und am Abend erst recht ...«

Mileva schenkte ihm Blumen, und er schenkte ihr Bücher, zu denen sie aufschlußreiche Bemerkungen machte. Ein Buch des Physikers Max Planck zur Hydrodynamik löste bei ihr die nichtssagende Bemerkung aus: »Es scheint interessant zu sein.« Im Gegensatz dazu regte eine Untersuchung über Hypnotismus durch August Forel, den Direktor der Nervenheilanstalt Burghölzli in Zürich, ihre Phantasie lebhaft an. Mileva hatte während ihrer Studienzeit am Polytechnikum eine Vorlesung über Psychologie belegt, in der die Hypnose von dem Dozenten als unmoralisch abgewertet worden war. Sie hatte jetzt »dieselbe, anekelnde Empfindung« gegenüber Forels Gedanken, die ihr »eine gewaltsame Überrumpelung des menschlichen Bewußtseins« zu sein schienen. Bei der Erörterung dieses Themas engagierte sie sich anscheinend stärker als bei allen der uns erhaltenen Bemerkungen zur Physik. Hier wertet sie Autorität fast so lehrerhaft ab, wie Einstein es tut, wenn sie Forel als Quacksalber bezeichnet, der die Menschen als dummes Pack behandelt, sie jedoch nicht narren kann. Viele von Einsteins Briefe an Mileva enthalten ein Versprechen, wie es Lehrer ihren Lieblingsschülern geben, nämlich die Gedanken später auszuführen. Mit derselben Haltung verspricht sie, ihm später zu sagen, warum Forels Versuche verlogen sind.

Mileva kehrte Ende November nach Novi Sad zurück, als sie sieben Monate schwanger war. Ihr begrenzter Kontakt mit Einstein hatte ausgereicht, ihre Stimmung etwas zu heben, aber sie hatte nur wenig Hoffnung, daß er eine sichere Anstellung finden würde. Seine Nachteile waren allzu deutlich – er hatte »ein sehr böses Maul und ist obendrein ein Jude.« Sie seien ein trauriges Pärchen, und doch, so schrieb sie Helene, müsse sie ihn »trotz allem Bösen ganz fürchterlich liebhaben«.

Nach dem Bruch seiner Beziehungen zu Professor Weber hatte Einstein unter der Betreuung von Alfred Kleiner, einem an seiner theoretischen Arbeit interessierten Physiker der Universität Zürich, die Arbeit wieder aufgenommen. Milevas Vertrauen in Einstein war ungebrochen, und sie war voll des Lobes über die »prachtvolle Arbeit« (eine Untersuchung der Molekularkräfte in Gasen), die er als Dissertation eingereicht hatte (und später wieder zurückzog). Mileva hatte die Arbeit »mit großer Freude und wahrer Bewunderung« für ihr »kleines Schatzerl« gelesen. Ihre Meinung dazu wurde nur von Einsteins eigener übertroffen, aber das lange Warten auf Kleiners Spruch zehrte an seinen Nerven. »Ich glaube zwar, daß er meine Dissertation nicht zu refüsieren wagt, aber sonst, glaube ich, ist nichts mit dem kurzsichtigen Menschen anzufangen«. Drei Wochen später war er noch hoffnungsloser und klagte: »Was diese alten Philister einem, der nicht von ihrer Sorte ist, alles in den Weg legen, ist wirklich schauderhaft.« Die Dissertation enthielt vermutlich seine frühere Kritik an Drude, und Einstein war entschlossen, nicht noch einmal eine Zurückweisung hinzunehmen. »Wenn er sich aber untersteht, die Doktorarbeit zu refüsieren, dann werde ichs schwarz auf weiß veröffentlichen sammt der Arbeit & er wird blamiert sein«, schrieb Einstein. »Wenn ers aber acceptiert, dann wollen wir sehen, wie sich der saubere Herr Drude dazu stellt.« Einstein hatte nur Verachtung für das wissenschaftliche Establishment übrig, und er war überzeugt, daß solche Menschen wie Kleiner in jedem gescheiten jungen Mann eine Bedrohung ihrer Würde sehen. Er legte ein feierliches Gelübde ab, in Zukunft stets »begabten Jünglingen« zu helfen, wenn sie sich in ähnlichen Schwierigkeiten befinden sollten.

Einsteins Abneigung gegen Besuche bei Mileva in Stein am Rhein standen in deutlichem Gegensatz zu dem Eifer, mit dem er sie in den folgenden Wochen mit Briefen überschüttete. Er behauptete, in Schaffhausen in fast völliger Isolation zu leben und mit niemand außer seinem Studenten Cahen zu sprechen. Das war eine für ihn typische Übertreibung, denn er verbrachte als Zuhörer wie als Ausführender besonders glückliche Stunden bei Konzerten und musikalischen Abendgesellschaften am Ort. Trotzdem waren Milevas Briefe der wesentliche menschliche Kontakt – in seinen Worten: »Sie sind mein einziges menschliches Vergnügen, an dem sich mein Gehirn wärmt« – und jeder einzelne wurde gierig verschlungen. Eine dreitägige Unterbrechung des Briefwechsels reicht für ihn aus, um zu spaßen, der Postbote habe die Briefe »zum Einheizen verwendet oder gar ... horribile dictu, aber ich sags nicht.« Er bat Mileva, ihm ihr tägliches Leben ganz genau zu erzählen, damit er besser phantasieren könne, und er gab zu, daß ihre Briefe für ihn ein angenehmer Ersatz für die Wirklichkeit seien. »Sie müssen mir Weiberl, Eltern, Freunde und Gesellschaft ersetzen und sie könnens auch«, schrieb er. Darauf folgte sofort die Abschwächung, daß es »natürlich« schöner wäre, »wenn ich Dich bei mir haben könnte, wie in der schönen Züricher Studentenzeit.« In einem anderen Brief gab er zu, daß er mit sich allein in der besten Gesellschaft sei, und fügte hinzu: »außer wenn ich mit Dir zusammen bin«. Es gibt wohl keinen Grund zum Zweifel, daß Einstein der Überzeugung war, »jeder rechte Kerl müsse ein Mädchen haben«, wie er es in diesem Abschnitt sagte, aber es ist auch klar, daß er die Theorie viel einfacher fand als die Praxis.

Einstein fand gelegentlich wirkliche Freude daran, seine Isolation herbeizuführen, als ob er seine innere Unabhängigkeit unter Beweis stellen wollte. In Schaffhausen brach er mit dem

Direktor seines Pensionats, Jakob Nüesch, einen Streit vom Zaun, der an seinen ersten großen Krach mit seiner Mutter erinnerte. Einstein aß abends bei Dr. Nüesch, seiner Frau und ihren vier Kindern, aber dieses Arrangement gefiel ihm nicht. Er bat, man möge ihm genug zahlen, damit er seine Mahlzeiten außerhalb einnehmen könne, und dachte, er werde dabei Geld sparen. Dr. Nüesch reagierte mit einer ärgerlichen und groben Weigerung, lenkte aber ein, nachdem Einstein gedroht hatte, eine andere Stelle zu suchen. Das war ein völlig leere Drohung, wenn man bedenkt, wieviel Mühe Einstein gehabt hatte, überhaupt eine Stelle zu finden, aber all dies diente nur dazu, den jungen Mann noch stolzer auf sich selbst sein zu lassen. »Es lebe die Unverfrorenheit!«, schrieb er an Mileva. »Sie ist mein Schutzengel in dieser Welt.«

Seine Beschreibung dieser Episode hat dieselbe Theatralik wie die Darstellung seines Kampfes mit seiner Mutter, wenn er sagt, Dr. Nüesch sei rot vor Zorn geworden, habe aber angesichts Einsteins meisterhaftem Gegenangriff klein beigegeben. Dr. Nüesch »verschlang seine Wut«, und man kam überein, daß Einstein seine Mahlzeiten in einem nahen Gasthaus einnehmen sollte. Dort blieb er sich selbst treu. Sein erster Besuch war ein großer Erfolg, und er befreundete sich mit zwei Apothekern, die zu den Gästen gehörten. Einige Tage später kam ihm jeder Gast dumm und gewöhnlich vor. Einstein beschrieb, wie er zwischen den Gängen mit Messer und Gabel spielte, während er zum Fenster hinausschaute. »Die Kerle müssen von mir glauben, daß ich noch nie im Leben gelacht habe; sie haben mich aber noch nie mit meinem Doxerl gesehen.«

Seine letzte Mahlzeit im Haus von Dr. Nüesch an einem Mittwochabend Anfang Dezember bot einen ersten Hoffnungsschimmer für seine Zukunft. Am Suppenteller lehnte ein Brief von Marcel Grossmann, der ankündigte, die langerwartete Vakanz am Patentamt werde bald ausgeschrieben. Besonders wichtig war, daß dafür – Grossmann war ganz zuversichtlich – Einstein gewählt werden würde. Einstein schrieb, ihm schwindele vor Freude, wenn er daran denke. Eine Woche später wurde der Freudentaumel noch größer, als sein zukünftiger Chef, Haller, ihm persönlich schrieb, um ihn aufzufordern, sich zu bewerben. Die Stelle eines Beamten zweiter Klasse wurde am 11. Dezember im Schweizer Bundesanzeiger veröffentlicht, und Einstein bewarb sich eine Woche später, wurde aber erst im Juni gewählt. Man hat ihm später erzählt, daß Haller die Bedingungen speziell auf seine eher begrenzte Qualifikation zugeschnitten hatte. Das Jahresgehalt sollte zwischen 3500 und 4000 Schweizer Franken liegen. Einsteins Freund Jakob Ehrat warnte ihn, dies sei zu wenig, um in einer so teuren Stadt wie Bern eine Frau zu unterhalten, aber Einstein war nicht in der Stimmung, solchen Rat ernst zu nehmen. Er schrieb Mileva, daß Ehrat (der selbst erst 1914 heiraten sollte) von der Ehe sprach »wie von einer »bittren Medizin«, die halt pflichthalber eingenommen werden werden muß.« »Gelt«, fügte er hinzu, »wie die Leut ein und dasselbe Ding ansehen, das ist sehr lustig.«

Wie so oft in der Vergangenheit erhielten Einsteins Gefühle gegenüber seiner Umgebung durch seinen plötzlichen Ausbruch an Optimismus neue Wärme. Im Sommer noch hatte er gemurrt, daß Freunde einen gewöhnlich in schweren Zeiten im Stich lassen. Jetzt kannte seine Dankbarkeit für Grossmann – »der immer an mich gedacht hat« – keine Grenzen. Professor Kleiner erschien nicht mehr als eine philiströse Gestalt der etablierten Gesellschaft, nur darauf aus, seinen Fortschritt zu behindern, sondern, obwohl er immer noch nicht Einsteins Dissertation gelesen hatte, war er jetzt »doch nicht ganz so dumm« und vor allem »ein guter Kerl«, voller Ermutigung für die Gedanken des jungen Mannes zur Relativbewegung. Am auffälligsten war das typische Aufleben seiner Liebe zu Mileva. »Jetzt haben unsere Leiden ein Ende«, erklärte er. »Nun sehe ich erst, wie lieb ich Dich habe, da der arge Druck der Verhältnisse nicht mehr auf mir lastet!« Was machte es da, daß er »wieder einmal« ihren Geburtstag vergessen hatte? »Jetzt darf ich bald mein treues Doxerl in den Arm schließen und es vor aller Welt mein Eigen nennen.« Eine goldene Zukunft schien gesichert – obwohl seine Vision davon wenig mehr als eine Rückkehr in die Vergangenheit war. Als erste Reaktion auf Grossmanns Brief hatte er Mileva geschrieben, daß sie jetzt »Student und Studentin bleiben« würden, »solange wir leben und wir kümmern uns keinen Dreck um die Welt.« Nach Hallers Brief versprach er: »Bald bist Du wieder grad so meine ›Studentin‹ als wie in Zürich. Freust Dich?«

Die lauernde Wirklichkeit des Babys wurde größtenteils ignoriert. Einstein nannte das Ungeborene gern »Hanserl«, weil er spielerisch darauf bestand, es müsse ein Bub werden. Mileva nannte es »Lieserl«, und bestand ähnlich fest darauf, es werde ein Mädchen. Einstein bat Mileva, ihm eine Zeichnung von ihrer »gspaßigen Gestalt« zu machen, »eine recht schöne«. Nur einmal äußert er sich in den uns erhaltenen Briefen ernsthafter, aber das war bedeutungsvoll. Inmitten seiner Freude über Grossmanns Brief steht: »Das einzige, was noch zu lösen übrig wäre, das wär die Frage, wie wir unser Lieserl zu uns nehmen könnten; ich möchte nicht, daß wir es aus der Hand geben müssen. Frag einmal Deinen Papa, er ist ein erfahrener Mann und kennt die Welt besser als Dein verstrebter, unpraktischer Johonesl.« Diesen Zeilen folgt eine spaßhafte Warnung, das Baby solle nicht »mit Kuhmilch gestopft werden, es könnt ja dumm davon werden.«

Der Stachel war dem, was er zuvor geschrieben hatte, damit kaum entzogen. Wir können nicht wissen, ob das Paar die Frage schon erörtert hatte, ob das Baby weggegeben werden sollte. Die Möglichkeit könnte in einem früheren Brief von Mileva angesprochen worden sein, in dem sie schreibt, wie wichtig es ist, sich gut mit Helene Savić zu verstehen, »weil sie uns bei etwas wichtigem helfen könnte«. Dieser Satz ist jedoch so vage, daß man keinesfalls zuviel Gewicht darauf legen darf. Einsteins Worte klangen eigentümlich und etwas unaufrichtig, als ob er andeuten wollte, daß er für diese Entscheidung Unterstützung gewinnen wollte. Mileva stand nun kurz vor der Entbindung, aber es gab noch keinen Hinweis auf eine bevorstehende Hochzeit. Es gab nicht einmal Aussicht auf ein baldiges Wiedersehen. Einstein hatte sich entschlossen, Kleiners Rat zu folgen und seine Gedanken über Experimente zur Erforschung des Äthers zu veröffentlichen, bevor der Posten am Patentamt frei wurde. Deshalb mußte er die Winterferien bis auf eine kurze Unterbrechung, die er mit seiner Schwester im Hotel Paradies in Mettmenstetten verlebte, in Schaffhausen verbringen. »Wenn du nur auch dabei sein könntest!« schrieb er an Mileva. »Aber unser Paradies kommt bald nach.«

Einstein schrieb später, sein Aufenthalt im Hotel sei gar nicht erfreulich gewesen. Mileva hatte ihm ein Weihnachtspaket mit Tabak und Keksen geschickt; die Kekse hatte er fast sofort aufgegessen. In seinem Dankesbrief beschreibt er, wie er sich seine Zukunft vorstellt, wobei er sich beklagt, wie langweilig er die Gesellschaft seiner Schwester gefunden hatte:

Bis Du mein liebes Weiberl bist, wollen wir recht eifrig zusammen wissenschaftlich arbeiten, daß wir keine Philistersleut werden, gellst. Meine Schwester kam mir so philiströs vor. Das darfst Du mir nie werden, es wäre mir schrecklich. Du mußt immer meine Hex bleiben und mein Gassenbub. ... Alle Menschen außer Dir kommen mir so fremd vor, wie wenn sie durch eine unsichtbare Wand von mir getrennt wären.

5

MEINE EINZIGE BEGLEITUNG UND GESELLSCHAFT

Mileva brachte wohl Ende Januar 1902 eine Tochter zur Welt. Es war eine schwierige Geburt, nach der sie zu krank und erschöpft war, um Einstein zu schreiben. Es gibt keine Aufzeichnungen darüber, aber man vermutet, sie habe fern der Schweiz, vermutlich in Milevas Elternhaus stattgefunden. Ihr Vater teilte Einstein die Neuigkeit brieflich mit; der gab zu, er sei »vor Schreck fast umgefallen«, als er auf dem Umschlag die Handschrift von Miloš Marić erkannte.

Voller Mitgefühl für sein »armes, liebes Schatzerl« bedauert Einstein in seiner Antwort die »erbärmliche Art«, in der »unser liebes Lieserl« die Welt kennengelernt habe. »Gegen so was sind alle äußeren Schicksale gar nichts«, erklärte er und stellte dann eine Reihe von Fragen, wie sie einem besorgten Vater ziemen. »Ist es auch gesund und schreit es auch gehörig? Was hat es denn für Augerl? Wem von uns sieht es mehr ähnlich? Wer gibt ihm denn das Milcherl?« Ohne seine Tochter gesehen zu haben, bekannte Einstein, es schon »so lieb« zu haben. Er bat Mileva, das Kind zu fotografieren oder ein Bild von ihm zu zeichnen, sobald sie wieder gesundet war. Es machte ihm Freude, die Geburt als wissenschaftliches Unterfangen und Phänomen zu betrachten, und er kündigte an: »Ich möcht auch selber einmal ein Lieserl machen, es muß doch zu interessant sein!« Er drängte Mileva, »Beobachtungen« über die Entwicklung des Babys zu machen und fügte hinzu: »Es kann gewiß schon weinen, aber lachen lernt es erst viel später. Darin liegt eine tiefe Weisheit!«

Es gibt keine Hinweise darauf, daß Einstein und seine Tochter einander je gesehen haben. Bei all der Begeisterung, die er anläßlich ihrer Geburt aufbrachte, scheint seine Hauptsorge gewesen zu sein, sich bei erster Gelegenheit von dieser Last zu befreien. Lieserls Existenz wurde selbst vor seinen engsten Freunden verborgen gehalten, und innerhalb von Monaten schon war sie ohne jede Spur aus seinem Leben verschwunden. Einstein hat niemals öffentlich von ihr gesprochen. Lieserl könnte aus der Geschichte ausgelöscht sein, hätten nicht die Herausgeber der Dokumente zu Einsteins Leben seine Briefe an Mileva gefunden. Es sind unter den unzähligen Papieren Einsteins keine weiteren Hinweise auf sie entdeckt worden. Es gibt auch keine Geburtsurkunde, obwohl Robert Schulmann vom »Einstein Paper Project« und Professor Milan Popović von der Universität Belgrad, der Enkel von Milevas Freundin Helene Savić, gründlich danach geforscht haben. Im Sommer 1968 reiste Schulmann ins damalige Jugoslawien, um die Geburtsregister zu durchsuchen. Er fand weder in Novi Sad, wo die Familie Marić den Winter verbrachte, noch in Kać, wo sie den Sommer verlebte, eine Spur. Seitdem hat Schulmann auch in der ungarischen Hauptstadt Budapest gesucht, wieder ohne Erfolg. Die Unruhen im früheren Jugoslawien haben es ihm unmöglich gemacht, seine Suche fortzusetzen, aber er hofft, sie wieder aufnehmen zu können.

Mileva sah Einstein erst einige Monate nach der Geburt wieder. Als sie in die Schweiz kam, war Lieserl nicht bei ihr. Wir wissen nicht, wer während der Abwesenheit der Mutter für das Kind sorgte (vermutlich Milevas Verwandten), weil über die ersten anderthalb Jahre ihres Lebens völliges Schweigen herrscht. Lieserl wird erst im September 1903 in den erhaltenen Briefen ihrer Eltern erwähnt, und wenn man Vermutungen über ihr Schicksal anstellen will, muß man zu diesem Zeitpunkt übergehen. Mileva war zu ihrer Familie zurückgekehrt und hatte dort entdeckt, daß das Kind Scharlach hatte. Das wurde Einstein mitgeteilt, der daraufhin folgendermaßen reagierte: »Die Geschichte mit Lieserl tut mir sehr leid. Es bleibt so leicht vom Scharlach etwas zurück. Wenn nur alles gut vorbeigeht. Als was ist denn das Lieserl eingetragen? Wir müssen sehr Sorge haben, daß dem Kinde nicht später Schwierigkeiten erwachsen.«

Dies ist der bedeutsamste Schlüssel zu dem Geheimnis, aber er ist quälend undeutlich. Eine Erklärung für Lieserls Verschwinden wäre ein tödliches Ausgang dieser Krankheit, eine wirkliche Gefahr, bevor es Antibiotika gab. Wenn Einstein jedoch die langfristigen Folgen betonte, hielt er ihr Leben anscheinend nicht für gefährdet. Die Gefahren, die ihn zu beschäftigen schienen, hatten nichts mit der Krankheit des Kindes zu tun: Seine Frage nach der Registrierung läßt vielmehr vermuten, daß sie zur Adoption freigegeben wurde und Einstein seine Spuren gern verwischen wollte. Das Fehlen aller Geburtsurkunden wäre also ein Zeichen dafür, wie gründlich Einstein die Vorsichtsmaßnahmen durchdacht hatte, auf die er sich bezog.

Lieserls Geburt stellte für Einsteins Neubeginn als Patentprüfer in Bern eine Bedrohung dar. Er war nur ein Jahr zuvor Schweizer Staatsbürger geworden, und der Makel eines vorehelichen Kindes hätte seinen Aussichten sowohl bei der Beamtenlaufbahn als auch in der konservativ eingestellten Gesellschaft der Hauptstadt des Landes geschadet. Uneheliche Geburten waren in der Schweiz keine Seltenheit und machten in Zürich 1901, in dem Jahr, in dem Lieserl gezeugt wurde, 11,8 Prozent aller Lebendgeburten aus. Etwa die Hälfte dieser Kinder hatte Schweizer Mütter, die andere ausländische wie Mileva. Eine uneheliche Geburt war für die etablierte Gesellschaft ein Affront, und Einstein war auf einen Weg gezwungen worden, der einen Kompromiß mit der Konvention nötig machte. »Illegitimität war in gewissen Bevölkerungsschichten annehmbar und sehr weit verbreitet«, sagt Robert Schulmann. »Aber für jemanden, der Beamter werden wollte, war es keine gute Sache.« Das dürftige Einkommen des Paares könnte ein anderes Motiv gewesen sein, das Kind wegzugeben; nach ihrer späteren Hochzeit hinderte es sie jedoch nicht an der Familiengründung. Vielleicht wäre Einsteins Einstellung eine andere gewesen, wenn Lieserl ein Hanserl gewesen wäre, wie er gehofft hatte. Vielleicht war Lieserl auch durch ihre Krankheit behindert. All dies jedoch liegt weit im Reich der Spekulation.

Zweifellos hatte die Geburt die Beziehung von Einstein zu Mileva verändert. Ihr Anspruch an ihn war jetzt größer denn je – Lieserls Ankunft warf auf ihn die schwere Verantwortung für zwei Leben. Gleichzeitig drohte Lieserl, in Frage zu stellen, daß er allein in den Genuß der mütterlichen Zuwendung Milevas kam. Außerdem übten Einsteins Eltern unverändert starken Druck aus, er solle sich von Mileva und damit von ihrem Kind distanzieren. Es ist unklar, ob Pauline überhaupt von der Geburt des Kindes wußte. Wenige Wochen später schreibt sie jedoch: »Dieses Frln. Marić bereitet mir die bittersten Stunden meines Lebens, läge es in meiner Macht, ich würde alles aufbieten, sie aus unserem Gesichtskreis zu bannen, sie ist mir förmlich antipathisch.« Das Thema Marić teilte die Familie jetzt in zwei Lager. Einsteins Schwester Maja hatte einen heftigen Streit herbeigeführt, als sie sich für Mileva ausgesprochen hatte, und sich daraufhin in der frostigsten Form von ihrer Mutter verabschiedet. »Sie weiß, daß wir streng gegen das Verhältnis von Albert mit Frln. Marić sind, daß wir nie & nimmer etwas von ihr wissen wollen, & daß wir deshalb fortwährend Reibereien mit Albert haben.« Diese Worte Paulines stehen in einem Brief an Pauline Winteler – dem »Mamerl Nr. Zwei« ihres Sohnes. Einsteins Mutter konnte den Gedanken nicht ertragen, daß Maja seine Verlobung in Aarau erwähnen würde, wo die Erinnerung daran noch lebendig war, wie er Marie Winteler sitzengelassen hatte. Paulines größtes Leid war, daß sie »jeden Einfluß auf Albert« verloren hatte, aber darin irrte sie sich vermutlich. Während Einstein sich nicht von Mileva trennen wollte, könnte seine Entscheidung, Lieserl wegzugeben, zum Teil in dem Wunsch entstanden sein, den Zorn seiner Mutter zu besänftigen. In seinem Kopf muß Paulines Warnung gesteckt haben: »Wenn sie ein Kind bekommt, dann hast du die Bescherung.«

Professor Schulmann meint, Milevas Freundin Helene Savić habe bei der Adoption geholfen, aber auch dies ist größtenteils eine Vermutung, die fast nur auf Milevas Hinweis vom November 1901 beruht, ihre Freundin könne ihr vielleicht »bei etwas wichtigem helfen«. Vielleicht haben Einstein und Mileva nach Lieserl geschaut, als sie Ende des Sommers 1905 Savić in Belgrad besuchten. Wie Professor John Stachel betont, passen die uns erhaltenen Briefe jedoch nicht gut zu dieser Theorie. Mileva schrieb kurz nach ihrer Heirat mit Einstein im Januar 1903 an Savić, wie gut alles gehe, und erwähnt ihre Tochter überhaupt nicht. »Wenn Savić das Kind gekannt hätte«, sagt Stachel, »wäre es seltsam gewesen, so zu schreiben.« Andererseits ist bekannt, daß einige Briefe von Mileva durch Savić' Tochter vernichtet wurden, vielleicht um jeden Hinweis auf Lieserl und ihr Schicksal zu löschen.

Einstein erhielt 1909 einen Brief mit einer »besten Empfehlung an Ihre Frau Gemahlin u. Ihre Frl. Tochter«. Dieser war von einem japanischen Studenten namens Ayao Kuwaki geschrieben worden, legte aber, wie so vieles andere in der Geschichte, eine falsche Spur. Es scheint eine harmlose Verwechslung mit dem Sohn Hans Albert vorzuliegen, der 1904 geboren wurde und den zeitgenössischen Fotos in einem Kleid zeigen. »Albertli« sah so mädchenhaft aus, daß seine eigene Tochter, Evelyn Einstein, eine Zeitlang dachte, diese Bilder zeigten Lieserl und nicht ihren Vater. Es bleibt die erwägenswerte Möglichkeit, daß Einsteins heimliche Tochter heute als über Neunzigjährige unter einem anderen Namen noch lebt. Gerald Holton witzelt: »Eines Tages könnte sie hereinkommen und sagen: ›Mein Name ist Anastasia, ich möchte die Briefe meiner Eltern.‹«

Es gibt deutliche Hinweise darauf, daß Einstein selbst dies für möglich hielt. Wieder müssen wir kurz einige Jahre überspringen, in die Zeit seiner zweiten Ehe hinein. Damals kam eine Frau, die behauptete, seine lange verlorene Tochter zu sein, und die einen Sohn bei sich hatte, der sein Enkel sei. Sie nahm 1935 in England Kontakt mit Bekannten Einsteins auf, darunter seinem angesehenen wissenschaftlichen Bewunderer Frederick Lindemann, dem späteren Viscount Cherwell. Die Frau behauptete, sie könne wegen der Feindseligkeit ihrer »Stiefmutter« Elsa Einstein nicht persönlich treffen. Lindemann war argwöhnisch, hielt die Frau jedoch für hinreichend glaubwürdig, um Einstein ein warnendes Telegramm nach Princeton zu schicken, wohin Einstein drei Jahre zuvor nach seiner Abreise von Berlin gegangen war.

Unter denen, die sie ansprach, war auch Janos Plesch, ein enger Freund Einsteins aus seinen Berliner Jahren, der im Sommer 1933 nach England gegangen war, um der Verfolgung durch die Nazis zu entkommen. Auch er fand die Frau überraschend überzeugend:

Ich begann sogar, Ähnlichkeiten im Aussehen zwischen Einstein und dem Kind, einem gescheiten, aufgeweckten und reizenden kleinen Buben, zu sehen. Nun, sie überzeugte mich und mit Hilfe von Freunden, die auch überzeugt waren, versuchten wir, ihr zu helfen. Wir fanden eine Anstellung für sie und schickten das Kind in die Schule. Dann schrieb ich Einstein einen taktvollen Brief, in dem ich die Lage erklärte und ihm von seiner Tochter und dem Enkel berichtete. Zu meinem großen Erstaunen zeigte Einstein kein wirkliches Interesse, und um sein väterliches und großväterliches Herz zu bewegen, schickte ich ihm zwei wirklich kluge und hübsche kleine bunte Bilder, die der Junge gezeichnet hatte, und ein Photo. Also, dachte ich, die Gesichtszüge des Jungen werden ihn rühren. Ich erhielt dann einen Brief, in dem er mir schrieb, das Ganze sei ein Schwindel. Er amüsierte sich sehr darüber, und ich schämte mich noch monatelang.

Plesch erzählte diese Geschichte anscheinend, um sich selbst lächerlich zu machen und um »zu zeigen, was berühmte Männer alles auszuhalten haben«. Einsteins Freund Max von Laue, der auch hineingezogen wurde, ärgerte sich darüber, daß Lindemann zum Narren gehalten worden war und beklagte die Leichtgläubigkeit der Engländer. Auch er tat die Episode als »außerordentlich komisch« ab, aber es war mehr dahinter. Obwohl Einstein sich nach außen so gelassen zeigte, nahm er die Anschuldigungen ernst genug, um einen Privatdetektiv zu Rate zu ziehen.

Professor Don Howard von der Universität Kentucky hat Dokumente zusammengestellt, mit deren Hilfe er die Ereignisse zu rekonstruieren versuchte. Lindemann schickte sein Telegramm nicht direkt an Einstein, sondern an seinen engen Kollegen Hermann Weyl; der wurde gebeten, den Professor persönlich zu befragen und sofort eine Antwort zurückzuschicken. Anscheinend stritt Einstein jede Bekanntschaft mit der Frau ab, die in Lindemanns Brief »Frau Herrschdoerffer« genannt wurde. Bald darauf wurde sie jedoch als Grete Markstein, eine Berliner Schauspielerin, identifiziert. Einsteins Sekretärin Helene Dukas beauftragte einen Bekannten, als »jüdischer Detektiv« Marksteins wahre Familie herauszufinden.

Es dauerte über acht Monate, bis die Arbeit abgeschlossen war. Der Untersuchungsbericht, zwei schlecht getippte Seiten, zeigte, daß Markstein zu alt war, um Lieserl sein zu können. Sie war im August 1894 in Wien geboren worden. Ihr Vater Samuel war ein ungarischer Bankvertreter, der am Ende des Ersten Weltkriegs gestorben war; ihre Mutter starb 1925. Marksteins Ruf war, wie der Detektiv bemerkte, »mangelhaft«. Es bestand danach kein Zweifel, daß es sich bei ihr »um die gesuchte Person« handelte.

Markstein war also eine Betrügerin. Anscheinend hatte sie die Aufdeckung schon befürchtet, als Lindemann sein Telegramm abgeschickt hatte, und ihn telefonisch um mehr Diskretion gebeten. Trotzdem bleiben Fragen offen. Professor Howard glaubte, Einsteins Verhalten lasse darauf schließen, daß er geglaubt habe, Lieserl lebe noch – was für die Adoptionshypothese spricht – und daß er über ihr Schicksal im unklaren war. »Außerdem verwirrte mich«, sagt er, »was Markstein gewußt haben könnte, wenn sie so überzeugend war.« Es gibt Belege dafür, daß Einstein mit Markstein Kontakt hatte, als beide noch in Berlin waren, also lange bevor sie sich seinen Freunden näherte. Ein Brief, den er am 29. September 1932 an eine Handelskammer schrieb, zeigt, daß er achtzig Reichsmark an sie zahlte. Der Zusammenhang legt nahe, daß es eine halb-offizielle Angelegenheit war (Markstein wird »Vortragskünstlerin« genannt), aber die volle Bedeutung bleibt unklar.

Auch ein Knittelreim ist faszinierend, den Einstein an Plesch schickte, als der Betrug aufflog.

Meine Freunde all mich foppen,
Helft mir die Familie stoppen!
Hab vom Wirklichen genug
das ich lang und ehrlich trug.

Doch dass ich noch unentwegt
Eier seitwärts hätt' gelegt
Wär zwar niedlich anzuhören
Täts nicht andre Leute stören.

Dies war signiert mit »A. Einstein, Stiefvater.«

Die Geschichte mit Lieserl mag Schatten auf Einsteins Leben geworfen haben, aber zweifellos fiel ein noch dunklerer auf Milevas. Jahre bevor die Existenz seiner geheimen Schwester bekannt wurde, machte ihr Sohn Hans Albert deutliche Hinweise darauf. Aufgrund von Gesprächen, die 1962 mit ihm geführt wurden, schrieb der Einstein-Biograph Peter Michelmore von einem »geheimnisvollen Vorfall vor der Ehe«, der zu einer Kluft zwischen Albert und Mileva geführt habe. Erst jetzt wird die Bedeutung klar:

> *Freunde hatten bemerkt, daß Milevas Haltung sich verändert hatte und meinten schon, die Beziehung zu Albert sei zu Ende. Etwas war zwischen den beiden vorgefallen, doch Mileva sagte mir, es sei »äußerst persönlich«. Was immer es sein mochte, sie brütete darüber und irgendwie schien Albert daran die Schuld zu tragen. Ihre Freunde meinten, sie solle sich aussprechen und so ihr Herz erleichtern. Sie aber blieb dabei, daß es zu persönlich sei und behielt es ihr Leben lang für sich. Dieses wesentliche Detail in der Geschichte Albert Einsteins ist bis heute ein Geheimnis geblieben.*

Mit Billigung von Hans Albert benennt Michelmore diesen unerklärten Vorfall als die Wurzel späterer Schwierigkeiten in der Ehe. Er sah darin die Ursache der düsteren Zurückgezogenheit, in der Mileva im Lauf der Jahre immer länger verharrte. Daraus folgt wohl, daß Mileva gegen die Entscheidung gewesen war, ihre Tochter wegzugeben, und Einstein die Schuld dafür zuschob, wenn sie sich damit abzufinden hatte. Vielleicht hatte sie der Entscheidung auch bereitwillig zugestimmt, wurde aber dann von Schuldgefühlen überwältigt.

In jedem Fall könnte dies recht weitgehend die Melancholie erklären, die Mileva so übereinstimmend zugeschrieben wird. Der alte Einstein schilderte sie als mißtrauisch, schweigsam und zu Depressionen neigend – was er einem schizophrenen Hintergrund auf Seiten ihrer Mutter zuschrieb. Seine Diagnose sollte mit äußerter Vorsicht gesehen werden und könnte seinen Wunsch wiederspiegeln, sich von den Problemen seines jüngeren Sohnes zu distanzieren. Aber Variationen über dieses Thema kommen in Einstein-Biographien immer wieder vor. Carl Seelig, der sich auf Einsteins eigene Äußerungen berufen konnte, schrieb, daß Milevas «träumerisches, schwermütiges Wesen oft ihr Leben und ihr Studium belastete.« Ihre Zeitgenossen, so fügte er hinzu, fanden sie »düster, lakonisch und mißtrauisch«, Einsteins Bewunderer Philipp Frank bemerkte, Mileva »vermochte nicht, mit ihrer Umgebung angenehmen Kontakt herzustellen«, und es sei etwas »Geradliniges und Herbes in ihrem Wesen«. Nach seiner Darstellung bestand immer ein deutlicher Gegensatz zwischen Mileva, die so schroff und selbstverleugnend war, und Einstein: »Das so anders geartete Wesen Einsteins, der durch die Natürlichkeit seines Auftretens und seine interessanten Gespräche überall beliebt wurde, machte sie oft unruhig.«

Zwar wirken Milevas Liebesbriefe schon lange, bevor Lieserl gezeugt wurde, eher schwermütig, aber zumindest in diesen frühen Jahren waren die Unterschiede zwischen ihr und Einstein geringer, als Frank glaubte. Der junge Einstein gab zu, selbst »voller Launen« zu sein und schwankte zwischen Hochstimmung und Niedergeschlagenheit. Als Mann, der sich durch eine unsichtbare Mauer von der Menschheit abgeschlossen fühlte, konnte er kaum in »engem und erfreulichem Kontakt« mit seiner Umgebung sein. Und was Härte und Selbstverleugnung betrifft, brauchen wir nur daran zu denken, wie er davon gesprochen hatte, sein Leben den »strengen Engeln« der Naturwissenschaft widmen zu wollen. Milevas Reaktion auf ihre frühen Fehlschläge war oft pessimistisch, als ob sie meinte, die Welt sei darauf aus, sie zu bestrafen. Ebenso gab es Augenblicke, in denen sie angesichts ihrer Schwierigkeiten großen Optimismus zeigte und aus ihren Hoffnungen auf Glück in der Liebe Stärke bezog. Wenn sie im Lauf der Zeit tiefer in Verzweiflung sank, ist das nicht allein einem Charakterfehler zuzuschreiben, der nichts mit ihrer Beziehung zu Einstein zu tun hatte. Das Trauma, ihre Tochter aufgegeben zu haben, war dabei anscheinend ganz wesentlich.

Dies erklärt jedoch nicht alles. Michelmore schrieb, Mileva sei bei Einstein geblieben, weil sie »wußte, daß ihre Liebe zu ihm stark genug war.« Ihre Beziehung hielt nach Lieserls Geburt mehrere Jahre an und gedieh sogar. Erst wenn wir zu diesen Ereignissen zurückkehren, läßt sich sehen, wie die Spannung allmählich zunahm, bis die Folgen schließlich verheerend wurden.

Vom Februar 1902 an dauerte es noch vier Monate, bis Einstein am Patentamt angestellt wurde, aber er hatte seine Lehrerstelle in Schaffhausen schon aufgegeben und war nach Bern gezogen. Nach Lieserls Geburt schrieb er Mileva, er »wollte noch zwei Jahre beim alten Nüesch Hauslehrer sein«, wenn sie das nur gesund und glücklich machen könnte. Tatsächlich bereitete es ihm eine große Freude, seinen wütenden Arbeitgeber mitten im Schuljahr zu verlassen, und er brüstete sich einem Freund gegenüber, er sei »mit Knalleffekt abgesegelt«. Er richtete sich in Bern in einer gemütliche Behausung ein, von der er für Mileva eine pseudowissenschaftliche Zeichnung anfertigte, in der er die Lage aller Dinge vom Bett bis zum Nachttopf sorgfältig angab. Die alte Stadt gefiel ihm, besonders die sechs Kilometer langen Laubengänge, die es ermöglichen, bei Regen von einem Ende der Stadt zum anderen zu gehen, ohne naß zu werden. Um Geld zu verdienen, setzte er eine Anzeige in eine Lokalzeitung, in der er Privatstunden in Mathematik und Physik anbot (»Probestunden gratis«).

Unter denen, die sich dafür interessierten, war Maurice Solovine, ein heißblütiger Rumäne, der in Bern studierte und gern in das eingeführt werden wollte, was er als die »Geheimnisse der theoretischen Physik« bezeichnete. Solovine erinnerte sich später, wie ein kräftiges »Herein!« geantwortet hatte, als er an der Schnur des Türschlosses gezogen hatte. »Da seine Wohnung an einem dunklen Gang lag, fiel mir sofort der ungewöhnliche Glanz seiner großen Augen auf«. Solovine und Einstein verstanden sich auf Anhieb; ihr erstes Gespräch dauerte zwei Stunden, und als Einstein ihn zum Abschied auf die Straße geleitete, sprachen sie dort noch eine halbe Stunde weiter. »Ich bewunderte seine einzigartige Fähigkeit, die physikalischen Probleme zu durchdringen und sie zu bewältigen«, schrieb Solovine. »Er war kein glänzender Redner und bediente sich keiner hervorragenden Vergleiche. Er sprach bei seinen Auseinandersetzungen langsam und eintönig, aber was er sagte, war wunderbar klar.« Einsteins Sitzungen mit ihm umspannten bald eine Vielfalt wissenschaftlicher Fragen, mit Ausflügen in die Philosophie von Platon, Hume und John Stuart Mill. Später stieß Conrad Habicht zu den beiden Männern, der Einstein kennengelernt hatte, als sie in Schaffhausen Nachbarn waren. Er war der Sohn eines Bankdirektors, hatte in München und Berlin Mathematik und Physik studiert und schloß jetzt in Bern sein Studium ab.

Einsteins Unterricht brachte nicht viel Geld ein; er pflegte zu spaßen, daß er mehr verdienen würde, wenn er »seine Geige fege«. Viel wichtiger war für ihn die Freude, die er an der Gesellschaft von Solovine und Habicht hatte. Die jungen Männer bildeten das intellektuelle Äquivalent zu den Drei Musketieren und gründeten mit gespielter Formalität »die Akademie Olympia«. Einsteins Charisma und Intelligenz machten ihn zum natürlichen Leiter. Eine lateinische Widmung, die seine Akademiker erarbeiteten, pries ihn als »Fachmann in den edlen Künsten ... einen Mann mit dem größten Seelenfrieden und Familiensinn ... unfehlbarer Hohepriester der Kirche der Armen im Geiste.« Er war der Präsident der Akademie und genoß die gegenseitige Bewunderung und ziemlich dünkelhafte Hochstimmung. Die drei Freunde – alle mit Schnurrbart, Stehkragen und Fliege – ließen sich sogar zusammen ablichten. Links saß Habicht – elegant, mit Brille und selbstbewußt, das dunkle Haar ordentlich gescheitelt, auf dem Schoß lässig eine Zigarre haltend. In der Mitte hockte ein schmunzelnder Solovine, in einem ähnlichen Dreiteiler wie Habicht, aber etwas unordentlicher und mit weniger hellem Teint. Und rechts saß Einstein, in dunklerem Anzug als die anderen, ein weißes Tuch sorgfältig gefaltet in der Brusttasche, und schaute gedankenvoll in die Ferne. Die Akademie bot ihm eine Privatwelt, weit entfernt vom trostlosen Leben der Philister, ähnlich der Traumwelt, die er sich mit Mileva aufgebaut hatte. Fast ein halbes Jahrhundert später, 1948, erinnerte sich Einstein Solovine gegenüber, daß die Akademie »viel weniger kindisch war als jene angesehenen, die ich später kennenlernte.«

Einstein hat immer behauptet, ein allgemeiner Überblick über die Physik könne wertvoller sein als Spezialwissen. Er schärfte seine Gedanken am Geist anderer und gewann aus dem gemeinsamen Studium neue Einsichten. Unter den Naturwissenschaftlern, die sie lasen, war Ernst Mach, dessen »unbestechliche Skepsis und Unabhängigkeit« Einstein besonders inspirierte. Die drei Freunde debattierten wie junge Studenten und störten

Einsteins Nachbarn mit ihren lautstarken und geräuschvollen Auseinandersetzungen, die weit in die Nacht hinein dauerten. Wie Solovine erzählt, genossen sie dabei Mahlzeiten von »vorbildlicher Einfachheit mit Schlackwurst, Schweizer Käse, Obst, etwas Honig und ein bis zwei Tassen Tee«, und sie stärkten sich gern mit Mokka und hartgekochten Eiern. Einsteins Begeisterung für das Essen ist in einer Zeichnung von Solovine verewigt, der seine kraushaarige Büste unter einem Schmuckbogen von Würsten zeigt. Einmal kauften Habicht und Solovine ihm zur Feier seines Geburtstags Kaviar und erwarteten eine begeisterte Reaktion. »Wenn Einstein etwas aß«, so berichtete Solovine, »was von unserem gewöhnlichen Speisezettel abwich, pflegte er sich in begeisterten Lobsprüchen zu ergehen, um das betreffende Gericht gebührend zu preisen. Wir freuten uns schon im voraus darauf, wie er außer sich sein und in den gewähltesten Ausdrücken seine Befriedigung zu erkennen geben würde.« Aber sie wurden enttäuscht: »Zufällig sprach Einstein an diesem Abend gerade von dem Galileischen Trägheitsgesetz, und wenn er ein Problem erörterte, konnte er Himmel und Erde mit allen ihren Leiden und Freuden völlig vergessen.« Leider verzehrte der Präsident der Akademie in seiner Begeisterung für die Trägheit die ganze teure Gabe, ohne es zu bemerken. »Das war also Kaviar«, sagte er, als seine verblüfften Freunde ihn schließlich auf die Kostbarkeit aufmerksam machten. »Man kann Kerlen meiner Art die kostbarsten Gerichte vorsetzen, sie wissen sie nicht zu würdigen!«

Viele der Diskussionen der Akademie spielten sich auf langen Spaziergängen ab. Einstein und Solovine machten sich gelegentlich um sechs Uhr morgens auf den etwa dreißig Kilometer langen Weg von Bern nach Thun, einem der malerischsten Städtchen der ganzen Schweiz. Dort verbummelten sie den Nachmittag, bevor sie am Abend mit dem Zug nach Bern zurückfuhren. Eine andere Freude waren Konzerte, denn in der Landeshauptstadt gaben viele der berühmtesten Musiker auf ihren Europatourneen Konzerte. Einmal versäumte Solovine eine Sitzung, die in seiner eigenen Wohnung stattfinden sollte, um ein berühmtes tschechisches Quartett zu hören. Er bat seine Vermieterin, ihn zu entschuldigen – durch eine »dringende

Angelegenheit« sei er verhindert – und fügte dem üblichen Essen ein Friedensangebot in Form von vier hartgekochten Eiern bei. Nachdem Einstein und Habicht diese verzehrt hatten, rächten sie sich für den Verrat, indem sie heftig rauchten und alle Möbel und Geschirr Solovines auf sein Bett stapelten. Solovine haßte Tabak und »glaubte zu ersticken«, als ihm bei der Heimkehr ein »pestilenzialischer Tabakdunst« entgegenschlug. »Ich glaubte zu ersticken«, erinnerte er sich, »riß das Fenster weit auf und machte mich daran, den Aufbau von meinem Bett zu entfernen, der fast die Zimmerdecke berührte.«

Habicht und Solovine waren nicht die einzigen Freunde, die Einstein in Bern fand. Auch Lucien Chavan, ein Elektroingenieur aus Lausanne, war ein Privatschüler, der zu einem lebenslangen Freund wurde. Einstein traf hier auch Hans Frösch wieder, der in der Kantonsschule in Aarau einer seiner engsten Freunde gewesen war. Diese Männerfreundschaften stellten eine offensichtliche Bedrohung für die Ausschließlichkeit seiner Beziehung zu Mileva dar, die sich Sorgen machte, er hätte sie vergessen, als sie nach Lieserls Geburt bei ihrer Familie geblieben war. Einstein beeilte sich, sie seiner Liebe zu versichern, aber seine Worte entbehren nicht ganz der Zweideutigkeit. »Brauchst nicht auf Habicht und Frösch eifersüchtig zu sein, denn was sind sie mir, mit Dir verglichen! Ich hab jeden Tag Sehnsucht nach Dir, aber ich thu nicht dergleichen, weil das nun einmal nicht ›männlich‹ ist ... Aber das ist deswegen doch wahr, daß es sehr nett hier ist. Aber ich wäre lieber mit Dir in Krähwinkel als ohne Dich in Bern, das ist gewiß ...«

Aber ... aber ... aber. Einsteins Vergnügen an seiner neuen Umgebung erschwerte es, weiter glaubhaft zu begründen, er und Mileva stünden allein einer feindlichen Welt gegenüber. Trotzdem tat er sein bestes. Im Sommer berichtete er, mit einer Gruppe von Freunden nach Beatenberg wandern zu wollen, einem Berg in der Nähe von Thun. Seine Hochstimmung war offensichtlich, aber er versicherte Mileva, er werde noch glücklicher sein, wenn seine Freunde nach dem Wochenende wieder abgereist seien. »Ich ginge morgen viel lieber mit Dir auf den Beatenberg als mit lauter Männern, ein Mann bin ich doch selber«, schrieb er. »Wenn ich nicht bei Dir bin, dann denke ich immer mit solcher Zärtlichkeit an Dich, als Du Dirs kaum einbilden kannst, wenn ich auch immer ein beeser Kerl bin, wenn ich bei Dir bin.«

Einsteins Ruf ans Amt für geistiges Eigentum erfolgte schließlich am 16. Juni 1902, als er für eine Probezeit zum technischen Experten dritter Klasse gewählt wurde. Er war von einem Angestellten dort schon gewarnt worden, die Arbeit sei sehr langweilig und seine Stellung kaum mehr als gering. Endlich aber konnte jetzt Mileva zu ihm kommen, und es war für beide eine Sache des Stolzes, sich nicht um die Meinung anderer zu kümmern. Er verbrachte seinen achtstündigen Arbeitstag an einem Schreibpult, wobei er über technischen Daten brütete, um herauszufinden, was an jeder Erfindung, die unter Patentschutz gestellt werden sollte, einzigartig war. Manchmal nannte er dies seine »Schusterarbeit« – eine anspruchslose Routinearbeit, die seinen Verstand frei ließ, sich mit Naturwissenschaft zu beschäftigen. Bald nach Beginn versicherte er jedoch einem Freund, seine Tätigkeit sei »ungeheuer abwechslungsreich« und gebe »viel zu denken«. Sie erforderte eine Fähigkeit, das Wesentliche eines Problems in oft ungenauen und unklaren Anträgen herauszufinden. Es ging um ganz alltägliche Dinge – von Haushaltsgeräten bis hin zu Schreibmaschinen –, aber Einstein fand immer einen Reiz an der Technik des Alltags. In späteren Jahren meldete er selbst mehrere Patente an – einige mit anderen gemeinsam und einige allein, die sich auf Geräte bezogen, die er selbst mit entworfen hatte –, darunter ein geräuschloser Haushaltskühlschrank und eine neue Art Hörhilfe. Dieses Interesse läßt sich bis in seine Kinderzeit zurückverfolgen, zu den Kenntnissen seines Onkels in der Elektrotechnik und zum Unternehmen seines Vaters. Haller, der Direktor des Patentamts, war, wie Einstein sagte, »strenger als mein Vater«, weckte aber in Einstein eine ähnliche Zuneigung.

Hermann Einstein erkrankte im Herbst 1902 schwer. Seine Gesundheit hatte unter seinen wiederholten geschäftlichen Mißerfolgen gelitten, und er hatte ein Herzleiden. Sein Sohn fuhr nach Mailand, um bei ihm zu sein, aber es gab keine Hoffnung. Hermann starb allein am 10. Oktober; er hatte seine Familie gebeten, den Raum zu verlassen, als er seine Stärke dahinschwinden spürte. An diesen Augenblick erinnerte sich Einstein nach Meinung von Helene Dukas und Banesh Hoffmann, die ihn beide gut kannten, »niemals ohne Schuldgefühle«. In ihrer gemeinsam geschriebenen Biographie beschrieben sie ihn als »betäubt und verständnislos ... überwältigt von einem Gefühl der Verzweiflung; wiederholt fragte er sich, warum sein Vater sterben mußte und nicht er.« Sie zitieren auch Einsteins Bemerkung, wonach der Tod seines Vaters der tiefste Schock war, den er je erfahren hatte.

Kein geringer Teil des Schlags war die Verantwortung, die Einstein jetzt für seine Mutter fühlte, die zwar für die Schulden ihres Mannes aufkommen mußte, aber kein Einkommen hatte, um sie zu bezahlen. Einstein nahm seine eigenen dürftigen Finanzen zu Hilfe, um sie zu unterstützen; ihre restlichen Lebensjahre verbrachte seine Mutter in unwillkommener Abhängigkeit. Sie suchte Zuflucht bei den Hauptgläubigern ihres toten Mannes, ihrer Schwester Fanny und ihrem Schwager Rudolf in Hechingen. Sie blieb bei den beiden – den Eltern von Einsteins zweiter Frau – fast ein Jahrzehnt lang und zog 1910 mit ihnen nach Berlin. Im Jahr darauf ging sie als Haushälterin zu einem verwitweten Kaufmann nach Heilbronn, bevor sie um 1914 wieder nach Berlin zog, um den Haushalt ihres verwitweten Bruders Jakob zu führen. Ihr eigenes Unglück stimmte sie Mileva gegenüber keineswegs milder; wohl aber war sie begieriger denn je, in der Karriere ihres Sohnes stellvertretend Erfüllung zu finden.

Hermann hatte auf seinem Totenbett endlich die Einwilligung zur Heirat seines Sohnes mit Mileva gegeben. Das Aufgebot wurde im Dezember in Bern, Zürich und Novi Sad bestellt; die Eheschließung fand am 3. Januar 1903 im Rathaus zu Bern statt. Es war eine ruhige, fast nebensächliche Angelegenheit. Die beiden Zeugen waren Solovine und Habicht, und die einzige Feier scheint ein Abendessen in einem Restaurant gewesen zu sein. Das Paar machte keine Hochzeitsreise, und angeblich entdeckte Einstein, als er mit seiner Frau ins neue eheliche Heim zurückkehrte, daß er sich wieder einmal ausgeschlossen hatte. Das erinnerte an die Studentenzeit in Zürich, wo Einstein seine Vermieterin manchmal mitten in der Nacht mit dem Ruf weckte:

»Hier ist Einstein, ich habe wieder meine Schlüssel vergessen!« Die Heiratsanzeige gibt die Adresse des Paares als Tillierstraße 18 an. Dort, auf dem rechten Ufer der Aare, meldete sich Einstein vier Tage nach der Hochzeit polizeilich an. Im Oktober zogen sie dann in die Wohnung im zweiten Stock der Kramgasse 49, die jetzt als kleines Museum dient. Das Gebäude liegt mitten im alten Stadtkern, genau zwischen zwei der elf wunderbaren Figurenbrunnen, nur einige hundert Schritte vom berühmten Uhrenturm entfernt. Hier also wurde die Relativitätstheorie geboren.

Beide Ehepartner schilderten ihr Eheleben als erfreulich, wenn auch vielleicht die Unterschiede in der Betonung verräterisch sind. Gegen Ende Januar 1903 schrieb Einstein an Michele Besso: »Ich bin jetzt ein verheirateter Ehemann und führe mit meiner Frau ein sehr nettes behagliches Leben. Sie sorgt ausgezeichnet für alles, kocht gut und ist immer vergnügt.« Das läßt eher an das Zeugnis für eine Haushälterin denken als an eine Aussage für eine Seelenfreundin, und wenn Einstein die Heiterkeit Milevas betont, deutet sich vielleicht eine gewisse Erleichterung darüber an, daß die von der Lieserl-Affäre verursachte Wolke sich zeitweise verzogen hatte. Jedenfalls hatte Einstein seine junge Frau immer noch außerordentlich lieb, und sie nahm, wie deutlich werden wird, immer noch eng an seinem intellektuellen Leben teil.

Mileva ihrerseits schrieb an Helene Savić: »Ich fühle mich, falls das überhaupt möglich ist, meinem lieben Schatz noch enger verbunden als in der Züricher Zeit. Er ist meine einzige Begleitung und Gesellschaft, und ich bin am glücklichsten, wenn er neben mir ist.« Ihre starke Abhängigkeit von Einstein war unmißverständlich, und es läßt sich unschwer etwas Trauer herauslesen, wenn sie instinktiv auf ihre Studententage als das Musterbeispiel für Glück verweist. Eben dieser Brief läßt vermuten, daß Lieserls Schicksal sie noch immer stark beschäftigte, denn sie fragt nach der Aussicht, für sie und Einstein in Belgrad Anstellungen als Lehrer zu finden. Wie Jürgen Renn und Robert Schulmann bemerkten, hätte dies dem Paar vielleicht erlaubt, das Kind selbst aufzuziehen. Die Nachfrage führte jedoch zu nichts, und als Mileva in diesem Herbst in die Heimat fuhr, um nach

Lieserls Fortschritten zu sehen, entdeckte sie, daß sie wieder schwanger war.

Eine Postkarte aus Budapest, wo sie ihre Reise vermutlich unterbrach, erwähnte etwas, das sehr wohl Morgenübelkeit sein konnte. Wenige Wochen später schrieb Einstein, er sei »nicht böse, daß der arme Schnoxl brüten muß.« Er fügte sogar hinzu: »Ich bin sogar froh darüber und habe mich schon besonnen, ob ich nicht sonst dafür sorgen soll, daß Du ein neues Lieserl kriegst, daß Dir nicht vorenthalten sei, was doch das Recht aller Frauen ist.« In diesem Brief nimmt Einstein auch zu der Nachricht von Lieserls Scharlach Stellung. Seine Bemerkung, er habe sich »schon besonnen«, Mileva mit einem Ersatzkind zu versorgen, läßt vermuten, daß man sich schon vor dem Ausbruch der Krankheit auf eine Adoption geeinigt hatte, sie also nicht eine Reaktion auf Folgen der Krankheit war. Ob Einstein sich wirklich ein zweites Kind wünschte, ist sehr zweifelhaft – die zweite Schwangerschaft war offensichtlich ungeplant, und ebenso offensichtlich hatte er alle Gedanken zu dem Thema für sich behalten. Sein Brief endete mit einer Aufforderung an Mileva, bald nach Hause zu kommen. »3 1/2 Wochen sind schon vorbei und länger darf ein braves Weiberl seinen Mann nicht allein lassen. Es sieht aber noch gar nicht so schrecklich aus bei uns, wie Du Dir denken wirst. Das wirst Du bald wieder in Ordnung haben.«

Hans Albert, ihr erster Sohn, wurde am 14. Mai 1904 geboren. Erst jetzt akzeptierten nach Meinung von Milevas Biographen Dord Krstić ihre Eltern die Ehe wirklich. Krstić wiederholt eine vermutlich apokryphe Geschichte, wonach Miloš Marić nach Bern gereist sei, um seinem Schwiegersohn ein Sparbuch im Wert von 100 000 Österreichisch-ungarischen Kronen zu schenken. Einstein soll diese sehr ansehnliche Summe – sie entspricht dem Wert von etwa 100 000 damaliger Mark, sagt Krstić – mit rührenden Worten abgelehnt haben, indem er erklärte, er habe Mileva aus Liebe und nicht des Geldes wegen geheiratet. Leider gibt es über das Hörensagen hinaus weder Belege für das Angebot noch für die heroische Weigerung.

Solovine erinnerte sich, daß Mileva oft an Sitzungen der Akademie Olympia teilnahm und ihren Diskussionen aufmerksam lauschte, sich aber nicht einmischte. Vielleicht besprach Mileva die Themen lieber später, wenn sie allein waren, mit Einstein. Es gibt jedoch gute Anzeichen dafür, daß sie sich in der Gesellschaft der Akademie wohlfühlte. Solovine und Habicht gehörten zu den wenigen Menschen, die nach Aussage des Biographen Carl Seelig »Milevas sprödes Herz durch ihre stille Freundlichkeit erobert haben«. Einstein zog sie gern auf, indem er begann, gewagte Geschichten zu erzählen. »Hab ich euch schon den Witz von der alten Hure erzählt?«, legte er zum Beispiel vor all seinen männlichen Gästen los, wohl wissend, daß Mileva sofort mit einem »Albert!« protestieren würde. Einmal bot ein Händler Habicht Zinnteller an, auf die er Name und Titel des Käufers eingravierte. Habicht ließ ihn »Albert Ritter von Steissbein, Präsident der Akademie Olympia« schreiben und hing den Teller an der Tür zu Einsteins Wohnung auf. Solovine erzählte, Einstein und Mileva hätten so sehr lachen müssen, als sie das bei der Rückkehr sahen, daß sie meinten, sterben zu müssen. Der Name taucht auch woanders auf, so schickte Einstein eine fast unleserliche Postkarte an Habicht, auf der stand »Total besoffen, leider beide unterm Tisch, Ihr armer Steisbein und Frau.«

Nachdem Einstein eine für Beamten erforderliche Prüfung gut bestanden hatte, wurde er im September 1904 von dem Status eines Beamten auf Probe zu einem eines Beamten auf Dauer befördert. Um diese Zeit und auf Einsteins Drängen hin nahm auch Michele Besso eine Stellung am Patentamt an. Er hatte dadurch an der aufregenden Entfaltung des Genies in den folgenden Monaten Anteil. Einstein fand die Arbeit im Patentamt im Vergleich mit seinen eigenen wissenschaftlichen Untersuchungen öde, seine Spaziergänge mit Besso beim Heimgehen gaben ihm jedoch Gelegenheit, seine eigenen Gedanken zur Physik und Philosophie zu erörtern. Sein Freund wurde ganz ähnlich in Einsteins persönliche Forschung hineingezogen wie Mileva in ihren Studententagen. Die Familien Besso und Einstein wurden fast unzertrennlich, denn Mileva fand in Anna Besso eine gute Freundin.

Das Jahr 1905 sollte Einsteins Annus mirabilis werden. Er verfaßte darin drei Arbeiten, die die Grundfesten der Wissenschaft erschütterten. Die Arbeiten wurden in Abständen von weniger als zwei Monaten eingereicht, und es wird oft betont, daß sie verblüffend unterschiedliche Themen behandeln. Mehrere Forscher haben andererseits darauf hingewiesen, daß sie gemeinsame Züge aufweisen. Professor Jürgen Renn betont, jede Arbeit beruhe auf einer »besonderen Sicht« davon, wie sich die Erscheinungen durch winzige Körper erklären lassen, also durch Atome, Moleküle, Elektronen und Energiequanten. Jede der Arbeiten ist auch der Schlußstein einer lange Kette von Arbeiten durch Meister der klassischen Physik – Boltzmann, Planck und Lorentz. Aus Einsteins Briefen wird klar, wie begierig Einstein ihre Gedanken verschlang. Er hatte jedoch genügend Abstand von ihrer Denkweise, um ihre Forschung aus einer neuen Perspektive deuten zu können – wodurch er die revolutionären Folgerungen daraus erkennen konnte. Ihre Arbeiten waren wie schöne Früchte, die zum Pflücken reif waren.

Einsteins Artikeln gemeinsam ist eine wie selbstverständlich erscheinende Kunstfertigkeit, die den herkömmlichen wissenschaftlichen Abhandlungen mit ihrem mühsamen Fortschreiten von Versuchsergebnissen bis zur erklärenden Theorie ganz fremd war. Einstein begann statt dessen, indem er ausführte, warum er mit dem herkömmlichen Wissensstand unzufrieden war, und auf Gedanken verwies, die er als wenig elegant oder nicht harmonisch empfand. Gerald Holton sagte, seine Einwände seien von einer Art, die andere als vorwiegend ästhetischer Natur abgetan hätten. »Dann schlägt er ein sehr allgemeines Prinzip vor. Er zeigt, daß eine der aus ihm herleitbaren Folgerungen seine anfängliche Unzufriedenheit beseitigen kann. Und am Ende jeder Arbeit macht er einige Vorhersagen, die er für experimentell verifizierbar hält, obwohl die Überprüfung schwierig sein könnte.« Dieser Ansatz war ein anderer als der jedes anderen Wissenschaftlers seiner Zeit, und das Ergebnis war atemberaubend.

Einstein beschrieb Habicht gegenüber seine erste Arbeit als »sehr revolutionär«. Sie wurde am 17. März, drei Tage nach seinem sechsundzwanzigsten Geburtstag, an die ›Annalen der Physik‹ geschickt und im Juni veröffentlicht. Sie erklärte unter anderem den lichtelektrischen Effekt, von dem Einstein Mileva so hingerissen berichtet hatte, als sie ihre erste Schwangerschaft entdeckt hatte. Versuche hatten gezeigt, daß bestimmte Metalloberflächen Elektronen aussenden, wenn Licht auf sie fällt. Überraschenderweise jedoch veränderte sich die Geschwindigkeit, mit der die Elektronen austraten, mit der Farbe und nicht der Intensität des Lichts. Das hellste rote Licht zum Beispiel führte zu langsameren Elektronen als ein schwaches blaues Licht. Dieses merkwürdige Verhalten ließ sich erst erklären, als Einstein vorschlug, die mit dem Lichtstrahl verknüpfte Energie gehöre zu mikroskopisch kleinen Teilchen, die er Lichtquanten nannte. Wenn das Licht heller wird, regnen mehr Quanten auf das Metall und mehr Elektronen werden hinausgeschleudert. Die Geschwindigkeit jedoch, mit der sie austreten, nimmt nur zu, wenn die Quanten energiereicher werden, wobei das Licht kurzwelliger wird, also seine Farbe zum blauen Ende des Spektrums hin verändert. Wenn die Quanten nicht eine Mindestenergie haben, sagte Einstein, liefern sie den Elektronen nicht genug Energie, um dem Metall entkommen zu können.

Dies war wirklich revolutionär. Quanten waren von Max Planck, einem der führenden deutschen Physiker, eingeführt worden, um zu erklären, wie die Strahlung heißer Körper auf die verschiedenen Farben verteilt ist. Einstein aber erkannte die weitreichenden Folgen der Arbeit Plancks. Seine Erklärung stieß auf Zweifel, weil man immer noch allgemein annahm, Licht sei eine Wellenerscheinung. Einstein ging zum Teil auf Newtons Vorstellung vom Licht als einem Teilchenstrom zurück, die man seit langem aufgegeben hatte, weil sich solche Erscheinungn wie Interferenz und Beugung besser durch Wellen erklären ließen. Einstein schrieb dem Licht jedoch auch dann, wenn er von Lichtquanten – oder Photonen, wie sie später genannt wurden – sprach, eine Frequenz zu, also eine für die Wellentheorie wesentliche Eigenschaft. Er konfrontierte die Naturwissenschaft dadurch mit einem Widerspruch, der zu einem berühmten Paradoxon wurde: Licht hat sowohl Wellen- als auch Teilcheneigenschaften. Dies war die Arbeit, für die Einstein 1922 seinen späten Nobelpreis erhielt, der ihm zugrundeliegende Konflikt jedoch machte ihm immer zu schaffen. Gegen Ende seines Lebens schrieb er an Michele Besso, er habe immer noch keine Idee, was

Lichtquanten seien. »Heute denkt zwar jeder Hinz und Kunz, er wüßte es, aber er irrt sich.«

Die nächste große Arbeit ging am 11. Mai bei den ›Annalen der Physik‹ ein und wurde im Juli veröffentlicht. Sein Thema war die nach dem schottischen Naturforscher Robert Brown benannte Brownsche Bewegung. Schon 1827 hatte Brown mit Hilfe eines Mikroskops zufällige Zick-Zack-Bewegungen beobachtet, die im Wasser von winzigen Teilchen wie etwa Blütenstaub ausgeführt werden. Brown wunderte sich, daß diese Bewegung nicht von Strömungen in der Flüssigkeit oder Verdunstung oder irgendeiner anderen erkennbaren Ursache herrührte. Mehr als fünfundsiebzig Jahre später gab Einstein eine Antwort: Die winzigen Teilchen werden von den unsichtbaren Molekülen herumgestoßen, aus denen das sie umgebende Wasser besteht. C. P. Snow sagte, mit dieser Erkenntnis sei es beinahe wie bei einem »Zaubertrick« – er ist »ganz einfach, nachdem er einmal erklärt ist.«

Immer noch bezweifelten damals Physiker die Realität von Atomen und Molekülen, und einige, darunter Ernst Mach, widersetzten sich der Erkenntnis auch nach der Veröffentlichung von Einsteins Einsichten. Selbst für einen Bahnbrecher des Atomismus wie Ludwig Boltzmann war der Begriff vor allem ein mathematisches Hilfsmittel. Boltzmanns Bemühungen legten jedoch den Grund für die Arbeit Einsteins, die Atomen eine physikalische Bedeutung zuschrieb und einem direkten Beweis der Wirklichkeit von Molekülen am nächsten kam. Erstaunlicherweise hatte Einstein seine Erklärung gefunden, noch bevor er von der Brownschen Bewegung wußte. Er erinnert sich in seinen autobiographischen Notizen: »Dabei entdeckte ich, daß es nach der atomistischen Theorie eine der Beobachtung zugängliche Bewegung suspendierter mikroskopischer Teilchen geben müsse, ohne zu wissen, daß Beobachtungen über die ›Brownsche Bewegung‹ schon lange bekannt waren.« Es war sein Freund Besso, der darauf hinwies, wie bekannt die Erscheinung war, und ihm ihren Namen nannte.

Die großartigste der Arbeiten, die zur Relativitätstheorie, ging am 30. Juni ein und wurde am 26. September veröffentlicht. Sie enthält weder Literaturhinweise noch Danksagungen, was nahelegt, daß Einstein einsam und allein, durch reines Denken, zu seinen Schlußfolgerungen gekommen war. Wir wissen jedoch, daß er sehr belesen war, deshalb bestätigt der Mangel an Verweisen eher das Bild eines Amateurwissenschaftlers, der von der etablierten Forschung abgeschnitten ist. Einstein war sich entweder der Notwendigkeit nicht bewußt, gegebenenfalls Beiträge anderer anzuerkennen, oder er glaubte, die früheren Arbeiten seien so bekannt – und er sei so weit darüber hinausgekommen – daß Anmerkungen in Fußnoten überflüssig waren.

Wie schon erwähnt, beginnt die Arbeit zur Relativitätstheorie mit Einsteins Gedanken zu einer Unsymmetrie bei der Erklärung der Funktion von Motoren und Dynamos. Jürgen Renn sagt, Einstein habe bei dem Versuch, eine Theorie zu entwickeln, die die beiden Geräten zugrundeliegenden Phänomene widerspruchsfrei darstellt, eine atomistische Sichtweise der Elektrizität übernommen. Wenn man die Elektrizität als einen Elektronenstrom auffaßt, lassen sich diese nachweislich verschiedenen elektromagnetischen Effekte durch Relativbewegung erklären. Dies steckte mathematisch gesehen schon in der Arbeit des großen Physikers Hendrik Antoon Lorentz; Einstein wies jedoch die Idee eines Äthers zurück, die für das Werk von Lorentz entscheidend war. »Einstein hatte wieder eine Theorie aufgenommen, die es schon gab, und ihr eine neue physikalische Bedeutung gegeben«, sagte Renn. »Er stellte bestehende Gedanken auf den Kopf.«

Es sind Tausende allgemeinverständlicher Erklärungen für Einsteins Gedanken gegeben worden, und endlos werden Beispiele wiederholt, die von Taschenlampen, Stoppuhren und schnellen Zügen reden. Wir haben nicht vor, diesen Boden erneut zu beackern. Im wesentlichen bestand das zugrundeliegende Problem darin, eine Verbindung zu schaffen zwischen Newtons Bewegungsgesetzen und der Theorie des Elektromagnetismus, die der Schotte James Clerk Maxwell etwa 1870 aufgestellt hatte. Dieses Problem war nicht nur die Wurzel der Anomalie von Motoren und Dynamos, sondern auch des Rätsels, mit dem Einstein sich im Alter von sechzehn Jahren zu beschäftigen begonnen hatte, als er sich fragte, wie es wäre, wenn man sich mit Lichtgeschwindigkeit bewegen könnte. Die Bewegung mit solchen Geschwindigkeiten wird durch Newtons Gesetze zugelassen, führt aber in Maxwells Bild vom Licht zu einem Widerspruch. Wenn wir eine Lichtwelle als eine Menge elektromagnetischer Schwingungen sehen – als regelmäßige Folge von Bergen und Tälern –, sehen wir auch, daß ein Beobachter, der sich mit derselben Geschwindigkeit bewegte wie sie, sich immer neben einem bestimmten Wellenberg oder -tal befände und keine Schwingungen mehr erleben würde. Anders gesagt, gäbe es für den Beobachter, der doch mit dem Lichtstrahl reisen soll, keinen Lichtstrahl mehr.

Es gab ein noch grundlegenderes Problem. Nach Newtons Gesetzen gibt es keinen Zustand absoluter Ruhe oder absoluter Bewegung. Wenn man zum Beispiel eine Geschwindigkeit mißt, kann man sie relativ zur Erde, relativ zum Mond oder relativ zu einer fernen Galaxie messen. Auf den ersten Blick ist dieses Prinzip jedoch mit Maxwells Vorschrift eines absoluten Werts für die Lichtgeschwindigkeit (300 000 Kilometer pro Sekunde) unverträglich. Einstein setzte beide scheinbar unverträglichen Grundsätze voraus, nahm sie als grundlegende Postulate und löste den Widerspruch, indem er die Vorstellung von der Geschwindigkeit als die in einem bestimmten Zeitintervall zurückgelegte Entfernung untersuchte. Damit die Lichtgeschwindigkeit konstant bleibt – ungeachtet der Geschwindigkeit, die der Beobachter relativ zur Lichtquelle hat –, mußte Einstein berücksichtigen, daß Gleichzeitigkeit von der Bewegung des Beobachters abhängt, der sie feststellt, was dem gewohnten naiven Zeitbegriff widerspricht.

Zum Beispiel folgt aus Einsteins Denkweise, daß eine Meßlatte sich zu verkürzen scheint, wenn sie sich relativ zum Beobachter bewegt. Bei ungefähr 90 Prozent der Lichtgeschwindigkeit würde sie auf die Hälfte ihrer stationären Länge schrumpfen und um so kürzer werden, je näher sie der geheiligten Grenze kommt. Falls sie Lichtgeschwindigkeit erreichen könnte, schrumpfte sie zu nichts; das ist allerdings unmöglich, weil die Relativitätstheorie auch zeigt, daß ihre Masse dann unendlich groß wäre, was für die Bewegung ein unüberwindliches Hindernis darstellt. Ein Mensch, der die Meßlatte hielte, würde diese verblüffenden Veränderungen gar nicht bemerken:

seine Eigenlänge würde sich nie ändern, sondern nur, wie er einem sich relativ zu ihm bewegenden Beobachter erscheint. Auch dieser Beobachter würde bei den im Verhältnis zur Lichtgeschwindigkeit ungeheuer kleinen Geschwindigkeiten, denen man im normalen Leben begegnet, keine Veränderung bemerken.

Die Zeitverzerrung ist noch verblüffender, weil sie unseren Begriff von der Wirklichkeit zu bedrohen scheint. Eine bewegte Uhr muß nach Einsteins Vorhersage langsamer ticken als eine ruhende. Dies führte schließlich dazu, daß eine Wiener Tageszeitung verkündete: »Die Minute in Gefahr. Eine Sensation der mathematischen Wissenschaft«. Wir meinen, wir schrieben der Zeit ein objektives Datum zu, wenn wir auf die Uhr schauen, legten also ein einziges »Jetzt« fest, das für die ganze Welt gleichzeitig gilt. Einstein zeigte jedoch, daß Gleichzeitigkeit nur relativ zum jeweils gewählten Bezugssystem definierbar ist.

Fast als Nachgedanke reichte Einstein im September 1905 eine weitere kurze Arbeit über die Beziehung zwischen Masse und Energie ein. Er zeigte, daß die Masse eines Körpers dann, wenn er Energie in Form von Strahlung freisetzt, um eine entsprechende Menge abnimmt. Dies ist eine bemerkenswerte Folgerung, denn danach hat alle Energie Masse. Die wirkliche Bedeutung der Arbeit wurde erst zwei Jahre später klar, als Einstein zeigte, daß auch die Umkehrung zutrifft: alle Masse hat Energie. Die Gleichung $E = mc^2$, mit der er diese Beziehung beschrieb, (in der E für Energie, m für die Masse und c für die Lichtgeschwindigkeit steht) ist eine der berühmtesten, die je geschrieben wurden. Wenn c in Meter pro Sekunde ausgedrückt wird, ist c^2 eine riesige Zahl, nämlich eine Eins mit 16 Nullen. Anders gesagt, läßt sich eine ungeheure Energiemenge aus einer winzigen Masse gewinnen – etwa der, die verloren geht, wenn die Kerne schwerer Atome wie Plutonium und Uranium zerfallen. Einstein nannte dies die wichtigste Folgerung aus seiner Relativitätstheorie; die Atombombe sollte die dramatischste Bestätigung liefern.

Welches Verdienst hatte Mileva an der Relativitätstheorie? Ihretwegen sind große Ansprüche erhoben worden. »In diesen Zeilen lebt ihr Geist«, sagte ihre serbische Biographin Desanka Trbuhović-Gjurić. »Ihr Anteil war nicht klein«, sagte Dord

Krstić, ein serbischer Physiker, der über dreißig Jahre lang Milevas Leben erforschte. »Es gibt Grund zu der Annahme, daß ihre Beiträge die primären gewesen sein könnten«, sagt Dr. Evan Harris Walker vom Walker-Krebsforschungsinstitut in Edgewood, Maryland, einer der wichtigsten Verfechter einer wesentlichen Beteiligung Milevas. Falls diese Behauptungen zutreffen, beging Einstein einen geistgen Betrug, als er Milevas Hilfe nicht anerkannte. Die Vorwürfe sind wirklich erstaunlich – und sie verursachten eine Sensation, als sie 1990 beim Jahrestreffen der »American Association for the Advancement of Science« in New Orleans zuerst an die Öffentlichkeit gelangten.

Mileva wurde bei dieser Gelegenheit von Dr. Walker vertreten, der von der Linguistin Senta Troemel-Ploetz unterstützt wurde. Ihnen gegenüber stand Professor John Stachel, mit dem Dr. Walker schon in der amerikanischen Fachzeitschrift ›Physics Today‹ aneinandergeraten war. Ihre Auseinandersetzung in New Orleans war ungestüm; Walker erinnerte sich an eine feindselige Atmosphäre, in der es zu »Schreien und Brüllen« kam. Professor Stachel stand als Herausgeber des ersten Bands der Dokumente Einsteins zu seinem veröffentlichten Urteil, daß es keine deutlichen Hinweise auf eine Zusammenarbeit gebe. Er beschuldigte Dr. Walker, »ein Phantast zu sein, der die Wirklichkeit auf der Grundlage seiner eigenen Wünsche sieht.« Walker erinnerte sich später, einige seiner Gegner hätten vermutet, er »versuche Einstein vom Sockel zu stoßen, weil er jüdisch war.« Er fügte hinzu: »Ich hatte keinerlei Interesse oder Motiv dieser Art.« Walker blieb bei seiner Behauptung, Stachel verzerre historische Tatsachen. Er wiederholte seine Überzeugung, daß die »grundlegenden eigenwilligen Gedanken, die den Wendepunkt der Relativitätstheorie darstellen« von Mileva stammten, während Einstein nur »den allgemeinen Formalismus der Theorie« beisteuerte. Seine Verbündete Troemel-Ploetz stellte fest: »Es war ganz normal für Männer, sich die Arbeit von Frauen anzueignen und sich als ihr Verdienst anzurechnen. Einstein war ein sehr normaler Mann.«

Das war ein starker Brocken, und die Debatte machte in aller Welt Schlagzeilen. Dem von beiden Seiten dargebotenen Beweismaterial jedoch wurde nur wenig Beachtung geschenkt.

Professor Stachel streitet keineswegs ab, daß Männer die Leistungen von Frauen oft als ihre eigenen ausgegeben haben. Er zitiert das Beispiel der deutschen Astronomin Maria Winkelmann, deren Ehemann anfangs den Ruhm für den von ihr 1702 entdeckten Kometen in Anspruch nahm. Die französische Schriftstellerin Colette wurde von ihrem Mann gezwungen, einige ihrer frühen Romane unter seinem Namen zu veröffentlichen, und mehrere Musikstücke, die Felix Mendelssohn als seine eigenen aufführte, waren das Werk seiner Schwester Fanny. Stachel bezweifelt lediglich, daß es zur Zeit genug Hinweise gibt, um zu sagen, Mileva habe auf ähnliche Weise leiden müssen. Es wäre sicherlich nichts dabei gewesen, wenn Mileva und Einstein gemeinsam eine Arbeit verfaßt hätten. Ein bekannter Präzedenzfall war das Werk von Marie und Pierre Curie, deren Zusammenarbeit nach ihrer Heirat 1895 zu der Entdeckung der beiden neuen Elemente Radium und Polonium führte. Sie führten den Ausdruck »Radioaktivität« 1898 in einer ihrer gemeinsamen Arbeiten ein, und sie erhielten 1903 beide, gemeinsam mit Henri Becquerel, den Nobelpreis für Physik. Der Londoner Astronom William Huggins und seine Frau Margaret (die beide, wie Einstein, leidenschaftlich gern Geige spielten) veröffentlichten zwischen 1889 und 1905 eine ganze Reihe von Arbeiten gemeinsam. Immer wurde William zuerst als Verfasser genannt, und anfangs schrieb er auch in der ersten Person Singular, bald jedoch ging er in Anerkennung der Beiträge seiner Frau zum Plural über. Ein anderes Beispiel für die Zusammenarbeit eines Ehepaars ist die zwischen dem Wiener Physiker Paul Ehrenfest und seiner Frau Tatjana, die, wie Marie Curie, zu Freunden von Einstein und Mileva wurden. Zu den gemeinsamen Veröffentlichungen des Ehepaars Ehrenfest gehörte eine einflußreiche Untersuchung über statistische Mechanik, die fünf Jahre nach der Arbeit zur Relativitätstheorie veröffentlicht wurde und Einsteins frühe Arbeiten zu dem Thema kurz erwähnt.

Milevas Verdienste als Verfasserin wurden zuerst in ihrer Biographie von Trbuhović-Gjurić ›Im Schatten Albert Einsteins‹ vertreten. Sie wurde 1969 in Serbien veröffentlicht, fand aber erst 1983 eine größere Leserschaft, als nach dem Tode der Verfasserin eine deutsche Ausgabe veröffentlicht wurde. Das

Buch enthält viele faszinierende Hinweise, verläßt sich aber sehr aufs Hörensagen. Um 1905 soll Einstein zum Beispiel zu Milevas Vater gesagt haben: »Alles, was ich geschaffen und erreicht habe, habe ich Mileva zu verdanken. Sie ist mein genialer Inspirator, mein Schutzengel gegen Versündigungen im Leben und noch mehr in der Wissenschaft. Ohne sie hätte ich mein Werk nie begonnen noch vollendet.« Diese Zeilen haben in ihrer Tonart sicherlich Ähnlichkeit mit der von Einsteins Liebesbriefen (die Trbuhović-Gjurić nicht kennen konnte). Aber wir sahen ja schon, daß diese Briefe weniger über die intellektuelle Beziehung zwischen Einstein und Mileva aussagen als über ihre gefühlsmäßige. Und anders als die Briefe – die unmittelbar aus Einsteins Feder stammen – wurden uns diese Bemerkungen aus vierter Hand durch Milevas Kommilitonin und Freundin Milana Bota überliefert.

In einem Interview mit einem Belgrader Journalisten behauptete Bota 1929, Mileva habe ihr fünf oder sechs Jahre zuvor von ihrer Beteiligung an der Relativitätstheorie erzählt. Sie sagte, das Thema sei für Mileva schmerzlich gewesen, als ob es ihr weh täte, »sich ihrer schönsten Stunden zu erinnern, vielleicht wollte sie auch dem großen Ansehen ihres einstigen Mannes nichts anhaben.« Trbuhović-Gjurić zählt viele solche Bemerkungen von Milevas Verwandten und Bekannten auf; sie alle lassen vermuten, daß man in diesen Kreisen wirklich an ihre wissenschaftliche Beteiligung glaubte. Aber beruhte diese Überzeugung auf Tatsachen? Milana Bota war keine unbeteiligte Dritte: Ihre Darstellung spiegelt ihre große Zuneigung zu Mileva und vielleicht auch ihre alte Abneigung gegen Einstein (»den Deutschen, den ich hasse«). Wir müssen uns auch vor einer ganz allgemeinen Neigung hüten, die Verdienste der Menschen zu übertreiben, die es, aus der eigenen Heimat kommend, zu etwas gebracht haben. Dieser Hang war bei Trbuhović-Gjurić offenbar ausgeprägt, die stolz von Mileva als »unserer großen Serbin« spricht.

Ein Grund, warum diese Behauptungen wieder in Umlauf kamen, liegt darin, daß Einstein selbst niemals eine klare und widerspruchsfreie Erklärung der Ursprünge der Relativitätstheorie gab. Nicht nur enthält seine Arbeit keine Literaturhinweise, sondern er widerspricht sich in späteren Darstellungen selbst, wenn er sagt, was seine Arbeit beeinflußt habe. Es bleibt zum Beispiel unklar, wie sehr er durch das sogenannte Michelson-Morley-Experiment von 1887 angeregt wurde. In diesem Experiment wurde die Lichtgeschwindigkeit untersucht, um zu sehen, ob sie durch die Relativbewegung des Äthers (dem Medium, das mutmaßlich die Lichtwellen tragen sollte) beeinflußt wird. Man fand, daß Licht unter allen Bedingungen genau die gleiche Geschwindigkeit hat. Ein Vortrag, den Einstein 1922 in Japan hielt, legte nahe, dieses »seltsame Ergebnis« sei sein »erster Weg« zur Relativitätstheorie gewesen, aber ein Brief, den er ein Jahr vor seinem Tode schrieb, behauptet, es habe »keine entscheidende Rolle« gespielt.

Die Verfechter Milevas haben versucht, das Bild zu vervollständigen. Evan Harris Walker hat behauptet, Mileva habe Einstein auf dieses Ergebnis aufmerksam gemacht. Sie sei »deshalb genauso fähig gewesen, die Grundlagen der Relativitätstheorie zu entdecken, wie ihr Mann«. Es gibt jedoch keine Belege, die Walkers Prämisse oder seine Herleitung stützen – aber es gibt einen deutlichen Hinweis darauf, daß das Gegenteil zutreffen könnte. In einer detaillierten Widerlegung der Behauptungen hat Stachel darauf hingewiesen, daß Einstein 1899 an Mileva geschrieben hatte, er habe eine wissenschaftliche Arbeit gelesen, in der dieses Experiment zusammen mit zwölf anderen Versuchen beschrieben wurde. Er bezeichnete die ganze Arbeit als »sehr interessant«, gab aber nicht zu erkennen, daß der Michelson-Morley-Versuch für ihn besondere Bedeutung hatte (zehn der in der Arbeit aufgeführten Versuche hatten negative Ergebnisse). Stachel macht den Gedanken, das Experiment sei ein Zauberschlüssel zur Relativitätstheorie gewesen, lächerlich: Wenn das so war, sagt er, hätte jeder Wissenschaftler, der darüber gelesen hatte, vor Einstein die Theorie entdecken können.

Dr. Walkers Behauptung legt nahe, daß Einstein später absichtlich die Bedeutung des Versuchs von Michelson-Morley herunterspielte, um seine Verpflichtung Mileva gegenüber zu verbergen. Aber Einsteins Widersprüchlichkeit ist viel wahrscheinlicher ein Hinweis auf sein unzuverlässiges Gedächtnis und seine eigene Unsicherheit darüber, wie seine Gedanken sich kristallisierten. Er hatte zudem die Gewohnheit, seine Worte auf seine jeweilige Zuhörerschaft abzustimmen und Vorfälle so zu schildern, daß ihre dramatische Wirkung erhöht wurde. Solche Überlegungen wären natürlich gegenstandslos, wenn sich zeigen ließe, daß Mileva die Arbeit als Mitverfasserin gezeichnet hätte. Genau dies wurde nun von Desanka Trbuhović-Gjurić behauptet. Sie sagt nämlich, der russische Physiker Abram F. Joffe hätte sich daran erinnert, daß alle drei der epochalen Arbeiten von 1905 mit Einstein-Marić gezeichnet gewesen seien. Joffe habe die Originale gesehen, als er Assistent von Wilhelm Röntgen war, der für die ›Annalen der Physik‹ Artikel begutachtete, bevor sie veröffentlicht wurden. Diese Behauptung wurde von Evan Harris Walker aufgegriffen, der in einer sowjetischen Physikzeitschrift von 1955 einen Artikel fand, in dem Joffe sagte, der Verfasser der Arbeiten von 1905 habe »Einstein-Marity« geheißen. Dr. Walker hat viel Wert auf die Verwendung der Namensform »Marity«, der ungarisierten Fassung von Milevas Nachnamen, gelegt, denn alle biographischen Quellen nennen sie, wie er sagt, immer »Marić«. Er meint: »Nur wenn Joffe wirklich das Manuskript gesehen hätte, wie es berichtet wird, und ihren Namen darauf gesehen hätte, würde er ihn in der Form ›Marity‹ in Erinnerung behalten haben. Dies ist ein einzigartiger Hinweis darauf, daß Mileva Marić in der Tat die Relativitätstheorie mitverfaßte.«

Da Joffe 1960 starb, kann man ihn nicht nach seinen Quellen und seiner Arbeit befragen. Es gibt jedoch mindestens eine wohlbekannte Einstein-Biographie, die ein Jahr vor Joffes Artikel veröffentlicht wurde und von »Marity« spricht. Die von Dr. Walker gefundenen Bemerkungen rechtfertigen zudem nicht den Glanz, den Walker ihnen zuschreibt. Joffe schrieb nämlich, der Verfasser der Artikel sei Einstein-Marity, ein »bis dato unbekannter Beamter am Patentamt in Bern«, und er fügt in Klammern hinzu: »Marity – der Familienname seiner Frau, der nach Schweizer Brauch dem Familiennamen des Mannes nachgestellt wird.« Joffe bezog also »Einstein-Marity« allein auf Einstein. Schließlich war Mileva kein »bis dato unbekannter Beamter am Patentamt«. Walker glaubte, Joffes Erklärung des gemeinsamen Namens sei falsch, aber das allein wäre nur wichtig, wenn es deutliche Hinweise darauf gäbe, daß Joffe ihn auf dem Manuskript sah. Weder in diesem noch in anderen Aufsätzen von Joffe läßt sich jedoch ein solcher Hinweis finden. Es ist auch sehr unwahrscheinlich, daß sein Lehrer Röntgen in der Lage war, ihm das Manuskript zu zeigen, denn Röntgen war ein Experimentalphysiker und kein Theoretiker und wäre als Gutachter für die Arbeit zur Relativitätstheorie eine seltsame Wahl gewesen. Sie wurde viel wahrscheinlicher von Max Planck oder dem Herausgeber der ›Annalen‹, Paul Drude, begutachtet. John Stachel fragt deshalb wohl zu recht: »Warum wartete Röntgen bis 1906, bevor er Einstein um einen Sonderdruck bat, wenn er die Arbeit schon 1905 vor ihrer Veröffentlichung gelesen hatte?«

Andererseits lassen sich die Ansprüche zugunsten Milevas nicht völlig widerlegen, weil die entscheidenden Hinweise fehlen. Einstein wurde 1943 gebeten, das Manuskript der ursprünglichen Relativitätsarbeit zur Auktion zu geben, um die amerikanischen Kriegsbemühungen zu unterstützen. Er konnte das nicht tun und offenbarte, daß er es nach der Veröffentlichung der Arbeit weggeworfen hatte. Wenn man an eine Verschwörung glauben will, kann man daraus machen, was man will; wahrscheinlich hatte er aber, »wie es seine Gewohnheit war, die Rückseite noch für neue Berechnungen benutzt.« Für die Auktion schrieb er das Manuskript nach dem Diktat seiner Sekretärin noch einmal; er unterbrach sie nur, um zu fragen, ob er das wirklich geschrieben habe. »Das hätte ich einfacher sagen können«, sagte er zu ihr.

Indem Milevas Befürworter ihr Anliegen allzu weit trieben, halfen sie mit, die Ursachen zu verdunkeln, warum man annehmen sollte, sie habe bei der Geburt der Relativitätstheorie tatsächlich eine Rolle gespielt – weder als Hauptverfasserin noch als wichtige schöpferische Kraft, aber als loyale Helferin und Stütze, der Einstein wirklich zu Dank verpflichtet war. Einstein sagte einmal, er würde gern in einem Leuchtturm leben und arbeiten, so wenig sei er von anderen Menschen abhängig. Tatsächlich aber verließ er sich während seiner ganzen Forschungskarriere auf Mitarbeiter. Die meisten von ihnen haben davon erzählt, wie wichtig es für ihn war, seine Gedanken mit anderen zu besprechen, selbst wenn er nur vor ihren willigen Ohren einen Monolog hielt. Es scheint völlig plausibel, daß

Mileva eine solche Zuhörerin war, als Einstein mit der Relativitätstheorie rang, nicht zuletzt, weil er einen großen Teil seiner Arbeit notwendigerweise daheim machen mußte. Es gibt nette Geschichten darüber, wie er am Patentamt freie Zeit für seine Forschungen fand und die Papiere in sein Pult warf, wenn er hörte, wie sich jemand näherte. Seine Schwester erzählte, sein Vorgesetzter habe sich in bezug auf Einsteins nebenberufliche Tätigkeit blind gestellt; trotzdem führte er seine Untersuchungen vor allem nach der Arbeitszeit durch.

Der größere Bekanntenkreis Einsteins nach der Heirat machte ihn unabhängiger von Mileva, aber das entwickelte sich erst später zu einem ernsthaften Problem zwischen ihnen. Noch im April 1904 kann er einen Brief an Grossmann mit »von Deinem Albert und seiner Studentin« unterschreiben, und noch 1908 läßt er sich in Briefen an Mileva offenbar gern über Physik aus. Professor Gerald Holton, weltweit eine Autorität für die Entstehung der Relativitätstheorie, sagt: »Von Anfang an lasen sie Bücher immer gemeinsam. Einstein ist ein Mann, der Bücher braucht, und er braucht jemanden, mit dem er reden kann ... Es besteht kein Zweifel, daß sie viel über seine Arbeit sprachen.« Professor Peter Bergmann, der von 1936 bis 1941 mit Einstein arbeitete, äußerte sich ganz ähnlich: »Wenn Menschen an Fragen der theoretischen Physik zusammenarbeiten, ist es unmöglich, jedem einen Teil an der Zusammenarbeit zuzuordnen – etwa zu sagen, einer habe 40 Prozent und der andere 60 Prozent beigetragen. Aber aus den Briefen – die natürlich nur bruchstückhaft sind – scheint sehr klar zu werden, daß Einstein das Gefühl hatte, es habe ihm sehr geholfen, wie er dieses Thema mit seiner Verlobten und späteren Frau diskutieren konnte.«

Es gibt auch Grund zu der Annahme, daß Mileva die Aufgabe einer wissenschaftlichen Gehilfin, die sie als Studentin übernommen hatte, auch später ausübte und für Einstein Forschungsmaterial suchte und Daten überprüfte. Milevas Biograph Dord Krstić sieht Mann und Frau bis spät in die Nacht beim Schein einer Paraffinlampe zusammen arbeiten. Er glaubt, daß Mileva mit Einstein »still, bescheiden und niemals öffentlich sichtbar« forschte. Es ist weithin berichtet worden, daß Einstein Freunden erzählt habe: »Meine Frau macht meine Mathematik.« Vermutlich sind die Worte apokryph – vielleicht waren sie als Spaß gemeint. Aber die Geschichte wurde auch Paul Einstein erzählt, Milevas Urenkel, der in Hawaii lebt. Das auffallendste und ausgewogenste Zeugnis stammt von Hans Albert. So wie sein Interviewer Peter Michelmore es erzählt, spielte sich der letzte Durchbruch der Relativitätstheorie folgendermaßen ab:

> Mileva half ihm bei der Lösung gewisser mathematischer Aufgaben, niemand jedoch konnte ihm bei der schöpferischen Arbeit, dem Hervorbringen neuer Ideen helfen ... Die Umsetzung des allgemeinen Konzepts der Theorie in ihre logische mathematische Form dauerte fünf anstrengende Wochen. Danach streikte Einsteins Körper. Albert lag zwei Wochen im Bett. Mileva sah den Artikel wieder durch und brachte ihn dann zur Post. »Es ist eine sehr schöne Arbeit«, meinte sie zu ihrem Mann.

Selbst wenn diese Darstellung bestenfalls aus dritter Hand stammt, gibt sie sicherlich das wieder, was Mileva ihrem Sohn erzählte. Anscheinend machte sie viel weniger aus ihrer Rolle als ihre späteren Verfechter: Es war Einstein allein, der die Ideen hatte, und Einstein allein schrieb die Arbeit und arbeitete dabei bis zur Erschöpfung. Trotzdem half sie, »gewisse« Probleme zu lösen, suchte nach Fehlern und las Korrektur.

Es kommt hier nur darauf an, diese Hinweise nicht zu wichtig zu nehmen. Das kann nur geschehen, wenn man drei Dinge übertreibt: Einsteins eigene mathematische Schwäche, Milevas mathematische Stärke und die Bedeutung der Mathematik für die Arbeit zur Relativitätstheorie. Es ist wahr, daß Hermann Minkowski den Studenten Einstein für einen »Faulpelz« hielt, der überhaupt nicht an der Mathematik interessiert war. Einstein gab zu, daß er das Gebiet als Student »bis zu einem gewissem Grade« vernachlässigt hatte und meinte, ihm fehle ein Gefühl dafür, was daran am wichtigsten war. Aber seine Mathematiknoten am Polytechnikum waren besser als Milevas: In der Funktionentheorie zum Beispiel erhielt er im Abschlußexamen 11 von 12 Punkten, sie dagegen nur 5. Am wichtigsten ist, wie Jürgen Renn betont, daß die Algebra in Einsteins Arbeit zur Relativitätstheorie von 1905 nicht besonders schwierig ist. »Wenn er mit dieser Art Mathematik Hilfe gebraucht hätte, hätte er dort aufgehört«, sagte Renn. Er fügt hinzu, daß gar nicht die Mathematik das Neue war – sie war zu einem großen Teil von Lorentz entwickelt worden –, sondern Einsteins Deutung. Der Gedanke, Einstein sei insgeheim unfähig gewesen, seine eigene Arbeit zu verstehen, wäre bizarr. Bezweifelte irgendeiner seiner Kollegen, daß Einstein das notwendige intellektuelle Rüstzeug hatte, um die Relativitätstheorie zu entwickeln? Sicherlich nicht, sagt der Physiker Abraham Pais, der Einstein während der letzten neun Jahre seines Lebens kannte und sorgfältig die Entwicklung seiner Gedanken verfolgte. »Was will man mehr?«

Die Hinweise legen nahe, daß es Besso war und nicht Mileva, wenn überhaupt jemand schöpferisch an der Entwicklung der Relativitätstheorie mitwirkte. Auf Bessos Rolle wies Einstein während seines Vortrags 1922 in Japan hin. Er erinnerte sich, wie ihm »unerwarteterweise ein Freund in Bern« aus seinem Unbehagen über die Invarianz der Lichtgeschwindigkeit heraushalf. Er hatte fast ein Jahr mit »fruchtlosen Betrachtungen des Problems verschwendet«, aber das Gespräch mit Besso hatte einen Durchbruch gebracht. »Plötzlich verstand ich, wo der Schlüssel zur Lösung zu suchen war«, sagte er. »Am nächsten Tag kam ich zurück und platzte sofort mit der Tür ins Haus: ›Vielen Dank. Ich habe das Problem vollständig gelöst.‹« Fünf Wochen nach dieser blitzartigen Einsicht war die Theorie der speziellen Relativitätstheorie abgeschlossen. Es gibt keinen Hinweis darauf, daß Besso den entscheidenden Gedanken beitrug, daß die Zeit nicht absolut ist, aber irgendwie war ihre Debatte der Katalysator gewesen, den Einstein brauchte.

Einsteins eigene Formulierung war, sein Freund sei ein »Resonanzboden« gewesen – der beste in Europa. Dieser Vergleich, der jetzt in fast jeder Darstellung ihrer Beziehung wiederholt wird, ist irreführend, und Besso selbst hat ihn zurückgewiesen. Ein Resonanzboden verstärkt ja den Schall, indem er mitschwingt und den Ton voller und wohlklingender sein läßt. Besso diskutierte mit seinem Freund nicht nur über die Brownsche Bewegung, sondern er empfahl ihm 1897 auch, er solle das Werk von Ernst Mach studieren, und Besso vermittelte Einstein aufgrund seiner eigenen Studien am Polytechnikum wertvolle Einsichten in die angewandte Thermodynamik. Er spiegelte sicherlich nicht nur passiv Einsteins Gedanken, und gerade dadurch konnte er Einstein bei der Relativitätstheorie helfen. Die »Kleinlichkeit«, die Einstein bei ihm beklagte – seine Bereitschaft, Einzelheiten in Frage zu stellen und völlige Verständlichkeit der Erklärung zu fordern – half seinem Freund zu sehen, daß sich nur eine radikale Lösung bewähren konnte. Einstein gab die Antworten, aber Besso hat ihm anscheinend die richtigen Fragen gestellt.

Einstein gab ein enthüllendes Bild von Bessos Talent in einem Brief, den er 1926 an den Direktor des Patentamts schrieb, als er versuchte, die Entlassung seines Freundes zu verhindern. Einstein sagte, Bessos Stärke läge in seiner »außerordentlichen Intelligenz«, und seine Schwäche sei sein »wahrlich ungenügender Entscheidungsgeist«. Einstein fährt fort:

> *Jeder am Patentamt weiß, daß man in einem schwierigen Fall von Besso Rat erhalten kann; er versteht mit außerordentlicher Schnelligkeit sowohl die technischen als auch die legalen Aspekte jedes Patentantrags, und er hilft seinen Kollegen bereitwillig, den fraglichen Fall rasch zu bearbeiten, weil er es sozusagen ist, der die Erleuchtung liefert und der andere die Willenskraft oder den notwendigen Entscheidungsgeist.*

Genau wie Besso der Vergleich mit dem Resonanzboden nicht gefiel, haben auch die Verteidiger Milevas den Vergleich für sie zurückgewiesen. Tatsächlich trifft er wohl auf sie genauer zu als auf Besso. Ein Resonanzboden verstärkt den Klang, der dann so vollständig mit dem ursprünglichen verschmilzt, daß er gar nicht mehr als eigener Klang zu hören ist. Dazu muß der Resonanzboden sehr nahe an der Schallquelle sein. Selbst in den Jahren vor ihrer Ehe gibt es keinen Hinweis darauf, daß Mileva Einsteins Gedanken ähnlich in Frage stellte wie Besso. Sie war zweifellos eine wichtige Vertraute, aber sie scheint in ihrer Reaktion ziemlich unkritisch gewesen zu sein. Viele ihrer Briefe sind verlorengegangen, die uns bekannten aber sind verräterisch – insbesondere ihre Antwort auf Einsteins erste bekannte Diskussion relativistischer Themen im Sommer 1899. Milevas Antwort kombinierte liebevolles Geplänkel mit Beobachtungen über das Wetter und eine Bitte um Rat für die bevorstehenden Prüfungen. Eigentlich machte sie zu fast allem, was Einstein schrieb, Bemerkungen, nur nicht zur Naturwissenschaft. Die Hinweise sprechen dafür, daß Milevas Beitrag zur Relativitätstheorie nicht überwiegend intellektuell ist: Er war emotional. Selbst ihre Hilfe bei der Mathematik läßt sich am besten in diesem Licht sehen: Am wertvollsten war für Einstein die Rückversicherung, der tröstliche Schutz vor Fehlern.

Als junger Mann, der sich noch durch nichts hervorgetan hatte, stellte Einstein die Weisheit der Koryphäen der Wissenschaft in Frage. Obwohl er auf die Stärke seines eigenen Geistes vertraute, war er nicht bereit, das althergebrachte System allein herauszufordern. Er brauchte Verbündete, die nicht an seiner Seite kämpfen, sondern ihn anfeuern sollten. Er brauchte »viele gefühlsmäßige Quellen«, um Jürgen Renn zu zitieren, und es war Mileva, die sie ihm zur Verfügung stellte. Die geistigen Erfahrungen der meisten jungen Studenten werden durch gelerntes Wissen und altbekannte Gedanken bestimmt; ihr Ehrgeiz mag es sein, das zu finden, was Professor Renn »eine von den großen Meistern gelassene ökologische Nische« nannte. Ganze Karrieren blühen in solchen Nischen der Spezialisten auf, entkommen ihnen aber niemals, weil Grundannahmen alle von außen hineinkommen. Nicht so bei Einstein. Milevas Liebe und ihr absolutes Vertrauen in seine Fähigkeiten schufen für ihn eine Art Mikroklima: eine sich selbst erhaltende Umwelt, in der er sich frei von äußeren Dogmen seiner wissenschaftlichen Vision widmen konnte. Damit er den Mut für diese selbstgewählte Mission aufbringen konnte, brauchte er jemanden, der seinen Wert und die Richtigkeit seiner Ziele bestätigte. Eine einzige solche »Begleitung« war so gut wie hundert, wenn die Privatwelt eng genug definiert war. Mileva war willens, diese Welt als eine zu sehen, in der es nur sie beide gab.

6
HUNGRIG NACH LIEBE

Die Arbeiten von 1905 brachten Einstein keineswegs sofortige Anerkennung ein; vielmehr wurden sie zunächst größtenteils ignoriert. Nach Aussage seiner Schwester hatte Einstein erwartet, die Relativitätstheorie würde sofort heftig kritisiert werden und auf scharfen Widerstand stoßen. Statt dessen herrschte fast überall eisiges Schweigen, und Einstein war tief enttäuscht. Die wichtigste Ausnahme war die Reaktion des höchst einflußreichen Max Planck, ohne die Einstein vielleicht noch viel länger auf Anerkennung hätte warten müssen. Planck hielt im folgenden Winter Vorlesungen über die neue Theorie. Dadurch wurde sein Assistent Max von Laue zur Beschäftigung mit ihr angeregt, der sagte, sie habe auf ihn »den größten Eindruck« gemacht. Als einer der ersten Wissenschaftler stattete von Laue dem unbekannten Verfasser in Bern einen Besuch ab. Als er nach brieflicher Verabredung zum Patentamt kam, fand er Einsteins Erscheinung so »unerwartet«, daß er den jungen Mann an sich vorbeigehen ließ. (»Ich glaubte nicht, er könne der Vater der Relativitätstheorie sein.«) Er war auch nicht sonderlich beeindruckt, als Einstein ihm eine seiner billigen Zigarren anbot, und ließ den Stumpen »versehentlich« von einer Brücke in die Aare fallen. An von Laue als einem der ersten Vertreter der Relativitätstheorie wird deutlich, warum die Theorie Zeit brauchte, bis sie anerkannt wurde: von Laue bekannte als alter Mann, er habe Jahre gebraucht, bis er sie wirklich in den Einzelheiten verstanden hatte.

Dieses erste Interesse war der bescheidene Anfang vom Ende der wissenschaftlichen Isolation Einsteins. Die Anzahl der Bekehrten nahm zu, als sich das Wort verbreitete, und Planck soll sogar gesagt haben: »Wenn sich die Einsteinsche Theorie als zutreffend herausstellt, ... wird Einstein als der Copernicus des 20. Jahrhunderts gelten.« Der spätere Nobelpreisträger Max Born hielt Einsteins Überlegungen für »eine Offenbarung«, und Hermann Minkowski – Einsteins früherer Lehrer in Zürich, der sich an ihn als einen »Faulpelz« erinnerte – erwies sich als ein weiterer mächtiger Verbündeter. Aber die meisten Physiker blieben skeptisch, interessierten sich nicht für die neue Theorie oder wußten nichts von ihr. Im Juli 1907, zwei Jahre, nachdem Einstein seine Arbeit geschrieben hatte, schrieb ihm Planck, die Vertreter der Relativitätstheorie seien »noch ein so bescheidenes Häufchen«.

Seine neuen Bewunderer waren überrascht, in welch bescheidenen Umständen der »neue Copernicus« lebte. Jakob Laub, ein Schüler Minkowskis und ein weiterer früher Bernpilger, fand Einstein beim Schüren vor dem Ofen in seiner eiskalten Wohnung kniend. Die Physik blieb weiterhin etwas, das Einstein zwischen die Anforderungen von Beruf und Familie zu zwängen versuchte. Er beschrieb sich selbst Anfang 1907 als einen »ehrwürdigen eidgenössischen Tintenscheisser«, der sein »altes mathematisch-physikalisches Steckenpferd« ritt und Geige spielte, »beides in den engen Grenzen, welche mir mein 2jähriger Bubi für derlei überflüssige Dinge gesteckt hat«. Im Vorjahr hatte Mileva Helene Savić erklärt, wie schwer es war, mit seinem dürftigen Gehalt auszukommen. Sie freute sich auf einen Besuch ihrer Freundin und fragte sich, ob ihre »arme Börse« die Belastung ertragen würde.

Der kleine Hans Albert, gewöhnlich im Gegensatz zu seinem Vater, dem Albertle, Albertli genannt, wurde für Milevas Leben immer wichtiger. Ihre Liebe zu ihm war stärker geworden, als seine Persönlichkeit Gestalt gewann, und sie zeigte eine stolze Freude über die »unglaublichen Fragen«, mit denen er seine Eltern jetzt auf die Probe stellte. »Unser Junge ist ein so drolliges Kerlchen, daß wir oft das Lachen verbeißen müssen, um ernst bleiben zu können bei seinen spitzbübischen Einfällen.« Trotz dieser Zärtlichkeit scheint es Mileva nach wissenschaftlicher Strenge in der Kindererziehung verlangt zu haben. »Gehst du nach gewissen eigenen Prinzipien vor oder nach von anderen Leuten schon erprobten?« fragte Mileva ihre Freundin. »Ich sah mich vergebens nach einer einschlägigen Lektüre um, die mir wirklich etwas bieten würde. Vielleicht könntest Du mir einen Rat geben?« Die Bitte war merkwürdig enthüllend. Während Einstein sich »einschlägige Lektüre« nach seinen eigenen Bedürfnissen zunutze machte, scheint Milevas Denken etwas pedantischer gewesen zu sein. Sie ließ sich gern anleiten, um einer Autorität folgen zu können.

Mileva erzählte Savić, daß Einstein seine Freizeit daheim beim Spiel mit seinem Sohn verbrachte, aber, so klagte sie, Verwaltungsarbeit und wissenschaftliche Arbeit »häufen sich schon ganz schrecklich auf«. Im Lauf der Jahre, als die Arbeitslast immer weiter zunahm, wurde ihre Sorge größer. Mileva sehnte sich nach der alten Studentenzeit in Zürich. Sie fragte, ob Savić glaube, sie und Einstein hätten sich im Lauf der Jahre sehr verändert, und fügte hinzu: »Ich habe oft das Gefühl, ich sässe in Zürich, in einem gewissen Zimmerchen und verlebte meine schönsten Tage ... auch Dich denke ich mir gar oft so, wie ich Dich damals kannte, und selten, wie ich Dich später sah. Ist es nicht merkwürdig?«

Im Jahr 1907 kam Einstein der Gedanke, den er später »den glücklichsten seines Lebens« nannte. Er sagt selbst: »Ich saß auf meinem Sessel im Berner Patentamt, als mir plötzlich folgender Gedanke kam: ›Wenn sich eine Person im freien Fall befindet, dann spürt sie ihr eigenes Gewicht nicht.‹ Ich war verblüfft. Dieser einfache Gedanke machte auf mich einen tiefen Eindruck, er trieb mich in Richtung einer Theorie der Gravitation.« Die Arbeit vom September 1905 wird jetzt die »spezielle« Relativitätstheorie genannt, weil sie Fragen der Beschleunigung nicht angemessen behandeln kann. Einsteins »glücklicher Gedanke« zeigte ihm, daß Schwerkraft und Beschleunigung äquivalent sind. Für einen frei fallenden Menschen entspricht seine Beschleunigung so genau der Schwerkraft, daß er das Gefühl für sein Gewicht ganz verliert. Einstein wußte jetzt, daß die Ausweitung der Relativitätstheorie auf beschleunigte Bezugssysteme auch zu einer neuen Gravitationstheorie führen würde, also einer Ablösung der Newtons. Es vergingen acht Jahre harter Arbeit, bis diese Eingebung zu einer fertigen Theorie entwickelt war, ohne die die Relativitätstheorie unvollständig geblieben wäre.

Einstein beschäftigte sich in diesen Jahren nicht allein mit der Relativitätstheorie, sondern er befaßte sich auch immer mehr mit dem Wesen der Strahlung – insbesondere mit der Beschreibung des Lichts, wie sie die Quantentheorie gibt. Eines seiner kleineren, aber faszinierenden Objekte war ein »elektrostatischer Potentialmultiplikator«, also eine Influenzmaschine zur Messung kleiner elektrischer Spannungen. Das »Maschinchen«, das er zu diesem Zweck entwickelte, ist gelegentlich als Milevas Werk beschrieben worden, die zusammen mit Paul Habicht, dem Bruder Conrad Habichts, an ihrem Bau gearbeitet haben soll. Nach Trbuhović-Gjurić läßt sich die lange Zeit, die seine Entwicklung benötigte, zum Teil durch Milevas Haushaltspflichten und zum Teil durch ihre Gründlichkeit und ihren Perfektionismus erklären. Die Maschine wurde in einer Arbeit beschrieben, die von den Gebrüdern Habicht verfaßt wurde, und unter dem Namen Einstein-Habicht patentiert, wird aber als ein weiteres Beispiel dafür angeführt, daß Mileva nicht die ihr gebührende Anerkennung erhielt. Es wird sogar behauptet, einer der Brüder habe gefragt, warum sie nicht darauf bestanden habe, ihren eigenen Namen zu erwähnen. »Wozu?« soll sie gesagt haben. »Wir sind ja beide nur ›Ein Stein‹«.

Bei dieser kleinen Geschichte besteht das Problem darin, daß es keine verläßliche Quelle gibt, denn sie geht vor allem auf Trbuhović-Gjurić zurück. Ein flüchtiger Hinweis darauf, daß Mileva Einstein half, findet sich in Carl Seeligs Einsteinbiographie, aber seine Quelle ist unbekannt. Vor allem wird Milevas Rolle in den aus dieser Zeit erhaltenen Briefen nicht belegt. Während das »Maschinchen« in Einsteins Briefwechsel mit Paul Habicht und anderen wiederholt erwähnt wird, gibt es nicht den geringsten Hinweis darauf, daß Mileva damit zu tun hatte. Der einzige Brief von Einstein an Mileva aus dem Jahr 1908, als viel an der Maschine gearbeitet wurde, erwähnt es gar nicht. Mileva hat selbst Helene Savić anscheinend nichts von ihrer Arbeit an der Maschine erzählt. Letztlich erscheinen alle Behauptungen, die ihretwegen gemacht wurden, so unbefriedigend wie die Maschine selbst. Sie war unangenehm kompliziert, funktionierte nur selten und fand niemals Verbreitung.

Im Juni 1907 unternahm Einstein einen neuen Versuch, eine

akademische Position zu erhalten und bewarb sich um eine Privatdozentur an der Universität Bern. Zunächst stieß er auch hier auf Widerstand. Seine Arbeit zur Relativitätstheorie, die Teil seiner Bewerbung war, wurde vom Professor für Experimentalphysik für unverständlich gehalten. Einstein hatte zudem die Bedingungen nicht erfüllt, wonach eine bis dahin unveröffentlichte Arbeit als Habilitationsschrift vorzulegen war. Seine Bewerbung wurde abgelehnt, und er schaute sich nach einer Stellung als Mathematiklehrer um. Aber dann kam eine Postkarte von seinem alten Betreuer und Doktorvater Professor Alfred Kleiner, der seine Fortschritte verfolgt hatte und sich jetzt wünschte, Einstein solle als Professor der Universität Zürich sein Kollege werden. Als ersten Schritt dazu, so drängte Kleiner, solle Einstein sich noch einmal um eine Privatdozentur in Bern bewerben. Dieses Mal erfüllte er alle Bedingungen, und so erhielt er 1908 seine erste akademische Stelle an einer Universität. Sie war jedoch kaum mit vielen Vorteilen verbunden, und er mußte sie mit seiner Arbeit am Patentamt in Einklang bringen. Einstein war dadurch gezwungen, seine Vorlesungen zu ungewöhnlichen Zeiten abzuhalten. Bei einer Vorlesung im Sommer, die um 7 Uhr morgens begann, mußte er sich mit einer Zuhörerschaft von drei Freunden zufrieden geben. Gelegentlich schaute seine Schwester, die in Bern romanische Sprachen studierte, vorbei, um ihn moralisch zu stützen. An manchen Tagen hatte er auch nur einen Hörer.

Es spricht alles dafür, daß Einstein und seine Frau 1908 noch gute Freunde waren. Zu Ostern fuhr Mileva mit Hans Albert zu einem Besuch bei ihrer Familie in die Vojvodina und ließ ihren Mann in Bern zurück. Einstein schrieb ihr so oft wie in den Studententagen und berichtete ihr, was ihn wissenschaftlch gerade begeisterte. So erzählte er Mileva aufgeregt von einem Fehler, den er in Minkowskis Arbeit zur Relativitätstheorie vermutete, und von einer experimentellen Überprüfung, die in Würzburg durchgeführt werden sollte. Sie erfuhr auch von den Büchern, die er bestellt hatte – eines über kinetische Gastheorie, das andere »Meisterwerke des Humors, eine Sammlung von den besten Klassikern auf diesem Gebiet«. All das war liebenswürdig vermischt mit liebevollen Nebensächlichkeiten, darunter die typische Warnung, die Wohnung sei »schon sehr dreckig« ohne ihre lenkende Hand. »Ich schreibe Kraut und Rüben, aber was tut es?«

Ein wichtiger Unterschied zu früheren Tagen bestand darin, daß Einstein seit Anfang 1908 zum ersten Mal mit einem anderen Wissenschaftler zusammenarbeitete. Der Mathematiker Jakob Laub war der erste, mit dem zusammen er eine Arbeit veröffentlichte. Es lag eine gewisse Zwiespältigkeit in seinen Bemerkungen über Laub, die an frühere Briefe denken läßt, als Besso ihn zuerst in wissenschaftliche Auseinandersetzungen verwickelte. Damals war Einstein offenbar daran gelegen, Mileva zu beruhigen, indem er seine Anerkennung für Besso mit einem Mantel der Geringschätzung umgab. Jetzt behandelte er Laub ganz ähnlich. Einstein schrieb seiner Frau, er arbeite »sehr viel« mit ihm, sie äßen immer gemeinsam und machten große Spaziergänge. Aber er fügte hinzu: »Trotz Laub gefällt mir die Einsamkeit gar nicht. Ich warte sehnlich auf Eure Rückkehr.« Laub sei, schrieb Einstein »ein ganz netter – allerdings sehr ehrgeiziger, fast raubgieriger Mensch. Aber er macht diese Rechnungen, zu welchen ich nicht Zeit finden würde, und das ist gut.«

Das Bild einer glücklichen Ehe bot sich auch noch in diesem Sommer in den heiteren Ansichtskarten, die sie ihren Freunden schickten. Hans Albert begleitete seine Eltern bei einem Besuch in Mürren oberhalb des schönen und steilen Lauterbrunnentals und im nahen Isenfluh mit der großartigen Aussicht auf das Jungfraumassiv. Zu dieser Zeit seines Lebens scheint Einstein mit Mileva eine Leidenschaft für die zerklüftete Szenerie der Berge geteilt zu haben, denn im Sommer zuvor waren sie im Berner Oberland gewandert. Später änderte sich sein Geschmack; seine Sekretärin Helene Dukas schrieb 1952, er mache »sich nicht viel aus Bergen – sie engen seinen Blick ein«. Er liebte, so meinte sie, »die Wüste, das Meer oder die Prärie – alles, was weit und unendlich für den Blick ist.« Vielleicht erinnerten ihn die Berge an sein Studentenleben mit Mileva und weckten bittersüße Erinnerungen an ihre Wanderung über den Splügenpass. Der erwachsene Hans Albert sagte einmal, schon der Anblick eines Berges habe seinen Vater deprimiert, und bemerkte, wie seltsam das in Anbetracht seines langen Aufenthalts in der Schweiz sei. Er meinte auch, einer der Gründe für Einsteins Liebe zum Segeln sei »die weite Sicht über das Wasser, die Entfernungen, die er sehen kann«. Einstein scheint in seinem späteren Leben den traurigen Reiz verlassener Orte geliebt zu haben.

Das wachsende Ansehen Einsteins hatte ihm im Frühjahr 1909 eine neue Möglichkeit eröffnet. Die Universität Zürich hatte eine neue Professur geschaffen – ein Extraordinariat für theoretische Physik –, und auf Vorschlag von Professor Kleiner wurde Einstein auf diesen Posten berufen. Eine der anrührendsten Geschichten über Einstein berichtet, wie ein anderer Kandidat, Friedrich Adler, dem die Stelle zuerst angeboten wurde, anscheinend zu dessen Gunsten zurücktrat. Dieser hagere, blasse Mann war der Sohn des Gründers der Österreichischen Sozialdemokratischen Partei und ein Mann mit Grundsätzen. Er soll den Ruf mit der Erklärung abgelehnt haben, seine Begabung sei »nicht im entferntesten mit der Einsteins zu vergleichen«. Die beiden Männer wurden Freunde und Nachbarn. Die Geschichte wird durch die außerordentlichen Ereignisse in Adlers späterem Leben bedeutungsvoll. Er war als Pazifist und Sozialist ein Gegner des Ersten Weltkriegs und erschoß deshalb den Ministerpräsidenten von Stürgkh. Dafür wurde er zum Tode verurteilt, aber das Urteil wurde in nur achtzehn Monate Gefängnis umgewandelt.

Die Geschichte von Adlers Selbstaufopferung im Jahre 1909 wurde von Philipp Frank erzählt, der sie zweifellos von Einstein selbst gehört hatte. Ein noch interessanterer Bericht findet sich in einem Brief, den Einstein mehrere Monate nach dem Attentat an Michele Besso schrieb, und in dem er über eine Eingabe zugunsten von Adler nachdachte. Mit einer Anständigkeit, wie sie für ihn typisch war, wenn er sich von seiner besten Seite zeigte, war Einstein bereit, mit Hilfe seines Namen zu versuchen, seinen früheren Freund vor der Hinrichtung zu bewahren. Genauso typisch war jedoch die harte Beschreibung, die er Besso von Adlers Charakter gab. Einerseits wünschte er, das Gesuch solle betonen, als welch »selbstloser, ruhiger, arbeitsamer, gutherziger, gewissenhafter« Mensch sich Adler in den Jahren seiner Lehrtätigkeit gezeigt hatte. Andererseits wollte er »zur Information« Besso auch mitteilen, wie unausgeglichen Adler war: »ziemlich steriler Rabbinerkopf, starrsinnig, ohne Sinn für das

Wirkliche, ultra-selbstlos mit starkem Stich ins Selbstquälerische, ja Selbstmörderische. Eine richtige Märtyrerseele«. In diesem Zusammenhang dann erzählte er die Geschichte von 1909 – nicht um zu zeigen, wie edel, sondern wie verrückt Adler war. Tatsächlich scheint Adler deutliche Zweifel gehegt zu haben, ob er die Stelle in Zürich annehmen sollte. Professor Robert Schulmann, der Adlers Briefe an seinen Vater untersucht hat, meint ebenfalls, Adler habe gewußt, daß er eigentlich die zweite Wahl war. Kleiner hatte ihm die Stellung sozusagen sicherheitshalber in Aussicht gestellt, während er hoffte, sie später doch Einstein geben zu können, den er »zu den bedeutendsten theoretischen Physikern« zählte. Adler war darüber vermutlich gekränkt und zog seine Bewerbung zurück, um sich die Demütigung zu ersparen.

Was immer die Gründe für Adlers Entschluß waren, Einstein erhielt den Ruf trotz des in Europa Anfang des Jahrhunderts weitverbreiteten Antisemitismus. In einem abschließenden Bericht über seine Eignung für den Posten machten seine zukünftigen Kollegen Bemerkungen über die »gerade an Israeliten unter den Gelehrten unangenehmen Charaktereigentümlichkeiten«. Dazu zählten, wie sie schrieben, »Zudringlichkeit, Unverschämtheit, Krämerhaftigkeit in der Auffassung ihrer akademischen Stellung und dergleichen.« Zum Glück für Einstein fand es die Fakultät ihrer nicht würdig, Antisemitismus auf ihr Banner zu schreiben. Die geheime Abstimmung im März ging zu seinen Gunsten aus – es gab zehn Pro-Stimmen bei einer Stimmenthaltung. Einstein wurde am 7. Mai berufen und reichte am 6. Juli 1909 seine Kündigung beim Patentamt ein.

Einige Tage später erhielt Einstein weitere Beweise für sein wachsendes Ansehen. Mit Marie Curie, Ernst Solvay und Wilhelm Ostwald (den Hermann Einstein 1901 gebeten hatte, seinem Sohn zu helfen) erhielt er die Würde eines Ehrendoktors der Universität Genf, die das 350. Jahr ihrer Gründung durch Calvin feierte. Einstein hätte fast nicht an der Zeremonie teilnehmen können, weil er seine Einladung weggeworfen hatte. Er hatte die elegante Karte mit der lateinischen Aufschrift für »unpersönlich und wenig interessant« gehalten.

Sein Ruf nach Zürich wurde in den Lokalzeitungen bekanntgegeben und kam dadurch einer gewissen Anna Meyer-Schmid zur Kenntnis. Dies war dieselbe Anna Schmid, der Einstein ein Jahrzehnt zuvor ein zärtliches Gedicht ins Poesiealbum geschrieben hatte, als er im Hotel Paradies in Mettmenstetten wohnte. Die jetzt verheiratete Anna schickte Einstein eine Karte, auf der sie ihm zu seiner Ernennung gratulierte, und erhielt im Mai 1909 eine herzliche Antwort, in der Einstein sich an ihre kurze Begegnung erinnerte. Obwohl der Brief kurz war, war sein Tonfall rührselig und gefühlvoll. Er habe sich »über die Massen mit ihrem Kärtchen gefreut« und denke selbst »mit sicher noch mehr Freude an die hübschen Wochen« als sie. »Ich wünsche Ihnen von Herzen alles Glück und kann mir wohl denken, dass Sie eine treffliche, beglückende Frau geworden sind, wie Sie damals ein liebliches und fröhliches Mädchen waren.« Einstein versicherte Anna, er sei »ein simpler Kerl geblieben, der der Welt nichts nachfragt – nur die Jugend ist hin, die entzückende, die alle Tage den Himmel voll Bassgeigen sieht.« Was immer er auch damit gemeint haben mochte, hier seufzte offensichtlich jemand einer verlorenen Liebe nach. Dieser Eindruck wurde nicht durch die äußerst kurze – und achselzuckend reuige – einzige Bemerkung über Mileva geschwächt: »Frl. Maritsch ist wirklich meine Frau geworden.«

Einstein drängte die »sehr geehrte Frau Anneli«, ihn in Zürich zu besuchen und gab als Adresse das Physikinstitut an, an dem er im Oktober mit der Arbeit beginnen sollte. Anscheinend kam umgehend eine Antwort, aber diesmal fing Mileva die Grüße ab. Das führte zu Spannungen. Mileva vermutete eine Affäre und schrieb an Annas Mann, wobei sie heftig gegen diesen »unpassenden weiteren Brief« protestierte. Sie legte nahe, Einstein sei darüber so aufgebracht gewesen wie sie selbst, und behauptete, er habe Annas Brief mit einer Bemerkung zurückgehen lassen, wonach er ihn nicht verstünde. Zwei Wochen später jedoch schrieb Einstein an Herrn Meyer, Mileva habe ohne sein Wissen gehandelt. Er behauptete, Annas Verhalten sei »durchaus ehrenwert« gewesen, das Verhalten seiner Frau jedoch »ein nur durch starke Eifersucht entschuldbares Unrecht«. Seine Verlegenheit und sein Ärger waren deutlich, obwohl er sich zu seiner Mitschuld bekannte. Er entschuldigte sich für sein »unvorsichtiges«

Verhalten und gab zu, daß er Annas erste Karte »zu herzlich beantwortet und dadurch frühere Sympathie, die zwischen uns bestand, wieder geweckt« habe. Aber er bestand darauf, daß es »nicht mit unlauteren Absichten« geschehen war und versprach, »nichts mehr zu tun, was zu neuen Störungen Anlaß geben könnte.«

Dies war für Einstein eine demütigende Erfahrung, über der er lange brütete. Fünf Monate später schrieb er an Besso: »Seelisches Gleichgewicht, das wegen M.[ileva] verloren, nicht wieder gewonnen.« Im folgenden April entschuldigte er sich bei seiner Mutter für seine »schlechte Laune« und bat sie, sich darüber keine Sorgen zu machen. Vielmehr, schrieb er: »Wenn man das, was einen bedrückt oder ärgert, mit andern breit schlägt, so kommt man darum nicht besser darüber hinaus. Man muss es allein hinuntermurgsen.« Selbst vier Jahrzehnte später war die Bitterkeit noch nicht verflogen. In einem Brief an die Tochter der Meyers, der er im Juli 1951 schrieb, als Anna und Mileva beide schon gestorben waren, kam Einstein genüßlich auf die Frage nach der Eifersucht seiner ersten Frau zurück. Er behauptete, sie sei geradezu pathologisch gewesen und für Frauen »mit ungewöhnlicher Häßlichkeit« typisch.

Professor John Stachel sagt, dieses sei die erste Bemerkung gewesen, die ihn schockiert habe, als er nach seiner Ernennung zum Herausgeber die Einsteinpapiere durchgesehen habe. Ihre Bösartigkeit wird nicht dadurch gemindert, daß andere Beobachter diesem Urteil über die wenig charmante Erscheinung der Mileva in späteren Jahren zustimmten. Einer nannte ihr Gesicht »hart und starr wie eine Gipsmaske«, ein anderer »etwas herb, fast grob«. Solche Bemerkungen sind nur schwer mit Fotografien von Mileva als Studentin oder zur Zeit ihrer Hochzeit zu vereinbaren, aber vielleicht ist gerade das entscheidend. Obwohl Mileva niemals eine Schönheit war, scheint sie in diesen frühen Tagen eine Ausstrahlung, ein gewisses Leuchten, gehabt zu haben, das sie wirklich schön erscheinen ließ. Wenn irgend etwas ihr »ungewöhnliche Häßlichkeit« verlieh, dann war es das Erlöschen diese Funkens beim Zusammenbruch ihrer Ehe.

Wir haben viele Hinweise auf Milevas Eifersucht. Hans Albert gab sie zu, wenn er sagte: »Sie war eine typische Slawin und starker negativer Gefühle fähig, und wenn sie einmal verletzt war, konnte sie nicht vergeben.« Diese Eifersucht war jedoch immer schon ein Teil der leidenschaftlichen Hingabe gewesen, die Einstein vorher so an ihr gerühmt hatte. Das Besitzergreifende, das er so erstickend fand, war im Grunde nichts anderes als die bedingungslose Ergebenheit, die er als Student so stützend gefunden hatte. Indem er Mileva in der Überzeugung bestärkt hatte, sie beide stünden allein einer Welt von Philistern gegenüber, mußte ihr jede Verbindung mit Menschen außerhalb ihres magischen Zirkels unvermeidlich als Verrat erscheinen. Zudem hätte der Brief, den er Anna Meyer-Schmid schrieb, wohl den meisten Ehefrauen Unbehagen bereitet. Einstein hatte es geschafft, Mileva zu genau der Art von anklammerndem Verhalten zu provozieren, das ihm so zuwider war; dies ließ ihn sich nur um so mehr zurückziehen, woraufhin sie sich noch fester an ihn klammerte.

Die Episode mit Meyer-Schmid muß Mileva bedeutet haben, daß Einsteins Interesse immer stärker von ihr weg in andere Richtungen gelenkt wurde: auf seine Arbeit, seine Freunde, seine Kollegen und nun sogar auf diese Frau aus der Vergangenheit. Ihr Unbehagen muß sich noch verstärkt haben, als ihr Mann innerhalb seines Berufs immer berühmter wurde, was ihn in immer angesehenere Kreise brachte, während Mileva an ihr Heim gebunden blieb. Im September 1909 fuhr Einstein nach Salzburg, um dort zum ersten Mal auf einer wissenschaftlichen Konferenz vorzutragen. Er vertraute einem Kollegen an, er sei niemals einem richtigen Physiker begegnet, bevor er dreißig war. Jetzt sollte er vor einigen der angesehensten Praktiker seines Gebiets sprechen. Wie um seiner neuen Entfremdung von seiner Frau Nachdruck zu verleihen und seinen Wunsch zu betonen, der Enge daheim zu entkommen, fuhr er schon mehrere Wochen vor Beginn der Konferenz weg. Mileva blieb mit Hans Albert zurück und dachte mit aufgewühlten Gefühlen über ihren bevorstehenden Umzug nach Zürich nach. Sie schrieb an Helene Savić von den sieben Jahren, die sie mit Einstein in Bern verlebt hatte – »so viele schöne, und ich muß sagen, auch bittere und schwierige Tage«. Mileva brüstete sich Savić gegenüber, daß Einstein jetzt zu den »führenden deutschsprachigen Physikern« gehörte und »schrecklich hofiert« werde. Aber ihr Stolz war mit Angst vor der

Zukunft vermischt: »Ich freue mich sehr über seinen Erfolg, den er wirklich verdient hat«, schrieb sie. »Ich hoffe und wünsche nur, daß der Ruhm keinen schlechten Einfluß auf seine menschliche Seite ausübt.«

Die beiden besten Darstellungen von Einsteins Rückkehr nach Zürich – eine von seinem Freund Philipp Frank, die andere von seinem Schüler David Reichinstein – legen nahe, daß dieser Erfolg ihm ein neues Selbstvertrauen schenkte, das viel haltbarer und beständiger war als die fragwürdigen Bravourstücke der Studentenzeit. Endlich war er als Physiker voll anerkannt, und zum ersten Mal wußte er, daß seine Stimme wirklich Gehör fand. »Der Druck, unter dem er in seiner Jugend oft gestanden hatte, war verschwunden«, schrieb Philipp Frank. »Daneben kamen ihm die Probleme seines täglichen Lebens nicht mehr wichtig vor.« Reichinstein schrieb in noch deutlicheren Worten von einem »Messias-Gefühl«, das sich mit diesem neuen Gefühl der Berufung verband. Reichinstein sah »Einsteins Seele mit großen Schritten« wachsen. »Der wachsende Erfolg verschuf seiner Seele das Gefühl der Überlegenheit«, schrieb er. »Das Gefühl der Unsicherheit, sein Gefühl, daß er dem Lebenskampfe nicht gewachsen sei, schien langsam zu verschwinden.« Reichinstein fand seinen Übermut mitreißend, aber seine Darstellung läßt dunkel vermuten, Einsteins Arroganz habe gelegentlich an Überheblichkeit gegrenzt. Frank ist weniger kritisch, läßt aber durchblicken, daß er Mißtrauen gegenüber Einsteins Übermut empfand. »Einstein konnte es schwer über sich bringen«, schrieb Frank, »die Dinge des täglichen Lebens wirklich ernst zu nehmen. Sein Gespräch war oft ein Mittelding zwischen kindlichen Scherzen und scharfem Spott, so daß manche nicht recht wußten, ob sie lachen oder gekränkt sein sollten.«

Dabei hatte sich nicht Einstein verwandelt, sondern sein altes Gefühl, etwas Besonderes zu sein, hatte eine neue Intensität erhalten. Dies genügte, um Mileva für seine Zufriedenheit immer entbehrlich scheinen zu lassen, nicht jedoch, ihn völlig selbst-genügsam sein zu lassen. Frank macht eine Bemerkung zu den Widersprüchen in Einsteins Verhalten. »Er schien«, schrieb Frank, »manchmal wie ein Mensch, der mit jedem fremden Schicksal warm mitfühlt, dann aber wieder wie einer, der sich bei näherer Berührung sofort in sich zurückzieht und als Egoist empfunden wird.«

Gewiß hatte seine innere Sicherheit Grenzen, und er fühlte sich sicher, wenn er diese Grenzen selbst setzte. Er hatte seine Frau anscheinend immer noch gern genug, um sich an den Brauch zu halten und ihr ein Weihnachtsgeschenk zu kaufen – auch wenn er damit bis zum letzten Augenblick wartete. Es ist eine Postkarte vom 17. 12. 1909 erhalten, in der er Habicht bittet, ihm rasch »den Titel des Notenheftes mit den alten Tänzen mitzuteilen«, weil er sie zu Weihnachten seiner Frau schenken wolle.

Milevas Sorgen wurden verstärkt durch ihr starkes Gefühl, sehr isoliert zu sein: Sie hatte kaum Freunde, an die sie sich in der Hoffnung auf Mitgefühl wenden konnte. Helene Savić zum Beispiel scheint nicht ausschließlich mitfühlend gewesen zu sein. Wahrscheinlich waren ihre Sympathien stärker bei Einstein, was Mileva ebenso zur Rivalin wie zur Freundin machte. Aus einem Brief an Savić kurz nach dem Umzug nach Zürich spricht ein leichter Tadel, wenn sie sich daran erinnert, wie Helene sich im Sommer 1900 mit Einsteins Mutter über Mileva lustig gemacht hatte.

Siehst Du, bei soviel Berühmtheit bleibt nicht viel Zeit für seine Frau. Ich spürte eine gewissen Gehässigkeit zwischen den Zeilen, als Du schriebst, ich wäre wohl eifersüchtig auf die Wissenschaft; aber was kann man machen, der eine bekommt die Perlen, der andere die Schachtel ... Ich frage mich oft ... ob ich nicht eher ein Mensch bin, der stark und leidenschaftlich fühlt, viel kämpft und deswegen viel leiden muß und aus Stolz oder vielleicht Schüchternheit überheblich und überlegen tut, bis er es selbst für echt hält. Und ich muß mich fragen, selbst wenn letzteres der Fall wäre und meine innerste Seele weniger stolz dastünde, könntest Du mich dann auch lieben? Siehst Du, ich bin sehr hungrig nach Liebe und würde vor Freude, ein Ja zu hören, so außer mir sein, daß ich fast glaube, die böse Wissenschaft ist schuld, und ich nehme das Gelächter darüber gern in Kauf ...

Milevas Beschreibung von sich selbst als »hungrig nach Liebe« paßt zu Bemerkungen, die ihr ältester Sohn viele Jahre später machte. Hans Albert äußerte Kritik an Franks Schilderung des anscheinend harten Charakters seiner Mutter. »Hart? Streng? Das trifft, glaube ich, nicht wirklich zu«, sagte er. »Ein Mensch, der so viel Unglück erlitten hat und so weiter, aber nicht wirklich streng. Ich würde sagen, jemand, der Liebe geben kann ... und selbst braucht. Also jemand, der nicht im wesentlichen ein Verstandesmensch ist.« Hans Albert war seiner Mutter nähergekommen, als die Ehe schlechter wurde. In ihrem Brief an Helene Savić bemerkte Mileva, daß sich der Schuleintritt ihres Sohnes durch das Datum seines Geburtstages wohl um ein Jahr verzögern werde. »Dann bleibt er noch ein Jahr bei seiner Mama«, fügte sie hinzu. »Wir sind untrennbar und hängen sehr aneinander.«

Um diese Zeit, als die Ehe anscheinend an einem Tiefpunkt war, empfing Mileva ihr zweites Kind. Ob die Schwangerschaft geplant war oder nicht, ist unbekannt, jedenfalls erhielt Mileva dadurch einen weiteren Brennpunkt für die Liebe, die ihrem Mann immer gleichgültiger wurde. Eduard Einstein wurde am 28. Juli 1910 geboren. Seine Eltern riefen ihn mit einem Kosenamen, der sich von Hans Alberts Aussprache des serbischen Worts für Kind (»Dete«) herleitete, »Tete« (auch Tetel, Tede und Tedel). Die beiden Buben waren ihre »zwei kleinen Bären«. Einstein teilte Freunden mit, daß »der Storch ein gesundes Bübchen gebracht« habe und schien angemessen erfreut. Die zusätzliche Belastung für die Ehe war jedoch beträchtlich. Einsteins Gehalt war nicht höher als im Patentamt. Er spaßte einmal: »In meiner Relativitätstheorie bringe ich wohl an jeder Stelle des Raumes Uhren an, aber in der Wirklichkeit fällt es mir schwer, auch nur an einer Stelle eine aufzustellen.«

Auch seine Zeit und seine Geduld wurden strapaziert, aber in dieser Hinsicht war Einstein auffallend widerstandsfähig. Hans Albert erinnerte sich:

> *Ich glaube nicht, daß er besonderes Interesse an meinem Bruder oder mir zeigte, als wir Säuglinge waren. Aber nach Aussage meiner Mutter war er ein guter Babysitter. Wenn sie im Haus zu tun hatte, legte mein Vater seine Arbeit zur Seite und paßte stundenlang auf uns auf und ließ uns auf seinen Knien reiten. Ich erinnere mich, daß*

er uns Geschichten erzählte – und er spielte oft auf der Geige, um uns ruhig zu halten. Aber ich erinnere mich auch, daß meine Mutter sagte, selbst das lauteste Geschrei hätte ihn anscheinend nicht stören können. Er konnte arbeiten und war allen Geräuschen gegenüber völlig unempfindlich.

Eine der ersten Erinnerungen Hans Alberts war, daß sein Vater ihm eine Seilbahn aus Streichholzschachteln und Bindfaden gebaut hatte. »Ich weiß noch, daß das eines der schönsten Spielzeuge war, die ich damals hatte, und es funktionierte sogar.«

Einsteins erster Doktorand, Hans Tanner, erinnerte sich an einen Besuch in seiner Wohnung:

Er saß in seinem Arbeitszimmer vor einem Haufen Papier, auf dem mathematische Formeln standen. Mit der rechten Hand schreibend, im linken Arm seinen jüngeren Sohn haltend, gab er dazwischen seinem älteren Sohn Albert Antwort, wenn ihn dieser, mit Bauklötzen spielend, etwas fragte. Mit den Worten: »Augenblick, ich bin gleich fertig« übertrug er mir für einige Minuten das Hüteramt und arbeitete weiter. Ich erhielt so einen Einblick in seine unglaubliche Konzentrationsfähigkeit.

David Reichinstein gibt eine erstaunlich ähnliche Beschreibung des Durcheinanders im Hause Einstein. Diese Darstellung straft Darstellungen Lügen, wonach Mileva eine nachlässige Hausfrau war, und läßt eher auf hektische Aktivität schließen. Reichinstein schrieb, er habe die Wohnungstür offen vorgefunden, damit der frisch gescheuerte Boden rascher trocknen konnte, und im Flur hing Wäsche. »Ich betrete Einsteins Zimmer; mit einer Hand schaukelt er den Kinderwagen, in dem das Kind philosophisch ruhig liegt (denn seine Frau war in der Küche beschäftigt), im Munde hatte Einstein eine schlechte, sehr schlechte Zigarre, und in der anderen Hand ein offenes Buch. Der Ofen rauchte fürchterlich. Wie konnte Einstein das nur aushalten!«

Einmal, so berichtet Reichinstein, »konnte Einstein den Rauch des Ofens tatsächlich nicht mehr ertragen.« Einstein hatte sich müde gefühlt, sich auf das Sofa gelegt und war eingeschlafen. »Der zufällig (O glücklicher Zufall!) zu Besuch kommende

Medizinalprofessor Zangger konstatierte eine Kohlenoxyd-Vergiftung. Die Fenster wurden geöffnet, Sauerstoff-Bomben herbeigeschafft und Einstein wurde gerettet.«

Nicht zum letzten Mal war Einstein Zangger zu Dank verpflichtet. Dieser große Bauernsohn mit scharfen Zügen, ungeheurer Energie und umfassenden Interessen hatte Einstein 1905 kennengelernt und mit ihm die Brownsche Bewegung erörtert; allmählich wurde er zu einem Vertrauten in persönlichen und beruflichen Dingen. Einstein pries seine Empfindsamkeit und psychologische Einsicht und das, was er Zanggers väterlichen Einfluß nannte. Seine Menschlichkeit und Energie stellte er 1906 unter Beweis, als er das Leben von über hundert Menschen rettete, die bei einem Bergwerksunglück im französischen Courrières eingesperrt waren. Die Retter hatten schon aufgegeben, aber er war überzeugt, daß man noch Überlebende finden könne und schaffte es, daß weitergegraben wurde. Zangger war einer von jenen, die Einstein zur Seite standen, als seine Ehe schließlich zerbrach.

Während dieser frühen Jahre fand Einstein eine Möglichkeit, dem häuslichen Druck in Gesellschaft seiner Studenten zu entkommen, mit denen er bis tief in die Nacht über Physik sprach. Hans Tanner erinnerte sich, wie sie in einem Café am Bellevueplatz saßen, bis das Café schloß, um dann in Einsteins Wohnung geschleppt zu werden, um bei der Suche nach Fehlern in einer Arbeit von Planck zu helfen. Reichinstein erinnerte sich, daß Einstein sich einmal entschuldigte, daß er nicht mit ins Café gehen könne. »Er sagte«, so erzählt Reichinstein, »dass seine Frau den Boden (und die Wäsche, wenn ich nicht irre) wüsche, so dass er daheim beim Kind bleiben müsste.« Meistens jedoch scheint der Kontakt zwischen Einstein und Mileva zunehmend flüchtig gewesen zu sein. Einmal war er, wie Reichinstein berichtete, vom Institut direkt ins Theater gekommen. »Seine Frau erwartete ihn dort und reichte ihm sein Abendbrot; es waren zwei belegte Brote.« Selbst die »musikalischen Abende« mit Freunden führten das Paar nicht zusammen. »Da es ziemlich viele musikalische Gelegenheiten in unserem Haus gibt, haben wir wirklich sehr wenig Zeit, die wir privat und in Ruhe verbringen können«, schrieb Mileva Anfang 1911 an Helene Savić. Sie betonte ihrer Freundin gegenüber, daß sie keinen von Einsteins öffentlichen Vorträgen versäumte, was auch vermuten lassen könnte, daß sie ihn in den Nachwehen der Episode mit Anna Meyer-Schmid unter Kontrolle halten wollte. Milevas Interesse an der Wissenschaft blieb durch die Arbeit ihres Mannes lebendig, und seine Vorträge gaben ihr die immer seltenere Freude, dazusitzen und seiner Stimme zu lauschen – als seine »kleine Studentin«.

Mileva bemerkte in sich eine gefährliche Neigung, in der Vergangenheit zu leben, insbesondere in ihren Tagen an der Eidgenössischen Hochschule. Es schien ihr, wie sie Helene Savić schrieb, daß »wir Frauen viel länger der Erinnerung an jene bemerkenswerte Periode nachhängen, die wir Jugend nennen und unwillkürlich möchten, die Dinge würden immer so bleiben«. Die Männer, so meinte sie, könnten sich »besser an den jetzigen Augenblick anpassen«. Ironischerweise hatte Einstein selbst eine Ehe versprochen, in der sie beide ewige Studenten bleiben würden. Seine eigene Anpassung an die Gegenwart war recht fragwürdig und hatte durch Anna Meyer-Schmid leicht gestört werden können. Als sie 1926 wieder Kontakt mit ihm aufnahm, schrieb er von »der schönen Jugendzeit«, die wieder »aus der Falltür« hervorkäme. Während Mileva bemerkte, welche Macht die Vergangenheit über sie hatte, hatte er seine Erinnerungen lediglich unter den Teppich gekehrt.

Einige Beschreibungen von Einstein in dieser Zeit klingen mehr wie die eines Junggesellen als wie die eines Ehemanns. Reichinstein erinnerte sich, wie sie zusammen einen Vortrag über Psychoanalyse besuchen, den ein Freund und Mitarbeiter Einsteins, »Y.«, hält. Es waren vor allem »junge Herren und Damen, die kamen, um sich über Fragen der Liebe und ihre Wirkungen im Unbewußten ... aufklären zu lassen«. Einstein zeigte wenig Interesse, ging aber »zur näheren Besprechung auf Drängen von Y. nachher mit dem Vortragenden und einigen seiner Freunde ins Café. Zu diesen Freunden gehörten zwei Schwestern »von seltener Schönheit und Anmut in der Haltung« – wie Mileva waren sie Slawinnen, die Naturwissenschaft studierten. Während der Vortragende weiter versuchte, die wissenschaftliche Grundlage seiner Überlegungen zu beweisen, bemerkte Reichinstein, daß

Einstein »offensichtlich für schöne Augen mehr Interesse« hatte als für die psychoanalytischen Probleme seines Freundes.

> *Y. bemerkte noch nicht die Wandlung, die sich in Einsteins Aufmerksamkeit vollzogen hatte, und setzte seine Beweise fort. Plötzlich bemerkte Y. die Richtung von Einsteins Blick und gleichzeitig, daß Einstein seinen Ausführungen gar nicht zuhörte. Y. schleuderte entrüstet ein Buch auf den Tisch und sagte: »Auch was, Herr Professor, wenn Sie verliebt wären, würde Ihnen das wichtiger sein als Ihre Quantentheorie.« Einstein antwortete in einer etwas verlegenen, sanften, innigen Stimme: »Nein, meine Herrschaften, meine Quantentheorien sind mir wirklich wichtig.« Einstein warf mir einen Blick zu, als ob er meine Bestätigung brauche, daß er recht hatte.*

Wenn Reichinstein diese Begegnung richtig beobachtete, deutete sie nicht eben darauf hin, daß Einstein nichts anderes als Arbeit im Sinn hatte. Sie bestätigte auch den Eindruck, daß Mileva eine gewisse Berechtigung hatte, auf Anna Meyer-Schmid eifersüchtig zu sein.

Weiterer Druck wurde der immer brüchigeren Beziehung des Ehepaars durch den nächsten Umzug auferlegt, der viel aufregender war als der von Bern nach Zürich. Im Frühling 1910 – weniger als sechs Monate, nachdem Einstein seine Stelle in Zürich angetreten hatte – teilte Einstein seiner Mutter mit, ihm sei an einer größeren Universität ein besseres Gehalt angeboten worden. Der Ruf kam von der Deutschen Universität in Prag; dort begann Einstein im Frühling 1911 mit der Arbeit.

Der Umzug nach Prag war für Mileva eine Aufregung zuviel. Das unkonventionelle Leben mit Einstein in der behaglichen Umgebung von Bern und Zürich war etwas ganz anderes gewesen als das in der Hauptstadt Böhmens, in der brütenden Atmosphäre der Türme und goldenen Kuppeln. Dieser Schritt war auf seine Art so einschüchternd wie der, den Mileva fünfzehn Jahre zuvor gemacht hatte, als sie Ungarn verließ, um in der Schweiz ein neues Leben zu beginnen. Damals war sie eine junge Studentin gewesen, von akademischem Ehrgeiz angetrieben. Jetzt war sie eine verheiratete Frau Mitte Dreißig mit zwei kleinen Kindern im Schlepptau, und der Umzug wurde einzig der Karriere ihres Mannes zuliebe gemacht. Es war ein Spiel, bei dem sie nichts zu gewinnen hatte.

Selbst Einstein hatte seine Zweifel. Wie Mileva gefiel ihm das Leben in Zürich. Ihm gefielen die lockere Atmosphäre, die schöne Lage am See und die Nähe so vieler Freunde, mit denen er musizieren und diskutieren konnte. Vor allem machte seine Arbeit gute Fortschritte. Während der achtzehn Monate dort schrieb er elf wissenschaftliche Arbeiten. Und zudem war Prag keineswegs der Mittelpunkt der theoretischen Physik; bis heute bleibt es ein Rätsel, warum Einstein den Ruf annahm. Mileva schrieb Helene Savić, ihr Mann habe ihn »nach reichlicher Überlegung« angenommen, aber das kann kaum die ganze Erklärung sein. Es stimmt, er wurde damit ordentlicher Professor, und das höhere Gehalt muß einem Mann mit einer wachsenden Familie willkommen gewesen sein – Geld war für Einstein viel wichtiger, als oft angenommen wird. Aber er hätte auch dann alle Aussichten auf Beförderung gehabt, wenn er in Zürich geblieben wäre. Er hatte in der Fakultät aufgrund seiner eigenwilligen Art einige Federn lassen müssen, aber eine Gehaltserhöhung im Sommer 1910 verhieß weitere, größere Dinge. Diese Aufbesserung wurde ihm zugebilligt, als Studenten ein Gesuch an die Erziehungsdirektion des Kantons eingereicht hatten, ihnen diesen »hervorragenden Forscher und Dozenten« zu erhalten.

Aber all die Überlegungen, die Zürich zu einem so angenehmen Aufenthaltsort machten, waren für einen ruhelosen Mann auch ein Grund, es zu verlassen. Zehn Jahre zuvor hatte Einstein wütend von dem Unwissen und der Behäbigkeit der Physiker erzählt, denen er am Technikum in Winterthur begegnet war. »Ob ich wohl auch so denkfaul würde, wenn es mir einmal gut ginge?« fragte er sich. »Ich glaube nicht, doch scheint die Gefahr wirklich groß zu sein.« Der Umzug in eine Umgebung voll neuer Anregungen war eine Möglichkeit, dieser Gefahr zu entgehen. Es gab viele Bewerber um die Stelle in Prag; sein Hauptrivale, Gustav Jaumann, Professor am Technischen Institut in Brünn, zog seine Bewerbung jedoch verstimmt zurück und spottete, das Interesse der Deutschen Universität an Einstein zeige, daß sie »der Modernität nachjage«. Mileva, die sich in Zürich mehr daheim fühlte als irgendwo sonst, gab nur widerwillig ihren Segen.

Hätte sie gewußt, wie miserabel ihr Leben in Prag sein würde, hätte sie vielleicht mehr gekämpft. Die Stadt war unfreundlich, zerrissen durch die Spannung zwischen den eingeborenen Tschechen und ihren Oberherren aus dem habsburgischen Reich. Die Universitäten boten keine Ausweichmöglichkeiten aus dieser Apartheid des neunzehnten Jahrhunderts. Es gab eine Universität für die Tschechen, eine für die deutschsprechende Minderheit, und jede hatte ihr eigenes hermetisch abgeschlossenes Gesellschaftssystem. Mitunter lernten selbst Professoren, die sich mit den gleichen Problemen befaßten, aber an den getrennten Universitäten lehrten, einander erst auf Kongressen im Ausland kennen. »Dort wechselten sie einige höfliche Redensarten und vergaßen ihre Bekanntschaft nach der Rückkehr wieder.« Diese schwierige Lage wurde zusätzlich durch die Existenz einer großen jüdischen Gemeinde erschwert, deren früheres Ghetto 1850 offiziell in die Stadt eingegliedert worden war. Der Antisemitismus hatte unter den Tschechen eine lange Geschichte, und die Vorurteile, die später im Nationalsozialismus auflebten, hatten schon damals einen wachsenden Einfluß auf die deutsche Gesellschaft. Einstein und Mileva waren dazu verdammt, in dieser gemischten Stadt Außenseiter zu sein.

Hans Albert und Einsteins Stiefschwiegersohn Dimitri Marianoff gewannen beide den Eindruck, Einstein habe Prag sehr gemocht. Seine Briefe aus der Zeit lassen auf anderes schließen, wenn er auch bei der Übernahme der Professur Anfang April anscheinend recht zufrieden war. Er schrieb Freunden, er habe in diesem »glänzenden Institut« großartige Arbeitsbedingungen vorgefunden, pries die »ziemlich gute« Bibliothek und erklärte, seine neue Stellung als Direktor des Instituts für Theoretische Physik mache ihm »viel Freude«.

Es gibt einen Hinweis darauf, daß die Familie aus ihrer ersten Wohnung ausziehen mußte, weil die Nachbarn sich über Eduards Weinen beschwerten; sie bezogen eine Dreizimmerwohnung in einem neu errichteten Jugendstilgebäude im Bezirk Smíchow auf dem linken Ufer der Moldau. Die Wohnung hatte elektrisches Licht, und aufgrund von Einsteins besserem Einkommen konnte sich Mileva jetzt ein Hausmädchen leisten. Aber diese Annehmlichkeiten trösteten sie wohl kaum über den alles durchdringenden Schmutz und die Verwahrlosung hinweg, die einen bedrückenden Gegensatz zu der so sauberen und reinlichen Schweiz darstellten.

Ein Problem war das Ungeziefer. Einstein könnte es selbst unwissentlich in die Wohnung gebracht haben, als er eine gebrauchte Matratze kaufte. Im Zimmer des Dienstmädchens war eines Nachts ein Feuer ausgebrochen. Einstein, so wird erzählt, »stürzte mit einem Wassereimer hinein und war, obwohl er sich dort nur ein paar Minuten aufgehalten hatte, sofort voller Flöhe und mußte in die Badewanne.« Auch das war eine eher unangenehme Sache. Das Leitungswasser kam direkt aus dem Fluß; es war braun und hinterließ in den Becken einen dunklen Belag. Das Kochwasser wurde im Straßenbrunnen geschöpft, aber, wie Einstein seinem Freund Lucien Chavan in Bern klagte, nur abgekochtes Wasser war trinkbar. Unter diesen Bedingungen bestand immer die Gefahr einer Typhusepidemie, und die Flöhe konnten Pocken übertragen. Zu der deprimierenden Stimmung kamen die Luftverschmutzung und die drückende Sommerhitze hinzu.

Später machte sich Einstein über die Schwierigkeiten in Prag lustig. »Je dreckiger ein Volk lebt, um so zäher ist seine Gesundheit.« Er brüstete sich Besso gegenüber im Mai 1911 damit, daß seine Söhne von einer wirklich robusten Gesundheit seien, wie Stadtkinder selten. Tatsächlich hatte die Familie viel unter Krankheiten zu leiden, solange sie in Prag lebte, und ein Besucher fand Einstein sogar »ernsthaft erkrankt«. Dies muß den Druck auf Mileva, die sich sehr einsam fühlte, noch verstärkt haben. Sie war nie besonders geschickt im Umgang mit Fremden und hatte wenig Gelegenheit, Kontakt mit den anderen Professoren und ihren Frauen aufzunehmen. Deren Unterhaltung war gespickt mit höhnischen Bemerkungen gegen die Slawen und himmelweit entfernt von der liberalen Einstellung in Zürich. Philipp Frank, der Nachfolger Einsteins an der Deutschen Universität, erzählte, wie zwei Professoren einmal ein Brett sahen, das sehr lose hing und herunterzufallen drohte. »Das schadet nicht viel«, sagte der eine, »denn es ist ziemlich wahrscheinlich, daß es beim Herunterfallen einen Tschechen trifft.« Einsteins engster Kollege Lampa war seiner Geburt nach Tscheche, aber unter Deutschen aufgewachsen und von Deutschen erzogen worden. Auf dem Postamt wies er Postkarten zurück, auf denen das Wort »Postkarte« in beiden Sprachen gedruckt war, verlangte eine, auf der nur das deutsche Wort stand und begann darüber einen Streit mit dem Postbeamten. Einstein erzählte selbst, er habe vom Institutsdiener wissen wollen, wo er Wolldecken kaufen könne: »Sein Vorgänger – Herr Lippich – erfährt, dass er uns ein Geschäft empfohlen hat, dessen Inhaber ein Tscheche ist. Sofort schickt er sein Dienstmädchen zu mir, um mich zu bitten, die Decken in einem ›deutschen‹ Geschäft zu kaufen.« Einstein bemerkte dazu: »Die Animosität zwischen Deutschen & Tschechen scheint bedeutend.«

Sein erster Eindruck von den Ortsansässigen (und einer, der ihn als ein Liebhaber von Knödeln ausweist) war, daß sie Meister im Kochen sind und ihnen »eine gewisse Grazie eigen« sei. Innerhalb weniger Wochen jedoch beschwerte er sich, sie seien ihm »so fremd« und seien »gar keine Menschen mit natürlichem Empfinden«, sondern seelenlos und ohne Nächstenliebe. Wenn er sich umschaute, sah er eine Gesellschaft, in der es »protzenhaften Luxus und daneben schleichendes Elend auf der Straße« gab. Die Bevölkerung war im großen und ganzen unfreundlich zu Deutschen und sprach nicht seine Sprache. Er bat Besso, die Einsamkeit des Paares zu entlasten und »seinen Wigwam« in Prag aufzuschlagen. »Wie könnte man hier einen Mann von Deiner Intelligenz und Deinem Wohlwollen brauchen!«

Einstein fand bald heraus, daß auch seine akademische Stellung ihre Nachteile hatte. Obwohl er ausdrücklich als Professor für theoretische Physik angestellt worden war, hatte er sofort herausgefunden, daß er sich auch mit dem beschäftigen mußte, was er »experimentelle Abenteuer« nannte. Das Herumbasteln im Labor war nicht seine Stärke (er war immer angenehm überrascht, wenn etwas gelang, erinnerte sich Hans Albert), und es nahm ihm Zeit zum Denken. Seine Studenten schienen weniger fleißig und gescheit zu sein als in der Schweiz, und Einstein war betrübt über die Interesselosigkeit an seinem »schönen Fach«. Er war schon von Anton Lampa davor gewarnt worden, der zu dem Komitee gehört hatte, das ihn für die Stelle vorgeschlagen hatte. Einstein hatte sich geweigert, es zu glauben: Er war sicher, »auch aus diesem Wald würde die Stimme so tönen, wie man hineinruft.« Er war sehr enttäuscht, denn »nur ein ordentliches Mannsbild und sonst nur ein halbes Dutzend halbwegs brauchbare Studentinnen« nahmen an seinem Seminar teil. Die Isolation Prags von der laufenden Forschung in Europa bedeutete auch, daß seine Kollegen nicht in der Lage waren, seine Arbeit mit ihm zu erörtern. Außerdem war die Bürokratie übermächtig. Einstein witzelte, daß er ein »Gesuch um Bewilligung des Reinigungsgeldes für die Institutsräume an die hohe Stadthalterei« einreichen müsse. Die »Tintenscheißerei« sei endlos.

Die Bürokratie hatte ihm von Anfang an zu schaffen gemacht, als er keine Religionszugehörigkeit angegeben hatte, was seine zukünftigen Arbeitgeber als beleidigend empfanden. Die Behörden gaben sich erst zufrieden, nachdem er sich mit der gebotenen Feierlichkeit zum mosaischen Glauben bekannt hatte. Dann fand dieser große Hasser von Formalitäten heraus, daß er zur Vereidigung vor den k. und k. Autoritäten eine teure, mit goldenen Tressen verzierte Uniform kaufen mußte, zu der ein Dreispitz gehörte und ein Mantel, unter den ganz nach Vorschrift ein Degen zu schnallen war. Seine übliche Kleidung dagegen war so wenig elegant, daß er einmal zu einem Empfang in einem Prager Luxushotel in einem dunkelblauen Arbeiterhemd ging und mit dem Elektriker verwechselt wurde. Jeden Tag mußte er auf dem Weg ins Institut die Zähne zusammenbeißen, wenn der Institutspförtner, »ein serviler, nach Alkohol riechender Mensch« sich vor ihm verbeugte und »ergebenster Diener!« sagte. Die Menschen in Prag seien, so bemerkt er, »gemütlos und ein eigentümliches Gemisch von standesdünkelhaft und servil.«

Einstein hielt sich von all diesem zurück, aber er versuchte auch nicht mehr wie früher, mit Mileva gemeinsam gegen die Welt anzugehen. Wenn er Freunde fand, behielt er sie anscheinend für sich. Marianoff schrieb:

Er saß gern mit seinen Kollegen unter den Bäumen in den Gärten der Cafés an der Moldau, um dort »Milchkaffee« und Bier zu trinken. Auch Mileva war eine Mathematikerin. Sie hätte gern an die-

sen Gesprächen teilgenommen, aber sie mußte bei ihren Kindern daheim bleiben, und sie wurde jeden Tag stiller und unzufriedener ... Milevas heftigem Temperament gefiel es gar nicht, daß sie niemals voll von Einstein ins Vertrauen gezogen wurde, wenn es um die Arbeit an seinen Problemen ging.

Ein ernüchterndes Porträt Einsteins findet sich in einem historischen Roman seines Prager Zeitgenossen Max Brod. Brod ist heute als der Mann bekannt, der Franz Kafkas Romane für die Nachwelt rettete, indem er nicht den Wunsch seines sterbenden Freundes erfüllte, die unveröffentlichten Manuskripte zu verbrennen. Aber er war auch selbst ein Schriftsteller und ein Mitglied der geistigen Oberschicht Prags. Er traf Einstein im Heim von Berta Fanta, der Frau des Besitzers der Einhorn-Apotheke und Liebhaberin der Naturwissenschaft und Philosophie, die für die jüdischen Intellektuellen der Stadt jeden Dienstag einen Jour fixe hielt. Der relativ unbekannte Kafka saß bei den seltenen Gelegenheiten, zu denen er überhaupt erschien, stumm in einer Ecke. Einstein dagegen nahm starken Anteil an den Gesprächen, die über die Philosophie von Kant bis Hegel gingen. Seine kühle Gleichgültigkeit überkommener Weisheit gegenüber machte großen Eindruck auf seine Umwelt. Brod, der Einstein oft auf dem Klavier begleitete, wenn er Mozartsonaten spielte, skizzierte in seinem Roman ›Tycho Brahes Weg zu Gott‹ ein Bild von Einstein.

Der wirkliche Brahe war 1599 in Prag zum Hofmathematiker ernannt worden, aber zwei Jahre später bei einem Fest an einer geplatzten Blase gestorben. Er sicherte sich einen Platz in der Geschichte, indem er die Grundlagen der modernen Präzisionsastronomie legte, wobei ihm seine Schwester Sophia half. Max Brod verlieh der Gestalt von Brahes Kollegen und Nachfolger Johannes Kepler Züge Einsteins. Kepler, einer der größten Wissenschaftler überhaupt, hatte ein etwas anstößiges Wesen – er bekannte sich zu einer »hundeähnlichen Angst vor einem Bad« – und eine depressive und schlechtgelaunte Frau Barbara. Sein Verdienst war es, die Gesetze der Planetenbewegung entdeckt zu haben, die zeigten, daß die Bahnen elliptisch und nicht kreisförmig sind, wie man es seit den alten Griechen angenommen hatte.

In seinem Roman schrieb Brod Kepler eine fast schaurige Gelassenheit zu, die Einsteins Freunde sofort wiedererkannten. Hier war ein Wissenschaftler, der sich mit äußerster Hingabe seinen Studien widmete und der diese Hingabe zu einer unangreifbaren Festung gegen »die Irrungen der Gefühle« ausbaute, wie der Landsknecht im Volksmärchen, der dem Teufel sein Herz für einen schußfesten Panzer verkaufte. Brod schildert seine »fast übermenschliche« Abgehobenheit so: »Die Ruhe, mit der er seinen Arbeiten nachging und die Flöten der Schmeichler gänzlich überhörte, hatte für Tycho etwas Außermenschliches, unbegreiflich Gefühlloses, aus einer fernen Eisregion Herwehendes ... Er [Kepler] hatte kein Herz. Und eben deshalb hatte er vor der Welt nichts zu fürchten. Er hatte kein Gefühl, keine Liebe ...« Bei der Beschreibung dieser unnatürlichen Ruhe ließ Brod den leidenschaftlicheren Tycho Brahe Kepler betrachten und stöhnen: »Ein reiner Engel! Aber ist er es wirklich? Ist er vielmehr nicht grausam mitleidslos?« An anderer Stelle konfrontiert Tycho Kepler und sagt ihm: »Du nimmst auf nichts Rücksicht, gehst deinen heiligen Weg gerade aus ... du dienst eigentlich nicht der Wahrheit, sondern nur dir selbst, das ist deine Reinheit und Unberührtheit.« Ein verlegener Brod bestand später darauf, er habe zwar Einstein als Modell für Kepler genommen, aber nicht die Absicht gehabt, Einstein als ebenso herzlos zu schildern; sie seien nur gegenüber der überkommenen Meinung gleich intolerant gewesen. Einsteins Freunde brauchten keine solchen Vorbehalte zu machen; der Physikochemiker Walther Nernst las das Buch und sagte zu ihm: »Dieser Kepler, das sind Sie!« In seiner Einsteinbiographie zitiert Philipp Frank Brod ausführlich, um Einsteins Persönlichkeit zu beleuchten. Er beschrieb Einsteins Abneigung gegen Intimität als »einen Charakterzug, der ihn immer unter seinen Studenten, seinen Kollegen, seinen Freunden und seiner Familie hat einsam sein lassen.«

Einstein selbst war sich seiner wachsenden Isolation von der Alltagswelt wohl bewußt. Ein großer Teil der Prager Zeit ging an die Paradoxien der Quantentheorie verloren. Von seinem Arbeitszimmer in der Universität aus hatte er einen Blick über die Gärten der böhmischen Nervenheilanstalt, und er verglich sich selbst mit den Insassen dort. »Sie sehen dort einen Teil der

Verrückten, die sich nicht mit Quantentheorie beschäftigen«, sagte er zu Frank. Aber Einstein war nicht verrückt, und er wanderte nicht ziellos herum. Er hatte Fortschritte gemacht, besonders im Verständnis der Schwerkraft.

Vier Jahre zuvor hatte Einstein die Ansicht vertreten, die Schwerkraft könne Lichtstrahlen ablenken. Dies ist immer noch ein verblüffender Gedanke: Ein Strahl Sonnenlicht scheint nicht genug Substanz zu haben, als daß er den Sog der Schwerkraft fühlen könnte. Da aber Licht Energie hat (das erlaubt es der Sonne, die Erde zu erwärmen) geht aus $E = mc^2$ hervor, daß es auch Masse haben muß. Wie alles andere, das Masse besitzt, muß es auch die Wirkung der Schwerkraft spüren. Einstein hatte 1907 gedacht, die Wirkung sei zu klein, um beobachtbar zu sein. Jetzt war Einstein davon überzeugt, der Effekt ließe sich experimentell nachweisen, indem man prüfte, ob Licht von Sternen verzerrt wird, wenn es an der Sonne vorbeigeht. Er berechnete die zu erwartende Ablenkung und appellierte im Juni 1911 an die Astronomen, seine Ergebnisse zu bestätigen.

In gewisser Weise entdeckte Einstein damit Gedanken aus der Vergangenheit wieder, die ihm womöglich in den populärwissenschaftlichen Büchern begegnet waren, die er als Jugendlicher verschlungen hatte. In der zweiten Ausgabe seiner großen ›Opticks‹ von 1717 hatte Newton sich selbst die Frage gestellt: »Wirken nicht die Körper schon aus einiger Entfernung auf das Licht und beugen dadurch seine Strahlen?«, sie aber unbeantwortet gelassen. Ohne daß Einstein es wußte, war seine eigene Antwort schon 1801 von dem deutschen Astronomen Johann Georg von Soldner vorweggenommen worden, der fast dieselbe Ablenkung durch die Sonne berechnete. Später ließ Philipp Lenard von Soldners Arbeit nachdrucken, um zu beweisen, daß ein Arier des neunzehnten Jahrhunderts dem Juden des zwanzigsten voraus war, aber das Ergebnis von 1911 war nur eine Station auf Einsteins Weg. Er erkannte vier Jahre später, daß seine Theorie eine doppelt so große Ablenkung vorhersagte, weil danach auch der Raum »gekrümmt« war.

Einstein war jetzt immer mehr gefragt, und Mileva verbrachte einen großen Teil des Herbstes 1911 allein. Im September nahm Einstein an einer wichtigen Konferenz in Karlsruhe teil; im

Oktober hielt er in Zürich eine Reihe von Vorlesungen für Gymnasiallehrer. Aber seine bei weitem wichtigste Verpflichtung nahm er Anfang November wahr, als er an einem Treffen der führenden europäischen Physiker teilnahm, das Ernst Solvay, ein wohlhabender Industriechemiker, organisiert hatte. Einstein murrte, dieser Solvay-Kongreß – der erste von vielen – sei ein »Hexensabbath« und eine Unterbrechung seiner Arbeit. Er stellte ihn jedoch in eine Reihe mit einigen der größten Gestalten der Wissenschaft des zwanzigsten Jahrhunderts. Außer Marie Curie und Max Planck traf er dort Ernest Rutherford, den Mann, der die Geheimnisse des Atoms erschlossen hatte, Hendrik Lorentz, den holländischen Physiker, dessen Arbeit die Grundlagen für die Relativitätstheorie gelegt hatte, und Henri Poincaré, eine Legende unter den Mathematikern. Einstein ging mit zwei dieser Giganten Freundschaften ein, die ein Schlaglicht auf seinen eigenen Charakter werfen. Der eine war Lorentz, mit dem gemeinsam er ohne Erfolg für den Nobelpreis 1912 nominiert werden sollte. Einstein wechselte mit Lorentz seit März 1909 Briefe zur Strahlungstheorie. Schon im Mai des Jahres schrieb er: »Ich bewundere diesen Mann wie keinen andern, ich möchte sagen, ich liebe ihn.« Die beiden trafen sich im Februar 1911 zum ersten Mal, als Einstein zu einem Vortrag nach Leiden eingeladen wurde und mit Mileva bei Lorentz wohnte. In einem überschwenglichen Dankesbrief schrieb Einstein davon, sein Gastgeber strahle eine solche Güte und Menschenfreundlichkeit aus, daß während seines Aufenthalts »nicht einmal die quälende Überzeugung sich entwickeln konnte, daß mir soviel Güte und Auszeichnung unverdient zuteil wird.« Später kehrte er von Brüssel voll erneuter Bewunderung zurück und berichtete, Lorentz habe die Solvay-Konferenz mit »unvergleichlichem Takt und unglaublicher Virtuosität« geleitet.

Abraham Pais hat Lorentz eine Vaterfigur für Einstein genannt, und es scheint keinen Grund zu geben, dem zu widersprechen. Lorentz, ruhig und würdig, mit einem gepflegten weißen Bart, war um ein Vierteljahrhundert älter als Einstein. Seine Art weckte in den Menschen seiner Umgebung ein warmes Gefühl der Sympathie. Einstein gegenüber, dessen Werk so viele Gemeinsamkeiten mit dem seinen hatte, war diese Wärme besonders stark. Ein gemeinsamer Freund erinnerte sich daran, wie Lorentz Einstein ein Problem vorlegte und sich dann zurücklehnte. »Lorentz saß lächelnd – genau wie ein Vater, der auf einen besonders geliebten Sohn blickt – einem ganz in Gedanken versunkenen Einstein gegenüber, voll Vertrauen darauf, daß der Sohn die Nuß, die er ihm gegeben hat, schon knacken wird, aber auch voll Neugier, wie er das schaffen würde.«

Wie Pais betont, lebte Lorentz fast sein ganzes Leben lang in den behaglichen Grenzen der holländischen oberen Mittelklasse. Sein Leben hatte eine Stabilität und Gelassenheit, um die ihn sein umtriebiger Bewunderer eher beneidete. Das wurde deutlich in der Ansprache, die Einstein 1928 am Grab von Lorentz hielt, in der er sagte, Lorentz habe sein Leben »wie ein köstliches Kunstwerk bis ins Kleinste gestaltet.« Einen ähnlichen Kompromiß zwischen wissenschaftlichem Streben und bürgerlichem Leben hatte auch Einsteins Vater gesucht, wenn auch auf viel bescheidenere und unbeholfenere Weise. Einsteins Beschreibung seines Vaters (»außerordentlich freundlich, mild und weise«) klingt sicherlich in dem Tribut an, den er der »nieversagenden Güte und Großherzigkeit, seinem Gerechtigkeitsgefühl, der unfehlbaren Freundlichkeit« und dem »sicheren intuitiven Einblick in Menschen und Verhältnisse« von Lorentz zollte. »Alle folgten ihm freudig«, sagte Einstein, »denn sie fühlten, daß er nie beherrschen, sondern stets nur dienen wollte.«

Einsteins andere denkwürdige Begegnung war die mit Marie Curie, für die die Konferenz in eine Zeit großer persönlicher Schwierigkeiten fiel. Zeitungsberichte, die auf gestohlenen Briefen beruhten, posaunten in die Welt hinaus, daß sie eine ehebrecherische Beziehung zu dem Franzosen Paul Langevin unterhielt. Man munkelte, das Paar wolle weglaufen. Für Curie mußte das demütigend sein. Seit dem Tode ihres Mannes Pierre, der 1906 von einer Pferdekutsche überfahren worden war, galt sie in der Öffentlichkeit als Urbild der treuen Witwe. Jetzt wurde sie als eine unmoralische Frau angesehen, und es gab einen internationalen Skandal. Einstein, für den das Thema des Ehebruchs bald von mehr als nur akademischem Interesse sein sollte, schaute mit gequältem Vergnügen und mit Verachtung für die lüsterne Aufregung zu. »Die in den Zeitungen kolportierte

Schauergeschichte ist Unsinn«, schrieb er einem Freund. Es sei schon länger bekannt, daß Langevin sich von seiner Frau scheiden lassen wolle. Wenn er Frau Curie liebe und sie ihn, brauchten sie nicht durchzubrennen, sondern könnten sich in Paris treffen. Nach dieser kernigen Ansicht lebte Einstein selbst in seinem eigenen späteren Leben, und Curies Verleumdung in der Presse kann seine Entschiedenheit, solche Sachen aus den Schlagzeilen herauszuhalten, nur bestärkt haben.

Aber vielleicht war seine Einstellung zu Curie als Frau noch aufschlußreicher. Er fand es schwer zu glauben, daß Langevin mit ihr eine romantische Beziehung haben könnte. Er hatte das Paar zusammen mit Langevins Frau gesehen und keine besondere Spannung bemerkt. Wichtiger noch, Curie war einfach zu schlicht. »Sie hat eine sprühende Intelligenz«, schrieb Einstein, »ist aber trotz ihrer Leidenschaftlichkeit nicht anziehend genug, um jemandem gefährlich zu werden.«

Liebenswürdigerweise wurde gelegentlich behauptet, Mileva sei beim Solvay-Kongreß dabeigewesen und habe am Ruhm ihres Mannes Anteil gehabt. Tatsächlich ließ Einstein sie daheim. Ein klagender Brief von Mileva Anfang Oktober deutete an, wie sie ihre Trennung während dieser Monate empfand. »Das muß sicher sehr interessant gewesen sein in Karlsruhe«, schrieb sie. »Ich hätte gar zu gerne auch ein wenig zugehört, und alle diese feinen Leute gesehen ... Es ist jetzt schon eine Ewigkeit dass wir uns nicht gesehen, ob Du mich wohl noch erkennen wirst?« Sie unterzeichnete den Brief immer noch mit D[oxerl] – genauer: von Deiner alten D – und nannte ihn mit dem neuen Kosenamen »Babu«. Seine eigenen Karten, an »Liebes Weiberl« adressiert und mit »Ba« signiert, lassen immer wieder wirkliche Zuneigung aufblitzen. Um ein Uhr nachts habe er unterwegs »mit großer Rührung und inniger Anwandlung von Zärtlichkeit den Schinken entdeckt und sofort verschlungen«. Auch die Äpfel, die zum von Mileva gepackten Reiseproviant gehörten, hätten »unendlich gutgetan in dem fürchterlichen Schwitzkasten«. Nahrung blieb der sicherste Weg zu Einsteins Herz, und in solch etwas närrischen Augenblicken lebte die alte Liebe wieder auf.

Gegen Ende des Jahres erfuhr Einstein, daß Marie Winteler, die von ihm sitzengelassene Freundin, geheiratet hatte. »Damit verschwindet ein dunkler Punkt in meinem Leben«, schrieb er an Besso. Eine andere Wendung des Schicksals hatte für Mileva eine unwillkommene Erinnerung an die Vergangenheit gebracht. Aus Einsteins Briefen an Besso läßt sich schließen, daß Fanni, das Hausmädchen, ein uneheliches Kind zur Welt brachte. Das Ehepaar Einstein wurde in erfolglose Versuche verwickelt, ein Heim für das Kind zu finden. Im September 1911 ließen sie es zu, daß Fanni mit dem Kind bei ihnen in der Wohnung blieb; Einstein berichtete Besso, das Kind solle später zur Großmutter kommen. Das Echo ihrer eigenen Schwierigkeiten neun Jahre zuvor kann an Mileva nicht spurlos vorübergegangen sein.

Wie sehr sie in den Hintergrund von Einsteins Lebens rückt, wird durch die Schilderung verdeutlicht, die Paul Ehrenfest von einem Besuch in Prag im Februar 1912 gab. Ehrenfest war ein glänzender Physiker, den Einstein als den besten Lehrer der Physik beschrieb, dem er je begegnet war. Ehrenfest war jedoch ein zutiefst unglücklicher Mann, der von Selbstzweifeln und dem Gefühl, den sich selbst gesteckten Zielen nicht gewachsen zu sein, geplagt wurde. Er war seiner Frau und Mitarbeiterin Tatjana ergeben und beging schließlich, als es zu einer Entfremdung gekommen war, Selbstmord. Im selben Anfall von Verzweiflung schoß er auch auf seinen geistig behinderten jüngsten Sohn, der dadurch erblindete. Obwohl Ehrenfest immer zu Einsteins eher unbeständigen Freunden gehörte, hatten sie eine besonders enge Beziehung. Zunächst kam es im Frühling 1911 zu einem Briefwechsel. Als der Österreicher auf Stellungssuche in Europa herumreiste, lud Einstein ihn in seine Prager Wohnung ein. Die beiden Männer verstanden sich sofort. Wenn sie sich nicht angeregt über Physik unterhielten, spielten sie Brahms, Einstein auf der Geige und Ehrenfest am Klavier.

Ehrenfest führte ein genaues Tagebuch, das sogar Skizzen der Menschen enthielt, die ihm zufällig im Zug gegenüber saßen, und er verzeichnete, daß er am Prager Franz-Josef-Bahnhof genau um 2.50 Uhr nachmittags ankam. In der für ihn typischen vollständigen Beschreibung seines »schrecklich glücklichen« Aufenthalts bei den Einsteins kommt jedoch Milevas Name kaum vor. Sie holte ihn mit Einstein zusammen vom Bahnhof ab. Sie begleitete ihn auch eine Woche später zum Abschied wieder zum Bahnhof. Aber das war auch alles. Ehrenfests Biograph erzählte, wie Einsteins ihren Gast gleich vom Bahnhof in ein Kaffeehaus führten. Solange Mileva dabei war, beschränkte sich die Unterhaltung auf ein Gespräch über Prag, Zürich und Wien. Erst als sie nach Haus ging, wurde die Unterhaltung lebhaft, und die beiden Männer diskutierten angeregt über statistische Mechanik.

Der Besucher fand besonderen Gefallen an dem kleinen Hans Albert, mit dem er in den Pausen zwischen den wissenschaftlichen Unterhaltungen scherzte und spielte. Ehrenfest nannte ihn ein »liebes, liebes Buberl« und saß beim Essen neben ihm. Er nahm ihn auch einmal in ein Museum mit und ging bei einem Sonntagsnachmittagsspaziergang neben ihm, während Einstein den Kinderwagen mit Eduard schob. Hans Albert war mit den Mühen des Prager Lebens besser fertig geworden als die übrige Familie. Er ging gern zur Schule, machte gute Fortschritte beim Klavierunterricht und er stellte »seinem Papa mit Freuden interessante Fragen zu Physik, Mathematik und Natur«, schrieb Mileva.

Aber das Wesen des kleinen Jungen hatte auch eine einsame und düstere Seite. Er hatte die Gewohnheit entwickelt, auf dem Heimweg von der Schule am Fluß herumzutrödeln und an einer Schleuse zu beobachten, wie das Wasser hindurchsauste. Die Elementarkraft des Stroms fesselte ihn, und er beobachtete sie so lange, daß eine ängstliche Mileva ihn bei seiner Rückkehr schalt. Dies war der Beginn einer Faszination für Wasser, die seine spätere Arbeit als Hydrauliker inspirierte. Er konnte sich in die großen Kräfte hineindenken, die Flüsse herausgraben, genau wie es sein Vater mit den großen Kräften des Kosmos zu tun vorgab. Ob dieses Trödeln auch eine Art war, die Rückkehr zu verzögern, läßt sich nur vermuten. Aber Hans Albert erinnerte sich, daß er etwa zu dieser Zeit die wachsende Spannung zwischen seinen Eltern bemerkte.

Er erzählte seiner zweiten Frau, daß die Unstimmigkeiten nach seinem achten Geburtstag im Mai 1912 deutlich wurden. Seine Datumsangabe ist faszinierend, weil wir wissen, daß Einstein zu dieser Zeit gerade wieder Kontakt zu seiner Kusine Elsa aufgenommen hatte, der Frau also, die seine zweite Frau werden sollte. Keine Biographie hat bisher eine zufriedenstellende Darstellung von Elsas Rolle bei der Auflösung der ersten Ehe Einsteins geben können, für die die Schuld gewöhnlich allein Mileva zugeschrieben wird. Das Geheimnis, das Einsteins Liaison mit seiner Kusine umgab, spricht sowohl für Einsteins Geschick, seine Spuren zu verwischen, wie für die Bewunderung, die er in den Menschen seiner Umgebung auslöste. Jene, die die Wahrheit kannten, sorgten dafür, daß sie jahrzehntelang verborgen blieb.

7
JEMAND LIEBHABEN MUSS ICH ABER

Jene, die Elsa und Mileva kannten, hielten Elsa für hübscher als Mileva, und mit ihren blauen Augen, dem blonden Haar und der fülligen Figur – die zum Teil auf eine Schwäche für Pralinés zurückzuführen war – hätte sie in ihrer Blütezeit in einer Liebhaberaufführung einer Wagneroper wohl eine Walküre spielen können. Sie war jedoch immer von einem Hauch von Absurdität umgeben. Es gibt zum Beispiel viele spöttische Anekdoten über ihre Kurzsichtigkeit. So wird behauptet, sie habe einmal bei einem Bankett die Orchideen der Tischdekoration für Salat gehalten und damit eine auf ihrem Teller begonnen zu zerteilen. Die Eitelkeit ließ sie eine Lorgnette einer Brille vorziehen. Einsteins wirrer Haarschopf ist gelegentlich zum Teil ihren Versuchen zugeschrieben worden, ihm die Haare zu schneiden; dabei mußte sie dann immer einmal die Brille hochheben, um den Fortschritt beurteilen zu können.

Auch ihr eigenes Haar war nicht sehr gepflegt – eine wilde Frisur war eine der vielen Familiencharakteristika, die Elsa und Einstein teilten. Fotografien zeigen sie mit derselben ausgeprägten Nase, den gleichen vorstehenden Augenbrauen und dem gleichen entschiedenen Kinn. Im Lauf der Jahre wurden Elsa und Einstein einander immer ähnlicher. Auf vielen Fotografien wäre das Paar ununterscheidbar, wenn man Elsa einen Schnurrbart aufmalen würde. Ein Rabbi, der sie sechzehn Jahre nach ihrer Eheschließung besuchte, schrieb: »Die Ähnlichkeit zwischen Frau Einstein und ihrem Mann war verblüffend. Auch sie war klein und gedrungen, und sie trug ihr Haar genau so leicht gelockt wie er, aber ihres war nicht ganz so grau wie seins. Sogar ihre Kleidung ähnelte der ihres Mannes – Pullover und bequeme Hosen.«

Diese große Ähnlichkeit war ein Grund, warum sich Einstein in Elsas Gesellschaft so wohl fühlte. Das Leben mit Mileva bedeutete die Trennung von seiner Familie; jetzt, nachdem die Ehe nicht mehr glücklich war, suchte er bei ihr erneut Wärme und Geborgenheit. Einstein und Elsa waren gleich doppelt verwandt. Ihr Vater, Rudolf, war ein Vetter ersten Grades von Einsteins Vater, und ihre Mutter, Fanny, war eine Schwester von Einsteins Mutter. Rudolf war Hermanns Hauptgläubiger gewesen, als seine Firma bankrott ging. Rudolf und Fanny wiederum nahmen Pauline nach Hermanns Tod 1902 bei sich auf, und sie blieb bei ihnen, bis sie 1911 in Heilbronn eine Stellung als Haushälterin annahm.

Elsa war 1876 in Hechingen geboren worden, einer kleinen schwäbischen Stadt, in der ihre Familie verwurzelt war und die auch Einstein als eine Art geistiger Heimat sah (die Urkunde über seine Mitgliedschaft in der Akademie Olympia 1903 war an »den Mann aus Hechingen« adressiert). Ihre Sprache hatte dieselbe Dialektfärbung wie seine, sie gebrauchten dieselben Ausdrücke und rätselhaften Anspielungen, teilten sogar viele Familienerinnerungen. Als Einstein in München aufwuchs, kam Elsas Familie oft zu Besuch nach München, und die Kinder spielten oft zusammen. Sie machten dieselben Sonntagsausflüge und erlebten sogar in der Münchner Oper gemeinsam das erste künstlerische Ereignis (sie saß im Parkett, er im Rang). Später behauptete Elsa, sie habe sich schon als Kind in ihren Vetter verliebt, weil er auf der Geige so wunderschön Mozart spielte.

Wie Einstein hatte Elsa außerhalb der Familie geheiratet, als sie Anfang zwanzig war. Ihr Mann, Max Löwenthal, war ein Textilkaufmann schwäbischen Ursprungs, mit dem sie zwei Töchter hatte, Ilse und Margot. Ein 1903 geborener Sohn überlebte nicht. Biographien Einsteins nennen Elsa oft eine Witwe, tatsächlich aber ließ sie sich am 11. Mai 1908 nach etwa zwölf Ehejahren von ihrem Mann scheiden. Sie zog danach mit ihren Töchtern in eine Wohnung, die in der Berliner Haberlandstraße über der Wohnung ihrer Eltern lag.

Die Scheidungsursache bleibt unklar; es gibt lediglich einige dunkle Hinweise, daß Max Löwenthal eine schlechte Partie gewesen war und ihr Geld durchgebracht hatte. Als Elsa ihn verließ, war sie bereit, eine neue Verbindung einzugehen, nicht zuletzt, um ihren Töchtern, an denen sie sehr hing, Sicherheit zu bieten. Beide Mädchen waren schmal und sehr empfindsam. Dimitri Marianoff, der später Margot heiratete, schrieb, seine Braut habe »die Scheu von Kätzchen, die nur selten von der Seite der Mutter weichen.« Fast jeder Bericht über Elsa betont, wie mütterlich sie war. Für Marianoff war diese Eigenschaft fast zu ausgeprägt. »Ihr mütterlicher Instinkt war unnormal und reichte in alle Kanäle des Lebens ihrer Kinder hinein. Er war das Werkzeug, das sie leitete und lenkte.« Marianoffs Ehe mit Margot war ebenso ein Fehlschlag wie die von Löwenthal und Elsa, und ein Grund dafür war, daß Margot sich nie von ihrer Familie lösen konnte.

Viele Beschreibungen schildern Elsa als wenig mehr als einen liebenswürdigen Einfaltspinsel, aber das ist ungerecht. Zum einen war sie nicht immer liebenswürdig. Wenn sie ärgerlich war, konnte sie eine heftige und entschiedene Widersacherin sein; sie erwies sich auch als eine aggressive Verteidigerin der Privatsphäre ihres zweiten Mannes. Außerdem war sie, obwohl sie keine Ahnung von Naturwissenschaft hatte, nicht ohne intellektuelle Ansprüche. Ihre Bibliothek war gut bestückt mit deutscher und europäischer Literatur, und sie nahm 1913 und 1914 an öffentlichen Dichterlesungen teil, bei denen sie unter anderem Werke von Heinrich Heine rezitierte. Obwohl sich eine Rezension wenig günstig über ihr dramatisches Vermögen äußerte, gab sie auch zu, daß sie vom Publikum großen Applaus erntete. Elsa gab Sprechunterricht, um einen Beitrag zur Erziehung ihrer Kinder zu leisten, und war eine talentierte Schauspielerin. So beschränkt auch ihr Horizont gewesen sein mag, ob nun geistig oder von der Sehkraft her, sie hatte doch Feingefühl und Witz.

Es stimmt schon, ihr Hauptinteresse war dem Haushalt gewidmet. Elsa liebte es, für Menschen zu sorgen, für sie zu kochen, es ihnen gemütlich zu machen. Sie verbreitete gern die schwäbische Gemütlichkeit um sich, die sie und ihr Vetter in der Kindheit mit all ihren materiellen Bequemlichkeiten und ihrer schlichten Wärme genossen hatten. Für Einstein waren sie unwiderstehlich. Die bürgerlichen süddeutschen Sicherheiten, die er als junger liebestrunkener Rebell so »philiströs« gefunden hatte, boten ihm jetzt eine willkommene Zuflucht.

Die Verbindung wurde wieder aufgenommen, als er 1912 in der Woche vor Ostern Berlin besuchte. Angeblich wollte er sich mit Kollegen treffen, aber er verbrachte einen großen Teil seiner freien Zeit mit Elsa und ihrer Familie. Die wechselseitige Zuneigung zwischen den beiden scheint sich fast sofort wieder eingestellt zu haben, und sicherlich hat Einstein ausführlich über seine häuslichen Probleme gesprochen. Elsa war eine einfühlsame Zuhörerin und brauchte nicht lange davon überzeugt zu werden, daß Mileva in diesem Stück die Rolle des Schurken spielte. Einstein fühlte sich wohl bei ihr; es gefiel ihm sogar, wenn sie ihn in ihrer »liebenswürdigen Art« auslachte. Sie unternahmen eine »Tour nach Wannsee«. Die Umgebung dieser Seen mit ihren Eichen-, Buchen- und Kiefernwäldern voll lauschiger Plätze war schon immer ein beliebter Treffpunkt für Verliebte. Einstein war »ganz selig«, wenn er an ihren Ausflug dachte, denn der melancholische Reiz dieser Landschaft sprach ihn an. Eine Woche nach seiner Rückkehr nach Prag schrieb er an Elsa: »Ich habe Dich in diesen wenigen Tagen so lieb gewonnen, dass ich Dirs kaum sagen kann.«

Es muß gesagt werden, daß Elsa nicht die einzige von Einsteins weiblichen Verwandten war, auf die sein Auge fiel. Anscheinend flirtete er entweder auf dieser Reise oder schon einige Zeit zuvor auch mit ihrer jüngeren Schwester Paula. In seinem Brief nutzte er die Gelegenheit, Elsa zu versichern, daß sie allein der Gegenstand seiner Wünsche sei und ihre Schwester ihm nur mißfallen habe. »Ich begreife nur schwer, wie ich an ihr habe Gefallen finden können. Eigentlich ist es ganz einfach. Sie war jung, ein Mädchen und entgegenkommend. Das war genug. Das übrige lügt eine liebenswürdige Phantasie.«

Elsa sollte weitere Erfahrungen mit dem schweifenden Blick ihres Vetters machen, aber für den Augenblick genügte dies zu ihrer Beruhigung. Einsteins Brief war die Antwort auf einen Brief, den sie bald nach seiner Abreise aus Berlin abgeschickt hatte, und er war der Beginn eines geheimen Briefwechsels, der fast zwei Jahre andauerte. Elsa schrieb in dem Bemühen, Milevas Argwohn nicht zu wecken, an Einsteins Institut und ließ ihn versprechen, alle ihre Briefe zu vernichten. Sie jedoch bewahrte alle Antworten sorgfältig auf. Die frühesten Briefe waren mit einem

Band zusammengebunden; obenauf lag ein Zettel mit der Bemerkung »besonders schöne Briefe aus den besten Jahren«. Marianoff wußte offenbar von diesen Briefen, denn er schrieb: »Seine Briefe an sie erhielten, würden sie je veröffentlicht, einen Platz unter den großen Liebesbriefen der Welt.« Schließlich gelangten Kopien davon an das Einstein Papers Project und wurden von der Princeton University Press veröffentlicht.

Einsteins erster Brief vom 30. April 1912 war eine eher nervöse Liebeserklärung an seine Kusine. Er erzählte darin von seiner Mutter, die, wie er entdeckt hatte, erwog, nach Berlin zu ziehen, um für ihren Bruder Jakob und ihre Schwägerin Julie Koch den Haushalt zu führen. Diese Tante Julie hatte Einstein einmal als ein »veritables Ungetüm an Arroganz & stumpfsinnigem Formalismus« beschrieben, und er konnte jetzt »sehr fatale« Folgen absehen, wenn sie zum Arbeitgeber seiner Mutter würde. »Sich so ganz in die Hände von Verwandten zu begeben ist gefährlich«, schrieb er Elsa.

Seine Kusine sah die Spannungen in der Familie, die Einstein so bedrückend fand, genau wie er von innen. Es ist nicht einfach, über seinen Eltern zu wohnen, und Einstein beobachtete, daß Elsa »ja so beobachtet« sei. Sie teilte auch seine zwiespältigen Gefühle gegenüber seiner Mutter, mit der sie selbst reichlich Gelegenheit zu Auseinandersetzungen hatte, als Pauline bei Rudolph und Fanny wohnte. Einstein berief sich jetzt auf diesen Fundus an Mitgefühl, als er davon sprach, wie er die Pläne seiner Mutter herausgefunden hatte:

Natürlich lasse ich meine Mutter nichts merken von den üblen Dingen, die ich erfuhr. Davon hätte sie nichts als niederdrükkende Scham. Und bessern thut man sich in diesem Alter nicht mehr. Ich litt früher schrecklich darunter, dass ich sie nicht eigentlich lieben konnte. Wenn ich das schlechte Verhältnis zwischen meiner Frau und Maja oder meiner Mutter vor mir sehe, so muss ich mir leider sagen, dass mir alle drei recht wenig sympathisch sind, leider! Jemand lieb haben muss ich aber, sonst ist es erbärmlich zu existieren. Und dieser jemand bist Du; Du kannst ja nichts dagegen machen, ich frage Dich nicht um Erlaubnis. Ich herrsche absolut im Schattenreich meiner Vorstellungen, oder bilde mirs jedenfalls ein.

Einstein schloß diesen bemerkenswerten Brief mit einer Bemerkung, in der er sich empört gegen Elsas Behauptung wehrt, er stehe unter Milevas Pantoffel. Nachdem er seinen Widerwillen gegen die Nörgeleien seiner Frau ausgesprochen hat, scheint es ihn nun doch etwas zu stören, dieses Bild so deutlich reflektiert zu sehen. Wohl gestand er ein, daß »die Gesamtheit dessen, was ich aus Mitleid gegen sie und gegen ... mich in ihrer Gegenwart zu thun pflege, einen ganz ähnlichen Eindruck macht«. Aber, so schrieb er: »Ich versichere Dir mit aller Überzeugung, dass ich mich für ein vollwertiges Mannsbild halte. Vielleicht gibts einmal eine Gelegenheit Dirs zu beweisen«.

Die Aussicht auf eine Affäre mit Elsa war für Einstein zugleich aufregend und abstoßend. Nachdem er seine Liebe für sie mit solchem Nachdruck bekannt hatte, machte er eine Woche später einen Rückzug:

> *Ich kann Dir nicht sagen, wie leid Du mir thust, und wie gerne ich Dir etwas sein möchte. Aber es wird nur Verwirrung und Unglück entstehen, wenn wir unserer Zuneigung zueinander nachgeben. Du weisst es ja nur zu gut. Aber Du darfst niemals denken, an mir eine Enttäuschung erlebt zu haben. Ich habe Dich lieb und habe Dirs ehrlich gezeigt. Thue mich also nicht mit meiner Mutter in eine Schublade, das bitte ich.*

Einstein lag sehr an Elsas Meinung über ihn. Sein letzter Absatz begann mit den Worten: »Bewahre mir also ein freundliches Andenken und denk nicht in Bitterkeit an mich! Ich bin geplagt wie Du und muss immer wieder einen neuen Anlauf nehmen, dass ich nicht bitteren Stimmungen zum Opfer falle.« Wieder jedoch ist sein Ton der eines Mannes, der Zuneigung nach seinen eigenen Bedingungen diktiert.

Einstein legte großen Wert darauf zu betonen, wie sehr er litt – »noch mehr wie du« versicherte er Elsa. Beiden fehle ein mitfühlender Partner, meinte er, aber nur, weil er noch mit einer unangenehmen Partnerin belastet war.

Anscheinend unter Bezug auf seine zunehmende sexuelle Frustration beschrieb er seinen Schmerz, »dass es mir versagt ist, wirklich zu lieben, eine Frau zu lieben, die ich auch nur zu sehen kriege.« Er schrieb, er müsse immer wieder einen neuen Anlauf nehmen, dass er »nicht bitteren Stimmungen zum Opfer falle.« Trotzdem, sagte er, »ergebe ich mich ins Unvermeidliche, um noch Ärgeres zu verhüten.«

Vierzehn Tage später wappnete sich Einstein für die Ankündigung, er schriebe Elsa zum letzten Mal. Er drängte sie, ihrerseits denselben Entschluß zu fassen und warnte sie: »Ich habe das Gefühl, dass es uns beiden und anderen nicht zum Guten gereicht, wenn wir uns enger aneinander anschliessen.« Ihm lag trotzdem sehr an ihrer »freundlichen Gesinnung«, und er fügte hinzu: »Du weisst, dass es nicht hart und gefühllos von mir ist, wenn ich so rede, denn Du weisst, dass ich ohne Hoffnung, wie Du, mein Kreuz schleppe.« Dies war nicht das letzte Mal, daß er mit bezug auf Mileva von einem Kreuz sprach, das er, Christus ähnlich, auf dem Weg der Selbstaufopferung zu tragen habe. Aber die Unaufrichtigkeit seiner Worte – oder vielleicht das Maß seiner Selbsttäuschung – wird am Schluß des Briefes deutlich. Einstein bat Elsa nämlich dringend, daran zu denken, ihr Vetter habe »ein Herz« für sie, wenn sie einmal Schweres erlebe oder sonst das Bedürfnis habe, sich jemandem anzuvertrauen. Und um solches Anvertrauen zu erleichtern, verspricht er, ihr eine neue Adresse mitzuteilen, unter der sie ihn weiterhin erreichen konnte.

Wie dies vermuten läßt, zogen Einstein und Mileva wieder einmal um. Sein wachsendes Ansehen hatte dazu geführt, daß es schon fast sofort nach seiner Ankunft in Prag Versuche gab, ihn dort abzuwerben. Es gab im August 1911 erste Angebote von der Universität Utrecht, der bald andere aus Berlin, Wien und Leiden folgten. Ein Grund für Einsteins Fahrt nach Berlin zu Ostern 1912 war gewesen, dort Möglichkeiten für eine Forschungsprofessur zu erkunden. Er erhielt ein Angebot, lehnte es aber ab, was unterstrich, daß seinem Wunsch, an Elsas Seite zu sein, Grenzen gesteckt waren. Diese Entscheidung hätte jedoch eigentlich allein sein Gewissen diktieren müssen, denn er hatte sich schon woanders verpflichtet. Am 30. Januar – zweieinhalb Monate vor seinem Besuch in Berlin – war er für die Dauer von zehn Jahren zum Professor für theoretische Physik an die Schweizer Eidgenössische Technische Hochschule berufen worden, und dort sollte er im Oktober des Jahres beginnen.

Die Verhandlungen um diese Stelle hatten im September zuvor begonnen, als sein Freund Heinrich Zangger – der für seine Zürcher Kollegen verhandelte – Einstein in Prag besuchte. Auch Marcel Grossmann, jetzt Direktor der Abteilung für Mathematik und Physik am Polytechnikum, drängte ihn zur Rückkehr. Es lag viel Ironie darin, daß Einstein jetzt ausgerechnet von der Alma mater hofiert wurde, die ihn nach seinem Diplom nicht hatte haben wollen; er wäre dort sogar in der Lage, den veralteten Lehrplan zu verbessern, den er einmal so frustrierend gefunden hatte. »Haleluia!« schrieb er an seinen Freund Alfred Stern, nachdem er offiziell berufen worden war. »Darob«, sagte er, »bei uns Alten und beiden Bärchen grosse Freude.«

Einstein witzelte, er fühle sich wie eine Brieftaube, die zum heimatlichen Schlag zurückkehrt, aber nach Aussage von Philipp Frank – seinem Nachfolger in Prag – hatte er insgeheim Bedenken über eine Rückkehr in diese Vergangenheit. Diese Vermutung scheint begründet, weil er lange nachdem die Sache schon offiziell beschlossen war, weiterhin andere Möglichkeiten wie etwa die in Berlin erwog. Frank glaubte, Mileva hätte den Ausschlag gegeben, die sich nach der Stadt sehnte, die ihr Heimat geworden war. Sie schrieb Besso, sie könne nach solch gemischten Erfahrungen mit Prag kaum Heimweh nach dort verspüren und wolle sich nur sehr ungern in einer fremden Stadt niederlassen. Wenn Frank recht hatte, muß dies eines der letzten Male gewesen sein, bei denen ihr Mann ihr nachgab. Einstein war ein großer Zauderer, wenn es um praktische Entscheidungen ging, und überließ sie am liebsten anderen. Dies zeigte sich in seinem verzweifelten Bemühen, die verschiedenen Angebote abzuwägen. Er fühlte sich besonders schuldig, daß er Lorentz, seinen alten Freund und sein Idol, enttäuschte, der hinter dem Ruf nach Utrecht stand und dann den Vorschlag machte, Einstein solle in Leiden sein Nachfolger werden. Nachdem er den ersten Ruf abgelehnt hatte, schrieb Einstein an ihn: »Ich schreibe Ihnen diesen Brief mit schwerem Herzen, wie einer, der seinem Vater eine Art Unrecht zugefügt hat.«

Die Familie Einstein kehrte im August 1912 nach Zürich zurück und bezog eine Wohnung in der Hofgasse 116. Hans

Albert schlug vor, sein Vater solle zur Feier des Ereignisses mit seiner Prager Prachtuniform durch die Straßen marschieren. Auf Einwände soll Einstein lachend gesagt haben: »Das macht nichts, höchstens hält man mich für einen brasilianischen Admiral.« Er hatte allen Grund, guter Laune zu sein, als er im Triumph in die Stadt seiner Jugendliebe zurückkehrte. Wenn diese Ehe je Gelegenheit hatte, ihre verlorene Leidenschaft wieder zu entfachen, dann in dieser angenehmen Umgebung. Hans Albert erinnerte sich, daß sein Vater in dieser Zeit frohgemut und voller Energie war und glücklich vor sich hin pfiff, wenn er im Haus umherging. Den Spätnachmittag, nach der Rückkehr aus dem Polytechnikum, widmete er immer seinen Söhnen. Hans Albert fand seinen Vater dann »prima«. Nur bei der Arbeit durfte ihn keiner stören. Diese Arbeit allerdings forderte Einstein nun mehr denn je. Er schrieb Elsa später, er habe »im letzten halben Jahr so angestrengt gearbeitet wie noch nie im Leben« und vor einigen Wochen endlich das Problem gelöst. Es war, wie er seiner Kusine schrieb, »eine kühne Fortsetzung der Relativitätstheorie nebst einer Theorie der Gravitation.«

Einsteins früherer Lehrer Hermann Minkowski hatte 1908 die Relativitätstheorie in eine mathematisch sauberere Form gebracht, die Raum und Zeit als ein untrennbares Ganzes sah, als sogenannte »Raumzeit«. Der nächste Schritt bestand darin, eine neue Sprache zur Beschreibung dieser vierdimensionalen Landschaft zu finden. Einstein wandte sich an denselben Freund um Hilfe, von dessen Vorlesungsmitschriften er in seiner Studentenzeit vor Jahren profitiert hatte. »Grossmann, du mußt mir helfen, sonst werd ich verrückt«, sagte er unmittelbar nach seiner Rückkehr nach Zürich. Marcel Grossmann war sein Führer, der ihm mit dem Buschmesser den Weg durch den Dschungel der nichteuklidischen Geometrie schlug. Dies ist ein dichtes und abschreckendes Gelände, in dem der Raum gekrümmt ist, so daß es keine Parallelen gibt und in dem die drei Winkel eines Dreiecks sich nicht zu 180 Grad ergänzen. Es war jedoch nicht unerforscht, und ein großer Teil der bahnbrechenden Arbeit war schon fast ein Jahrhundert alt, als Einstein sich dafür zu interessieren begann, was den Bemühungen reiner Mathematiker zu danken war, die sich für abstrakte Räume beliebiger Dimension und Krümmung interessierten. Jetzt sollte Einstein ihrer Arbeit tiefe physikalische Bedeutung verleihen.

Um seine spezielle Theorie so zu erweitern, daß sie die Gravitation einschließen konnte, brauchte Einstein ein mathematisches Hilfsmittel, das es ihm erlaubte, mit dieser exotischen Geometrie umzugehen. Er und Grossmann veröffentlichten 1913 eine Arbeit, in der sie unter Benutzung des sogenannten Tensorkalküls mit diesem Vorhaben begannen. Einsteins Arbeit von 1913 litt unter etwas, das er später als begriffliche Schwächen diagnostizierte, kam aber der drei Jahre später veröffentlichten endgültigen Theorie der Allgemeinen Relativitätstheorie quälend nahe. Einstein gewann dadurch neuen Respekt für die Mathematik, denn er hatte die Naturwissenschaft wohl noch niemals als so schwierig empfunden. »Gegen dieses Problem ist die ursprüngliche Relativitätstheorie eine Kinderei«, schrieb er zu Beginn seiner Bemühungen mit Grossmann.

Die Intensität der Arbeit ließ Einstein vermutlich noch weniger Energie als zuvor, sich um seine Ehe zu kümmern. Zudem war seine Zusammenarbeit mit Großmann für Mileva eine weitere unangenehme Erinnerung daran, daß sie als wissenschaftliche Mitarbeiterin ersetzt worden war. Die wenige freie Zeit, die Einstein sich gönnte, verbrachte er selten mit ihr. Hans Albert erinnerte sich, daß sein Vater morgens lange im Bett blieb und sich abends ins Musizieren stürzte. Sein häufigster Gast war Adolf Hurwitz, Mathematikprofessor am Polytechnikum, mit dem er Händel, Corelli und Schumann spielte (Milevas Lieblingskomponist). Einstein nahm Sonntagnachmittags seine Familie mit zur Familie Hurwitz und grüßte auf der Türschwelle etwas boshaft mit: »Hier kommt der ganze Einstein-Hühnerstall.«

Lisbeth Hurwitz, die Tochter, wurde eine gute Freundin von Mileva; sie bemerkte, Einsteins Frau sei oft schweigsam und düster gewesen. Rheuma erschwerte ihr das Gehen; sie fürchtete deshalb vereiste Wege und hielt sich ängstlich an ihrem Mann fest, wenn sie im kalten Winter bei den Hurwitzens ankamen. Mileva hoffte, ihre Gesundheit würde sich bessern, wenn es wieder wärmer würde, und sprach davon, im Sommer Schlammbäder nehmen zu wollen. Aber ein Hinweis auf ihren »großen

1. Pauline Einstein, geb. Koch (1858-1920), heiratete Hermann Einstein am 8. August 1876. Ihr Sohn Albert wurde am 14. März 1879 in Ulm, Bahnhofstraße 135, geboren.

2. Albert Einstein im Alter von 17 Jahren (1896), kurz vor dem Abschluß der Kantonalschule in Aarau. 3. Mileva Marić im Alter von 21 Jahren (1896), als sie in die Schweiz kam, um an der Zürcher Universität Medizin zu studieren.

4. Hochzeitsfoto von Mileva Marić und Albert Einstein (1903).

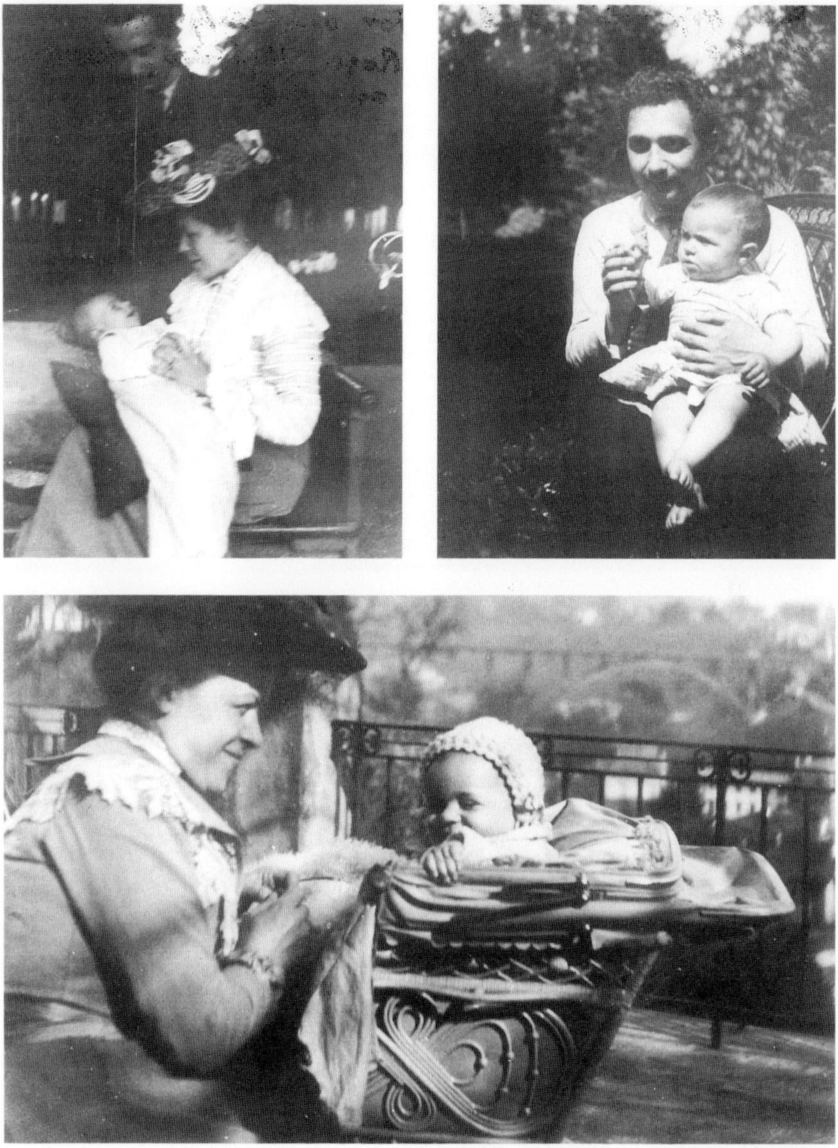

5. Albert und Mileva Einstein mit ihrem ersten Sohn Hans Albert, geboren am 14. Mai 1904.

6. Einsteins Arbeitszimmer in der Berner Kramgasse 49.
In Bern heiratete er Mileva und arbeitete er von 1902 bis 1911
als Patentbeamter.

7. Einstein 1912. In diesem Jahr begann die Beziehung mit seiner Kusine Elsa in Berlin.

8. Mileva mit ihren Söhnen Eduard und Hans Albert im Jahr 1914, als sie Einstein verließ und nach Zürich zurückkehrte.

9. Albert Einstein mit seiner zweiten Frau Elsa an Bord der ›Rotterdam‹ bei ihrer ersten Amerikareise im Jahr 1921.

10. Einsteins Sommerhaus in Caputh bei Potsdam.

11. Einstein zu Anfang der vierziger Jahre

12. Einstein-Biograph Carl Seelig mit Einsteins Sohn Eduard.

13. Einsteins Enkelin Evelyn Einstein. Ihr ist die Entdeckung der Liebesbriefe zu verdanken.

14. Gerald Holton (oben), Robert Schulmann (Mitte) und John Stachel (unten) leisteten wichtige Beiträge zur Erforschung der wahren Biographie Einsteins.

Albert« in einem vom 12. März 1913 datierten Brief läßt vermuten, daß ihre Probleme nicht allein mit ihrer Gesundheit zu tun hatten. »Mein großer Albert ist unterdessen ein berühmter Physiker geworden, der in der physikalischen Welt sehr geehrt und bewundert ist. Er arbeitet unermüdlich an seinen Problemen, man kann ruhig sagen, dass er nur für sie lebt«, schrieb sie an Helene Savić.

Zwei Tage, nachdem dieser Brief geschrieben wurde, notierte Lisbeth Hurwitz in ihrem Tagebuch, Einstein habe sich mit einem vagen Hinweis auf »Familienrücksichten« von ihrem üblichen musikalischen Abend entschuldigt. Am folgenden Tag besuchten Lisbeth und ihre Mutter Mileva und fanden sie »im Gesicht stark angeschwollen«. Anscheinend wollte Lisbeth andeuten, Mileva sei geschlagen worden. Einstein war ein kräftiger Mann, und jedenfalls erinnerte sich Hans Albert, sein Vater habe ihn ab und zu »verprügelt«, wenn er sich nicht gut benommen hatte. Eine einfache Erklärung bietet eine Notiz, die Einstein am Tag von Lisbeths Besuch als Antwort auf eine Einladung schickte. Er teilte darin seinem Freund Professor Alfred Stern mit, er schriebe anstelle von Mileva, weil sie aufgrund von Zahnschmerzen »etwas marode« sei. Dies könnte natürlich lediglich eine bequeme Lüge gewesen sein. Die Ehe scheint so schlecht gewesen zu sein, und Einstein konnte seine Gefühle anscheinend nur so schwer beherrschen, daß die unangenehmere Erklärung plausibel bleibt. Es ist bekannt, daß in den Scheidungspapieren – die in Jerusalem unter Verschluß gehalten werden – von Gewalt in der Ehe die Rede ist.

Die Folgerungen aus Lisbeths Bericht stimmen besonders dann nachdenklich, wenn man berücksichtigt, wann Lisbeth Mileva besuchte: Der 14. März 1913 war Einsteins vierunddreißigster Geburtstag. Es war auch der Tag, auf den sich die Wiederaufnahme des Briefwechsels mit Elsa zurückführen läßt. Elsa hatte anscheinend den ersten Zug getan, indem sie Einstein zum Geburtstag gratulierte; diese Grüße könnten Milevas Aufmerksamkeit erregt und zu einer unerfreulichen Szene geführt haben.

Wie um sicherzustellen, daß Einstein auch antwortete, hatte Elsa ihn gebeten, ihr ein für Laien verständliches Buch über die Relativitätstheorie zu empfehlen und ihn gebeten, ihr ein Bild von sich zu schicken. Einstein versprach ihr zwar keinen Besuch in Berlin – er sei »so arg eingespannt« und arbeite den ganzen Tag, ohne sich »irgendwelche Erholung zu gönnen«, aber er fand es »sehr gut«, daß sie an ihn gedacht habe. »Wenn Dich Dein Weg nach Zürich führt, dann machen wir (ohne meine leider so eifersüchtige Frau) einen schönen Spaziergang«, versprach er. Ein anderer Brief, neun Tage später geschrieben, bedrängte Elsa mit neuer Kraft, ihn in der Schweiz zu besuchen. Wieder machte er eine verächtliche Bemerkung über Mileva: »Ich würde etwas drum geben, wenn ich einige Tage mit Dir verbringen könnte, aber ohne ... mein Kreuz«, schrieb er. Einstein war erschöpft durch das, was er Ehrenfest gegenüber seine »geradezu übermenschlichen Anstrengungen« nannte, mit denen er sich »dem Gravitationsproblem gewidmet habe«, und schrieb an Elsa: »Nun muß ich mir etwas Ruhe gönnen, sonst geh ich baldigst kaputt.«

Die Welt war nicht dazu bereit, Einstein in Ruhe zu lassen, und im Juli 1913 wurde er die Zielscheibe eines weiteren akademischen Jagdausflugs. Max Planck und Walther Nernst kamen mit ihren Frauen nach Zürich, um ihm eine Professur in Berlin anzubieten. Er würde Mitglied der angesehenen Preußischen Akademie der Wissenschaften werden, Professor an der Berliner Universität und Direktor des noch zu errichtenden Kaiser-Wilhelm-Instituts für Physik. All das würde von einem besonders großzügigen Gehalt begleitet werden, und Einstein sollte, von Lehrverpflichtungen befreit, seine gesamte Zeit der Forschung widmen können. Es war für einen so jungen Mann ein außerordentlich üppiges Angebot, aber Einstein bat um Bedenkzeit. Er versprach, den Besuchern seine Entscheidung bei ihrer Rückkehr von einem Ausflug auf den Rigi anzuzeigen, und zwar wollte er seine Zustimmung durch Winken mit einem weißen Tuch signalisieren, wenn er sie am Zürcher Bahnhof abholte. Das kleine Schauspiel fand statt, und die Berliner konnten triumphierend die Heimreise antreten.

Einstein hatte gute Gründe, sich zu ergeben. Berlin war sozusagen ein Kraftzentrum der Physik, wo er mit Wissenschaftlern von Weltruhm zusammenarbeiten konnte. Außerdem lag ihm daran, die Lehrverpflichtungen los zu werden: In diesem Sommer hatte er in Zürich fünf Vorlesungsstunden und ein zweistündiges Seminar abzuhalten, und er mußte Studenten betreuen. Er schrieb an Lorentz: »Ich habe der Versuchung nicht widerstehen [können], eine Stelle anzunehmen, in der mir alle Verpflichtungen abgenommen sind, so dass ich mich ganz der Grüblerei hingeben kann.« Ehrenfest gegenüber beschrieb er seine neue Stelle als »diese seltsame Sinekure«, und er sagte, er habe sie angenommen, weil er »genug habe von den Vorlesungen«. Sein einziger Vorbehalt war anscheinend die Frage, ob er den Erwartungen gerecht werden könne. Die Deutschen behandelten ihn wie eine prämierte Legehenne, aber er war nicht sicher, ob er »noch ein goldenes Ei legen« könne.

Es gab noch andere Gründe für Einsteins Nervosität. Er spürte eine tiefe Abneigung gegen vieles, das für sein Gefühl typisch deutsch war: Autoritätsgläubigkeit, Gleichmacherei, intellektuelle und geistige Unbeweglichkeit. Deshalb hatte er so gern seinen Schulbesuch in München abgebrochen, um seiner Familie nach Italien zu folgen. Deshalb auch hatte er die deutsche Staatsbürgerschaft aufgegeben, als er noch Jugendlicher war. Jetzt hatte er eine Rückkehr nicht nur nach Deutschland vor, sondern ausgerechnet in die Hauptstadt alles Preußischen. Er kapitulierte vor den Kräften, vor denen er einmal geflohen war, und kehrte damit – nicht zufällig – in den Bannkreis seiner Familie zurück.

Als Philipp Frank 1948 seine Einstein-Biographie veröffentlichte, kannte er den Briefwechsel mit Elsa sicher nicht. Trotzdem hegte er keine Zweifel daran, daß ihre Gegenwart die bittere Pille von Einsteins Rückkehr nach Deutschland versüßte. Frank schrieb: »Einstein erinnerte sich, daß diese Kusine Elsa als junges Mädchen oft in München mit ihm zusammengewesen war und einen freundlichen, lebensfrohen Eindruck hinterlassen hatte. Die Aussicht, in Berlin wieder mit ihr in angenehmen Verkehr zu treten, ließ ihn den Gedanken, in der preußischen Hauptstadt zu leben, in etwas günstigerem Licht erscheinen.« Diese Worte bereiteten Einsteins jüngerem Biographen Ronald Clark Schwierigkeiten. Er war bereit anzunehmen, daß die Informationsquelle Einstein selbst war, nicht aber, daß sein Held listig genug war, eine neue Verbindung zu planen, bevor seine erste Ehe beendet war. Franks Darstellung widerspricht auch der Annahme der meisten Biographen, wonach Einstein sich in all seinen Handlungen allein von wissenschaftlichen Erwägungen hätte leiten lassen. Sie kann sich jedoch auf einen Brief berufen, den Einstein 1915 an Zangger schickte, und in dem er von der »liebevollen Fürsorge einer Cousine« sprach, die ihn »ja überhaupt nach Berlin« gezogen habe.

Wie so viele von Einsteins Bemerkungen ist auch diese mit Vorsicht zu genießen. Sie wurde zu einer Zeit geschrieben, in der Einstein Zanggers Sympathie für Elsa gewinnen wollte, und sollte die Tiefe seiner Zuneigung für Elsa betonen, um sein Verhalten gegenüber Mileva zu entschuldigen. Die Annahme, Elsas Gegenwart sei der Hauptgrund für seinen Umzug nach Berlin gewesen, wäre genauso falsch wie die, sie hätte dabei keine Rolle gespielt. Was Elsa ihm mit ihrer Verheißung von Liebe und Mitgefühl bieten konnte, war ein Gegengewicht zu jenen Aspekten Berlins, die Einstein abstoßend fand. Dank ihrer konnte er in eine Umwelt zurückkehren, in der zwischen dem Bedrückenden und dem Tröstlichen ein labiles Gleichgewicht herrschte. In dieser Hinsicht war es eine wirkliche Heimkehr.

Wenige Tage nach Erhalt des Rufs nach Berlin schrieb er Elsa drei aufgeregte Briefe, in denen er seine Freude über ihr bevorstehendes Wiedersehen äußert. Einstein betonte, welch »kolossale Ehre« der Ruf bedeute und welche wissenschaftliche Freiheit er ihm geben würde. Aber vor allem freute er sich auf die »schönen Zeiten«, die sie zusammen verbringen würden. »Ich brauche dort gar kein Kolleg zu halten, sondern habe vollkommen frei, zu thun, was ich will. Und eine der Hauptsachen, die ich will, das ist, Dich oft zu sehen, mit Dir herumzulaufen und mit Dir zu plaudern.«

Es überrascht nicht, wenn Mileva Einsteins Begeisterung für Berlin nicht teilte. Ganz abgesehen von einer natürlichen Abneigung, ihr geliebtes Zürich schon wieder zu verlassen und ihre Kindern schon wieder zu entwurzeln, hatte sie wenig Illusionen über die Vorurteile, denen Slawen in Deutschland begegneten, und noch weniger über die Feindschaft, die ihr von der Familie ihres Mannes entgegengebracht werden würde. Einstein zeigte wenig Mitgefühl; eher gab es einige Anzeichen dafür, daß ihm ihre Qual gefiel. Im August schrieb er Elsa: »Meine Frau geht mit sehr gemischten Gefühlen hin, weil sie die Verwandten fürchtet, vielleicht am meisten Dich (hoffentlich mit Recht!). Du kannst aber sehr wohl mit mir zusammen Dich freuen, ohne dass sie gekränkt werden braucht. Etwas, was sie nicht besitzt, wirst Du ihr nicht nehmen können.«

Obwohl er zuerst an einen Umzug im Herbst dachte, schrieb er Elsa dann, er könne sich nicht dazu entschließen, das Polytechnikum so plötzlich zu verlassen. Er entschloß sich, statt dessen bis zum Frühling 1914 in Zürich zu bleiben. Das verlängerte die Qual für Mileva, aber es ließ ihm Zeit, Kraft für die bevorstehenden Herausforderungen zu sammeln. Im August 1913 unternahm das Paar eine lange geplante Wanderung durch die Berge der Ostschweiz, über den Majolapass zum Comer See. Der Weg war voll trauriger Erinnerungen an ihre romantische Reise vor zwölf Jahren, als sie von diesem See aus den Splügen im Norden überquert hatten und Lieserl gezeugt hatten. Diesmal jedoch waren sie nicht allein, außer Hans Albert waren auch Marie Curie und ihre beiden Töchter Irene und Eve mit von der Partie.

Die Pläne für den gemeinsamen Urlaub waren im März gemacht worden, als Einstein und Mileva kurze Zeit bei Marie Curie gewohnt hatten, während er in Paris eine Vorlesung hielt. Das Paar war wie betäubt von der französischen Hauptstadt – selbst für Einstein hatten solche Besuche noch den Reiz des Neuen – und fühlten sich ihrer Wirtin zu Dank verpflichtet, die sie auf einer hektischen Besichtigungstour begleitet hatte. Ronald Clark meinte, ihr schriftlicher Dank erinnere an die Verlegenheit, mit der zwei Unbedarfte die Fremde erleben. Einstein äußerte sein Erstaunen »über die wunderbare Fülle von Dingen, die die Faserchen meines Gehirns in Unordnung gebracht haben«, und er bat Curie »um Verzeihung für den Fall, dass Sie sich durch meine rauhe Art manchmal unangenehm berührt fühlten«. Mileva entschuldigte sich für den verpatzten Abschied: »Unsere Abreise ging neulich abends so rasch vor sich, daß ich mich gar nicht richtig von Ihnen verabschieden konnte, bevor ich merkte, daß wir allein im Zuge saßen«, schrieb sie. Die Einladung in die Schweiz war Ausdruck der Dankbarkeit des Paares für Curies Freundlichkeit, während Mileva zugleich hoffte, Hans Albert würde in Irene eine Spielgefährtin finden.

Eduard war am Tag der Abreise krank, und deshalb mußte Mileva zurückbleiben, bis es ihm wieder besser ging und er bei Freunden bleiben konnte. Ihre zeitweilige Abwesenheit scheint Einsteins Freude nicht getrübt zu haben, weil er einzig an der Gesellschaft von Marie Curie interessiert war. Hans Albert erinnerte sich, daß sein Vater mit ihr über die tiefen Gräben sprach, die die eiszeitlichen Gletscher hinterlassen hatten, und Curie von ihm die Namen aller Berggipfel wissen wollte. Eve Curie erinnerte sich, wie die Kinder voraus liefen, während die beiden Wissenschaftler sich unterhielten, und lachten, als Einstein stehenblieb, den Arm ihrer Mutter ergriff und ausrief, er möchte gern wissen, was mit Reisenden in einem frei fallenden Fahrstuhl passiert. Er dachte wie immer über die Probleme der Gravitation nach.

Es besteht kein Zweifel an der gegenseitigen Hochachtung zwischen Einstein und Curie. Es war zum Teil ihrer persönlichen Empfehlung zuzuschreiben – sie würdigte »die Klarheit seines Verstandes, den Scharfsinn, mit dem er seine Fakten ordnet und die Tiefe seines Wissens« –, daß er die Professur in Zürich erhalten hatte. Später blickte er auf eine »erhabene und ungetrübte« Beziehung zurück, die zwanzig Jahre lang anhielt. Aber diese nach Curies Tod 1934 geschriebenen Worte verdeckten die Zwiespältigkeit seiner Gefühle.

Einstein lobte an Curie gerade jene Unnachgiebigkeit, die andere als Merkmal seiner eigenen Größe ansahen: »Sie war von einer Stärke und Lauterkeit des Willens, von einer Härte gegen sich selbst, von einer Objektivität und Unbestechlichkeit des Urteils ... ein stets in ihr lebendiges Gefühl für die Härten und Ungerechtigkeiten der Gesellschaft drückte sie.« Aber er gab zu, daß eben diese Tugenden ihr jene eigenartige Herbheit nach außen verliehen, die von »einem Fernstehenden leicht mißdeutet« werden konnte. Selbst ihre Vertrauten, meinte er, stießen sich an ihrer »seltsamen Strenge«. In einem Brief an Elsa, den er gleich nach der Wanderung schrieb, war er wesentlich schonungsloser: »Frau Curie ist sehr intelligent, aber eine Häringseele, das heisst arm an jeglicher Freude und Schmerz«, schrieb er seiner Kusine. »Ihr fast einziger Gefühlsausdruck ist das Schimpfen über Dinge, die sie nicht mag. Und ihre Tochter«, fügte er hinzu, »die ist noch ärger – wie ein Grenadier«.

Dieser kleine Ausbruch sollte wohl zum Teil Elsa vergewissern, daß seine Sympathien ihr gehören – auch wenn er längere Zeit mit einer anderen Frau verbrachte – und folgte auf ein Versprechen, daß er »alle Touren von der Welt hergegeben« hätte, um statt dessen mit ihr zusammen zu sein. In dieser Hinsicht erinnert er an ähnliche beschwichtigende Bemerkungen, die er für Mileva über Besso und Laub machte. Aber es gab sicher etwas an Curie, was ihn abstieß, auch wenn er sich verstandesmäßig für sie erwärmte. In einer der aufschlußreichsten Unterhaltungen, die er je hatte, bezog er sich einige Jahre nach seiner Hochzeit mit Elsa wieder darauf.

Diese Unterhaltung führte er mit Esther Salaman, einer jungen Jüdin, die in seinen Bannkreis geriet, als sie in Berlin studierte, und die ihm gegenüber einmal niedergeschlagen äußerte, ihr fehle die zur theoretischen Physik nötige Kreativität. Mit einer Stimme, die für Salaman wie aus weiter Ferne zu kommen schien, antwortete Einstein: »Sehr wenige Frauen sind kreativ. Ich würde eine Tochter nicht Physik studieren lassen. Ich bin froh, daß meine Frau keine Naturwissenschaften versteht. Meine erste tat es.« Sicherlich, antwortete Salaman, sei doch Marie Curie kreativ. »Wir haben mit den Curies zusammen Urlaub gemacht«, sagte Einstein. »Madame Curie hörte niemals die Vögel singen.«

Es fällt auf, daß auf diese Verdammung der gefühlsmäßigen Scheuklappen bei Curie eine nachdrückliche Betonung von Einsteins ähnlich beschränkter Sicht folgte. »Ich bin nicht viel unter Menschen, und ich bin kein Familienvater«, sagte er zu Salaman. »Ich möchte meinen Frieden haben. Ich möchte wissen, wie Gott die Welt erschaffen hat.« Nach dem Angriff auf die Gleichgültigkeit gegenüber dem Vogelgesang rühmte er sich also fast seiner eigenen Gleichgültigkeit gegenüber den Menschen. Salaman fühlte, daß die ruhige Gewißheit seiner Selbstbeschreibung trügerisch war. Als er zu ihr sprach, so geduldig, als ob er mit einem Kinde spräche, erhaschte sie einen flüchtigen Blick auf einen Mann, den es nach gefühlsbetonten Beziehungen verlangte, der sich durch sie aber stark beunruhigt fühlte. »Seine Stimme war eher ein Schutz als ein Ausdruck seines inneren Selbst«, erinnerte sie sich. »Er fühlte Freundschaft zu Menschen, aber keine Nähe, er fühlte sich ihrer nicht einmal sicher.«

Einstein hatte in Curie eine Frau mit einer Herbheit des Gefühls entdeckt, die der glich, die er selbst zu haben vorgab, und das gefiel ihm nicht. Was er zu Salaman sagte, ließ darauf schließen, daß die Naturwissenschaft niemals eine den Frauen angemessene Betätigung sein könnte. Die Mehrzahl der Frauen war zu frustrierendem Versagen verdammt, während jene, die Erfolg hatten, das auf Kosten all dessen taten, was an ihnen bezaubert. Dies läßt den bitteren Hinweis auf den wissenschaftlichen Hintergrund bei »meiner ersten Frau« besonders faszinierend erscheinen. Ein Biograph sah darin einen Hinweis darauf, daß Mileva »geistig aufdringlich« gewesen und ihrem Mann ihre Forderung, sie an seinem Werk Anteil nehmen zu lassen, lästig gewesen sei. Aber der Zusammenhang läßt noch etwas anderes vermuten: Einstein hielt es offenbar für unvermeidlich, daß die Naturwissenschaft Frauen verdirbt und ihnen ihre Reize raubt.

Ein Anflug von Harmonie war noch im September 1913 spürbar, als Albert und Mileva mit ihren Kindern zu einem Besuch bei Milevas Eltern in ein Dorf in der Nähe von Novi Sad fuhren. Hans Albert erinnerte sich lebhaft an diesen Aufenthalt, der niemals wiederholt wurde. Die ländliche Ruhe des Sommerhauses der Marić – mit Katzen und Hühnern und einem Garten voll Obst und Gemüse – machte ihm tiefen Eindruck. Als ein Gewitter die große Hitze milderte und die Dorfkinder glücklich in den Pfützen wateten, wollte er gern mitmachen, aber es wurde ihm zu seinem großen Kummer verboten, damit sich die Ohrenentzündung, an der er litt, nicht verschlechterte. Dieser Besuch war auch aus anderem Grund denkwürdig. An dem Sonntag, an dem die Eltern nach Wien fahren sollten, wo Einstein einen Vortrag zu halten hatte, wurden Hans Albert und Eduard nach serbisch-orthodoxem Ritus getauft.

Der ältere Junge hat nie den schönen Gesang in der Kirche vergessen, wie auch der amtierende Priester niemals vergaß, wie der dreijährige Eduard den Gottesdienst durch sein aufgeregtes Herumlaufen nach Kräften störte. Es bleibt unklar, ob Einstein an der Taufe teilnahm, seine Erlaubnis gab oder auch nur wußte, daß sie stattfand. Bis ein dort abgestempelter Brief über sein

Ergehen an Zangger gefunden wurde, hatte man sogar angenommen, daß Mileva und ihre Söhne ohne ihn in Novi Sad gewesen seien. Sie kehrten getrennt nach Zürich zurück. Von Einstein ist in bezug auf die Taufe nur die Bemerkung erhalten: »Na ja, mir kann's egal sein«, aber es mache seine Schwiegereltern glücklich. Mileva stand ihrer eigenen religiösen Herkunft so kritisch gegenüber wie ihr Mann der seinen; als ihre Ehe zerfiel, band sie jedoch die Kinder an ihre Seite der Familie.

Nach seiner Vorlesung in Wien am 23. September besuchte Einstein allein »einige Verwandte in Deutschland«, wie er in seinem Brief an Zangger schrieb. Er fuhr nach Heilbronn, Ulm und Berlin, wo er Elsa treffen konnte. Er hatte ihr diesen Besuch seit dem Frühling versprochen und ihr versichert, sie wollten sich »aneinander freuen«. Sein erster Brief nach dem Besuch läßt auf einen verwandelten Mann schließen:

> *Da bin ich wieder in Zürich, aber nicht mehr der gleiche als vorher. Ich habe jetzt jemanden, an den ich mit ungetrübtem Vergnügen denken und für den ich leben kann. Wenn ich es nicht sonst schon gefühlt hätte, hätte mirs Dein Brief gesagt, der mich hier schon erwartete. Wir werden beide aneinander haben, was uns so arg fehlte, und uns gegenseitig das Gleichgewicht und den frohen Blick in die Welt schenken.*

Einstein nennt Elsas Kinder jetzt »meine Stiefkinderchen« und nimmt damit die Ereignisse in derselben spaßhaften Weise vorweg, in der Einstein seine Mutter in der Zeit seiner jungen Liebe zu Mileva als deren »Schwiegermutter« bezeichnet hatte. Auch die lockere Hochstimmung des Briefes und seine Entschuldigung für die Zusammenhangslosigkeit hat ihre Parallelen: »Entschuldige den Salat, den ich Dir da vorsetze. Aber Du bist jetzt mein Kamerad und kriegst alles ungeschniegelt und ungebügelt von mir aufgetischt.«

Während ihrer gemeinsamen Tage in Berlin hatte Elsa ihren Vetter mit aller ihr zur Verfügung stehenden mütterlichen Liebe überschüttet. Beide fanden besondere Freude daran, wie gern er die Erzeugnisse ihrer Hausmacherküche aß; dieses Thema tauchte in ihrem Briefwechsel immer wieder auf. »Was mich an Deinem Brief am meisten freut, ist das Geständnis, dass Du gerne für mich die Schwammerl gekocht hast und Dich jetzt noch gerne daran erinnerst«, schrieb er Mitte Oktober. »Wie gern und wie dankbar nehme ich so was an von Dir!« Elsa schickte ihm ein Paket mit Gansgrieben – und er versicherte ihr, daß ihn dies mehr freute, als wenn sie ihm »das schönste Gedicht noch so göttlich« vortrüge. »Ich weiss, wie der Psychologe dies deuten würde, würde mich aber nicht schämen, und Du würdest die primitive Seite des Gemütes, die dabei herauskommt, gewiss nicht verachten, wenn auch etwas belächeln. Die extreme Vergeistigung der Gesinnung hat etwas durch Ernst bedrückendes und bannt das fröhliche Lachen.«

Ähnlich mütterlich waren Elsas Versuche, seine persönliche Hygiene zu verbessern. Während seines Aufenthalts gab sie ihm eine Haarbürste, die er seine »borstige Freundin« nannte, und Anweisungen, besser auf sein Erscheinungsbild zu achten. Wie ein Kind, das stolz ist auf das Gelernte, schickte er ihr häufig Berichte über seine Fortschritte. »Haarbürste wird regelmäßig verwendet, auch sonst verhältnismäßig ordentliche Reinigung«, versicherte er ihr im November. Wieder erinnerte es an seine Studententage, in denen er Mileva seine Erfolge beim Rasieren ganz ähnlich mitgeteilt hatte. Elsas Besorgnis und das zugehörige liebevolle Nörgeln waren zunächst sehr befriedigend für ihn. Er schätzt sich glücklich, sich in allen Dingen ihrer »liebenswerten Meisterschaft« unterwerfen zu dürfen und erklärt sogar in einem Brief, es tue ihm »wohl, von ihr was Derbes gesagt« zu bekommen: »Denn sonst werde ich allenthalben als Heiliger und als schalenloses Ei traktiert, was ich doch, Gott sei Dank, beides nicht bin.«

Es gab jedoch Anzeichen dafür, daß Einstein schon bald Elsas Aufmerksamkeit so erstickend finden würde wie die von Mileva oder seiner Mutter. Noch vor seinem Aufenthalt bei ihr hatte er sich über die Moralpredigten seiner Kusine zum gesunden Leben lustig gemacht. Er erklärte, er habe vor, mit einem »Minimum medizinischer Hilfe ins Gras zu beissen, wenn mein Stündlein gekommen ist, bis dahin aber drauf los zu sündigen, wie es mir meine ruchlose Seele eingibt. Diät: Rauchen wie ein Schlot, Arbeiten wie ein Ross, Essen ohne Überlegung und Auswahl, Spazierengehen nur in wirklich angenehmer Gesellschaft, also leider selten, Schlafen unregelmäßig etc.« Was die Körperpflege betraf, so gab es Grenzen. Obwohl er bereit war, sein Haar zu kämmen (oder jedenfalls vorgab, es zu sein), hatte er doch die »Zahnbürste aus ächt wissenschaftlichen Erwägungen betreffend die Gefährlichkeit der Schweinsborste wieder in Ruhestand versetzt: Schweinsborste bohrt Diamanten durch; wie sollten also meine Zähne ihr widerstehen?« Gegen Ende des Jahres schrieb er Elsa, er sei nicht mehr derselbe, wenn er anfange, sich körperlich zu pflegen: »Also für mich wäre es der Anfang einer (Gottseibeimir) Verberlinerung« – also der Anfang dazu, ein Deutscher mit gestärkter Hemdbrust zu werden, wie er ihn am meisten verabscheute.

Die Berliner schienen ihm den Gipfel des Philistertums zu verkörpern. In einem giftsprühenden Abschnitt schrieb er an Elsa: »Wenn diese Leute mit Franzosen und Engländern zusammen sind, welcher Unterschied. Wie roh und primitiv sind sie. Eitelkeit ohne echtes Selbstgefühl. Civilisation (Schön geputzte Zähne, elegante Kravatte, geschniegelter Schnauz, tadelloser Anzug), aber keine persönliche Kultur (Rohheit in Rede, Bewegungen, Stimme, Empfindung).« Einstein machte Elsa klar, daß er sich allen Versuchen widersetzen würde, sich selbst in diese Form zu bringen: »Wenn ich Dir so unappetitlich bin, dann such Dir einen für weibliche Geschmäcker geniessbareren Freund«, warnte er sie und unterschrieb »mit kräftigem Fluch« als ihr »ehrlich dreckiger Albert«. In diesem und dem folgenden Brief grüßt er sie neckend mit »einer Kusshand aus appetitlicher Distanz« und »fröhlichem Handkuss, immerhin aus desinfizierender sterilisierender etc Entfernung«. Sich selbst nannte er einen »unverbesserlichen Mistfinken«.

Einstein schrieb Elsa, seine schlechten Manieren seien nützlich dabei, Narren zu entmutigen, die sonst seinen Frieden stören könnten. Genau wie früher Mileva legte er seiner Kusine nahe, sie allein sei ein Freigeist, wert, seine Welt zu teilen. »Wie hübsch wäre es, wenn wir einmal zusammen eine kleine Zigeunerwirtschaft betreiben könnten«, schrieb er in einem Brief. Diese Erinnerung an seine studentische »Haushaltung« mit Mileva zeugt von dem alten Wunsch, häusliche Bequemlichkeit mit unkonventioneller Freizügigkeit zu vereinbaren. Natürlich gab es hier keine Vorspielungen einer gemeinsamen wissenschaftlichen Mission. Höchstens konnte Einstein etwas halbherziger versuchen, seine Forschungen mit Elsas literatischen Rezitationen gleichzusetzen. In dieser Hinsicht waren sie beide »fahrendes Volk, zum Seiltanzen auserkoren aus dem Schwarm der Philister«. Während er sein Steckenpferd Physik ritt, konnte sie »stolz auf dem Pferdchen der Poeten« sitzen.

Diese Pose ließ sich nicht lange aufrechterhalten. Nicht nur war Einstein an Elsas Vortragskunst im Grunde nicht interessiert, er mißtraute auch ihrer Freude an öffentlichen Vorstellungen. Er warnte sie vor »unersättlichem schmerzlichem Ehrgeiz« und drängte sie, eine »nützliche Arbeit« zu tun, »etwa für wohltätige Zwecke«, die sie »bald zu schätzen« wissen werde, »noch mehr als die Vortragsübungen«.

Tatsache bleibt, daß er – wenn auch ganz nebenher – versuchte, ihre Beziehung zu adeln, indem er sie als Gleichgesinnte beschrieb, die mit dem Alltagsleben nichts zu tun haben. Wenn dieser schöne Schein bei Elsa unecht war, mag das erneut Grund zu der Annahme geben, er habe auch bei Mileva etwas aufgetragen. Was Einstein sich zugegebenermaßen von seiner Kusine am meisten wünschte, war einfach Mitgefühl – er wünschte sich jemanden, mit dem er menschlich reden konnte und dem er etwas bedeutete. Wenn er solche Liebe hätte, dann, so sagte er, »gehöre ich nicht länger zu den ›Enterbten‹«.

Als Elsa mehr Anteil an Einsteins Leben gewann, wurde ihre gespannte Beziehung zu seiner Mutter immer belastender. Er nannte ihren Streit das »bedenkliche Abenteuer« und war sehr erleichtert, als seine Kusine Schritte unternahm, ihn zu beenden. Sie hatte ihn überredet, seiner Mutter ein Friedensangebot in Form von Süßigkeiten zu überbringen, als er sie auf dem Rückweg von Berlin besuchte. Er berichtete, daß er die Empfängerin reuevoll und ebenfalls begierig auf neue Freundschaften vorfand und deutet sogar an, sie ermutige ihre Verbindung. »Meine Mutter tröstete mich damit, dass ich bald in Deine Nähe komme, ohne daß ich sie dazu irgendwie animiert hätte.« Tatsächlich blieb zwischen den beiden Frauen eine unterschwellige Antipathie bestehen, und Einsteins Briefe lassen vermuten, daß ihm das paßte. Sein Rat an Elsa war, seiner Mutter gegenüber »alle

Reserve zu üben« und strikt alle Vertraulichkeiten zu vermeiden. Er schrieb, seine Mutter habe die »etwas unangenehme Situation«, Elsas Vergebung erbitten zu müssen, wohlverdient.

Mileva fragte Einstein nicht nach seiner Kusine, als er nach Zürich zurückkehrte. Er meinte einen Hauch von Argwohn zu entdecken – vielleicht, weil sein äußeres Erscheinungsbild besser geworden war –, obwohl das auch nur auf seine eigenen Schuldgefühle hindeuten könnte. Er schrieb Elsa, Mileva unterschätze »darum doch nicht die Bedeutung«, die Elsa für ihn hatte. Aber zu diesem Zeitpunkt war noch unklar, in welchem Grade Mileva Elsa als eine besondere Bedrohung sah, die größer war als die der Familie ihres Mannes ganz allgemein. »Sie denkt jetzt Tag und Nacht darüber nach, wie sie sich vor Euren Verfolgungen schützen soll«, schrieb Einstein gegen Jahresende an Elsa. Aber es gibt keinen Hinweis darauf, daß Mileva glaubte, ihr würde der Mann weggenommen, so angeschlagen die Ehe auch war. Einstein beschrieb das »eisige Schweigen« zwischen ihnen als schlimmer denn je, plante aber nicht, sie zu verlassen. Vielmehr wollte er wohl seiner Liebelei nachgehen, während er ihr Mann blieb, und selbst dann wollte er nicht zu offen gegen die Ehevereinbarung verstoßen. Er schrieb Elsa, wie viel lieber er sie auf eine für 1914 geplante Vortragsreise nach Frankreich mitnehmen würde als Mileva. »Aber Heucheln heißt es immer«, sagte er. »Nur beim Geborenwerden und beim Sterben darf man aufrichtig handeln.«

Elsa hatte seine Gedanken über die Gründung eines Zigeunerhaushalts viel wörtlicher genommen. Aber als sie ihn Anfang Dezember 1913 drängte, seine Karten offenzulegen, war Einsteins Antwort kompromißlos. »Glaubst Du, es sei so leicht, sich scheiden zu lassen, wenn man von der Schuld des anderen keinen Beweis hat?« fragte er. Er fügte hinzu, es gäbe nichts, das ein Gericht von dem Zusammenbruch seiner Ehe überzeugen könnte – und deutete an, daß das nur an Milevas raffinierter Verlogenheit liege. Er schrieb Elsa, er behandele seine Frau »wie eine Angestellte«, habe sein eigenes Schlafzimmer und vermeide es, mit ihr allein zu sein. »In dieser Form halte ich das ›Zusammenleben‹ ganz gut aus«, sagte er. »Ich begreife nicht, warum Du Dich so schrecklich daran stossest.«

Man bekommt das Gefühl, er verstehe das sehr wohl. Seine folgenden Briefe griffen Mileva mit neuer Heftigkeit an, wie um Elsa zu beweisen, wo er sich gebunden fühlte. Er beschrieb seine Frau als »eine unfreundliche humorlose Kreatur, die selbst nichts vom Leben hat und anderer Freude am Leben durch ihre blosse Anwesenheit untergräbt.« Sie war der »sauerste Sauertopf, den es je gegeben hat«, dabei aber »die geplagteste« Frau, die nicht begreift, daß sie selbst die Friedhofstimmung erzeugt. Von Natur aus »unliebenswürdig und mißtrauisch«, fühlte sie sich verfolgt, wenn sie ihrerseits so behandelt wurde. »Es graut mir davor, sie und Dich beisammen zu sehen.«

In all diesen Angriffen ist jedoch eine widerwillige Anerkennung der Gründe für Milevas Verzweiflung zu spüren. »Bis jetzt hatte sie sozusagen nichts mit anderen zu tun – außer mit mir.« Jetzt aber stand Mileva ein Leben inmitten der Familie Einstein bevor, und ihr Mann gab zu, daß das keine ausschließlich erfreuliche Aussicht sei. Im Dezember 1913, als der Umzug näher rückte, schrieb er:

> *Meine Frau heult mir unausgesetzt vor von Berlin und ihrer Angst vor den Verwandten. Sie fühlt sich verfolgt und hat Angst, Ende März habe ihre letzte Stunde geschlagen. Nun, etwas Wahres ist dabei. Meine Mutter ist sonst gutmütig, aber als Schwiegermutter ein wahrer Teufel. Wenn sie bei uns ist, dann ist alles wie von Sprengstoff erfüllt.*

Seit einiger Zeit schon hatten Mileva und seine Mutter einen Eiertanz aufgeführt, um die gegenseitigen Gefühle zu schonen. Jetzt aber herrschte wieder offener Krieg, weil seine Mutter Mileva übergangen hatte und über seine Schwester Maja Weihnachtsgeschenke an die Kinder geschickt hatte. Tränen wurden vergossen, die Spiele zurückgeschickt, und Mileva erklärte, weder sie noch die Kinder würden je wieder etwas mit ihrer Schwiegermutter zu tun haben wollen. Das hatten sie anscheinend auch nicht. Einstein bemerkte lakonisch: »Wenn ich nicht so fest in meiner Haut steckte, müßte ich herausfahren.«

Trotzdem stimmte er der Entscheidung seiner Frau zu und

kommentierte Elsa gegenüber, seine Mutter sei »in ihrem Hass auch sehr perfid«:

> *Kein Wunder, wenn unter diesen Verhältnissen die Liebe zur Wissenschaft gedeiht, die mich aus dem Jammerthal emporhebt in ruhige Sphären, unpersönlich und ohne Schimpfen und Jammern. Aber ich hoffe, dass Du mich ein wenig aus ihr herunterholst, wenn auch nicht gerade mit dem Striegelbesen und der Zahnbürste, wenn ich Dich bitten darf, sondern mit einem freundlichen Blick und gemütlichem Schwatzen.*

Als sich der Umzug nach Berlin näherte und sein Leben immer schwieriger wurde, wandte sich Einstein mit erneuter Intensität der Wissenschaft zu. Seine Briefe an Elsa während der ersten beiden Monate des Jahres 1914 waren kurz und entschuldigend. Er war mit »wirklich grossen Dingen« beschäftigt und arbeitete schwer an einer Erweiterung seiner Gravitationstheorie angesichts scharfer Kritik so »namhafter Fachgenossen« wie Planck und von Laue. »Tag und Nacht grüble ich an der Vertiefung der Dinge, die ich in den letzten zwei Jahren allmählich gefunden habe, und die einen unerhörten Fortschritt in den Grundlagenproblemen der Physik bedeuten«, sagte er. Nach solch gewichtiger Arbeit fehlte es ihm »an Gemütsruhe zum plaudern, grade wie einer nicht Geige spielen kann, wenn er vorher mit einem grossen Hammer gearbeitet hat.« Aber er versprach Elsa, daß er sich deshalb nicht weniger auf sie freue und darauf, bei ihr seine Bürde abzulegen, um »mit ihr zu schwatzen und in den traulichen Wäldern bei Berlin herumzuvagabundieren«. Er träumt nicht nur davon, wieder, wie vor zwei Jahren, Ausflüge zum Wannsee zu unternehmen, sondern auch von den idealisierten Freuden ihrer Kindheit. »Da wollen wir unsere Erinnerungen von ganz früher aufleben lassen und alles üble, was dazwischen kam, vergessen.«

Mileva fuhr nach Weihnachten auf Wohnungssuche nach Berlin. Einstein bemerkte, wie angenehm er ihre Abwesenheit fand und witzelte, er habe also doch noch Vergnügen an seiner Ehe. Er hatte jedoch befürchtet, es könne zu neuen Zusammenstößen zwischen seiner Frau und seiner Familie kommen und ihr geraten, jeden Kontakt mit ihr zu vermeiden. »Je weniger persönliche

Reibereien, desto besser«, schrieb er Elsa. Die Reise verlief tatsächlich ohne Zwischenfälle.

Mileva wohnte bei Fritz Haber, einem der führenden Berliner Wissenschaftler und Direktor des Kaiser-Wilhelm-Instituts für Physikalische Chemie und Elektrochemie. Haber war ein kleiner flinker Mann mit einem großen kahlen Kopf und einem enormen Zwicker. Er war wie Elsa schrecklich kurzsichtig und verursachte bei einem Besuch bei Einstein einmal große Heiterkeit, als er Tee in den Zuckertopf goß und daraus trinken wollte. Haber war ein Jude, der im Gegensatz zu Einstein alles tat, um sich an die Konventionen der deutschen Gesellschaft zu halten. Er kombinierte äußerliche Arroganz mit einem weniger offensichtlichen herzlichen Feingefühl und gehörte ebenfalls zu jenen, die Einstein während der Zeit seiner Scheidung halfen. Er hatte mit Einstein einen Briefwechsel über wissenschaftliche Dinge begonnen, als Einstein noch in Prag war und wesentlichen Anteil an seinem Ruf nach Berlin. Jetzt war er Mileva bei der Suche nach einer geeigneten Wohnung behilflich und schloß sie ins Herz.

Nach ihrer Rückkehr berichtete Einstein, Mileva wittere »eine gewisse Gefahr« in Elsa, die etwas hinterhältig angeboten hatte, ihr bei der Wohnungssuche zu helfen. Einstein sagte jedoch, er gewöhne sie jetzt daran, daß von den Verwandten zu Hause überhaupt nicht die Rede sei.

Sie verließen Zürich beide Ende März, aber sie fuhren nicht gemeinsam nach Deutschland. Einstein fuhr zu einem Besuch bei seinem Onkel Caesar Koch nach Antwerpen und dann zu Ehrenfest und Lorentz nach Leiden. Mileva machte auf »Befehl des Arztes« mit den Kindern Ferien in Locarno, damit Eduard sich von seinen Krankheiten erholen konnte. Das Kind hatte gleichzeitig Keuchhusten, eine Mittelohrentzündung und eine Grippe gehabt. Dies hatte sein Gutes, wie Einstein sachlich bemerkte, denn dadurch konnte Mileva erst später nach Berlin kommen, und er konnte dort mit Elsa allein sein.

Als sich der Tag ihres Wiedersehens näherte, erzählte er Elsa aufgeregt, daß sie »etwa vierzehn Tage – haleluja – allein dort« sein würden. Er freue sich riesig und wisse, daß er dort »neu aufleben« würde. Anfang April schrieb er an Ehrenfest: »Es ist schön hier in Berlin ... meine Verwandten hier machen mir viel

Freude, besonders eine Kusine meines Alters«, mit der er schon lange befreundet sei.

Nachdem Mileva Mitte April angekommen war, hielt das Paar zunächst etwas Ähnliches wie ein normales Eheleben aufrecht, wobei »normal« nach Einsteins Maßstab gemessen wurde. Bei einer Gelegenheit kamen Freunde zum Abendessen und fanden nur Mileva daheim. Es war unklar, wo Einstein war, bis schließlich das Telefon läutete. Er wartete seit über einer Stunde in der Dahlemer Untergrundstation, weil er fälschlich angenommen hatte, er habe sich dort mit seinen Gästen verabredet. Einsteins Stimmung war ausgezeichnet. »Das Einleben hier gelingt wider Erwarten gut«, schrieb er Anfang Mai an Professor Hurwitz. »Nur ein gewisser Drill in bezug auf Kleider etc, dem ich mich auf Befehl einiger Onkels unterziehen muß, um nicht dem Auswurf der hiesigen Menschheit zugezählt zu werden, stört etwas die Gemütsruhe.« Insgesamt jedoch waren, wie er mit offensichtlicher Überraschung bemerkt, die Deutschen »recht menschlich«.

Dies war nicht Milevas Meinung. Ehrenfest, der im Mai eine Woche bei dem Paar wohnte, fand sie unglücklich und bereits voller Sehnsucht nach der Schweiz. Die Schrecken Berlins hatten anscheinend ihre schlimmsten Erwartungen übertroffen, und ihr Elend hatte sich auf ihren älteren Sohn übertragen. »Ihre Hausarbeit verrichtete Mileva übelgelaunt. Sie hatte keine Freunde und haßte die Stadt auf den ersten Blick.« Hans Albert teilte ihr Unglück trotz der onkelhaften Aufmerksamkeit von Ehrenfest, der ihn in den Zoo und zu Spaziergängen in den Park mitnahm. Der Junge klagte, wie einst sein Vater, von Anfang an über die starre Disziplin und die Unterrichtsmethoden. »Sie lehren nur eins«, sagte er, »auswendig lernen.«

Im Sommer 1914, als das Schuljahr zu Ende ging, fuhr Mileva mit ihren Söhnen zurück nach Zürich. Hans Albert glaubte, sie gingen auf Urlaub und würden im September nach Deutschland zurückkehren. Es war jedoch der Anfang vom Ende der Ehe seiner Eltern. Mileva kehrte nie wieder zu ihrem Mann zurück.

Als Erwachsener konnte Hans Albert nicht mehr sagen, was passiert war. Er hatte die Veränderungen wahrgenommen, die sich in der Beziehung seiner Eltern abgespielt hatten, insbesondere das Erlöschen aller wissenschaftlichen Ambitionen auf Seiten Milevas. Er meinte jedoch nicht, das Paar habe sich deswegen getrennt. Er sagte selbst:

> *Warum es zur Trennung kam, ist mir niemals ganz klar geworden. Wenn man es hinterher zu rekonstruieren versucht, insbesondere aus einigen seiner eigenen Äußerungen, scheint er den Eindruck gehabt zu haben, daß die Familie etwas zu viel Zeit in Anspruch nahm und daß er die Pflicht habe, sich völlig auf seine Arbeit zu konzentrieren. Ich persönlich glaube nicht, daß er das je erreicht hat, weil er in der Familie eigentlich mehr Zeit hatte, als wenn er sich selbst versorgen und sich der Außenwelt allein stellen mußte.*

Hans Albert wurde gefragt, wie Mileva mit der Trennung fertig geworden sei. »Sehr schwer«, sagte er.

Einstein ging weinend vom Bahnhof zurück, als Milevas Zug abgefahren war. Haber mußte ihn dabei stützen. Einsteins Freund Janos Plesch behauptete später, Einstein wäre »nahe am Wasser gebaut« gewesen. Aber er weinte eigentlich selten um seinetwillen. Man macht es sich zu leicht, wenn man behauptet (wie einige es getan haben), daß Einstein allein den Verlust seiner Kinder beweinte und nicht den seiner Frau. Dies war ein sehr wichtiger Wendepunkt in seinem Leben. Eine Ära ging zu Ende; eine andere, voller Ungewißheiten, begann. Auch wenn Einsteins Gefühle gegenüber Mileva sehr bitter geworden waren, muß er doch von den Zeiten verfolgt worden sein, in denen ihre gemeinsame Zukunft der eine Hoffnungsschimmer seines Lebens gewesen war: den Zeiten, in denen er ihr gesagt hatte: »Ohne Dich ist mein Leben kein Leben.«

8

EIN AMPUTIERTES GLIED

Der Erste Weltkrieg begann in Milevas Heimat, nach Jahren der Spannung zwischen Serbien und Österreich-Ungarn. Einstein hatte in einem Gruß an Helene Savić im Dezember 1912 eine Bemerkung über die Verschlechterung der Situation gemacht und hinzugefügt: »Ich glaube aber, dass das Säbelgerassel wenig Bedeutung hat.« Achtzehn Monate später wurde Erzherzog Ferdinand von Österreich in Sarajewo von einem serbischen Studenten ermordet, und im Juli 1914 brach nach einem aggressiven Ultimatum, das Österreich Serbien stellte, der Krieg zwischen den beiden Ländern aus. Rußland, der wichtigste Verbündete Serbiens griff rasch ein, um die eigenen Interessen zu verteidigen, das Netzwerk der Allianzen in Europa zog die anderen Großmächte mit hinein, und so entwickelte sich ein lokaler Konflikt zu einem Weltkrieg. Es war der Anfang von mehr als vier Jahren des Schlachtens.

Dies waren die Jahre, in denen sich Einstein zu einem stimmkräftigen Pazifisten entwickelte, der bereit war, für seine Überzeugungen ein gewisses Maß an öffentlicher Ächtung zu riskieren. Er gehörte nicht dazu, als dreiundneunzig führende Intellektuelle ihre Namen unter ein Manifest setzten, das die deutschen Kriegsziele verteidigte. Vielmehr unterzeichneten er und andere ein rivalisierendes ›Manifest für Europäer‹, das die internationale Zusammenarbeit befürwortete. Auch schloß er sich einer pazifistischen politischen Partei an, der »Liga für das Neue Vaterland«, und unterstützte insgeheim die Kriegsgegner in der Schweiz und in Holland. So ernst es ihm damit auch war, seine Haltung hatte ihre Grenzen. Einstein arbeitete weiter in einer von glühenden Militaristen finanzierten Stellung und verkehrte freundschaftlich mit Kollegen wie Haber und Nernst, die chemische Waffen entwickelten. Privat war er bereit, den Krieg der deutscher Roheit zuzuschreiben, in der Öffentlichkeit jedoch war er weniger provozierend und gab der Aggressivität der Menschheit die Schuld.

Es mangelte Einstein an Optimismus, am Glauben, seine Mitmenschen könnten bekehrt werden, wie er notwendig ist, wenn man einen persönlichen Kreuzzug gegen den Krieg wagen will. »Unglaubliches hat nun Europa in seinem Wahn begonnen«, schrieb er an Ehrenfest. »In solcher Zeit sieht man, welcher traurigen Viehgattung man angehört. Ich döse ruhig hin in meinen friedlichen Grübeleien und empfinde nur eine Mischung von Mitleid und Abscheu.« Der Krieg war in seinen Briefen gewöhnlich fern, unbestimmt und unwesentlich. »Abgesehen von der allgemeinen Misere, die man hauptsächlich durch die Zeitungen erlebt, führe ich ein glückliches, ungemein ruhiges Leben«, schrieb er im Frühling 1915, als Giftgas über Ypres trieb und Tausende an der Ostfront starben. Einstein brüstete sich mit seiner »bewußten Loslösung« vom Krieg und bemerkte, er »hause ganz allein ... in ungeschmälerter Beschaulichkeit«, während er die übrige Menschheit aus der Distanz eines Aufsehers in einem Irrenhaus betrachtete.

Mileva und die Kinder waren vorübergehend in einer Schweizer Pension untergekommen. Hans Albert erinnert sich als Erwachsener: »Das war vermutlich die schlimmste Zeit, denn niemand wußte, was die Zukunft bringen würde – ob dies nur ein Übergang war oder ob die Ehe wirklich beendet sein würde.« Einstein schrieb seiner Frau, er könne ihr in Berlin höchstens eine lieblose Koexistenz bieten. Der Gedanke an eine freundliche Beziehung zu ihr erscheine ihm nach all dem, was geschehen sei, völlig unmöglich. »Es soll ein loyales geschäftliches Verhältnis werden, das Persönliche muß auf einen kleinen Rest reduziert werden«, sagte er. Offensichtlich hatte sich Einstein eine Reihe von Geboten überlegt, denen Mileva zu folgen hätte, wenn sie wieder zusammen wohnen sollten. Allgemein gesagt wollte er, daß sie ihm nicht in die Quere kam und nur sprach, wenn sie gefragt wurde. Ungeachtet der Einzelheiten lief es darauf hinaus, daß er frei sein wollte, sein eigenes Leben zu leben.

Obwohl der genaue Inhalt dieser Bedingungen unbekannt ist,

weil der Briefwechsel aus dieser Zeit, der darüber Aufschluß geben könnte, versiegelt bleibt, machen die uns zugänglichen Briefe deutlich, daß Einstein seine Bedingungen gestellt hatte und nicht darüber verhandeln wollte. Er schrieb an Mileva, sie solle es sich überlegen und eine klare Antwort geben, ohne Wenn und Aber, damit er wisse, woran er sei. Mileva weigerte sich, das zu tun und es kam zu einem Patt. »Ich beabsichtige nicht, die Scheidung von Dir zu verlangen, sondern nur, dass Du mit den Kindern in der Schweiz bleibst«, schrieb Einstein im August 1914. »Ich ersuche Dich, mir alle zwei Wochen Kunde von meinen lieben Buben zu geben, ich sende ihnen innige Küsse.«

Diese Zärtlichkeit wurde von dem zehnjährigen Hans Albert nicht erwidert, der die immer wehleidigeren Grüße seines Vaters nicht beantwortete. Einstein warf Mileva vor, seine Briefe an die Kinder abzufangen und seine Söhne gegen ihn einzunehmen. Ihren Unschuldsbeteuerungen begegnete er mit einem neuen Ultimatum: »Lies, was ich den Kindern schreibe, aber besprich es nicht mit ihnen. Wenn ich aber sehe, dass Albertlis Briefe suggeriert sind, dann werde ich es aus Rücksicht für die Kinder unterlassen, eine regelmäßige Korrespondenz zu unterhalten.« Wenn sie aber seine Anweisungen befolge, könne sie sicher sein, daß er keine Schwierigkeiten machen werde.

Dies war eine verzweifelte Drohung, denn die Durchführung hätte Einstein sehr geschmerzt. Er sah keinen Grund, warum – wie er es ausdrückte – »der Umstand, dass ich mit Dir persönlich nicht leben konnte«, seine Beziehung zu den Buben beeinflussen sollte. Ihn quälte der Gedanke, sie könne die Meinung vergiften, die seine Kinder von ihm hatten. Er konnte jetzt in Hans Albert vieles von seinem eigenen jüngeren Selbst sehen und bemühte sich in seinen Briefen immer wieder, den Jungen für sich zu gewinnen. Wiederholt äußert er sich zu Hans Alberts Klavierunterricht (»Du glaubst nicht, wieviel Freude man damit anderen und sich selbst machen kann, wenn man hübsch musiziert«), und erzählte ihm bei der Gelegenheit von seinem eigenen »völlig unmusikalischen« Vater. Einstein war auch begierig darauf, Hans Alberts Liebe zum Segeln zu fördern (»Du mußt wissen, dass dies auch meine grösste Liebhaberei war, als ich in Deinem Alter war«). Vor allem versuchte er immer wieder, die intellektuellen

Interessen seines Sohnes zu erkunden, um zu sehen, ob sie seinen eigenen ähnelten. »Ich freue mich sehr«, schrieb er, »daß Du an der Geometrie Freude findest. Das war meine Lieblingsbeschäftigung. Ich hätte große Freude daran, Dich darin unterrichten zu können, das geht aber nicht.« Zu Beginn des Jahres 1915 schrieb Einstein seinem Sohn: »In einigen Jahren darfst Du dann auch anfangen, Dich im Denken zu üben. Es ist schön, wenn man das kann.«

Einstein schickte aus Berlin Geld, um die Ausgaben der Familie zu decken, aber Mileva klagte, es sei nicht genug. Rechnungen blieben unbezahlt, und sie stahl sich durch die Korridore, damit die Pensionswirtin sie nicht nach der überfälligen Miete fragen konnte. Sie war zu stolz, ihren Vater um Hilfe zu bitten, mußte sich aber schließlich von Freunden Geld leihen. Sie ergänzte ihr Einkommen, indem sie Privatstunden in Mathematik und Klavierunterricht gab. Die Familie Hurwitz gab ihr Noten, und sie borgte sich auch ein Lehrbuch für Italienisch, wobei sie offenbar hoffte, sie könnte Anfängern Unterricht geben, indem sie ihnen immer ein bißchen voraus blieb.

Einstein behauptete, er sei so großzügig, wie die Umstände es erlaubten. »Ich hätte dir noch mehr Geld überwiesen, aber ich habe selbst gar nichts mehr«, schrieb er Mileva im September 1914. »Ich selbst lebe denkbar einfach, fast ärmlich. Auf diese Weise können wir ziemlich viel für die Kinder zurücklegen.« In diesem Herbst packte er alles zusammen und schickte den restlichen Besitz der Familie und einen großen Teil der Möbel aus ihrer Wohnung an Mileva. Im Dezember versprach er Mileva, ihr in vierteljährlichen Raten jährliche Unterhaltszahlungen von 5 600 Reichsmark zu schicken. Er wischte alle Einwände vom Tisch, als er hinzufügte: »Im übrigen wünsche ich, mit Lappalien nicht mehr behelligt zu werden. Ausser notdürftiger Ausstattung eines Schlaf- und Arbeitszimmers habe ich nichts behalten.«

Die unangenehme Wahrheit war für Einstein, daß eine Ehe auf Distanz in mancher Hinsicht lästiger war als eine innerhalb der eigenen vier Wände. Es wurde jetzt mehr und nicht weniger deutlich, daß Mileva auf seine Unterstützung angewiesen war, und gleichzeitig hatte sie eine neue Macht über die Kinder erhalten. Einsteins verdrossene Antworten auf ihre Briefe lassen auf einen Mann schließen, der sich in der Verteidigung befindet. »Hätte ich Dich vor 12 Jahren so gekannt, wie ich Dich jetzt kenne, so hätte ich meine Pflichten gegen Dich ganz anders beurteilt als damals.«

Ende 1914 war es den Freunden der Familie klar, daß die Ehe zerrüttet war. Mileva verließ die Pension und mietete eine Wohnung in der Voltastraße, nahe dem Polytechnikum. Dort stellte sie einen Weihnachtsbaum auf und lud die Familie Hurwitz zu Neujahr ein. Die Besucher wurden mit Tee und Kuchen bewirtet, und Mileva sagte gleichmütig, Einstein habe versprochen, für die Familie zu sorgen. Einstein hatte den Kindern Gesellschaftsspiele geschickt, blieb aber als Gast von Professor Nernst in Berlin, wo er sich über Physik unterhielt und auf der Geige Beethoven spielte.

Einstein selbst zog in eine Junggesellenwohnung um die Ecke von Elsa und war jetzt frei, seine Kusine so oft – oder so selten – zu sehen, wie er wollte. Diese Anordnung war ganz nach seinem Geschmack: eng genug, um angenehm zu sein, aber nicht so eng, daß sie ihm bedrückend erschien. »In persönlicher Beziehung bin ich nie so ruhig und glücklich gewesen wie jetzt«, schrieb er im Juli 1915 an Zangger. Er fügte hinzu: »Ich lebe ganz zurückgezogen und doch nicht einsam dank der liebevollen Fürsorge einer Cousine.« Im Sommer machten er und Elsa Ferien auf Rügen. Dort konnte er, wie er sagte, sich »so schön ausruhen, wie noch nie, seit ich erwachsen bin« und sich ganz der Betrachtung des gewaltigen Meeres hingeben. Viele Jahre später spaßte er gegenüber seinem jüngsten Sohn, man dürfe nicht vergessen, daß auch die Menschen wie das Meer seien: manchmal glatt und freundlich und manchmal stürmisch und heimtückisch. Wichtig sei zu bedenken, daß auch sie vor allem aus Wasser bestünden.

Unangenehme Gefühle waren für Einstein immer dann weniger bedrohlich, wenn er wie hier vom Menschlichen absehen und alles auf nüchterne Sachlichkeit reduzieren konnte. Der Brief, in dem er Zangger stolz von seiner Seelenruhe berichtete, zeigte dieses Verfahren am Werk. Er stellte Mileva darin als eine kaltblütige Intrigantin dar, die gefühllos seine Beziehung zu den Kindern zu erschweren suchte. Einstein hatte ihre Erlaubnis erhalten, Hans Albert Anfang Juli auf eine Bergwanderung mitzunehmen, erhielt aber in letzter Minute eine »sehr brüske Karte« von seinem Sohn, der eine Tour mit ihm entschieden ablehnte. Während Einstein seine Verärgerung nicht verbergen konnte und sicher war, die Schuld sei seiner Frau zuzuschreiben, bemerkte er scheinheilig, wie kleinlich ihm das alles angesichts des unvernünftigen Krieges mit seinem Haß erschiene. »Solange man jung ist, bewundert man das lebendige Gefühl und verachtet die kalte Berechnung«, schrieb er an Zangger. »Aber heute denke ich, daß die Entgleisungen, die dem blinden Gefühl entstammen, viel ärgeres Unglück in die Welt bringen als die herzlosen Rechner es können.«

Die Wanderung wurde auf den September verschoben, als Einstein auch den französischen Pazifisten Romain Rolland in Genf besuchte. Nach Hans Alberts Erinnerung reisten er und sein Vater bis nach Süddeutschland, wohnten in Gasthäusern am Wege und fuhren sogar mit dem Schiff auf der Donau. Aber Einstein gab nur ausweichende Antworten, wenn der Junge fragte, ob er die Familie wieder nach Berlin holen würde. »Ich möchte, daß Ihr in der Schweiz erzogen werdet«, sagte er und wechselte das Thema. Im folgenden Monat klagte Einstein, er sei »sehr betrübt« über den »lieblosen Ton« in Hans Alberts letztem Brief. »Erst dann werde ich Dich wieder besuchen, wenn Du mich selbst darum bittest.«

Es bleibt bemerkenswert, wie eifrig Einstein 1915 versuchte, den Kontakt mit seinen Söhnen aufrechtzuerhalten, denn dies war das Jahr, in dem er besonders angestrengt wissenschaftlich arbeitete. Während er um die Erweiterung der Relativitätstheorie kämpfte, isolierte er sich immer stärker von der Außenwelt. Briefe wurden mit viel größerer Wahrscheinlichkeit auf einen großen Haken gespießt und später verbrannt als beantwortet. Die Arbeit war am intensivsten Mitte November, als Einstein fast gar keine Briefe schrieb. Er schrieb – außer an David Hilbert, den Mathematiker, dessen Arbeit zur Gravitation viel mit der seinen zu tun hatte – anscheinend nur an Mileva und Hans Albert. Ein Brief von Einstein an seine Frau vom 15. November deutet einen Waffenstillstand an. »Dein Brief hat mich aufrichtig gefreut«, schrieb er, »weil ich aus ihm ersehe, dass Du meine Beziehungen zu den Buben nicht hintertreiben willst. Ich sage Dir meinerseits, dass diese Beziehungen meinen wichtigsten persönlichen Lebensinhalt bilden.«

Drei Tage später kam ein Durchbruch. Einstein offenbarte der Welt, daß er jetzt ein astronomisches Rätsel erklären könne – eine Schwankung in der Bahn des Merkur um die Sonne, die die Wissenschaftler verwirrt hatte, seit sie 1859 zuerst beobachtet worden war. Der unerklärliche Effekt, von dem Einstein seit 1907 wußte, lieferte die entscheidende Möglichkeit zur Überprüfung seiner Theorie. Der Erfolg zeigte, daß er acht Jahre, nachdem er begonnen hatte, die Wahrheit über die Gravitation zu suchen, neue Grundgesetze entdeckt hatte, die das Weltall besser beschrieben als ihre Rivalen. Sein späterer Kollege Abraham Pais beschrieb dies als das wohl aufwühlendste Ereignis in Einsteins Leben. Es war sicherlich überwältigend. Einstein berichtete, er habe Herzklopfen gehabt und das Gefühl, »in ihm wäre etwas zersprungen«. Er schrieb Ehrenfest: »Ich war mehrere Tage außer mir vor Freude.«

Die Tatsachen sind einfach. Bei jedem Umlauf gibt es eine winzige Veränderung im Perihel des Merkur, dem Punkt, an dem er der Sonne am nächsten kommt, bevor er weiter seine weite elliptische Bahn zieht. Auch unter Berücksichtigung der Gravitationsanziehung der anderen Planeten konnten die Gesetze Newtons nicht das volle Ausmaß dieser Abweichungen vorhersagen. Einige Astronomen schrieben sie der Schwerkraft eines unentdeckten Planeten zu, den man vorläufig Vulkan nannte. Aber die Versuche, Vulkan zu finden, blieben ebenso ergebnislos wie die, Newtons Formel mit speziellen Hypothesen zu ergänzen. Die Schönheit der neuen Einsteinschen Gravitationstheorie bestand darin, daß seine Gleichungen ohne alle Ausschmückungen das richtige Ergebnis lieferten. Nicht nur das, sie zeigten ihm auch, wie und warum er zuvor die Ablenkung des Sonnenlichts unterschätzt hatte.

Nach einigen letzten Tagen hektischer Arbeit war die volle Struktur der Allgemeinen Relativitätstheorie deutlich. Einstein zeigte, daß die Schwerkraft keine Kraft ist, die von einem Körper auf einen anderen ausgeübt wird, sondern eine Eigenschaft der Raumzeit selbst. Massereiche Objekte verzerren die sie umgebende Raumzeit, und diese vierdimensionalen Kurven sind die Bahnen, auf denen kleinere Objekte laufen, etwa so, wie eine

Kugel auf einer buckeligen zweidimensionalen Ebene der Linie des kleinsten Widerstands folgt. Die meisten Menschen können sich diese gekrümmte Raumzeit nicht veranschaulichen, und am besten versuchen sie es gar nicht erst. Einstein hatte eine Theorie entwickelt, die die Struktur des Weltalls entzerrte, aber das Gehirn kleinerer Denker in Schlingen legte.

Seine Bemühungen hatten ihn erschöpft. Im Dezember 1915 schrieb er Besso, er sei »zufrieden, aber ziemlich kaput«. Die Kriegshysterie in Berlin war bedrückend, und er gab Ehrenfest gegenüber zu, daß es ihn in »allen Fasern des Leibes jucke, abzufahren«. Er spielte mit dem Gedanken an eine Reise in die Schweiz, kündigte dann aber an, er sei zu müde, um sich mit den zu erwartenden Verzögerungen an der Grenze abzugeben. Er versprach Hans Albert dafür, er werde ihn im folgenden Jahr zu Ostern besuchen – »da hab ich längere Zeit und kann an der Grenze warten, bis man mich in die Schweiz läßt«.

Hans Alberts zunehmende Reife war für Einstein quälend. Dieser Mann, der seinen eigenen Vater so gern gehabt hatte, aber von dessen geistiger Unzulänglichkeit so frustriert gewesen war, wollte seinem eigenen Sohn gerne ein Mentor sein. »Albert kommt jetzt in das Alter, in dem ich ihm sehr viel sein kann«, schrieb er an Mileva. »Du kannst ihn ohne weiteres von Zeit zu Zeit bei mir bleiben lassen. Dein Verhältnis zu ihm wird darunter nicht im geringsten leiden, wie Du bald merken wirst. Denn mein Einfluß beschränkt sich auf das Intellektuelle und Aesthetische.« Wie Einstein wußte, war der Gedanke, einer ihrer Söhne könne bei einem Berlin-Besuch in die Klauen der Familie geraten, für Mileva schrecklich. Alle Versprechungen ihres Mannes, er werde seine Söhne von seinen Verwandten fernhalten, konnten sie nicht beruhigen, und Einstein beklagte sich darüber: »Ich will nichts erzwingen, aber auch nicht um mein Recht, mit meinen Buben zusammen zu sein, betteln müssen.« Der Osterbesuch erhielt so eine verhängnisvolle Bedeutsamkeit.

Einstein drängte Hans Albert, ein Stück für Klavier und Geige zu üben, damit sie zusammen musizieren könnten, wenn er käme. In einem vor Zuneigung strotzenden Brief schrieb er seinem Sohn, er habe in letzter Zeit viele interessante Dinge getan und freue sich auf die Zeit, wenn sie sich darüber unterhalten könnten. Das könne, wie er eingestand, zwar noch einige Jahre dauern, aber inzwischen könnten sie viele andere Dinge gemeinsam tun. Er erzählte seinem Sohn, er habe »etwas Kurioses« erlebt: »Ich war in einer kleinen Gesellschaft. Da war auch eine Malerin, die aus dem Verlauf der Linien an der inneren Handfläche den Charakter des Betreffenden herauslesen konnte. Sie hat auch meine Hand betrachtet und, ganz ohne mich zu kennen, sehr zutreffende Dinge gesagt. Das ist doch sehr merkwürdig.« Nach einem späteren Bericht glaubte Einstein »bis zu einem gewissen Grade« an solche unwahrscheinliche Phänomene, selbst an Telepathie. Frieda Bucky, die Frau des Arztes Gustav Bucky, mit dem Einstein befreundet war, erzählte, er habe das Gefühl gehabt, es sei für einen Menschen natürlich, »die Schwingungen eines anderen aufzunehmen«. Wenn man das nicht könne, habe man eine Elefantenhaut.

Einstein behauptete später, er sei von Elsa und ihrer Familie zu diesem Schritt gezwungen worden. Er bat Mileva, sich in seine Lage zu versetzen: »Elsa hat zwei Töchter, deren ältere 18 Jahre alt ist, im heiratsfähigen Alter. Dies Kind, welches sowieso durch den Verlust eines Auges schwer benachteiligt ist, hat unter den Gerüchten zu leiden, welche bezüglich meiner Beziehungen zu ihrer Mutter umlaufen. Dies lastet auf mir und soll durch eine formale Ehe gutgemacht werden.«

Trotz dieser grimmigen Vorzeichen begann der Osterbesuch recht gut. Die beiden Jungen begegneten ihrem Vater so »höflich und willig«, daß Einstein sich dafür bei Mileva schriftlich bedankte: »Die Buben sind«, so fand er, »körperlich und seelisch in bester Verfassung, wie ich mir's nicht besser wünschen könnte« und er dankte Mileva dafür, daß sie sie ihm nicht entfremdete. Innerhalb weniger Tage war jedoch alles verändert. Einstein wollte Hans Albert wieder auf eine Bergwanderung mitnehmen, und das führte anscheinend zu einem heftigen Wortwechsel mit Mileva. Vielleicht argwöhnte sie in ihrer Angst und Unsicherheit, ihr Mann plane die Entführung ihre Sohnes. Daraufhin reiste Einstein zornig ab. Hans Albert war wieder einmal bitter feindselig und antwortete nicht mehr auf die Briefe seines Vaters. Einstein schrieb Besso, er habe sich unwiderruflich entschlossen, seine Frau nicht wieder zu sehen und fügte hinzu: »Ich wäre körperlich und seelisch kaputt gewesen, wenn ich nicht endlich doch die Kraft gefunden hätte, sie mir vom Leibe zu halten und aus den Augen und Ohren.«

Das Elend wurde einfach zuviel für Mileva. Etwas ging entzwei, und bald nach Einsteins Abreise erlitt sie einen körperlichen und nervlichen Zusammenbruch. Die Krise dauerte mehrere Monate lang und war so ernst, daß der Arzt glaubte, »das Ende sei da«. Einige Berichte lassen vermuten, sie habe eine Reihe von Herzanfällen gehabt, aber die Einzelheiten ihrer Krankheit bleiben frustrierend unklar. Die wenigen Hinweise, die sich finden lassen – im wesentlichen in Briefen von Besso und Zangger, die sich beide um sie kümmerten – sind sowohl mit körperlicher Krankheit als auch mit Angstzuständen und Depressionen vereinbar. Milevas Ärzte konnten ihr nicht anders helfen, als ihr zu sagen, sie solle unbeweglich liegen. Weil sie nicht selbst für ihre Kinder sorgen konnte, lebten sie zeitweise bei Helene Savić, die aus dem vom Krieg zerrütteten Serbien in die Nähe von Lausanne geflüchtet war.

Einsteins erste Reaktion war, zu vermuten, seine Frau schwindele, um die Scheidung zu verhindern. Er schrieb Besso, daß sie wohl alle Mittel einsetzen würde, um ihren Willen durchzusetzen, und fügte hinzu: »Du hast keine Ahnung von der natürlichen Verschlagenheit eines derartigen Weibes.« Einstein behauptete, er habe, als er zuerst von Milevas Zustand gehört hätte, trotz seiner »schlechten Erfahrung« zu Ostern nach Zürich fahren wollen. Aber reifliche Überlegung hatte ihn von anderem überzeugt, weil seine Frau danach verlangen würde, ihn zu sehen, und seine Gegenwart sie kaum würde beruhigen können. Ihre Krankheit könne echt sein, er vermutete jedoch, Besso und Zangger als »zwei herzensgute Männer« würden »an der Nase herumgeführt«. »Ich aber als das gebrannte Kind«, schrieb Einstein, »solle doch das Feuer besser kennen.«

Diese Meinungen teilte Einsteins Mutter, die an Elsa schrieb, Mileva sei nur dann krank, wenn es ihr paßte, und hinzufügte: »Weitaus der größte Teil war simuliert.« Sie fragte sich lediglich, warum ihr Sohn nicht die Gelegenheit ergriff, sich selbst um die Kinder zu kümmern. Besso jedoch machte ihm Vorwürfe. Dieser herzliche Mann war in seiner Zuneigung zu Einstein unbeirrbar, aber er war auch immer bereit, sein Gewissen zu sein, selbst wenn das keine leichte Aufgabe war. Jetzt schrieb er, Milevas Leiden sei keineswegs ein Fall von Hypochondrie, sondern es sei ihr schon seit langem deutlich anzusehen gewesen. Sie habe sich jedoch nicht gehenlassen, sondern sich viel zuviel Arbeit zugemutet, als sie darum kämpfte, die Kinder zu unterhalten. Außerordentlich taktvoll, aber sehr entschieden, wies Besso Einsteins Angriffe auf Milevas Charakter zurück. Wir seien allzumal Sünder, erinnerte er seinen Freund, und hätten ein ausgewogeneres Urteil verdient als das, was Einstein gab. Sonst, sagte Besso, könnten wir alle zum Teufel gehen.

Einstein machte angesichts dieser Mißbilligung einen Rückzieher, aber nur um eine neue Angriffsstellung einzunehmen, In deutlichem Widerspruch zu seinem früheren Brief versicherte er Besso jetzt, er meine nicht, Milevas Krankheiten seien simuliert; vielmehr hielt er sie jetzt für »rein nervös« und typisch für das schwächere Geschlecht. Er erwärmte sich für dieses Thema und umriß seine umfassenderen Ansichten zu den Beziehungen zwischen Männern und Frauen:

> *Wir Männer sind jämmerliche, unselbständige Geschöpfe, das gebe ich jedem mit Freuden zu. Aber verglichen mit diesen Weibern ist jeder von uns ein König, denn er steht halbwegs auf eigenen Füssen, ohne immer auf etwas außer ihm zu warten, um sich daran zu klammern. Jene aber warten immer, bis einer kommt, um nach Gutdünken über sie zu verfügen. Geschieht das nicht, so klappen sie einfach zusammen.*

Damit nicht genug, begann er anschließend mit einer heftigen Rechtfertigung seines Entschlusses, sich scheiden zu lassen. War sein Verhalten in Bessos Augen wirklich so schrecklich? Wer könnte es aushalten, den Rest des Lebens in solchem Gestank zuzubringen? Einstein nicht – und wenn das bedeute, Gott werden ihn dafür zum Teufel schicken, dann sei das eben so.

Wie empfindlich ihn Bessos Tadel traf, zeigte sich am deutlichsten gegen Schluß der Tirade. Einstein bemerkte betrübt, daß Besso ihn im Postskriptum seines letzten Briefs gesiezt habe. Er sah darin eine Zurückweisung und war tief verletzt.

Lieber Michele!
20 Jahre haben wir uns gut verstanden, und nun sehe ich in Dir einen Grimm gegen mich wachsen, eines Weibes wegen, das Dich nichts angeht. Wehre Dich dagegen. Sie wäre es nicht wert, wenn sie auch hunderttausendmal im Recht wäre.

Der Brief war jedoch kaum abgeschickt, als Einstein eine beschämende Entdeckung machte. Das kränkende Postskriptum war gar nicht von Besso geschrieben worden, sondern von seiner Frau Anna, bei der die formelle Anrede völlig in Ordnung war. Noch am selben Abend schickte er eine Postkarte mit einer Entschuldigung und dem verlegenen Nachsatz hinterher: »Das soll einem Naturwissenschaftler passieren!«

Anna Besso hatte seine Gefühle damit nicht das letzte Mal in Wallung gebracht: Ihre Sympathien für Mileva waren offensichtlich. Einerseits war Einstein dankbar für die Nachrichten, die sie ihm regelmäßig über seine Kinder schickte. Er ließ sich bei seinen Besuchen in Zürich auch gern von ihr umsorgen und verwöhnen. So witzelte er gern über die restaurativen Kräfte des »Sanatorium Anna« und nannte sie scherzhaft seine »Pflegemutter«. Aber wenn sie es wagte, über die Rolle der mütterlichen Betreuerin hinauszugehen, konnte er explodieren. Eine scharfe Auseinandersetzung ließ Einstein klagen: »Noch nie ist jemand derart unverschämt gegen mich gewesen, und ich hoffe, es wird auch in Zukunft niemand mehr sein!«

Einstein bat Besso, ihn über Milevas Krankheit informiert zu halten, aber er griff begierig jeden Hinweis auf, dieses störende Problem könne bald verschwinden. »Dein Schweigen beruhigt mich, hoffentlich ist in Zürich alles auf dem Weg der Besserung.«

Noch schroffer war seine Haltung vierzehn Tage später. Einstein hatte sich davon überzeugt, daß Mileva an einer tuberkulösen Meningitis litt, einer möglicherweise tödlichen Hirnhautentzündung. »Es freut mich sehr«, schrieb er, »dass es meiner Frau langsam besser geht. Aber allerdings, wenn es, wie ziemlich wahrscheinlich, Gehirntuberkulose ist, so wäre ein baldiges Ende besser als lange Qual.«

Diese kurzen Zeilen standen zwischen Banalitäten über eine

verlorene Adresse und eine aufgeschobene Reise nach Holland. Einsteins Ton war geschäftsmäßig und unnachgiebig, und er machte klar, daß er über den Tod seiner Frau keine Träne vergießen würde. Mileva starb jedoch nicht. Statt dessen schleppte sich ihre Krankheit mit häufigen Krankenhausaufenthalten dahin. Daheim stand ihr Bett auf einem Balkon, wo sie »Tag und Nacht das Leben der Stadt und die fernen schneeigen Höhen« betrachten konnte. Manchmal war sie kräftig genug, sich um die Kinder zu kümmern. Dann, so berichtete Zangger, »leitete sie mit ruhiger Hand die Haushaltsangelegenheiten und kümmerte sich auch wieder um Hans Alberts Musikunterricht«. Zu anderen Zeiten waren Professor Zangger und seine Frau zum Einschreiten gezwungen. Die unvorhersehbare Stimmungslage wurde in einem Brief eingefangen, den Besso Anfang Dezember an Einstein schrieb. Fünf Wochen lang sei alles gut gegangen, berichtete er, aber dann seien »die Anfälle« wiedergekehrt. Er gab dafür einem Brief die Schuld, den Hans Albert von seinem Vater erhalten hatte. Der Junge hatte sich geweigert, ihn Mileva lesen zu lassen, und daraufhin hatte sie prompt einen Anfall bekommen.

Vor diesem Rückfall hatte Einstein einen weiteren taktischen Rückzieher gemacht. »Von jetzt an werde ich sie nicht mehr mit der Scheidung behelligen«, hatte er Besso im September geschrieben. »Die betreffende Schlacht mit meinen Verwandten ist geschlagen. Ich habe gelernt, Thränen zu widerstehen.« Er hatte natürlich nichts dergleichen gelernt, aber im Augenblick war Milevas Not für ihn schwerer zu ertragen als Elsas. Wenn seine Frau versuchte, ihn gefühlsmäßig zu erpressen, so war Einstein bereit, um des lieben Friedens willen nachzugeben. Im Monat darauf wiederholte er sein Gelübde. »Ich werde dafür sorgen, dass sie von mir keinerlei Beunruhigung mehr erfährt. Auf eine Scheidung habe ich endgültig verzichtet.«

Die Tatsache, daß Milevas Agonie andauerte, läßt vermuten, daß es ihr nicht um Erpressung ging. Einstein schrieb Helene Savić, Milevas Notlage bereite ihm Schmerzen, aber das ändere nichts an seinen Gefühlen für sie. »Trotz dieses Interesses ist und bleibt sie für mich ein amputiertes Glied«, schrieb er. »Ich werde ihr niemals wieder nahe kommen. Ich werde meine Tage fern von ihr verbringen und habe das Gefühl, dies sei absolut notwendig.«

Einstein war sich wohl bewußt, daß seine schroffe Haltung viele Menschen verstörte. Von den ersten Tagen der Trennung an hatte er die Wichtigkeit guter Beziehungen zu anderen erkannt. In seinem Brief an Zangger im Mai 1915 hatte er betont, die Trennung sei bei all ihrer Härte für ihn überlebensnotwendig gewesen. Er wollte, daß sein Freund das verstünde, damit er nicht »durch den Schein getäuscht ein getrübteres Bild« von ihm erhalte, als er es verdiene. Jetzt, etwas über ein Jahr später, dankte er Savić dafür, daß sie ihn nicht verurteilte, »was die Mehrheit meiner Bekannten tut«. Er fügte mit Bedauern hinzu, daß seine Kinder nicht verstanden, warum er so gehandelt hatte und deswegen sehr böse auf ihn seien. Die Aussichten waren düster. »Ich finde, obwohl es schmerzlich ist, dass es für ihren Vater besser ist, sie nicht mehr zu sehen. Ich werde zufrieden sein, wenn sie redliche und geschätzte Menschen werden.«

Hans Alberts neuerliche Feindseligkeit bereitete Einstein besonderen Schmerz: »Ich glaube, seine Gesinnung gegen mich hat den Gefrierpunkt nach unten unterschritten«, klagte Einstein in einem Brief an Besso. »Ich würde an seiner Stelle in diesem Alter unter den obwaltenden Umständen wohl auch so reagiert haben.« Einstein ermutigte Besso, dem Jungen ein Vaterersatz zu sein, aber die Lage seines Freundes war nicht einfach. Sein enger Kontakt mit Einstein weckte Milevas Argwohn, so sehr sogar, daß seine Gegenwart schon zu genügen schien, ihren Zustand zu verschlechtern. Die Angst, sie aufzuregen, hielt ihn davon ab, sich mehr um Hans Albert, für den er große Liebe empfand, zu kümmern.

Einstein schrieb weiterhin an seinen Sohn, und es gelang ihm schließlich, eine Antwort zu erhalten. »Lass Dirs allein mit Tete nicht Angst werden«, schrieb er ihm daraufhin. »Wenn ich auch hier sitze, so habt Ihr doch einen Vater, der Euch über alles lieb hat, und der immer an Euch denkt und für Euch sorgt.« Gegen Ende 1916 sprach Einstein offen von Plänen, seinen Sohn nach Berlin zu holen. Er wußte, daß dies die schlimmsten Ängste seiner Frau bestätigen würde, und zunächst machte er einige Versuche, versöhnlich zu klingen. »Davon, daß ich Albert gegen Mizas Willen wegnähme, kann gar keine Rede sein«, schrieb er Besso. »Ich bin doch kein Wüterich.«

Einstein wußte, daß seine Kräfte auf eine harte Probe gestellt werden würden, wenn er sich um ein Kind zu kümmern hätte, aber sein Wunsch, die Zukunft seines älteren Sohnes mitzugestalten, war übermächtig. »Ich gehe stark mit dem Gedanken um, Albert aus der Schule zu nehmen und selbst zu unterrichten und ihm, wo es bei mir nicht reicht, mit Privatstunden nachzuhelfen«, schrieb er Besso im März 1917 – und fügte hinzu: »Ich glaube, dass ich dem Jungen viel geben könnte, nicht nur intellektuell. Glaubst Du, dass meine Frau einverstanden wäre?« Er erwog auch, für den Aufenthalt seines Sohnes bei seiner Schwester Maja in Luzern zu zahlen. Das kleine Problem der Zustimmung Milevas nahm rasch an Wichtigkeit ab. Anfang Mai versprach er lediglich, mit ominöser Betonung: »Nichts soll ohne Not geschehen, was meine Frau noch unglücklicher machen würde, als sie schon ist.« Drei Tage darauf äußerte er sich unmißverständlich: »Auf meine Frau darf in dieser Angelegenheit nicht Rücksicht genommen werden, sondern nur darauf, was sich für den Jungen empfiehlt.«

Einsteins Gefühle für seinen jüngeren Sohn waren beträchtlich verworrener. Eduard hatte außergewöhnlich früh Lesen gelernt und konnte schon bald lange Passagen aus dem Gedächtnis fehlerfrei wiederholen. Er las schon bei Schuleintritt gern Zeitung und widmete sich, so wird berichtet, »bald darauf den Freuden Goethes und Schillers«. Seine Begabung war außerordentlich, aber Einstein war eher verstört als stolz. Er äußerte früh die Sorge, der Wissenshunger seines Sohnes sei unkontrollierbar, und drängte ihn, kein Bücherwurm zu werden und sich einige Dinge für später aufzubewahren. Einstein fühlte sich mit Hans Albert viel wohler, einem guten, aber nicht glänzenden Schüler, dessen Schullaufbahn viel mehr Ähnlichkeit mit seiner eigenen hatte. Ihm gegenüber konnte Einstein sanften Tadel über Rechtschreibfehler oder Mitgefühl wegen der Tücken des Lateinischen äußern und versichern, gute Noten seien nicht alles.

Es war nicht nur Eduards Intelligenz, die seinen Vater beunruhigte. Er war ein gefühlsbetontes Kind und manchmal strahlend heiter, neigte aber auch zu Nervosität und Ungeduld. Zangger beschrieb ihn als »ein feines Kerlchen mit scheu-mädchenhaften Bewegungen, gar nicht Einstein'sch«. Wieder war der Unterschied zu seinem älteren Bruder ausgeprägt. Hans Albert hatte gelernt, seine Gefühle so gut zu verstecken, daß seine Klassenkameraden ihn »Steinli« nannten. In einem Gedicht, das für ein Klassentreffen geschrieben wurde, beschrieb ihn ein Zeitgenosse als »den passivsten Menschen des Jahrhunderts«, der sich hinter einem breiten Lächeln verbarg und niemals die Haltung verlor. Einstein gab zu, daß Hans Albert »eine unleugbare Neigung zu einer gewissen Schweigsamkeit« hatte, aber er fand das nicht unsympathisch. Eduards Empfindlichkeit machte ihm viel mehr Sorgen.

Einstein meinte, das Problem würde noch verschlimmert, weil Mileva auf die immer schlechte Gesundheit des Kindes so viel Rücksicht nahm. Neben den üblichen Kinderkrankheiten litt Eduard unter anhaltenden Kopf- und Ohrenschmerzen. Einstein deutete das aus seiner für ihn typischen Angst vor Krankheiten heraus als Hypochondrie. Als Eduard sechseinhalb Jahre alt war, hatte sich sein Vater sogar von seiner Geistesgestörtheit überzeugt.

Das war ein grausames Urteil für ein so kleines Kind, aber Einstein bekannte sich geradezu leidenschaftlich dazu. Er schrieb im Dezember 1916 an Besso: »Dass es meinem armen Kleinen ordentlich geht, freut mich auch; aber ich mache mir keine grossen Illusionen. Man muss der Wahrheit ins Auge sehen können, auch wenn sie noch so hart ist.« Er spann diesen unglücklichen Gedanken im folgenden März weiter. Es scheine ihm ausgeschlossen, dass er je »ein ganzer Mensch« würde. Es erinnert auffallend an seine Einstellung zu Milevas Krankheit wenige Monate zuvor, wenn er jetzt fast zu wünschen scheint, sein Sohn wäre tot. »Wer weiss, ob es nicht besser wäre, wenn er Abschied nehmen könnte, bevor er das Leben richtig gekannt hat.«

In einem außerordentlichen Abschnitt äußerte sich Einstein dann so, als ob er sich selbst für Eduards Krankheit verantwortlich fühlte. »Ich bin schuldig an ihm und mache mir Vorwürfe, das erste Mal im Leben. In allem anderen habe ich die Dinge leicht genommen oder mich nicht wirklich verantwortlich gefühlt«, schrieb er. Einstein erklärte, er halte die Krankheit seines Sohnes für erblich und verknüpft mit der Scrofula – Tuberkulose der Lymphknoten –, an der Mileva litt. Er hatte am Körper seiner Frau zur Zeit der Empfängnis Eduards Drüsenanschwellungen bemerkt, aber, wie er sagte, nichts über die Krankheit gewußt und ihr keine Bedeutung beigemessen. »Nun ist das Unglück da, wie es kommen musste. Ertragen heisst die Losung und nicht bärmeln. Für die Kranken sorgt man und tröstet sich an den Gesunden.«

Trotz des Anscheins von Selbstanklage legte Einsteins Gedankengang große Betonung auf sein eigenes hilfloses Unwissen. Das bewirkte vor allem, daß er die Schuld für das Problem Mileva zuschieben und sich selbst freisprechen konnte. Alles, was mit Eduards Zustand zu tun hatte, erfüllte ihn mit Abneigung, und er überließ es seinen Freunden, eine Lösung zu suchen. Professor Zangger schlug vor, Eduard sollte für längere Zeit nach Arosa in ein Sanatorium für Kinder geschickt werden. Einstein stimmte zu, konnte sich aber die Bemerkung nicht verkneifen, er sei »innerlich überzeugt«, daß es »im öffentlichen Interesse läge, die Methode der Spartaner nachzuahmen«. Zunehmend irritierten ihn die Kosten für die Pflege seines Sohnes, und er argwöhnte, daß medizinische Verweichlichung mehr Schaden als Nutzen anrichten würde. Mit kaum verhülltem Sarkasmus schrieb er Mileva, er hoffe, sein Sohn sei »durch den langen Aufenthalt in der Gebirgsluft nicht zu empfindlich gegen Schädigung durch die unreine Stadtluft« geworden und komme bald gekräftigt heim. »Tete muß zurück; ich kann das Geld nicht aufbringen«, schrieb er Besso im November 1917. »An den neuen medizinischen Zauber mit der Röntgenaufnahme glaube ich nicht. Ich bin soweit, dass mir nur mehr Diagnosen post mortem Vertrauen einflössen, sonst keine.«

Im folgenden Monat schrieb Einstein Zangger, die moderne Medizin sei eine Krankheit, die die Menschheit befallen hatte. Er sei dagegen, daß »so ein Kind in einer Art Desinfektionsapparat seine Jugend verbringt«. Ironischerweise steckte er in diesem Jahr selbst in einer ernsthaften gesundheitlichen Krise – er hatte einen körperlichen und nervösen Zusammenbruch, der unangenehm deutlich an den Milevas erinnerte. Zu der emotionalen Belastung der Trennung war noch eine starke Überarbeitung gekommen: Statt sich auf seinen Erfolgen mit der Allgemeinen Relativitätstheorie auszuruhen, hatte er 1916 zehn wissenschaftliche Arbeiten geschrieben und außerdem ein Buch, das seine Theorie einem breiteren Publikum erläuterte. Dazu kamen die Schwierigkeiten, die das Leben in Berlin während des Krieges mit sich brachte, und die alten Magenbeschwerden, die er bis in seine Studentenzeit in Zürich zurückverfolgen konnte. Es wurde ihm einfach zu viel.

Sein Körper wurde von starken Schmerzen gequält, und er verlor in zwei Monaten fünfzig Pfund. Zunächst fürchtete er, Krebs zu haben, dann diagnostizierte sein Arzt Gallensteine und verschrieb Bäder und eine strenge Diät. Der immer hilfreiche Zangger half, die nötigen Nahrungsmittel zu besorgen, denn Einstein durfte als Schweizer Lebensmittelpakete von dort erhalten, und Einsteins Berliner Verwandten ergänzten die Vorräte durch ihre Kontakte in Süddeutschland. Sein Arzt drängte ihn, in Tarasp im Engadin eine Kur zu machen, aber Einstein bezweifelte ihren Nutzen, ähnlich wie den von Eduards Behandlung in Arosa. Er murrte: »Ich bringe den hiezu nötigen Aberglauben schwer auf« und zog die billigere Alternative eines Besuchs bei seinen Verwandten in Luzern vor. Man diagnostizierte später ein Geschwür am Zwölffingerdarm, aber es dauerte mehrere Jahre, bis er wieder völlig gesund war. Während er bettlägerig war, besuchte ihn Hedwig Born, die Frau des Physikers Max Born. Sie fragte ihn, ob er denn keine Todesangst habe. »Warum sollte ich?«, antwortete er. »Ich fühle mich so solidarisch mit allem Lebenden, daß es mir einerlei ist, wo der Einzelne anfängt und wo er aufhört.«

Diese Krankheit bewirkte vor allem, daß Einstein noch mehr unter den mütterlichen Einfluß von Elsa geriet. Er zog im Sommer 1917 in eine Wohnung neben der ihren und achtete sorgfältig darauf, Besso den Eindruck zu vermitteln, das sei allein ihre Idee gewesen. Er lobte Elsas Kochkünste, die ihm halfen, das verlorene Gewicht wiederzugewinnen, und er genoß Bequemlichkeiten, die der Wohlstand und die Beziehungen ihrer Familie boten. Philipp Frank erinnerte sich, wie er Einstein während des Krieges besuchte und Einstein ihn zum Mittagessen in das Haus seines Onkels mitnahm. Als Frank sich höflich sträubte, sagte Einstein: »Da brauchen Sie aber keine Gewissensbisse zu haben. Im Gegenteil, Mein Onkel hat mehr als was durchschnittlich auf einen Kopf der Bevölkerung kommt. Wenn Sie etwas bei ihm essen, so dienen Sie nur der sozialen Gerechtigkeit.«

Bei dieser Gelegenheit begegnete Frank Elsa zum ersten Mal. Sie pries Einsteins Talent als Wissenschaftler und zitierte als Beleg sein Geschick beim Öffnen der exotischen Reihe von Konservendosen, aus denen ein Großteil ihrer Nahrung stammte. Während andere in Berlin hungerten, war es ihrer Findigkeit zu verdanken, daß Einstein jeden Tag frische Eier und Butter hatte. In den dunkelsten Kriegstagen verschaffte sie sich die Dienste von Malern und Schlossern, indem sie sie alle mit »schön belegten Stullen« bestach. Einstein konnte selbst seiner Leidenschaft für das Rauchen nachgehen, weil er hundert auserlesene Zigarren geschenkt bekam. Das war »in dieser Zeit ein Unikum«, schrieb Elsa an Pauline Einstein, und es machte ihm kindliche Freude.

Es gibt keinen Hinweis darauf, daß Einstein jetzt in seine Kusine verliebt war. Soweit wir seinen eigenen Worten trauen können, war Leidenschaft etwas, das er gern vermied. Er verglich sich mit jemandem, der »immer ganz ›oben‹ schwimmt, aber allein, wie ein Tropfen Öl auf dem Wasser. Ich habe die Wandelbarkeit aller menschlichen Beziehungen kennengelernt und mich gegen Hitze und Kälte zu isolieren gelernt, sodass das Temperaturgleichgewicht ziemlich gesichert ist.« In einem Brief aus dieser Zeit – das genaue Datum ist unbekannt – versichert er Mileva, er habe nicht die Absicht gehabt, seinen Lebensstil als Junggeselle aufzugeben, der sich »als unbeschreiblicher Segen für mich erwiesen hat«. Aber Elsas mütterliche Fürsorge hatte ihren Preis. Sie war entschlossen, Einstein zu ihrem Ehemann zu machen; Anfang 1918 gab er nach und bat seine Frau wieder um die Scheidung. Nach der Familienlegende versprach er Mileva: »Du wirst sehen, daß ich Dir auf meine Weise immer treu bleiben werde.«

Die Bitte, die Scheidung einzureichen, erreichte Mileva zu einer Zeit, als sie wieder besonders verwundbar war. Gegen Ende 1917 war ihre jüngere Schwester Zorka nach Zürich gekommen, um ihr während ihrer Genesung eine Hilfe zu sein. Aber Zorka zeigte bald selbst Anzeichen einer depressiven Geisteskrankheit, und Zangger berichtete im Februar 1918, sie müsse in eine Nervenheilanstalt eingewiesen werden. Ein späterer Brief deutet an, daß Zorka in die Nervenheilanstalt der Stadt Zürich, das Burghölzli, eingeliefert wurde, in die auch Eduard schließlich kam. Zu Milevas Sorgen kam noch hinzu, daß ihr Bruder Miloš von den Russen gefangengenommen worden war, während er als Sanitäter in der österreichischen Armee diente. Zerbrochen und erschöpft nach langen Monaten des Leidens, konnte Mileva sich nicht länger widersetzen. Die Verhandlungen um den Scheidungsvertrag begannen.

Ein Außenstehender, der in den Scheidungsprozeß hineingezogen wurde, war Einsteins Berliner Kollege Fritz Haber. Haber hatte allen Grund, durch die Sache besonders berührt zu sein: Seine eigene unglückliche erste Ehe wies viele Parallelen zu der Einsteins auf. Wie Mileva war auch seine Frau eine Wissenschaftlerin – Clara Immerwahr, die erste Frau, die einen Doktorgrad der Chemie von der Universität Breslau erhielt. Wie Mileva war sie still und anspruchslos; sie lispelte etwas, was ihre natürliche Schüchternheit noch verstärkte. Sie war auch eine einfallsreiche Frau. Als Haber 1905 eine wichtige Arbeit über Gase veröffentlichte, widmete er sie seiner Frau als Dank für ihre »stille Mitarbeit«. Sie hatten daheim zusammen gearbeitet, jeder an seinem Schreibtisch; Clara hatte Habers Daten mühsam überprüft und berechnet.

Bald jedoch lief alles schief. Haber war ein ebenso rücksichtsloser Ehemann wie Einstein – in der Lage, allein mit dem Zug wegzufahren, vergessend, daß er Clara draußen am Schalter hatte stehen lassen. Die Aufgabe, sich um ihren Sohn zu kümmern (der 1902, ein Jahr nach der Eheschließung geboren wurde) forderte ebenfalls ihren Zoll. In den Worten von Habers Biograph wurde Clara weniger anregend und vielleicht weniger glänzend. Sie wurde depressiv, und sie ließ sich – wie Mileva – gehen, wurde korpulent, unordentlich und unattraktiv. »Wo einst ein ähnlicher Hintergrund und ähnliche Interessen tiefe Zuneigung genährt hatten, entwickelte sich eine lethargische Toleranz, und langsam zerbrach die Ehe.« Das Ende kam plötzlich und tragisch. Clara Haber war entsetzt über die Arbeit ihres Mannes, der für die deutsche Wehrmacht Giftgas entwickelte. Als er gegen ihren Widerstand an die Ostfront fuhr, um den Einsatz persönlich zu überwachen, tötete sie sich.

Wenn Haber Einstein Ratschläge in bezug auf die Scheidung geben konnte, ermöglichte ihm das vielleicht, seine eigene Vergangenheit zu bewältigen. Er mag sich auch etwas verantwortlich gefühlt haben, weil er geholfen hatte, Einstein nach Berlin zu bringen, was der Trennung Vorschub geleistet hatte. Anscheinend hat er ernsthafte Anstrengungen unternommen, das Paar zu versöhnen, aber er gab schließlich die Niederlage zu. Danach habe er, wie Hans Albert Ronald Clark erzählte, versucht, für Mileva so viel wie möglich herauszuhandeln. Auch der unermüdliche Michele Besso, der wenn nötig als Mittelsmann fungierte, setzte sich wie immer für Mileva ein. Im April 1918 fühlte sich Einstein veranlaßt zu sagen, seine Frau verhalte sich »sehr nett« und es herrsche jetzt ein freundlicher Ton zwischen ihnen. »Ich sehe, dass ich vorher durch Heftigkeit und Härte vieles verdorben habe«, gab er zu.

Der heikelste Teil der Scheidungsvereinbarung betraf die finanzielle Abfindung. Nach seinen eigenen Angaben betrug Einsteins Nettoeinkommen im Jahr 1917 etwa 13 000 Reichsmark. Von dieser Summe schickte er 7 000 Mark in regelmäßigen Zahlungen an seine Frau und etwa 600 Mark als Unterstützung an seine Mutter. Wenn mehrere »unregelmäßige Zahlungen« nach Zürich hinzugezählt würden, sagte Einstein, würden seine Ersparnisse aufgebraucht, »was den Kindern gegenüber unverantwortlich wäre«. Er behauptete im Januar 1918, im Vorjahr insgesamt 12 000 Mark an Mileva geschickt zu haben – fast sein gesamtes Nettogehalt. Zangger war damit beauftragt worden, in Zürich Rechnungen für ihn zu bezahlen, aber dies Arrangement hatte Einstein zunehmend störrisch gemacht. »Ich werde Zangger das geben, was er letztes Jahr für mich ausgelegt hat«, schrieb er. »Daß ich in Zürich ein Depot anlege, über das ich euch verfügen lasse, liegt nicht in meiner Absicht ... Es handelt sich hier um eine Schraube ohne Ende.«

Der Trumpf, den Einstein ausspielte, war der Nobelpreis für Physik. Wenn seine Frau einer einvernehmlichen Scheidung zustimmte, würde das mit dem Preis verbundene Geld ihre und ihrer Kinder Zukunft für immer sichern. Wenn nicht, würde sie nicht einen Pfennig mehr als die 6 000 Mark erhalten, die er für einen vernünftigen jährlichen Unterhalt hielt. Einstein bot

Mileva das Preisgeld wohl nicht, wie manchmal behauptet wurde, in Anerkennung ihrer Verdienste um die Relativitätstheorie an, sondern schlichtweg als die einfachste Weise, die Scheidung zu erhalten. Der in schwedischen Kronen ausgezahlte Preis würde für Mileva einen Wert von etwa 180 000 Schweizer Franken haben und einen Schutz gegen den Verfall der deutschen Währung bieten, mit der er vorher bezahlt hatte. Aber es gab ein Problem: Einstein hatte den Nobelpreis noch nicht erhalten.

Das Nobel-Komitee, das die Preisträger wählte, war bekanntermaßen konservativ und nicht willens, den Preis für die Relativitätstheorie zu verleihen, weil die Theorie noch umstritten war und ihr die hinreichende experimentelle Bestätigung fehlte. Wie es sich ergab, erhielt Einstein seinen Preis erst 1922. Selbst dann war es eigentlich der Preis für 1921, der vom letzten Jahr zurückbehalten worden war, und er wurde nicht in Anerkennung der Relativitätstheorie verliehen. Ironischerweise wurde Einstein für seine Arbeit über den lichtelektrischen Effekt gewürdigt – die Theorie, mit deren Folgerungen er sich für den Rest seines Lebens nicht abfinden konnte.

Es bestätigt in auffallender Weise Einsteins Selbstvertrauen, wenn er schon 1918 sicher war, daß er den Nobelpreis – und das Geld – schließlich einmal bekommen würde. Ebenso besagt es viel über Milevas dauerhaftes Vertrauen in ihn, wenn sie auch darauf baute. Einstein war zwar schon 1910 für den Preis nominiert worden, und sein Name hatte bis auf zwei Ausnahmen in jedem Jahr auf der Vorschlagsliste gestanden. Aber als es um die Scheidung ging, konnten er und Mileva niemals absolut sicher sein, daß sein gewaltiger Beitrag je vom Nobelkomitee gewürdigt werden würde – und doch müssen sie beide darauf vertraut haben, daß es nur eine Frage der Zeit war. In der Zwischenzeit schickte Einstein Mileva regelmäßige Unterhaltszahlungen.

Einstein empfing Anfang Juli eine Kopie der Scheidungspapiere. Er nahm die Sache in einem Brief an Besso anscheinend auf die leichte Schulter, denn er schrieb: »Die Sache mit dem originellen Scheidungsrat habe ich bekommen – Till Eulenspiegel.« Aber die Belastung für ihn war beträchtlich gewesen, und im folgenden Monat träumte er, er habe sich mit dem Rasiermesser die Kehle durchgeschnitten. Der unmittelbare Anlaß für diesen Alptraum war der Ruf auf einen Lehrstuhl in Zürich, gleichzeitig an die Universität und an das Polytechnikum. Die Initiative dazu war von Zangger ausgegangen, der darin eine letzte Gelegenheit sah, seinen Freund zu seinen Kindern zurückzubringen. Er löste in Einstein viele Selbstvorwürfe aus, und er gab zu, sehr versucht gewesen zu sein, dem Ruf zu folgen, aber die Antwort blieb Nein. Der erklärte Deutschenhasser sagte jetzt, er sei durch »schöne Beziehungen zwischen den nächsten Kollegen (besonders Planck)« und moralische Verpflichtungen an Berlin gebunden. »Da tat ich etwas«, schrieb er Besso, »was ich sonst verabscheue: ich griff zum Kompromiss!« Er würde in Berlin bleiben, aber in jedem Jahr für einige Wochen nach Zürich kommen, um dort Vorlesungen zu halten. So hatte er einen Grund, Hans Albert regelmäßig zu sehen und dabei doch die »grossen persönlichen Schwierigkeiten« zu vermeiden, die es mit sich bringen könnte, wenn er in derselben Stadt wohnte wie Mileva.

Einstein mußte im Scheidungsvertrag zugeben, daß er Ehebruch begangen hatte. Es gab auch Hinweise auf heftige Kämpfe zwischen ihm und seiner Frau, die die Weiterführung ihrer Ehe unerträglich gemacht hatten. Er schrieb Besso, daß die Scheidung all jene beschäftigte, die davon wußten, und er war verärgert, weil die Akten zwischen Berlin und Zürich hin und her geschickt werden mußten. Es gab jedoch auch erfreuliche Augenblicke. Auf einer Urkunde vom Dezember 1918 bestätigt Einstein den Erhalt eines Portefeuilles von Effekten der Ost-Elbischen Spritwerke und von Bosnisch-Herzegovina-Eisenbahnanleihen von Elsas Vater. Wahrscheinlich wurde dieses Geschenk absichtlich erst nach der Unterzeichnung des Scheidungskontrakts gemacht. Im Fall von Einsteins Ableben sollte, so die Verfügung, das Aktienpaket in Elsas Besitz übergehen. Keinesfalls würde es Mileva zugute kommen.

Die Scheidung wurde am 14. Februar 1919 ausgesprochen, und nach einer angemessenen Wartezeit heirateten Einstein und Elsa am 2. Juni. Die Zeremonie fand auf einem Berliner Standesamt statt, und die Feier war so verdächtig unauffällig wie bei Einsteins Hochzeit mit Mileva. Innerhalb von Monaten jedoch sollte Einsteins Leben ein anderes sein.

9
DER HEILIGE

In all den Jahren, in denen Einstein mit Mileva zusammenlebte, war er außerhalb der Welt der Physik ein Unbekannter gewesen. Schon wenige Monate nach seiner Scheidung und Wiederverheiratung jedoch feierte ihn die ganze Welt. Er wurde von Menschen verehrt, die keine blasse Ahnung von seinen Entdeckungen hatten, und war so der Superstar der Naturwissenschaften.

Er verdankte seinen plötzlichen Ruhm den Schlagzeilen der Journalisten in England und Amerika. »Eine wissenschaftliche Revolution, die neue Theorie des Universums, Newtons Gedanken verworfen« donnerte die Londoner ›Times‹ am 7. November 1919. »Das Himmelslicht hängt schief, Männer der Wissenschaft mehr oder weniger aus dem Häuschen ... Einsteins Theorie triumphiert«, verkündete die ›New York Times‹ zwei Tage später. Die zugehörigen Berichte verkündeten die Ergebnisse zweier britischer Expeditionen, die im März des Jahres eine Sonnenfinsternis beobachtet hatten und dabei von Sobral im Norden Brasiliens und von der Insel Principe vor der Westküste Afrikas aus die von Einstein in seiner Allgemeinen Relativitätstheorie vorhergesagte Ablenkung des Sternenlichts hatten messen können. Die Ergebnisse wurden als sensationell empfunden, als sie in den Räumen der Royal Society bekanntgegeben wurden; deren Präsident pries die Relativitätstheorie als das wohl eindrucksvollste Zeugnis menschlichen Denkens.

Abraham Pais nannte dies »die Geburt der Einstein-Legende». Es machte wenig aus, daß bei dem Londoner Treffen niemand eine klare nicht-mathematische Formulierung der neuen Gedanken geben konnte: Eine vom Krieg erschöpfte Welt war begierig nach Ablenkung, und die Relativitätstheorie wurde zur öffentlichen Sensation. Raumkrümmung und Lichtablenkung erwiesen sich als faszinierende Schlagworte, da mochten die Einzelheiten noch so verborgen sein. Plötzlich schienen die Geheimnisse des Himmels – Geheimnisse, die jeden in den Bann schlagen, der je den Nachthimmel bewundert hat – erschlossen zu sein. Einsteins seltsame neue Weltordnung, in der wenig so war, wie es ausgesehen hatte, spiegelte die Stimmung einer verstörten Zeit. Aber sie stellte auch einen Triumph der menschlichen Logik dar, einen Sieg der Vernunft nach der sinnlosen Roheit des Krieges. Einstein war nicht der einzige, dem die Wissenschaft eine Ausflucht aus dem Dunklen und Irrationalen bot.

Sobald die Sache bekannt wurde, wollten die Berichterstatter unbedingt den Menschen kennenlernen, der dahintersteckte. Sie konnten ihr Glück kaum fassen. Statt des Stereotyps eines Akademikers fanden sie einen Exzentriker mit zerzaustem Haar, der irgendwie Charme besaß und einen ziemlich spöttischen Humor. Einstein lieferte immer Stoff für eine Geschichte, und schon bald wurde er bei jeder Gelegenheit und zu jedem Thema um seine Meinung gebeten. »Alles will Artikel, Vortrag, Photographie etc«, schrieb er am Weihnachtsabend 1919. »Die Sache erinnert an das Märchen ›das Kleid des Königs‹, aber es ist eine harmlose Narretei.« Einstein hatte bald das Gefühl, Ähnlichkeit mit Midas zu haben, aber bei ihm verwandelte sich alles, was er berührte, nicht in Gold, sondern in etwas, mit dem die Zeitungen Aufsehen erregen konnten.

Einstein wurde ein von aller Welt hofierter Medienpapst. Im folgenden Jahrzehnt besuchte er Skandinavien, die USA, Japan, den mittleren und fernen Osten, Südamerika und Großbritannien, wo ihn das Londoner Palladium einlud, eine eigene dreiwöchige Show zu gestalten; die Tochter seines Gastgebers Lord Haldane fiel bei der Begegnung mit ihm gar in Ohnmacht. Auf einer Reise nach Genf umschwärmten ihn junge Mädchen; eine versuchte, ihm eine Haarsträhne abzuschneiden. Kinder, Zigarren, Teleskope und Türme wurden nach ihm benannt, und die Post kam jeden Tag waschkorbweise. Das blieb so bis zu seinem Tod: Es kamen ebenso Briefe mit guten Ratschlägen wie Briefe religiöser Fanatiker oder von Nassauern, die Geld wollten, von Gruppen, die um Unterstützung ihrer Ideen baten, von Kindern, die Hilfe bei den Hausaufgaben brauchten – sogar schließlich die Frage eines kleinen Mädchens: »Gibt es dich wirklich?«

Elsa bemühte sich, ihren neuen Ehemann vor dieser Tollerei der öffentlichen Neugier abzuschirmen. Sie wurde zu eine Art Mischung von Generaldirektor und Wachhund, indem sie Einsteins Terminkalender führte und unwillkommene Besucher abwies. Sie verriegelte die Tür und lugte argwöhnisch durch ihre Lorgnette, wenn sie Neuankömmlinge von Kopf bis Fuß inspizierte, um dann brüsk nach dem Anlaß des Besuchs zu fragen. Ihr Kläffen konnte Angst einflößen; ein regelmäßiger Besucher verglich sie mit Zerberus, dem dreiköpfigen Hund, der den Eingang zur griechischen Unterwelt bewacht. »Lassen Sie sich von meiner Frau nicht abschrecken«, sagte ihr Mann zu einem Physiker, der bat, ihn besuchen zu dürfen. »Sie ist da, um mich zu beschützen.«

Ihre Wohnung in der Haberlandstraße lag an einer stillen, baumbestandenen Straße in Berlins Bayerischem Viertel. Mindestens ein Besucher hatte das Gefühl, die Gebäude seien »alle gleich häßlich«. Das Innere der Einsteinschen Wohnung im Haus Nummer 5 strahlte jedoch schlichte Gemütlichkeit aus. Im Salon, dem sogenannten Biedermeierzimmer, stand der Flügel, auf dem meistens der Geigenkasten lag. Der Name des Zimmers leitete sich natürlich von dem Stil der Möbel her, erinnert aber auch an den Namen, mit dem seine Münchner Mitschüler Einstein verspottet hatten. Der zugehörige Balkon wurde nur selten benutzt, ließ aber viel Sonnenlicht herein. Es gab ein düsteres kleines Speisezimmer mit einem Büfett, das die ganze Wand einnahm, und eine Bibliothek mit Büchern, die bis zur Decke gestapelt waren. An den Wänden hingen Bilder, in den Regalen stand Porzellan, und auf dem Fensterbrett befand sich ein Glas mit ein oder zwei Goldfischen. Die Möblierung zeichnete sich durch keinerlei Originalität aus, aber es mangelte ihr nicht an der Gemütlichkeit, die Elsa so schätzte.

Für Einstein war es wie eine Rückkehr in die Kindheit. Die Beschreibungen der Wohnung weckten Erinnerungen an die, wie sein Schwiegersohn es nannte, Atmosphäre »wohlhabender Spießer», in der Einstein aufgewachsen war. Weder jetzt noch damals gab es Armut oder Reichtum, sondern nur solide bürgerliche Behaglichkeit. Jetzt wie damals befriedigte das Einsteins Bedürfnis nach häuslicher Sicherheit, während es gleichzeitig Grund zur Auflehnung bot. Philipp Frank hatte das Gefühl, sein Freund sei in dieser neuen Umgebung ein »Fremder« geblieben – »ein Bohémien in einem Bürgerhaus«. In Wahrheit war Einstein in seinem Element. Ein Gast muß sich immer an die Gewohnheiten seines Gastgebers anpassen, aber hier ordneten sich Elsa und ihre Kinder den Launen Einsteins unter.

Eine von Elsas ersten Aufgaben war es, die Frau, deren Rolle sie in vieler Hinsicht übernahm, auf dem Totenbett zu pflegen. Wenige Jahre zuvor hatte sich Einsteins Mutter einer Unterleibsoperation unterziehen müssen, weil sie Krebs hatte. Die Krankheit brach 1918 wieder aus, und am Ende des folgenden Jahres wußte man, daß sie zum Tode führte. Pauline äußerte den Wunsch, bei ihrem Sohn zu sein und zog zu Beginn des Jahres zu ihm, um ihre letzten Monate in seinem neuen Heim zu verbringen. Einstein stellte ihr in seinem Arbeitszimmer ein Bett auf und berichtete Zangger: »Sie klammerte sich ans Leben und sah noch gut aus.« Morphium half dabei, Paulines Todesschmerzen zu erleichtern, »beeinträchtigten aber ihren Geist«. Wie Einstein Besso schrieb, war es »eine traurige Affäre«, die ihn zu sehr beunruhigte, um ihn wissenschaftlich arbeiten zu lassen.

Paulines Ehrgeiz war ein besonders großer Ansporn für die Entwicklung ihres Sohnes gewesen. Er hatte ihr begierig von seinen Erfolgen erzählt und ihr im Mai 1919 einen Zeitungsausschnitt »zur weiteren Nahrung für Mamas ohnehin schon gehörigen Mutterstolz« geschickt. Als er die entscheidenden Daten von der Sonnenfinsternis erfuhr, hatte er als erstes seiner Mutter eine Postkarte geschickt, um ihr die »freudige Nachricht« mitzuteilen. Jetzt zehrte ihre letzte Krankheit an seinen Kräften. Er schrieb Max Born Ende Januar 1920, seine Mutter sei »in hoffnungslosem Zustand« bei ihnen und leide unsäglich. Er fügt hinzu: »Es wird wohl noch viele Monate dauern, bis sie erlöst wird.« Weit davon entfernt, sich wie gewöhnlich mit seiner Gleichgültigkeit gegenüber menschlichen Angelegenheiten zu brüsten, äußerte er eher Neid darüber, daß Born sich besser über sie erheben könne:

Dadurch wird mein ohnehin geringer Tatendrang noch mehr verringert. Du bist ein ganz anderer Kerl! ... Da hältst Du Relativitätsvorträge gegen die Institutspleite und schreibst Arbeiten, wie wenn Du als ein lediger Junggeselle behaglich in einem eigens für Dich geheizten isolierten Prachtzimmer hausen würdest und keinerlei Sorgen des pater familiae an Deinem Hirn nagten! Wie Du das nur fertig bringst?

Pauline Einstein starb im Februar 1920, früher, als ihr Sohn es wohl erwartet hatte. Er schrieb Zangger von den »schrecklichen Qualen«, die sie gelitten hatte, und sagte dann: »Wir sind alle ganz erschöpft ... Man fühlt bis in die Knochen, was die Bande des Blutes bedeuten.« Etwa ein Jahr zuvor hatte er seinem Freund Erwin Freundlich versichert, es gäbe keinen, dessen Tod ihn verstören könne. Jetzt war Freundlichs Frau Käthe insgeheim froh, zu sehen, daß sich die Hohlheit seiner Behauptung zeigte. »Denn Einstein weinte, wie andere Menschen auch, und ich wußte, daß er wirklich für jemanden was empfinden konnte.« Im folgenden Monat schrieb Einstein an Hedwig Born, deren Mutter gerade an einer Grippe gestorben war. »Ich weiß, was es heißt, die Mutter in Todesqual zu sehen, ohne helfen zu können. Trost gibt es nicht.«

Einsteins Gefühle für seine Mutter hatten jedoch nicht plötzlich ihre alte Zwiespältigkeit verloren. Dr. Janos Plesch, der Pauline auf ihrem Totenbett beistand und ein enger Freund ihres Sohnes wurde, glaubte, er sei wegen ihrer Qualen betrübt, aber nicht verzweifelt gewesen. Anscheinend spürte Plesch etwas von der anhaltenden Feindschaft und dem Groll, die es Einstein erschwerten, den Tod seine Mutter vorbehaltslos zu betrauern. Als Einsteins Tante Julie 1914 gestorben war, hatte er Elsa gegenüber zugegeben: »Einen eigentlichen Schmerz empfinde ich darüber nicht, Gott verzeih mir's.« Jetzt empfand er Schmerz, aber der war fast sicherlich mit demselben schuldbewußten Gefühl von Abneigung gepaart. Diese ambivalenten Gefühle müssen den Tod nur noch verstörender gemacht haben, besonders, weil sein Zeitpunkt so symbolträchtig war. Genau wie Einsteins erste Ehe im Schatten des Todes seines Vaters begann, so seine zweite mit dem Verlust seiner Mutter. Das

Schicksal schien ihm zu sagen, daß Intimität einen tödlichen Preis fordert.

Obwohl er Hedwig Born gesagt hatte, es gäbe in einer solchen Lage keinen Trost, bot Einstein ihr doch welchen. »Die toten Alten leben ja in den Jungen weiter. Empfinden Sie es nicht, wenn Sie jetzt in Ihrer Trauer Ihre Kinder ansehen?« Einsteins Beziehung zu seinen Söhnen stand in den Jahren nach dem Tod seiner Mutter im Mittelpunkt seines Gefühlslebens, aber mit der Wiederverheiratung hatte er auch zwei Töchter bekommen, die, noch bevor er ihr Stiefvater wurde, offiziell den Namen Einstein angenommen hatten. Einstein behandelte sie mit Zuneigung, sogar Liebe, aber diese Liebe ließ Beobachter nicht an die Liebe eines Vaters denken. Die Mädchen waren schließlich aufgrund von Elsas Abstammung auch seine Nichten zweiten Grades.

Ilse, der Liebling ihrer Mutter, war eine zierliche und reizvolle junge Frau, die auf gepflegte Gesellschaft achtete und sich nach der neuesten Mode kleidete. Sie heiratete 1924 Rudolf Kayser, den Herausgeber von Deutschlands damals bedeutendster Literaturzeitschrift ›Neue Rundschau‹ und zog mit ihm in ein modern eingerichtetes Haus, wo sie die Berliner Schickeria bei sich zu Gast hatten. Sie kam weiterhin oft zu Besuch in die elterliche Wohnung, aber Einstein verbrachte viel mehr Zeit in Gesellschaft ihrer jüngeren Schwester. Margot war ein besonders zartes und nervöses junges Mädchen, weniger reizvoll und gesellig als Ilse. Sie wohnte auch nach ihrer Hochzeit mit Dimitri Marianoff 1930 zu Hause. Margot und Einstein kamen sich sehr nahe, und er unterstützte ihre Karriere als Bildhauerin. Nach Aussage von Marianoff war Margot so schüchtern, daß sie sich »viele Male« unter einem Tisch versteckte, wenn ihr Stiefvater überraschend Besuch erhielt. Einstein deckte dann das Tischtuch über sie, und sie blieb dort, bis der Besuch wieder gegangen war. Vielleicht war dies nicht nur Schüchternheit, sondern ein merkwürdiger Besitzanspruch. Margot war nämlich ganz offen eifersüchtig auf Menschen, die Einstein in zu lange Gespräche verwickelten und zeigte dann ein Feuer, das gar nicht zu ihrer üblichen Schüchternheit paßte. Sie benörgelte privat an ihrem Stiefvater alles, von seiner nachlässigen Kleidung bis zu seinen schlechten Manieren, und neckte ihn oft freundschaftlich. Diese rechthaberische Zuneigung erinnert unweigerlich an die ihrer Mutter für denselben Mann. In späteren Jahren war es häufiger Margot als Elsa, die Einstein bei öffentlichen Anlässen begleitete.

Einsteins düstere Stimmung nach dem Tode seiner Mutter paßte zu dem allgemeinen Elend im Nachkriegsdeutschland, obwohl er Zangger schrieb, seine Berliner Kollegen seien viel angenehmer, seit die Niederlage ihre Behäbigkeit gestört habe. »Unglück bekommt der Menschheit unvergleichlich viel besser als Erfolg«, sagte er. Aber Einstein war eine gute Zielscheibe für die Verbitterung, die das Land nach der Demütigung fühlte. Auch gegen ihn wurde eine Haßkampagne geführt, die sich vom Antisemitismus nährte, mit dem Neid seiner Rivalen unter den Wissenschaftlern und auch mit großer Feindseligkeit wegen seiner Einstellung zum Krieg. Im Februar 1920 kam es bei einer Vorlesung, die er an der Universität Berlin hielt, zu Störungen, und im August wurde eine Veranstaltung im größten Konzertsaal der Stadt abgehalten, die einzig das Ziel hatte, seine Ideen in Mißkredit zu bringen. Das Treffen wurde von einer neuen Vereinigung organisiert, die sich selbst die »Arbeitsgemeinschaft deutscher Naturforscher zur Erhaltung reiner Wissenschaft« nannte, und zu der auch Milevas früherer Lehrer, der Nobelpreisträger Philipp Lenard, gehörte. Einstein taufte sie die »antirelativistische GmbH« und schaute mit der für ihn typischen Sturheit der Versammlung von einer Loge aus zu; er lachte und klatschte sogar, als er von der Bühne aus angefeindet wurde.

Einstein erzählte seinen Freunden, die Erfahrung sei sehr vergnüglich gewesen, aber sein unterdrückter Zorn zeigte sich in einem Aufsatz, den er für das Berliner Tageblatt schrieb. Er häufte darin Verachtung auf seine Kritiker, die er keiner Antwort für wert hielt, und spottete, sie würden niemals etwas gesagt haben, wenn er »ein Deutschnationaler, ob mit oder ohne Hakenkreuz« wäre. Seine Reaktion war verständlicherweise bitter, aber sie zeigte der Öffentlichkeit die Grenzen seiner kühlen Selbstgenügsamkeit. Das überraschte und verwirrte viele seiner Freunde. Die Ehrenfests empfanden seine Reaktion als ein vulgäres Echo auf die Angriffe – als einen Beweis, daß »diese verfluchten Schweine es fertig gebracht« hatten, »Einsteins Seele, die uns so schrecklich viel wert ist, zu berühren.« Hedwig Born schrieb ihm: »Zu dem Ehrenbilde, das ich von Ihnen neben anderen verehrten Heiligen in meinem Herzensschreine aufgestellt habe, paßt es garnicht, daß es durch Menschen noch enttäuscht oder aus seiner Ruhe gereizt werden könne.« Einstein, so erinnerte sie sich, habe davon gesprochen, »sich aus dem wüsten Getümmel des Lebens ... in den stillen Tempel der Wissenschaft zurückziehen zu wollen. Wenn jetzt die Welt ihre dreckigen Fluten an Ihres Tempels Stufe spült, so machen Sie doch die Tür zu und lachen Sie! Und sagen Sie: ich bin doch nicht umsonst in den Tempel gegangen. Ärgern Sie sich nicht! Bleiben Sie der Heilige im Tempel.« Diesen Rat suchte Einstein für den Rest seines Lebens zu befolgen. Aber, wie er den Borns gegenüber zugab: »Jeder muß am Altar der Dummheit von Zeit zu Zeit sein Opfer bringen, der Gottheit und den Menschen zur Lust.«

Einsteins häusliches Leben war so eingerichtet, daß es nicht mehr Intimität zuließ, als er wünschte. Er und Elsa hatten getrennte Schlafzimmer an gegenüberliegenden Enden der Wohnung. Elsas eigene Erklärung dafür war, daß er »unglaublich laut« schnarche und es unmöglich sei, in seiner Nähe zu schlafen. Wenn Einstein sein Zimmer nachts verließ, war sein Ziel fast immer die Küche, wo er auf der Geige improvisierte und sich über die gute Akustik der Kachelwände freute. Am Tag hatte er eine Rückzugsmöglichkeit unter dem Dach. Sein Stief-Schwiegersohn Rudolf Kayser machte eine Bemerkung über die »puritanische Einfachheit« dieses Arbeitszimmers im Turm, gestand jedoch ein, daß es nicht auf Bequemlichkeit ankäme. Das »Turmzimmer« ermöglichte »völlige Zurückgezogenheit und deshalb Unabhängigkeit«. Plesch berichtete, sein Drang nach Unabhängigkeit sei »so weit gegangen, daß er in seinem Heim ein Zimmer für sich abgrenzte, das nicht einmal eine Reinmachefrau ohne besondere Erlaubnis betreten durfte. Lieber Staub und Unordnung als Abhängigkeit.« Elsa durfte den Raum gar nicht betreten. Das verletzte sie sehr, schrieb Plesch, aber Einstein blieb eisern.

Einstein wehrte sich sogar gegen das »wir«, wie es Ehepartner gebrauchen. Niemand, schon gar nicht Elsa, sollte das Recht haben, für ihn zu sprechen. Es war, als ob er einfach nicht begriff, was man mit der ersten Person Plural meint, sagte Plesch, der schrieb, er habe Einstein nur einmal zornig gesehen, und zwar als Elsa das Wort »wir« entglitt. Der Mann, der seine Liebesbriefe an Mileva mit Hinweisen auf das Werk füllte, das »wir« vollenden und das Leben, das »wir« führen würden, verbat jetzt seiner zweiten Frau, das Wort je für sie beide zu verwenden. »Sprich von dir oder mir, aber niemals von uns«, schnappte er. Wie wichtig ihm das war, wird durch ein kleines Gedicht belegt, das sich bei Einsteins Papieren fand:

Unbehaglich macht mich stets das Wörtchen »wir«
Denn man ist nicht eins mit einem andern Tier,
Hinter allem Einverständnis steckt
Stets ein Abgrund, der noch zugedeckt.

Einstein äußerte sich ähnlich in einem geradezu glänzend vorsichtig formulierten Vorwort zu einer Biographie, die 1931 Rudolf Kayser über ihn verfaßte und Elsa gewidmet wurde. Das Buch war, wie er zugab, »so gut, wie man es von einem erwarten kann, der wohl oder übel er selbst ist, und der ebenso wenig jemand anderer sein kann wie ich«. Aber in derselben Einführung warnte er, daß »vielleicht das übersehen wurde, was das Irrationale, das Widersprüchliche, das Komische, auch das Verrückte« sei, mit dem die Natur jedes Wesen ausstatte.

Elsa gebrauchte nur selten seinen Vornamen. Sie sprach von ihm als »mein Mann« oder »mein Alter« oder manchmal »der Professor«. Aber oft verwandte sie einfach seinen Nachnamen und sagte: »Einstein will das und das.« Trotz dieser äußerlichen Distanziertheit war Einstein jedoch völlig abhängig von ihr. Elsa gab ihm sogar Taschengeld, weil sie wußte, daß er größere Geldbeträge mit großer Wahrscheinlichkeit impulsiv hergeben würde, und zwar mit gleicher Wahrscheinlichkeit einem offensichtlichen Betrüger wie für einen wirklich verdienstvollen Grund. Die Darstellung bei Plesch erinnert an ein hilfloses Kleinkind, das sich bei allem auf die Mutter verläßt:

Wie sein Geist keine Grenzen kennt, so folgt auch sein Körper keinen vorgegebenen Regeln: er schläft, bis man ihn weckt; er bleibt wach, bis man ihm sagt, er solle schlafen gehen; und er ißt, bis man Schluß sagt. Ich kann mich erinnern, wie er bei mehr als einer Gelegenheit zwischen fünf und zehn Pfund Erdbeeren auf einmal aß ... Da Einstein anscheinend niemals die gewöhnlichen Impulse zu essen usw. fühlt, muß man für ihn sorgen wie für ein Kind. Er hatte großes Glück mit seiner zweiten Frau.

Es war, als ob Einstein am glücklichsten war, wenn er in einer Art Trance lebte; er ließ sich gern von anderen um die Hindernisse des Alltagslebens herumschiffen. Nach Marianoff begann eine Mahlzeit gewöhnlich damit, daß Elsa ihn immer dringlicher rief. Einstein tauchte dann mit einem Blick fixierter Versunkenheit auf, brummelte seinen Protest und ging wie ein Schlafwandler an seinen Platz. Er saß dann vor seinem Suppenteller, führte den Löffel mit rhythmischen und mechanischen Bewegungen vor und zurück und schüttelte vage den Kopf, wenn sich das Gespräch ihm zuwandte. Die ihm vorgesetzte Speise aß er ohne Frage oder Bemerkung. Es war, als ob sein Geist noch in fernen Räumen war und nicht in seinem Körper. Der stand in der Zwischenzeit völlig in Elsas Obhut.

Elsa beschrieb, wie Einstein manchmal in Gedanken verloren ruhelos durch die Wohnung lief, ohne ihre Gegenwart zu bemerken. »Er geht«, so Elsa, »in sein Arbeitszimmer, kommt zurück, greift ein paar Akkorde auf dem Klavier, notiert etwas, geht wieder in sein Arbeitszimmer.« Elsa machte sich dann selbst unsichtbar, aber erst, nachdem sie ihm für den Fall, daß der Zauber nachließ, etwas zu Essen hingestellt hatte. Ihr Mann glich einem in einer Traumwelt verlorenen Kind und konnte auch bei schlechtem Wetter ohne Mantel und Hut auf die Straße gehen, um dann zurückzukehren und ziellos auf der Treppe zu stehen. Seelig erzählte, wie Elsa nach einer Auslandsreise – sie soll sogar nach Rio de Janeiro geführt haben – den Koffer öffnete und überrascht »den Inhalt noch in größter Ordnung fand«. Sie sah, so Seelig, »darin zu recht eine Frauenhand am Werk und fragte fast eifersüchtig, wer den Koffer so sorgfältig für die Rückreise gepackt habe. Da lachte Einstein herzlich und gestand, daß er ihn überhaupt nicht geöffnet hätte«.

Das Leben war für Elsa, die in Berlin zu einer Zielscheibe für viel Kritik wurde, nicht einfach. Man hielt sie ihres Partners für geistig unwürdig. Sie wurde beschuldigt, Kollegen Besuche bei ihm zu verwehren und Berühmtheiten aus Politik und Kunst zu bevorzugen. Man sagte, sie sonne sich im Ruhm ihres Mannes, ohne seinen inneren Wert zu schätzen. Das alles war ziemlich ungerecht. Philipp Frank schrieb: »Die Menschen ihrer Umgebung waren immer bereit, sie sehr kritisch zu betrachten und, gleichsam zum Ausgleich für die Achtung, die sie widerstrebend ihrem Mann zollten, alle Vorwürfe auf sie abzuwälzen, die sie ihm gern gemacht hätten.«

Elsa hat niemals vorgegeben, die Relativitätstheorie zu verstehen, und sagte auf Befragen: »Das ist für mein Glück nicht nötig.« Aber das war nicht die ganze Wahrheit. Ihre Freundin Antonina Vallentin meinte, der dümmliche Eindruck, den ihr Unwissen machte, habe Elsa geärgert und sogar etwas gekränkt. Vallentin schrieb: »Elsas Intelligenz hätte ihr gestattet, wenigstens in die Peripherie der Welt, in der sie lebte, einzudringen, aber sie sah davon ab, vielleicht wieder mit Absicht, und Einstein hat es ihr immer gedankt, daß sie in ihrem Zusammenleben diese unüberschrittene Grenze zwischen ihnen ließ.« Dies übertreibt vermutlich Elsas Geistesschärfe, enthält aber wohl ein Körnchen Wahrheit. Die intellektuelle Kluft zwischen Einstein und seiner zweiten Frau behagte ihm mehr als ihr.

Vallentin deutet auch an, daß Elsa von Einstein bei seinem Umgang mit der Außenwelt munter ausgenutzt wurde. Er gab den Befehl, unwillkommene Besucher abzuweisen, aber sie mußte die Anstürme allein abwehren. Wie ein Kind, das weiß, wie reizend es ist, konnte er sich auf seinen Charme und seine scheinbare Naivität verlassen, um sein eigenes ungehobeltes Benehmen zu entschuldigen. Und wenn er wollte, konnte er die Pläne seiner Frau jederzeit über den Haufen werfen, indem er unerwarteterweise ein Gespräch länger ausdehnte oder eine Einladung annahm. Es gab wirklich viele Besucher in der Haberlandstraße, die keine Wissenschaftler waren, von Charlie Chaplin bis zu Heinrich und Thomas Mann, aber diese wären nicht geduldet worden, wenn sie Einstein nicht Befriedigung gegeben hätten, und jede unschuldige Freude, die Elsa daran gehabt haben könnte, wurde durch Unbehagen wieder wettgemacht. Vallentin gab sich Mühe zu betonen, daß Elsa in mancher Hinsicht eine scheue Frau war und ihrer Schüchternheit, anders als der Einsteins, keine Kompensation durch »normale Selbstgefälligkeit« vergönnt war. Plesch fand ähnlich deutliche Worte, wenn er schrieb: »Sie hielt sich so weit wie möglich im Hintergrund und stellte sich niemals gern ins Rampenlicht.«

Gewöhnlich wurde Elsa die Schuld dafür zugeschoben, wenn Einstein zwiespältige Gefühle gegen sein Leben als Berühmtheit zeigte. Ihm gefiel die ständige Aufmerksamkeit der Medien überhaupt nicht, und er verachtete das Drumherum des Ruhms. Offizielle Essen zum Beispiel tat er als »Fütterungsstunde der wilden Tiere im Tiergarten« ab. Aber der Ruhm macht auf seine Art süchtig. Hans Albert nannte seinen Vater in diesem Zusammenhang einen Schmierendarsteller und beschrieb viele Jahre später eine Reise durch das amerikanische Hinterland, wo man Einstein überhaupt nicht erkannte. Zuerst amüsierte sich Einstein gewaltig, aber dann zeigte er ärgerliche Enttäuschung. Er hatte gern Publikum, wenn auch nur, um sich darüber beklagen zu können, und seine harten Worte zu diesem Thema spiegeln vielleicht ein gewisses Schuldgefühl darüber, daß er insgeheim soviel Genugtuung daran fand.

Solche Zwiespältigkeit zeigte sich besonders deutlich in einem seiner ersten Zusammenstöße mit einem Biographen. Einstein hatte dem Schriftsteller Alexander Moszkowski eine Reihe von Gesprächen zugestanden, die 1921 zu einem Buch zusammengestellt wurden. Es war ein bißchen die Genugtuung eines Mannes dabei, dem es gefiel, Hof zu halten und Meinungen zu äußern. Aber Einsteins Freunde waren entsetzt, weil schon seine Feinde in der »anti-relativistischen GmbH« ihn bezichtigt hatten, sich selbst anzupreisen. Sie schoben die Verantwortung dafür rasch Elsa zu, weil sie überzeugt waren, deren Liebe zur Öffentlichkeit habe ihren weltfremden Ehemann in die Irre geführt, und versuchten einzugreifen. Hedwig Born schrieb Einstein einen Brief, in dem sie ihm befahl, seine Erlaubnis zur Veröffentlichung (»und zwar sofort und in einem eingeschrieben Brief«) zurückzuziehen. Sie erklärte:

> *Kennte ich Sie nicht, ich würde nicht einem einzigen anderen Lebenden, auf den obige Tatsache zuträfe, Harmlosigkeit zugestehen. Ich würde unbedingt an Eitelkeit glauben. Dies Buch wird für alle, außer etwa 4-5 Freunde von Ihnen, Ihr moralisches Todesurteil*

bedeuten. Es würde nachträglich die beste Bestätigung für die Anschuldigung Ihrer eigenen Reklame sein ... Bitte, lieber Freund, zerstreuen Sie schnell unsere Sorgen und lehnen Sie Rat und Bitte nicht ab. Ich werde nie und zu niemandem über diese ganze Geschichte sprechen, denn ich habe ja nun zur Genüge gehört, wie gräßlich es Ihnen ist, wenn Weiber sich in Ihre Angelegenheiten mischen. »Weiber sind ja nur zum Kochen da«, aber sie können auch mal überkochen ...

Welchen Illusionen Hedwig Born auch in bezug auf Einsteins Mangel an Eitelkeit erlegen sein mag, sie hatte keine in bezug auf seine Einstellung zum anderen Geschlecht.

Max Born schloß sich dem Angriff in der Haltung eines Menschen an, der in loco parentis handelt. Er entschuldigte sich wegen seiner Aufdringlichkeit, sagte aber zu Einstein: »Du verstehst das nicht, Du bist ein kleines Kind. Man liebt Dich, und Du mußt gehorchen: und zwar einsichtigen Leuten (nicht Deiner Frau).« Einsteins Antwort war für ihn typisch. »Mir ist die ganze Sache gleichgültig nebst dem Geschreib und der Meinung aller Menschen«, schrieb er. »Es kann mir also garnichts passieren.« Es ist verräterisch, daß er versprach, das Buch zu unterdrücken, das trotz seiner Bemühungen unter dem Titel ›Einstein: Einblicke in seine Gedankenwelt‹ erschien. Er war offensichtlich irritiert, als Hans Albert in Zürich ein Exemplar gekauft hatte: »Den Schmöker von Moszkowski hättet ihr nicht kaufen sollen. Tausche ihn um, wenn Du kannst. Frag mich ein anderes Mal, bevor Du sowas kaufst.« Er bekannte: »Der Druck hat nicht mehr verhindert werden können, und ich habe viel Ärger damit gehabt.«

Einer der interessantesten Abschnitte des Buchs betraf die Erziehung von Frauen. Der Verfasser bemerkte kühn, Einsteins Meinungen seien »tolerant, allein ohne die Gebärde eines Vorkämpfers anzunehmen.«

»Man soll den Frauen«, sagte Einstein, »wie überhaupt, so auch für ihre wissenschaftlichen Studien alle Wege ebnen. Aber man soll es mir nicht verdenken, wenn ich den möglichen Resultaten mit einiger Skepsis entgegensehe. Ich denke dabei an gewisse Widerstände in der weiblichen Organisation, die wir als naturgegeben zu betrachten

haben und die uns verwehren, denselben Erwartungsmaßstab wie beim Manne anzulegen.«

Nach Meinung Moszkowskis glaubte Einstein, wissenschaftliche Höchstleistungen könnten von Frauen nicht erzielt werden. Er wollte Marie Curie nur als »Beweis einer glänzenden Ausnahme« gelten lassen, »deren noch mehrere auftreten können, ohne das geschlechtliche Organisationsstatut zu erschüttern.« An einem Punkt brach es aus ihm heraus: »Es wäre doch möglich, daß die Natur ein Geschlecht ohne Hirn erschaffen hätte!«

Moszkowski sagte dazu: »Ich verstand den Sinn dieser keineswegs in wörtlichem Ernst zu nehmenden Groteske. Sie sollte in lachender Übertreibung eben nur verstärken, was er schon vorher als den Grund seiner mangelnden Erwartung bezeichnet hatte: die organische Differenzierung, die vom Körperlichen ausgehend sich irgendwo im Geistigen äußern müsse.« Die Seele einer Frau »lasse Feinheiten des Gefühls zu Tage treten, die dem Mann unerreichbar bleiben, während die stärksten Leistungen des Verstandes vielleicht von einem Überschuß der Gehirnsubstanz abhängen.« Deshalb, so schrieb Moszkowski, sei es ebensowenig möglich, sich einen weiblichen Galilei oder Kepler vorzustellen wie einen weiblichen Michelangelo oder Sebastian Bach. Es »steige aber auch die Gegenrechnung auf: eine Frau vermochte nicht die Differentialrechnung, wohl aber den Leibniz zu erschaffen; nicht die ›Kritik der reinen Vernunft‹ zu erzeugen, wohl aber den Kant.« Es gibt Grund zu der Annahme, daß dieses sehr genau Einsteins Meinung wiedergab. In einem Brief an einen Bewunderer bemerkte er, daß sich das Mathematikstudium »fast immer an Frauen rächt«, weil sie unfähig sind, sich den notwendigen Strapazen zu unterwerfen. Hedwig Born erinnerte sich, daß er einmal verkündet hatte: »Was euch Frauen betrifft, so ist das Produktionszentrum nicht im Hirn.« Er brachte wenig Begeisterung für die Gleichwertigkeit der Geschlechter auf, und er schrieb an seinen Sohn Eduard: »Für das Frauenstimmrecht kämpfen unter den Weibern eigentlich nur solche mit männlichem Einschlag.«

Es entbehrt nicht der Ironie, daß seine eigene Arbeit zu der Zeit, in der er die wissenschaftliche Begabung von Frauen in

Frage stellte, zunehmend steriler wurde. Das geschah nach dem Ersten Weltkrieg, als Einstein sich der Suche nach der sogenannten Einheitlichen Feldtheorie zuwandte, einem einzigen Gleichungssystem, das alle Gesetze der Schwerkraft und des Elektromagnetismus zusammenfassen sollte. Diese Kräfte galten damals als die beiden Grundkräfte der Natur, so daß eine Theorie, die sie erklärte, alle Rätsel der Natur lösen würde. Das Vorhaben entsprach Einsteins Wunsch nach Ordnung und Harmonie, und sein kolossaler Ehrgeiz erblickte darin seine eigene besondere Sendung. Seine Phantasie wurde 1918 von Hermann Weyl angefeuert, der vorschlug, die Allgemeine Relativitätstheorie zu erweitern, so daß sie den Elektromagnetismus – wie die Schwerkraft – als einen Aspekt der Geometrie der Welt sehen könnte. Obwohl Einstein eine Schwäche des Plans hervorstrich, fand er ihn ästhetisch ansprechend. Er veröffentlichte seine erste Arbeit zum Thema im Jahr 1922. Es folgten Jahre der Arbeit, aber Einsteins wissenschaftlicher Instinkt war nicht mehr so scharf wie früher. Er ließ auch erste Hinweise unbeachtet, daß Schwerkraft und Elektromagnetismus nicht die einzigen Naturkräfte sind, weil im Atomkern auch andere Kräfte wirken. Selbst heute sind jene, die Einsteins Leistungen an der vordersten Front der Bemühungen um eine Vereinigung der Grundkräfte der Natur bewundern, von seinem etwas »Don Quichottischen« Ansatz verblüfft.

Als sich 1929 Einsteins fünfzigster Geburtstag näherte, kursierten Gerüchte, er stünde am Rand einer großen Entdeckung. Die Öffentlichkeit schrie nach Einzelheiten, und als seine neueste Arbeit herauskam, wurde sie in voller Länge von der ›New York Herald Tribune‹ abgedruckt. In London wurde sie in den Schaufenstern des Kaufhauses Selfridge's ausgestellt und von großen Menschenmengen bestaunt. All das war ein Tribut an die Anziehungskraft des Namens Einstein, aber für Laien waren die 33 Gleichungen eigentlich völlig nichtssagend und für Fachleute lösten sie nur einige vorläufige Probleme von verteufelter Komplexität. In den dreißiger Jahren setzte Einstein seine Suche nach der Vereinheitlichung mit Hilfe seines Assistenten Walther Mayer fort, später mit Peter Bergmann und Valentin Bargmann. Angesichts der Aufregung, die dieses Unterfangen auslöste, ist es ziemlich traurig, wie wenige theoretische Physiker weltweit auf diesem Gebiet arbeiteten. Einer der großen Wissenschaftler, Wolfgang Pauli, machte eine vernichtende Bemerkung darüber, wie Einsteins Zähigkeit und Einfallsreichtum jedes Jahr eine neue einheitliche Theorie garantierten, wobei, wie er schrieb, »es psychologisch interessant ist, daß die jeweilige Theorie vom Autor gewöhnlich eine Zeitlang als ›definitive Lösung‹ betrachtet wird«.

Einsteins Entschlossenheit, eigene Wege zu gehen, die in der Vergangenheit zu solchem Erfolg geführt hatte, führte ihn jetzt in eine Sackgasse. Er zeigte dieselbe heldenhafte Torheit, wenn er sich weigerte, sich den Herausforderungen der Quantenmechanik zu stellen. Ein Grund für sein Interesse an einer Einheitlichen Feldtheorie war die Hoffnung gewesen, sie könne helfen, die Quantenparadoxien zu lösen, die er selbst geholfen hatte aufzuzeigen. Der Franzose Louis de Broglie hatte 1924 Einsteins Arbeit über den lichtelektrischen Effekt von 1905 umgekehrt. Genau wie Einstein nahegelegt hatte, daß Licht»wellen« auch als Teilchen behandelt werden könnten, so legte de Broglie nahe, solche »Teilchen« wie etwa Elektronen auch als Wellen zu betrachten. Dann zeigte Werner Heisenberg, daß ein wesentliches Kennzeichen dieser subatomaren Welt die Unschärfe ist, denn den »Teilchen« kann nicht gleichzeitig ein genauer Impuls und ein genauer Ort zugeschrieben werden. Man kann sagen, wo ein Teilchen ist oder wie schnell es sich bewegt, aber nicht beides zugleich.

Dies war kein technisches Problem, sondern eine nichtreduzierbare Naturgegebenheit. Diese Welt läßt sich nur durch Wahrscheinlichkeiten beschreiben. Einer der Grundbegriffe der Quantenmechanik ist die »Wellenfunktion« – die Größe, die die Berechnung der Wahrscheinlichkeit erlaubt, mit der ein bestimmtes subatomares Ereignis auftritt. Nach der sogenannten Kopenhagener Deutung der Quantentheorie sind im allgemeinen bis zu dem Augenblick ungeheuer viele Ergebnisse möglich, in dem die Wellenfunktion durch eine Beobachtung oder Messung »kollabiert«. Die berühmteste Veranschaulichung dieses Gedankens ist das von Erwin Schrödiger erdachte »Katzenparadoxon«.

Einstein kämpfte erbittert gegen diesen Mangel an Gewißheit (»Gott würfelt nicht« war seine berühmte Entgegnung) und hatte eine lange Auseinandersetzung mit dem dänischen Quantentheoretiker Niels Bohr. Ironischerweise halfen seine hartnäkkigen Einwände der neuen Theorie, indem ihre Vertreter gezwungen wurden, sie klarer zu fassen. Aber sein Widerstand drängte ihn immer mehr an den Rand der Forschung, während jüngere Denker unbefangener in den Mittelpunkt traten. Abraham Pais schrieb, Einsteins Kollegen hätten das Gefühl gehabt, »beim Kampf von einem anerkannten Führer im Stich gelassen worden zu sein.« Ehrenfest war darüber so erregt, daß ihm einmal die Tränen über das Gesicht liefen, als er zugab, Bohr habe recht und nicht sein geliebter Einstein.

Als Einsteins Überlegenheit im Bereich der Naturwissenschaft schwand, fand er Ablenkung im öffentlichen Leben und in seiner tiefverwurzelten Leidenschaft für idealistische Politik. Der stärker werdende offene Antisemitismus ermutigte ihn, sich für den Zionismus einzusetzen, das Streben nach einem eigenen jüdischen Staat. Er hatte 1921 Chaim Weizmann, der später der erste Präsident Israels wurde, auf einer Amerikareise begleitet, bei der sie finanzielle Unterstützung für diesen Gedanken suchten. Zwei Jahre später besuchte er Palästina und wurde der erste Ehrenbürger von Tel Aviv. Einstein stellte auch seine Unterstützung für das kommunistische Regime in Moskau unter Beweis und half bei der Gründung einer Organisation, die sich die »Vereinigung der Freunde des neuen Rußlands« nannte. Marianoff berichtete, Einstein sei besonders beeindruckt gewesen, als ihm Margot erzählte, das Sowjetregime habe die Prostitution abgeschafft. Seine Ansichten waren weniger naiv als manchmal behauptet wurde, aber oft unpraktisch, und zum Handeln fühlte er sich allenfalls zeitweilig verpflichtet. So schloß er sich 1922 einem vom Völkerbund gegründeten Komitee für intellektuelle Zusammenarbeit an, trat fast sofort wieder aus und trat später wieder ein, ohne je viel Anteil an den Vorgängen zu nehmen; 1931 trat er endgültig aus.

Ein Grund für seinen ersten Austritt war die Ermordung des deutschen Außenministers Walther Rathenau durch rechtsgerichtete Deutschnationale gewesen. Rathenau war Jude und ein

Bekannter Einsteins und wie dieser ein Internationalist. Der Mord verstörte Einstein zutiefst. Er war ein weiteres Anzeichen für die vergiftete Atmosphäre in Deutschland. Sie wirkte sich sogar auf einen Versuch der Stadt Berlin aus, Einstein mit dem Geschenk eines Sommerhauses am Ufer der Havel zu ehren. Das Vorhaben ging in einem Gemisch von Inkompetenz und rechtlichen Problemen unter und wurde von lokalen Extremisten angegriffen, die entschlossen waren, Einstein zu erledigen. Schließlich kaufte er im Sommer 1929 ein Stück Land in der Nähe des Dorfes Caputh bei Berlin und baute dort selbst ein Haus.

Einsteins Schwester Maja, die den Herbst 1930 in diesem Haus verbrachte, schrieb einer Freundin, es sei »mit allen Chicanen der Neuzeit und doch mit viel Geschmack« eingerichtet. Es war ein schlichtes Haus, und einige Möbel kamen aus der Haberlandstraße. Die Zimmer waren mit Ausnahme des Wohnzimmers, der zum Garten hinausging, mäßig groß. Einstein und Elsa hatten getrennte Schlafzimmer, wobei seines auch als Arbeitszimmer diente und so heilig war wie sein Turmzimmer in Berlin. Das Innere des Hauses war dunkel getäfelt, und wurde durch das Schachbrettmuster des gekachelten Fußbodens in der Eingangshalle aufgelockert. Es gab eine Terrasse, auf der Einsteins Stieftöchter sich gerne sonnten; sein eigener Lieblingsplatz war ein schattiger überdachter Platz auf der Nordseite.

Das Haus war nach Majas Ansicht »ganz wunderbar gelegen, direkt am Wald und mit Aussicht auf den See und die hügelige Landschaft weit herum«. Einsame Wanderungen in den Wäldern bereiteten Einstein »unbeschreibliche Freude«, und reiche Freunde hatten zusammengelegt, um ihm ein schönes Segelboot aus Mahagoni zu kaufen, das er im Bootshaus seines Freundes Plesch auf der Havel hielt.

In seinem kleinen Boot konnte Einstein allein sein. Er konnte auch die Gesellschaft eines guten Freundes oder eines Familienmitglieds genießen und Besucher – und Elsa – weit hinter sich zurücklassen. Maja beschreibt, wie sie in diesem Herbst einen großen Teil ihrer Zeit beim Segeln mit ihm verbrachte. Das war, wie sie schrieb, »das schönste von allem, sowohl wegen des Wassers als wegen des Bruders. Manchmal sprechen Bruder und Schwester viel miteinander, manchmal wenig.« Sie waren, wie Maja sagte, »glücklich. Er auch!«

Einstein schrieb Eduard, daß die Zeit, die er mit Segeln verbrachte, »unvergleichlich majestätisch« sei, aber seine Stimmung war bei diesen Touren nicht immer gelassen, wie ein Besucher herausfand, als er mit ihm und Hans Albert eine Segeltour machte. »Jedesmal, wenn sein Sohn etwas machte, das er für einen Fehler beim Segeln hielt, ließ Einstein sich über das Erziehungssystem der Gymnasien aus – wie schlecht es war und wie es für all die Fehler verantwortlich sei, die Menschen später im Leben machen.«

Der Architekt Konrad Wachsmann, der das Sommerhaus entworfen hatte, entwickelte eine enge Beziehung zu Einstein und Elsa. Seine 1990 veröffentlichten Erinnerungen zeigen, daß die Ehe damals unter erheblichen Belastungen stand. Es gab häufige Zusammenstöße, man sprach sogar von Trennung, und der Grund war immer derselbe. Frauen fühlten sich zu dem weltberühmten Professor hingezogen wie Eisenfeilspäne zu einem Magneten, sagte Wachsmann, und Einstein reagierte mit offensichtlicher Bereitschaft auf ihre Aufmerksamkeiten. Es kam zu einer Reihe von Liaisons, einige sehr oberflächlich, einige wenige auch intim, alle eine Kränkung für den Stolz der betrogenen Ehefrau. Einstein löste in Elsa dieselben Eifersuchtsanfälle aus, über die er sich bei Mileva beschwert hatte. Seine Frau weigerte sich tagelang, über anderes als das Allernotwendigste mit ihm zu sprechen und ging dann mit einem starren und eisigen Lächeln durch die Wohnung.

Einstein wiederum zog sich noch weiter in sich selbst zurück, oder er floh in das Heim männlicher Freunde, etwa zu Plesch oder Max Planck. Schließlich jedoch machte sich sein Ärger über dieses »kindische« Verhalten seiner Frau Luft, und es kam von beiden Seiten zu Drohungen wegzugehen. Marianoff beschrieb, wie er und Margot Zeuge eines solchen Ausbruchs wurden, als Elsa und Einstein in den Raum kamen, in dem sie gerade saßen. »Er war aufgebracht und brüllte wie ein Löwe, und das kann ich Ihnen sagen, wenn Alberts Stimme sich im Zorn hob, hörte man sie in jeder Ecke des Hauses.«

Das Problem war keineswegs neu. Die internationale Sensation, zu der die Relativitätstheorie sich entwickelt hatte, trug zu Einsteins Charisma bei. Wohin er auch ging, immer stand er im Zentrum der Aufmerksamkeit – besonders der weiblichen. Eine unerklärliche Leidenschaft für die Wissenschaft zeigte sich in Frauen, für die das Thema normalerweise ein Schlafmittel war. Jede wollte die Relativitätstheorie persönlich erklärt haben und dabei die Gelegenheit genießen, der Stimme des großen Mannes zu lauschen und seine Augen auf sich gerichtet zu fühlen. Ein Gast bei einer Abendgesellschaft in Frankfurt beschrieb, wie Einstein Kammermusik spielte und sich von berauschten Bewunderinnen umringt sah, die sich darin überboten, ihn mit Lob und Anerkennung zu überschütten. Eine war so überwältigt, daß sie in der Überzeugung wegging, er sei ein Spiritualist, da er »an die vierte Dimension« glaubte.

Bis zu einem gewissen Punkt verfolgte Elsa dieses Interesse mit amüsierter Duldung. Die Sicht eines Eingeweihten vermittelt wieder Marianoff, der im einzelnen beschreibt, wie die Damen der Gesellschaft ihrer berühmten Beute nachstellten.

Viele von ihnen waren sehr schön, und fast alle von ihnen wollten mehr von Einstein, als ihr sehr offizielles Verhalten es andeutete. Einige planten die Begegnung mit der Strategie eines Generals im Kriege, andere taten es offen. Eine Frau wandte sich, als sie Einstein vorgestellt wurde, einfach an Elsa und sagte: »Darf ich bitte einige Minuten mit Professor Einstein sprechen?« – eine recht offene Erklärung, daß sie mit ihm allein sein wollte. Elsa antwortete taktvoll: »Natürlich dürfen Sie das« und lächelte ihm wissend zu. Er lächelte zurück, weil beide den Beweggrund dieser Bitte erkannten. Elsas Takt und feiner Instinkt waren meisterhaft, wenn es darum ging, mit Vorfällen wie diesem umzugehen, aber einige waren unvermeidbar, und oft gingen sie mit Geschmacklosigkeiten einher ...

Viele Frauen versuchten, einen Platz in seinem Leben zu erhalten. Einige schrieben Briefe, in dem sie ihn an eine flüchtige Begegnung erinnerten; andere brachten Blumen und ließen sie mit einem Briefchen und ihrer Adresse da. Wir im Haus sahen darin nur die wertlosen Folgen des Ruhms. Sie erinnerten mich an die Nachzügler einer romantischen Epoche, die dem Führer einer großartigen und glänzenden Armee nachliefen.

Nach Marianoff ließen diese Annäherungsversuche Einstein größtenteils kalt, weil es »in seinem Blut keine dunklen Feuer« gab und seine »gesunde Liebe zum Körperlichen« auf Spaziergänge und Segeln beschränkt blieb. Aber es gibt viele Hinweise auf das Gegenteil, darunter nicht zuletzt die seltsame Geschichte mit Grete Markstein, der Berliner Schauspielerin, die vorgab, Einsteins Tochter zu sein. Obwohl diese Behauptung falsch war, scheint ihre Beziehung zu ihm doch viel intimer gewesen zu sein, als er zugeben mochte.

Abraham Pais konnte sich auf Briefe beziehen, die Einstein Anfang der zwanziger Jahre geschrieben hatte und die »zeigten, daß er sich mehrere Jahre lang stark zu einer jüngeren Frau hingezogen fühlte«. Nach Pais »kamen darin Emotionen zum Ausdruck, für die er vielleicht in seinen beiden Ehen keinen Raum fand«. Die Romanze hielt bis Ende 1924 an, als er ihr schrieb, »er müsse in den Sternen suchen, was ihm auf Erden verwehrt sei«. Aber Pais ist davon überzeugt, daß Einstein eine überaus starke Anziehung fühlte, viel stärker noch als in seiner Beziehung zu Mileva. Die betreffenden Briefe sind nicht zugänglich, und Pais gibt die Identität dieser Frau nicht preis. Es gibt jedoch Grund zu der Annahme, daß sie eine der ersten Sekretärinnen Einsteins war, Betty Neumann, die Nichte eines engen Freundes von Einstein, Dr. Hans Mühsam. Indirekte Hinweise stammen aus Briefen von Elsa, die zeigen, daß es zu ernsten Verstimmungen mit seinem Freund kam, der ihn zuvor fast täglich besucht hatte und einer seiner engsten Vertrauten gewesen war.

Chaim Weizmanns Frau Vera, die Einstein und ihren Mann auf ihrer Reise nach Amerika 1921 begleitete beschrieb Einstein als »flott und flirtend«. Elsa schrieb Frau Weizmann, es mache ihr nichts aus, wenn Einstein ihr Augen mache, weil intellektuelle Frauen ihn nicht wirklich anzögen. Er sei vielmehr »aus Mitleid« zu körperlich arbeitenden Frauen hingezogen. Ziemlich dasselbe sagte auch Janos Plesch, der seinen Freund als einen Mann mit einem starken Geschlechtstrieb beschrieb, der die Vorzüge des Charmes voll ausnutzte, mit der die Natur ihn ausgestattet hatte.

»In der Wahl seiner Liebespartner war er nicht zu wählerisch«, schrieb Plesch, »jedoch fühlte er sich mehr zum derben Naturkind als zu der raffinierten Gesellschaftsdame hingezogen«. Als Beispiel erwähnte er einen Vorfall, bei dem Einstein »sich einmal in ein Fellachenmädchen, das mit Brotkneten beschäftigt war, verguckt hatte«. Elsa ahnte wohl Schlimmes und fuhr »energisch dazwischen und hat dadurch eine Ehekatastrophe abgewendet«. Plesch gab diese Beobachtung an seinen Sohn weiter, und der sagte das Ganze noch direkter: »Einstein liebte Frauen, und je gewöhnlicher und verschwitzter sie waren, um so besser gefielen sie ihm.«

Marianoff meinte, körperliche Schönheit habe für Einstein niemals eine große Rolle gespielt, und er stimmte mit Elsa überein, wenn er fand, die Anziehung habe oft auf Mitleid beruht. Seiner Meinung nach waren alle Frauen, die es schafften, Einsteins Freundinnen zu werden, sehr unscheinbar. »Gerade diese Tatsache wurde oft von seinen engen Vertrauten bemerkt. Ich persönlich hatte das Gefühl, Einstein sei nur wegen seines großen Mitgefühls von der Häßlichkeit der Frauen angezogen.« Nach anderen Darstellungen reichte das »große Mitgefühl« weiter, als Marianoff dachte, und wurde mit gleicher Wahrscheinlichkeit von den Schönen wie den Unscheinbaren erregt. Einstein erzählte einer Bekannten, der Anblick einer schönen jungen Frau mache ihn traurig, weil er ihn an die kurze Lebensspanne erinnerte, die Menschen auf der Erde zugemessen ist. Herta Waldow, die von 1927 bis 1932 bei der Familie Einstein »Stütze der Hausfrau« war, sagte: »Für schöne Frauen hatte er eine Schwäche, und sie für ihn.«

Waldow hatte unmittelbare Erfahrung mit Einsteins nonchalanter Einstellung zu seiner Geschlechtlichkeit, da er die irritierende Gewohnheit hatte, seinen Morgenrock nicht zu schließen, wenn er aus dem Badezimmer kam. Er beschränkte dieses unanständige Verhalten keineswegs auf das Innere des Hauses. »Als meine Kusine einmal zu mir nach Caputh kam«, so erzählte Herta Waldow, »saß Herr Professor gerade im Bademantel auf der Terrasse. Er stand auf, um ihr die Hand zu geben. Dabei schlug sein Bademantel auseinander – und weiter hatte er nichts an. Meine Kusine wurde ganz rot vor Verlegenheit. Da fragte Herr Professor sie: ›Wie lange sind Sie schon verheiratet?‹ Sie antwortete: ›Zehn Jahre.‹ Er fragte weiter: ›Wieviel Kinder haben Sie?‹ Sie sagte: ›Drei.‹ – ›Und da werden Sie noch rot?‹«

Die durch Einsteins Freundinnen verursachte Spannung war für Waldow, die viele von ihnen kennenlernte, offensichtlich. Eine der regelmäßigsten Begleiterinnen ihres Arbeitgebers zu Konzerten und in die Oper war Toni Mendel, eine wohlhabende und elegante jüdische Witwe. Sie hielt Elsa mit Pralinen bei Laune; trotzdem hatte Waldow das Gefühl, ihre enge Freundschaft werde »von Frau Professor ... nur gezwungenermaßen respektiert«. Frau Mendel holte Einstein zu ihren Ausflügen in ihrer chauffierten Limousine ab und kaufte auch die Karten für die Veranstaltungen. Aber Einstein wollte wenigstens so viel Geld bei sich haben, daß er die Garderobengebühr zahlen konnte, und dafür war er auf das »Taschengeld« angewiesen, das Elsa ihm gab. Gelegentlich kam es deshalb zu Szenen. Er übernachtete ziemlich oft in ihrer »Millionenvilla« am Wannsee, wo er gelegentlich schon um sechs Uhr morgens so laut Klavier spielte, daß alle Hausbewohner wach wurden. Diese Freundschaft überdauerte die Jahre, in denen beide von den Nazis aus Deutschland vertrieben wurden, und bestand noch, als Einstein in Princeton und Frau Mendel in Ontario lebten. Herta erlebte auch häufige Besuche von Estella Katzenellenbogen, der reichen und eleganten Besitzerin Berliner Blumengeschäfte, die Einstein »zur Fahrt zu Konzerten oder ins Theater ihre schöne Limousine zur Verfügung stellte.«

Dann gab es noch Margarete Lebach, eine blonde Österreicherin, die 1931 einmal wöchentlich Einsteins Sommerhaus besuchte. Auch sie brachte Elsa eßbare Opfergaben – wunderbare Vanillekipferln, die sie selbst gebacken hatte. Einstein feierte ihren delikaten Geschmack in Versen und schrieb, sie ließen »Englein singen«. Frau Lebach genoß in seiner Gesellschaft große Freiheit, wie Waldow berichtete:

Wenn sie kam, fuhr Frau Professor immer nach Berlin, um Bestellungen und andere Besorgungen zu machen. Sie ist da immer gleich früh am Morgen in die Stadt gefahren und kam erst spät am Abend zurück. Sie hat sozusagen das Feld geräumt. Die Österreichein war jünger als Frau Professor, sah sehr gut aus, war lustig, hat viel und gern gelacht, wie Herr Professor ja auch.

Die Beziehung zwischen den beiden war bei den Dorfbewohnern, die sie beim Segeln auf der Havel beobachten konnten, ein offenes Geheimnis. Auch Vanillekipferl können nur ein begrenztes Maß an weiblicher Leidensfähigkeit erkaufen. Waldow überhörte einen heftigen Wortwechsel zwischen Elsa und ihren Töchtern über den österreichischen Eindringling. Einstein war nicht da, und das Hausmädchen hörte durch die Holzwände des Sommerhauses, wie die Mädchen ihrer Mutter erzählten, sie müsse sich entweder mit der Beziehung abfinden oder sich von ihm trennen. Sie nannten Einstein dabei nur bei seinem Vornamen und nicht wie gewöhnlich und liebevoller »Vater Albert«. Elsa weinte, aber sie traf ihre Entscheidung. Die Ausflüge nach Berlin gingen weiter.

Diese Demütigungen trieben Elsa immer wieder zu eifersüchtigen Wutanfällen. Einmal hatte Einstein nach einer Segeltour vergessen, Kleidung vom Boot zurückzubringen, die gewaschen werden sollte. Sein gewissenhafter Assistent Walther Mayer bot sich an, sie zu holen, und brachte ein Bündel, das Elsa zum Aussortieren mitnahm. Kurz darauf wurde Einstein ins Haus gerufen, und die Gäste wurden Zeugen eines scharfen Wortwechsels. »Der gute Mayer«, so berichtete Konrad Wachsmann, hatte auch »einen tiefdekolletierten eleganten Badedreß eingepackt, von dem er angenommen hatte, er gehöre Margot. Die Besitzerin des schicken Badeanzugs, der auf dem Boot in einem Schrank verwahrt wurde, war jedoch eine gute Bekannte Einsteins. Elsa wußte das, regte sich aber trotzdem ungeheuer auf.« Ohne ihren Namen zu nennen, schreibt er weiter:

Ihr Erscheinen in Caputh hat jedesmal Ärger mit sich gebracht, vor allem, weil die Leute im Dorf darüber redeten. Ehrlich gesagt, ich verstand den Zorn Elsa Einsteins, die mir sehr leid tat, denn der Alltag in Caputh war nach den Besuchen dieser schönen Frau immer für ein paar Tage vergiftet.

Einstein witzelte, er ziehe »heimliches Laster zur Schau gestellter Tugend« vor, aber er verbarg seine Affären kaum. Entweder spielten sie sich öffentlich ab, oder es gab deutliche Hinweise, die Elsa einfach entdecken mußte. Ein anderer Vorfall, von dem Marianoff erzählte, weckt den Eindruck, Einstein sei geradezu begierig darauf gewesen, seine Frau von seinen Vorhaben wissen zu lassen.

In Caputh war ich mit ihm auf dem Boot. Als er sich um das Großsegel gekümmert hatte und alles in Ordnung war, setzte er sich ans Ruder. Wir unterhielten uns über mehrere Themen, und schließlich kamen wir zu einem Vorfall, der Elsa so viel Kummer bereitet hatte, daß ihre Gesundheit angegriffen war. Es war eine heikle Angelegenheit, die alle Beteiligten besser vergessen hätten. Ich sagte zu ihm: »Sprich nie wieder mit Elsa darüber, Albert. Es belastet sie.« Einstein nickte energisch zustimmend mit dem Kopf. Bei unserer Rückkehr ins Haus hatten wir noch nicht die Türschwelle übertreten, als er, wie ein kleiner Junge, der seiner Mutter unbedingt etwas erzählen mußte, in überstürzten Sätzen mit der ganzen Geschichte herausplatzte, obwohl er nur wenige Minuten zuvor beschlossen hatte, darüber zu schweigen. Ich war verwundert und sprachlos.

Marianoff berichtete, er habe Einstein später deshalb getadelt und ihm gesagt, wie sehr sein Bekenntnis Elsa verletzt habe. Zuerst habe Einstein nicht geantwortet, sondern sei weitergegangen, aber dann habe er langsam gesagt: »Wir tun Dinge, aber wir wissen nicht, warum wir sie tun.«

Als Einstein älter wurde, hat er gelegentlich sehr bittere Gefühle über das andere Geschlecht geäußert. Er haßte beispielsweise, so erzählte Plesch, die Frau eines großen Musikers, weil er das Empfinden hatte, sie quäle ihren Mann und raube ihm jede Selbständigkeit. Einstein habe dann gesagt: »Das ist eine Kreatur, der ich kaltblütig einen Strick um den Hals legen und ihn solange wollüstig zusammenziehen könnte, bis ihr die Zunge raushängt« und seine Worte mit der entsprechenden Handbewegung unterstrichen.

Einstein hegte tiefe Zweifel am Sinn der Institution Ehe. Er sagte Plesch, sie müsse von »einem phantasielosen Schwein« erfunden worden sein und erklärte einmal Konrad Wachsmann gegenüber, sie sei »Sklaverei in einem kulturellen Gewande«. Der junge Architekt hörte geduldig zu, als Einstein behauptete, die Ehe sei mit dem menschlichen Wesen unvereinbar, weil »95 Prozent aller Männer und wahrscheinlich ebenso viele Frauen von Natur aus nicht monogam« seien und lieber mehrere Partner haben würden. Er habe »keinerlei Verständnis dafür, daß sich zwei Menschen aufgrund eines Papiers als gegenseitiges Eigentum betrachten und entsprechend behandeln dürfen«.

Das Thema wurde eines seiner Lieblingsthemen, auf das er in den restlichen Lebensjahren oft zurückkam. »Die Ehe ist der erfolglose Versuch, einen Zufall zu etwas Dauerhaftem zu machen.« Als er bei anderer Gelegenheit gefragt wurde, ob es für Juden erlaubt sei, Nichtjuden zu heiraten, antwortete er lachend: »Es ist gefährlich – aber jede Ehe ist gefährlich.« Ein anderer Fragesteller wollte wissen, ob der wahre Grund, warum er seine Pfeife rauche, die Freude am Reinigen und Stopfen sei, was er unablässig tat; Einstein antwortete ihm: »Mein Ziel ist das Rauchen; das aber führt dazu, daß die Pfeife verstopft ist – leider. Das Leben ist wie das Rauchen, besonders die Ehe.«

Wachsmann glaubte, Einsteins außereheliche Verbindungen seien fast ausnahmslos platonisch gewesen, aber er war sich der Wirkung, die sie auf Elsa hatten, schmerzlich bewußt. »Mehr geahnt als gewußt hat sie wahrscheinlich, daß sich ihr dieser Mann nur geliehen hatte, und sie ihn jeden Tag wieder verlieren konnte. Der Gedanke, eine Ehe auf Zeit zu führen, muß wie ein Damoklesschwert über ihr geschwebt haben.« Elsas Privatbriefe lassen vermuten, daß sie das Thema Untreue soweit wie möglich aus ihrem Kopf zu verdrängen suchte. Ein Genie von Art ihres Mannes würde nie in jeder Hinsicht untadelig sein, schrieb sie 1929. Wo die Natur großzügig gab, nahm sie auch großzügig. Jeder Versuch, Einstein zu analysieren, würde zu Unannehmlichkeiten führen: Er müsse als ein wunderbares, äußerst anstrengendes Ganzes genommen werden.

Einstein lernte 1928 Helene Dukas kennen, die Frau, die Elsa in ihrer mütterlichen Beschützerrolle schließlich ersetzen sollte. Er hatte in Zuoz einen physischen Zusammenbruch erlebt, der durch Überarbeitung hervorgerufen worden war. Die Anstrengung, einen schweren Koffer zu tragen, überforderte den Körper, den Einstein ein halbes Jahrhundert lang mit Mißachtung behandelt hatte. Es wurde eine Vergrößerung des Herzens diagnostiziert, und er mußte nach seiner Rückkehr nach Berlin vier Monate das Bett hüten. Elsa suchte jemanden, der ihm während der Genesungszeit bei der Arbeit helfen könne, und Dukas war ihr von ihrer älteren Schwester Rosa, der Sekretärin des jüdischen Waisenvereins, dessen Ehrenvorsitzende Elsa war, empfohlen. Zwischen ihnen bestand eine besondere Beziehung, denn Elsa kannte Helenes Mutter und Großmutter aus Hechingen, ihrer gemeinsamen Heimatstadt. Dukas war arbeitslos, weil sie mit dem Bankrott eines kleinen Verlags ihre Stelle verloren hatte. Sie begann ihre Arbeit am Freitag, dem 13. April, voll gespannter Erwartung, fühlte sich aber gleich wohl, als sie ans Krankenbett geführt wurde. »Als er hochschaute, streckte er mir seine Hand entgegen und sagte lächelnd: ›Hier liegt eine alte Leiche.‹«

Dukas war eine große, schlanke und streng aussehende junge Frau, deren Schüchternheit eine zähe und manchmal boshafte Persönlichkeit verbarg. Obwohl sie hochintelligent war, begann sie die Arbeit bei Einstein erst, nachdem man ihr versichert hatte, daß sie dazu keine Physik zu verstehen brauchte. Wenn sie gebeten wurde, zu sagen, was mit Relativität gemeint ist, gab sie gelegentlich eine Erklärung, die Einstein für sie persönlich erdacht hatte: Eine Stunde mit einem hübschen Mädchen vergeht wie eine Minute, aber eine Minute auf einem heißen Ofen scheint eine Stunde zu dauern.

Dukas gestand, sie habe in Einsteins Gegenwart niemals eine gewisse Scheu verloren, aber sie wurde bald wie ein Familienmitglied behandelt; sie nahm an den Mahlzeiten und an den Ausflügen nach Caputh teil. »Das ist Fräulein Dukas, meine treue Helferin«, sagte Einstein, als er sie mit dem Architekten Wachsmann bekanntmachte. »Ohne sie wüßte keiner, daß ich noch lebe, denn sie schreibt alle Briefe für mich.« Dukas wurde ihrem Arbeitgeber leidenschaftlich ergeben: Sie neigte dazu, jede Biographie »Mist« zu nennen, die Einsteins persönliches Leben beleuchtete, und sie sah in den Journalisten ihre »natürlichen Feinde«. Wachsmann erhielt früh einen Begriff von ihrer Funktion als Beschützerin, als er an Einsteins fünfzigstem Geburtstag in der Wohnung anrief. Dukas antwortete und gab nach einigem Drängen zu, daß der Professor weggegangen sei, um dem Medienrummel zu entgehen. Er versteckte sich auf dem Plesch'schen Landgut in Gatow, aber Dukas weigerte sich entschieden, den Ort zu veraten. »Das ist uns nicht bekannt«, sagte sie kurz, »und wenn, dürfte ich es Ihnen ohne ausdrückliche Anweisung sowieso nicht sagen.«

Nicht jedem Druck von außen war so leicht zu widerstehen. Der Börsenkrach im Oktober 1929 hatte die Welt in eine beispiellose Rezession geführt und der ohnehin anfälligen deutschen Wirtschaft große Arbeitslosigkeit gebracht. Dies gab Hitlers Nationalsozialisten Auftrieb, die auf dem Weg zur Macht bei den Reichstagswahlen 1930 fast ein Fünftel der Sitze gewannen. Es kam zu Straßenkämpfen zwischen Kommunisten und Nationalsozialisten, und die 1919 errichtete liberale Weimarer Republik begann zu zerfallen. Hitler versprach, Deutschland wieder zu einer Großmacht zu machen und schob die Schuld für die Not des Landes dekadenten Demokraten und geldgierigen Juden zu. Einstein war wieder einmal der Prügelknabe der Bigotten, wobei Philipp Lenard wieder Angriffe auf die »jüdische Physik« und »ihren hervorragendsten Vertreter, den reinblütigen Juden Albert Einstein« anführte. Die Nationalsozialisten wurden 1932 die größte Partei im Reichstag. Hinter ihnen standen mächtige Geschäftsinteressen. Einstein wußte, daß seine Tage in Deutschland gezählt waren und begann über Wege nachzudenken, wie er entkommen könnte.

Amerika umwarb ihn schon länger. Einstein und Elsa verbrachten die Winter 1930/31 und 1931/32 in Kalifornien, wo Einstein in lockerer Verbindung mit dem California Institute of Technology in Pasadena stand. Der erste dieser Besuche erregte in der Öffentlichkeit ungeheures Aufsehen. Einsteins Dampfer wurde in New York von einer Horde von fünfzig Journalisten empfangen, deren seltsames Verhalten Einstein an ein Kasperletheater erinnerte. Er beantwortete nicht nur besonders verrückte Fragen (»Würden Sie bitte die Vierte Dimension in einer knappen Viertelstunde definieren?« bat ein optimistischer Reporter), sondern er verdammte auch Hitler, der »von den leeren Bäuchen Deutschlands« lebe. Einstein erzürnte seine konservativeren Bewunderer, als er während seines Aufenthalts sagte, Kriege wären unmöglich, wenn nur zwei Prozent der Menschen den

Mut hätten, den Wehrdienst zu verweigern. Aber meistens wurde er mit Lobhudeleien überschüttet. In einem Indianerreservat am Grand Canyon erhielt er sogar den Titel »Great Relative«; dort ließ er sich grinsend mit Kopfputz und Friedenspfeife fotografieren.

Bei seinem zweiten Besuch in Pasadena führte er Gespräche mit dem Pädagogen Abraham Flexner, der ein neues Forschungszentrum plante, für das jüdische Philanthropen fünf Millionen Dollar gestiftet hatten. Das »Institute for Advanced Studies«, das schließlich daraus wurde, könnte ausdrücklich für Einsteins Bedürfnisse geplant worden sein. Flexner nannte es einen Hafen, in dem große Gelehrte arbeiten könnten, »ohne je in den Malstrom des Unmittelbaren hineingezogen zu werden«. Er traf Einstein im Frühling 1932 wieder, als beide in Oxford waren, und bot ihm gleich einen Platz in dem neuen Institut an. Weitere Gespräche fanden in Deutschland, auf der Terrasse in Caputh statt, und die Einladung wurde angenommen. Charakteristischerweise blieb es Elsa überlassen, das Gehalt ihres Mannes auszuhandeln, der zunächst den Betrag von 3000 Dollar pro Jahr vorgeschlagen hatte, was Flexner lächerlich gering vorkam. Sie einigten sich auf ein befriedigenderes Gehalt von 15 000 Dollar und kamen überein, daß Einstein ein Jahr später dort mit der Arbeit beginnen würde.

Im Dezember 1932 fuhren Albert und Elsa wieder nach Amerika. Es sollte nur ein Besuch sein, aber sie kehrten niemals wieder nach Deutschland zurück. Einstein fühlte das. Als sie Caputh verließen, sagte er zu Elsa: »Dreh dich um! Du siehst's nie wieder.« Im Januar 1933 kamen die Nationalsozialisten an die Macht, und der senile Präsident Hindenburg ernannte widerwillig Hitler zum Kanzler. Im März plünderte die Gestapo das Haus in Caputh in der Hoffnung, dort von Kommunisten versteckte Waffen zu finden. Sie fanden nichts Bedrohlicheres als ein Brotmesser, aber die Botschaft war Einstein klar. Bei seiner Rückkehr nach Europa erklärte er seinen Austritt aus der Preußischen Akademie der Wissenschaften und begann, die Auswanderung vorzubereiten.

Einstein richtete sich im Frühling 1933 vorläufig in der Villa Savoyarde in Le Coq sur Mer ein, einem Badeort an der belgischen Küste. Er war überzeugt, daß die Nazis in Berlin die Oberhand hätten und aufrüsten würden. »Wenn sie noch ein oder zwei Jahre haben, wird die Welt wieder durch die Hand der Deutschen etwas Schönes erleben«, warnte er. Es gab Berichte, die Nazis hätten ein Kopfgeld ausgesetzt, und er wurde bewacht. Elsa war abweisend wie eh und je und erzählte einem Journalisten von der Reuter-Agentur: »Wir haben nichts mit Politik zu tun. Ein Weiser sollte in Frieden gelassen werden.« Selbst in dieser schwierigen Zeit mußte sie anscheinend privat weitere Demütigungen hinnehmen. Micha Battsek, Einsteins Patensohn, erinnerte sich, daß er ebenfalls zu dieser Zeit mit seinen Eltern, Karl und Rose Battsek, alten Freunden Einsteins, in Le Coq war. Der sechsjährige Micha wurde von Helene Dukas mit Pralinen gefüttert, während sein Vater, der Einstein etwas ähnelte, vorgab Einstein zu sein, um die Journalisten zu überlisten. Battsek erinnert sich auch lebhaft an die Anwesenheit einer schönen Wienerin Anfang Vierzig. Es war Margarete Lebach, dieselbe Frau, die Elsa in Berlin so viel Leid bereitet hatte. »Sie war eine sehr gutaussehende Dame und eine sehr gute Freundin von Einstein. Meine Mutter und mein Vater haben viele Jahre später ziemlich deutlich gesagt, sie sei mehr als das gewesen«, sagt Battsek, der sich nicht daran erinnern kann, Elsa überhaupt in Belgien gesehen zu haben. Lebach, eine Freundin auch der Familie Battsek, starb 1938 in Wien, nachdem die Nazis ihr eine Krebsoperation verwehrten.

Einstein, Elsa und Helene Dukas fuhren im Oktober 1933 in ein neues Leben in die USA. Rudolf Kayser emigrierte nach Holland, während Ilse bei Margot und Marianoff in Paris Zuflucht suchte. Die Überfahrt war nicht ganz einfach. Einstein hatte seinem Freund Besso fast ein Jahrzehnt zuvor geschrieben, Amerika sei ein Land, in dem er Europa schätzen lerne: »Um Europa erfreulich zu finden, muss man Amerika besuchen. Zwar sind die Menschen dort freier von Vorurteilen, aber dafür meist hohl und uninteressant, mehr als bei uns.«

Einstein beschrieb Princeton als einen kleinen, ruhigen und schönen Ort, wo die Professoren sich für klug hielten und die Studenten Fußball spielten und dabei immerzu schrien. Er hatte eine besonders feindselige Meinung von den amerikanischen

Frauen, die weiter geschürt wurde, als eine Gruppe, die sich Woman Patriot Corporation nannte, sich 1932 gegen die Erteilung eines Besuchervisums aussprach und behauptete, Einstein sei ein gefährlicher linker Umstürzler. Seine Antwort war ein Meisterstück der Frauenverachtung:

> *Noch nie habe ich von seiten des schönen Geschlechts so energische Ablehnung gegen jede Annäherung gefunden; sollte es doch einmal der Fall gewesen sein, dann sicher nicht von so vielen auf einmal. Aber haben sie nicht recht, die wachsamen Bürgerinnen? Was soll man einen Menschen zu sich kommen lassen, der mit demselben Appetit und Behagen hartgesottene Kapitalisten frißt wie einst das Ungeheuer Minotaurus in Kreta leckere griechische Jungfrauen und der zudem so gemein ist, jeden Krieg abzulehnen, ausgenommen den unvermeidlichen Krieg mit der eigenen Gattin? Hört also auf Eure klugen und patriotischen Weiblein und denkt daran, daß auch das Kapitol des mächtigen Rom einst durch das Geschnatter seiner treuen Gänse gerettet worden ist.*

Auf seiner ersten Reise in die USA war Einstein auf viel Entrüstung gestoßen, weil er die amerikanischen Männer »die Spielzeughunde ihrer Frauen« genannt hatte, die auf die unmäßigste Weise Geld ausgeben und sich in eine Wolke der Extravaganz hüllen. Dies scheint eine Fehlübersetzung eines falschen Zitats zu sein. Trotzdem klang es genügend nach Einstein, um ihm endlos Schwierigkeiten zu machen.

Einsteins Eheleben in Amerika währte nur drei Jahre. Das Muster war, wie eine Begegnung im Winter 1933 vermuten läßt, dasselbe wie früher. Churchill Eisenhart, damals Student an der Universität Princeton, beobachtete das Ehepaar bei einem Essen, bei dem sie Gäste seiner Eltern waren. »Beim Essen kam Einstein immer wieder darauf zurück, wie gut seine Frau für ihn sorgte. Schließlich warf meine Mutter ein: ›Professor Einstein, Ihre Frau scheint alles für Sie zu tun. Was tun Sie eigentlich für Ihre Frau?‹ Mit einem Augenzwinkern antwortete er prompt: ›Ich gebe ihr mein Verständnis.‹« Einsteins Biograph Ronald Clark hat die enge Freundschaft beschrieben, die beide Ehepartner mit Leon Watters hatten, einem wohlhabenden jüdischen Biochemiker. Watters sagte später, daß Einstein »wenig Zeit fand, die

Pflichten zu erfüllen, die von einem Ehemann erwartet werden.« Elsa genoß zwar die Reisen und Ehren, die sein Erfolg mit sich brachte, aber sie »vermißte doch die Sympathie und Zärtlichkeit, nach der sie sich sehnte, und fand sich in dieser Hinsicht sehr allein.«

Einstein sprach von seiner Frau, als er zu Watters sagte, Frauen seien wie empfindliche wissenschaftliche Instrumente, und der Umgang mit ihnen sei schwierig. Nach Watters eigener Hochzeit schrieb Elsa: »Ich glaube, Sie sind der rücksichtsvollste, liebevollste Ehemann. Wie gern würde ich Ihnen Albert schicken, damit er von Ihnen lernt.«

Wie eng die Grenzen ihres Mannes gesteckt waren, zeigte sich im Mai 1934, als Elsa aus Paris Nachricht erhielt, daß ihre Tochter Ilse todkrank war. Obwohl er seine Stieftochter weiterhin sehr gern hatte, weigerte sich Einstein trotz aller Bitten, zu ihr zu fahren. Elsa schiffte sich allein ein und traf in Paris ihre Tochter völlig abgemagert und am Rand des Todes. Ilse hatte Tuberkulose, widersetzte sich jedoch laut Marianoff der herkömmlichen Behandlung, weil sie glaubte, das Problem sei im wesentlichen psychisch bedingt. Trotz Elsas flehentlicher Vorhaltungen hatte sie ihren Glauben lieber in die Psychoanalyse gesetzt. Margot pflegte ihre Schwester aufopfernd und zeigte dabei verborgene Kraftreserven, aber sie konnte das Unvermeidliche nicht abwenden. Nach Meinung von Marianoff brach ihr Tod Elsas Lebensgeist und ließ sie fast bis zur Unkenntlichkeit altern. Ihre Freundin Antonina Vallentin schrieb: »Sie hatte das Leben, wie sehr der Schmerz es auch zerstört hatte, mutig wieder aufgenommen ... Aber sie war sich des unwiederbringlichen Verlusts immer bewußt. Es war wie eine Wunde, die nicht heilen wollte.«

Elsa fuhr in Begleitung von Margot zurück nach Amerika, wobei sie die Asche ihrer Tochter in einem Kissen unter ihrer Kleidung verbarg, um nicht die Aufmerksamkeit der Zollbeamten darauf zu lenken. Ihr eigener Tod ließ nicht lange auf sich warten. Das erste Symptom, ein Ödem auf der Netzhaut, wurde bemerkt, als sie und Einstein im Herbst 1935 in das Haus zogen, das sein letztes Heim werden sollte – 112 Mercer Street, Princeton. Zunächst schrieb man es den Anstrengungen des Umzugs zu, aber vor Weihnachten lag sie mit Herz- und Nierenbeschwerden im Krankenhaus. Auf ihr eigenes Drängen hin wurde sie mit der Auflage entlassen, sich überhaupt nicht zu bewegen. Mit einem geschlossenen Auge und einer unkontrollierbar zitternden Hand bemühte sie sich, Vallentin von ihrem anhaltenden Stolz auf Einsteins Erfolg zu berichten. »Er selbst hält seine letzte Arbeit für die beste, die er je geschrieben hat«, schrieb sie. Ihr Mann sei durch ihre Krankheit zutiefst verstört und wandere herum wie eine verlorene Seele. »Ich habe nie gedacht, daß er mich so liebte. Und das tröstet mich.«

Der polnische Physiker Leopold Infeld, der mit Einstein zusammenarbeitete, behauptete, Einstein habe seiner Frau »die größte Sorge und Sympathie zukommen lassen«. Aber Infeld erinnerte sich auch, daß Einstein »gelassen blieb und unablässig arbeitete«. Ein noch deutlicheres Bild davon, welche Distanz Einstein wahrte, hat Peter Bergmann gezeichnet, ein anderer seiner Mitarbeiter. Er und Einstein arbeiteten zusammen, während Elsa im Nebenzimmer im Sterben lag. Die Angstschreie, die aus dem Zimmer kamen, verstörten Bergmann, aber Einstein war völlig in seine Arbeit versunken. Bergmann meinte, dies sei nicht so sehr ein Anzeichen für Einsteins Konzentrationsfähigkeit gewesen wie für seinen Wunsch, sich zu entziehen: »Er wäre sonst überwältigt gewesen.«

Elsa starb am 20. Dezember 1936. Einstein hatte nach Marianoff kein Interesse daran, die üblichen sieben Tage in Trauer zu verbringen, und gab gefaßt den Befehl: »Begrabt sie.« Innerhalb von Tagen war Einstein wieder an seinem Platz im Institut. Infeld bemerkte seine gelbliche Hautfarbe, konnte es »aber nicht über sich bringen, die üblichen Kondolenzphrasen herzusagen«. Er schrieb: »Wir diskutierten eine ernsthafte Schwierigkeit in unserer wissenschaftlichen Arbeit, als ob nichts geschehen wäre.« Einstein schrieb an Max Born: »Ich habe mich hier vortrefflich eingelebt, hause wie ein Bär in seiner Höhle und fühle mich eigentlich mehr zuhause als je in meinem wechselvollen Leben. Diese Bärenhaftigkeit ist durch den Tod der mehr mit den Menschen verbundenen Kameradin noch gesteigert.« Zwei Wochen nach Elsas Tod schrieb er auch an Hans Albert. »Es kommt wirklich alles zusammen, um uns das Dasein schwer zu machen«, klagte er. »Aber solange ich arbeiten kann, darf und will ich mich nicht beklagen, denn dies ist das Einzige, was dem Leben einen wirklichen Inhalt gibt.«

10
DIE LAST DES SUCHENDEN

Trotz der Scheidung konnten weder Einstein noch Mileva einander loslassen. Auch während Einsteins zweiter Ehe und sogar darüber hinaus blieben ihre Leben auf undurchsichtige Weise verwoben. Einstein behauptete später, die Haltung Milevas nach der Scheidung hätte ihn an die Medea der griechischen Sage erinnert – die eifersüchtige Frau aus der Fremde rächt sich, als ihr Mann Jason sie verstößt, indem sie ihre Kinder, die zweite Frau und den neuen Schwiegervater ermordet. Einstein hatte das Gefühl, seine Beziehung zu seinen Söhnen sei durch Mileva getrübt worden. Wie er sagte, prägte der Eindruck dieser Tragödie ihn für den Rest seines Lebens. »Höchst wahrscheinlich« hätten diese traurigen Umstände ihn dazu gebracht, sich so sehr in seine Arbeit zu vertiefen.

Der Briefwechsel des Paares erzählt eine andere Geschichte; er zeugt oft von gegenseitiger Achtung und sogar erneuter Zuneigung. Kaum hatte Einstein Elsa geheiratet, kehrte er auch schon nach Zürich zurück, um die Zukunft der Kinder zu erörtern. Er verbrachte den Sommer 1919 meistens getrennt von seiner neuen Frau und fuhr statt dessen mit seinen Söhnen an den Bodensee, bevor er dann Eduard zur Erholung nach Arosa brachte. Kurz darauf schrieb er Mileva und forderte sie auf, die Schweiz zu verlassen und »sobald wie möglich« nach Deutschland zu ziehen. Er hatte sich während seines Urlaubs mit diesen Fragen beschäftigt und empfahl Konstanz als einen neuen Wohnort. »Die badischen Schulen sind vorzüglich«, sagte er, »Wohnung will ich suchen helfen«. Variationen dieses Themas beschäftigten ihn während der nächsten zwei Jahre. Im Dezember 1919 wünschte er, Mileva solle nach Durlach bei Karlsruhe ziehen, wo ein entfernter Vetter von ihm (»ein ausgezeichneter

Mann«) Rektor am Gymnasium war. Später rühmte er die Reize von Darmstadt, wo es eine gute Technische Hochschule gab.

Der Hauptgrund für diese Forderungen waren die katastrophale Inflation, die Nachkriegsdeutschland lähmte, und der damit einhergehende Zusammenbruch der Währung. Ein US-Dollar hatte 1914 etwas über 4 Mark gekostet, aber im Juli 1919 kostete er schon über vierzehn Mark, Ende 1922 über 7000 Mark und im Dezember 1923 war er gar 4 200 000 Millionen Mark wert. Zu dieser Zeit dienten Bündel wertloser Geldscheine den Kindern als Ersatz für Bausteine, und wenn ein Geschäft nach der Mittagspause öffnete, waren die Preise höher als am Vormittag. Einstein bemerkte offenbar schon früh, daß er die verabredete Unterhaltszahlung nur mit Mühe würde aufbringen können. Wenn Mileva in Deutschland gelebt hätte, wäre die, wie er sagte, »schier unübersteigbare Valuta-Mauer« umgangen worden. Angesichts der Notwendigkeit, für seine sterbende Mutter sorgen zu müssen, wäre ihre Umsiedlung für ihn eine »ungeheure Erleichterung« gewesen. Er betonte Mileva gegenüber, daß ihr Leben dort angenehmer sein würde und daß seine Söhne ihn häufiger sehen könnten, wenn sie im selben Land lebten. Nur allmählich fand er sich mit Milevas Weigerung ab, auf seine Vorschläge einzugehen. Selbst dann noch drängte Einstein immer wieder, Hans Albert solle seine Ausbildung in Deutschland abschließen.

Mileva wohnte jetzt in einer Wohnung in der Gloriastraße 59, ebenfalls auf dem Zürichberg. Einstein versicherte seinem Freund Maurice Solovine, daß sie wieder gesund sei, aber sie war offensichtlich immer noch längere Zeit im Krankenhaus. Mehr denn je standen die Kinder im Mittelpunkt ihres Lebens. Weil die Unterhaltszahlungen sehr unregelmäßig kamen, war sie zu äußerster Sparsamkeit gezwungen; sie nähte sogar ihre Kleidung selbst. Unermüdlich bestrebt, Heilung für Eduards schlechte Gesundheit zu finden, fuhr sie mit ihm zu einer Spezialklinik auf Föhr. Vielleicht berichtete sie in einem Brief, der von einer serbischen Biographin zitiert wird, sich aber nicht genau datieren läßt, einer Freundin in Belgrad von dieser Reise. Sie sprach darin von ihrer Angst, Eduard könne das Gehör verlieren, und beschrieb, wie eine »sehr beschwerliche« dreiwöchige Reise an die Küste überhaupt keine Erleichterung gebracht hatte. »Das Essen war sehr karg«, schrieb sie, »so dass wir fast mehr ermüdet als ausgeruht waren.« In dem Brief erwähnt sie auch ihre eigene hartnäkkige Krankheit: Wahrscheinlich wird mein Herz wieder etwas besser, das mich ebenfalls beunruhigte; es ist ein wenig ordentlicher geworden, doch es forderte von mir viel Rücksicht. Ich spiele überhaupt den Helden, solange ich kann, doch dann kommt eine Zeit, da ich mich unterwerfen muss ... denn jede Krankheit, auch eine unbedeutende, ist eine große Störung.«

Es gab weiter Reibungen, weil Einstein sich Besuche seiner Kinder in Berlin wünschte. Er schrieb Mileva 1920, es sei »einfach lächerlich«, Hans Albert Reisen zu verbieten, denn als Sechzehnjähriger sei der Junge fast erwachsen. Mit der Sicherheit eines Mannes, der in seinem neuen Haushalt das Sagen hat, behauptete er, Elsa würde im Verborgenen bleiben, und er und Hans Albert könnten sogar allein essen. »Aber solche Dinge sind Absurditäten«, schrieb er seiner früheren Frau. »Man sollte solche Dinge nicht deshalb so wichtig machen, nur weil Ihr Frauen seid.«

Trotz dieser Unstimmigkeiten wird deutlich, daß Mileva es oft gestattete, daß Einstein Kontakt mit den Söhnen hatte. Ein Brief an Besso vom Juli 1920 erwähnt Pläne für Herbstferien im »Schwabenländle nach Benzingen bei Sigmaringen«, der Heimat seiner Familie. Im Sommer 1921 fuhren sie nach Wustrow an der Ostsee, natürlich vor allem zum Segeln. In einem liebenswürdigen Brief dankte Einstein anschließend Mileva für die »reizenden Tage«. Wieder einmal war er »besonders dankbar«, daß seine Söhne ihm gegenüber keinerlei Feindseligkeit zeigten. Später in diesem Jahr nahm Einstein Hans Albert mit nach Italien. Sie besuchten Florenz (von wo Einstein eine Karte mit einer Ansicht des Palazzo Vecchio an Besso schickte) und Bologna (wo er in seinem radebrechenden Italienisch einen Vortrag hielt). Man hielt Eduard für zu jung, um an der Reise teilzunehmen, aber er wurde mit einer silbernen Uhr getröstet, die sein Vater seit seiner Studentenzeit besessen hatte. Der Junge führte das Geschenk stolz Besuchern vor, aber Mileva erlaubte ihm nur sonntags, es zu tragen.

Nach der Rückkehr von Italien hielt sich Einstein in Milevas

Wohnung auf; er bat Besso: »Mach einen Vorschlag an Mizas Adresse, wie wir uns treffen sollen«, und dort traf auch die Familie Hurwitz ihren alten Freund am 30. Oktober zu einem Abend mit Musik und Gespräch. Einstein war anscheinend »guter Stimmung«, erzählte von seinen Erfahrungen in Amerika und davon, welche Beliebtheit dort das Automobil genoß. In einem früheren Brief hatte er seinen Söhnen versichert, Mileva brauche seinetwegen nicht fortzugehen, wenn er nach Zürich käme. Seine Entscheidung, unter ihrem Dach zu wohnen, war etwas skandalös, aber trotzdem wohnte er auch bei späteren Besuchen dort. Ronald Clark berichtet, wie Einstein 1929 während der Teilnahme an einem Zionistenkongreß in Zürich geradezu Freude daran hatte, den englischen Politiker Sir John Simon zu schokkieren, indem er verkündete: »Ich wohne bei meiner ersten Frau.« Elsa Einstein gefiel dieses Arrangement gar nicht; sie befürchtete weniger, es könne Unschickliches passieren, als daß darüber geklatscht werden würde. Nach Meinung von Konrad Wachsmann, dem Architekten seines Hauses in Caputh, ließ dieser Einwand Einstein jedoch völlig kalt. Sein Grundsatz war: »Dem Reinen ist alles rein, dem Schwein ist alles schwein«.

Es gab ohnehin nicht viel Gelegenheit zum Klatsch. Wachsmann bestätigt, daß man in Berlin von Mileva kaum etwas wußte, und außerhalb des engsten Kreises der Freunde und Verwandten wußte niemand, daß Elsa seine zweite Frau war. Folglich wußte man in der Öffentlichkeit auch nicht, daß er zwei Söhne hatte und daß Ilse und Margot seine Stieftöchter waren. Dies war für Mileva gelegentlich sehr schmerzlich. Es kränkte sie besonders, als ein Zeitungsbild 1922 Ilse öffentlich als Einsteins Tochter bezeichnete. Einstein machte zur Zeit der Veröffentlichung wieder einmal mit seinen Söhnen Ferien, diesmal an der Ostsee, in der alten Hansestadt Lübeck. Er zeigte nur begrenzte Sympathie für Milevas Sorgen und schrieb ihr, er habe keinen Einfluß auf die Zeitungen, und wenn er sich um die Bosheit der Medien und anderer Leute kümmern würde, wäre er schon längst tot und begraben.

Ähnlich weitverbreitete Unkenntnis herrschte über den Verbleib des mit dem Nobelpreis verbundenen Geldes. Einstein hörte von der Ehrung im November 1922, als er mit Elsa auf dem

Weg zu einer Vorlesungsreise nach Japan war. Das Geld wurde im folgenden Jahr an Mileva überwiesen, was aber selbst vor den engsten Freunden geheimgehalten wurde. Lorentz zum Beispiel schrieb ihm vertraulich, daß die »materielle Seite des Preises« die »täglichen Sorgen erleichtern« würde. Tatsächlich wurden mit dem Geld in Zürich drei Häuser gekauft: eins als Wohnung und zwei als Geldanlage. Mileva zog in das Haus Huttenstraße 62, einem fünfstöckigen Haus auf dem Zürichberg, und dort lebte sie bis zu ihrem Tod.

Das Haus war und ist noch ein schlichtes, elegantes Gebäude in einer ruhigen und schattigen Nebenstraße inmitten der Hochschulen der Stadt. Es heißt Besucher mit dem in Stein gelegten Gruß »Salve« über dem Eingang willkommen. Buntglas und Metallarbeiten im Jugendstil zierten Türen und Balkone, und üppige Stuckrosen schmückten die Zimmerdecken. Dasselbe Rosenmuster findet sich auch an den steilen Mauern, die sich über die Stadt und den Zürichsee erheben. Von ihrer Wohnung im zweiten Stock aus hatte Mileva einen weiten Ausblick und konnte hinunterschauen auf das »Poly«, wo sie und Einstein sich kennengelernt hatten.

Einstein inspizierte die Gebäude persönlich bei einem Eilbesuch, den Georg Busch, später einer der großen alten Herren der Schweizer Physik, bezeugt, damals ein sechzehnjähriger Schüler, der davon träumte, Elektrochemiker zu werden. Seine Eltern waren die ersten Besitzer des Hauses gewesen, wurden aber während der Rezession zum Verkauf gezwungen. »Ich machte gerade im Badezimmer Versuche«, erinnerte sich der vierundachtzigjährige Professor Busch. »Plötzlich öffnete sich die Tür und Einsteins wohlbekannter Kopf erschien für einige Sekunden. Er sagte: ›Oh, hier wird Chemie betrieben!‹ Dann war er wieder weg.«

Die Familie Busch lebte noch drei Jahre als Mieter in diesem Haus. Professor Busch erinnerte sich an sie als eine »sehr freundliche und mütterliche« Frau, die langsam, mit einer tiefen, warmen Stimme sprach, die einen deutlichen osteuropäischen Akzent hatte. Sie erschien seinen jungen Augen vorzeitig gealtert zu sein, eher unattraktiv, hinkend und schlecht gekleidet. Als er jedoch geschickt wurde, ihr die Miete zu bringen, war er von ihrer Freundlichkeit und ihrem scharfen Verstand beeindruckt. Sie machte keine überflüssigen Worte. »Sie sprach sehr deutlich und drückte sich sehr genau aus«, erinnerte er sich. »Sie redete nicht einfach so dahin.«

Einmal fragte Mileva den jungen Busch, was er tun wolle, wenn er mit der Schule fertig sei. Er sagte, er habe vor, Physik zu studieren. Ihre Antwort war ihm unvergeßlich: »Ach, Physik?« sagte sie. »Das ist sehr schön, aber sehr schwer. Man kann nicht wissen, ob man sich als Einstein erweisen wird.« Die Worte wurden leise, mit einem Lächeln gesagt, und Professor Busch zweifelte nicht, daß sie damit wirkliche Achtung vor ihrem ehemaligen Ehemann zeigte. Dies zeigte sich auch in Milevas Entscheidung, den Namen zu behalten, der in der ganzen Welt schon so viel bedeutete. Nach der Scheidung hatte sie zunächst ihren Mädchennamen in der Form Marity angenommen, dann aber um Erlaubnis gebeten, sich wieder Mileva Einstein nennen zu dürfen. Die Erlaubnis wurde auf Beschluß der Zürcher Kantonalregierung am 24. 12. 1924 gegeben.

Einsteins Briefe aus dieser Zeit zeigen eine wirkliche Wiederannäherung zwischen ihm und seiner ehemaligen Frau, als ob die Überlassung des Nobelpreisgeldes die Luft zwischen ihnen bereinigt hätte. Er kehrte von einer Vortragsreise nach Südamerika 1925 mit einem Korb Kakteen als Geschenk für Mileva und einer Sammlung brasilianischer Schmetterlinge für seine Söhne zurück. Mileva widersetzte sich jetzt nicht mehr den Berlin-Besuchen ihrer Söhne, und erhielt eine herzliche Einladung, Eduard zu begleiten und selbst in der Haberlandstraße zu wohnen. Einstein schrieb davon, wie gern er wieder freundliche Beziehungen aufnehmen würde, und wies ermutigend darauf hin, daß andere geschiedene Paare anscheinend ausgezeichnet miteinander auskamen. Die Alternative erinnerte ihn an die Art und Weise, wie er in seiner Jugend mit Marie Winteler gebrochen hatte. »Daran mag ich gar nicht denken«, fügte er hinzu.

Mileva besuchte ihn in den folgenden Jahren mehrere Male in Berlin, aber nicht als Elsas Gast. Sie betrat die Wohnung nur für kurze Besuche, blieb manchmal über Nacht bei Fritz Haber und war immer sehr zurückhaltend. Herta Waldow, die Haushaltshilfe, erinnerte sich an sie als eine »große und schlanke Frau, keine Schönheit«, ein »etwas fremdländischer Typ«, die alleine kam und wieder ging, nachdem sie sich ein oder zwei Stunden lang freundschaftlich mit ihren Gastgebern unterhalten hatte. Konrad Wachsmann, der ihr ebenfalls begegnete, erlebte sie als »gehemmt und einsilbig«, während er in beklemmendem Schweigen mit ihr zusammen auf ihren ehemaligen Mann wartete. »Doch als Einstein in den Salon kam, strahlten plötzlich ihre Augen und die Mimik wurde lebhafter.«

Die gemeinsame Sorge um die Kinder festigte die besseren Beziehungen zwischen dem Paar. Einstein schrieb 1925 seiner »lieben Mileva«, daß er sich nur zu gern mit ihr über ihre Söhne unterhalten würde. In einem rührenden Eingeständnis bekennt er: »Sie bilden einen der schönsten Inhalte meines inneren Lebens. Der Gedanke, durch sie dies Leben fortzusetzen, wenn mein Räderwerk abgelaufen ist, ist für mich ein froher.« Einstein schrieb, er könne Milevas Sorgen um die Zukunft wohl verstehen, denn »der Apfel fällt niemals weit vom Baum«. Ihre Begegnungen waren jedoch bestenfalls bittersüß. Hans Albert sagte, er und sein Bruder hätten niemals eine einfache Beziehung zu ihrem Vater gehabt, obwohl sie sehr wohl merkten, welche Liebe er für sie empfand. »War sie einmal da, spürte man sie sehr stark«, sagte er. »Er wollte auch selbst geliebt werden. Aber fast im gleichen Augenblick, wo man einen inneren Kontakt spürte, stieß er einen auch schon wieder zurück. Er ließ sich nicht gehen und stellte sein Gefühl wie einen Wasserhahn ab.«

Die Trennung und ihre Nachwirkungen hatten Hans Albert sehr mitgenommen; sein Leben lang hatte er eine Abscheu vor Scheidungen. »Die ganze Erfahrung war für ihn sehr bedrückend und hat ihm wohl auch sehr geschadet«, erinnerte sich seine Tochter Evelyn.

Ich erinnere mich an ein Gespräch über Kinder und die Kindheit. Ich sagte, die Kindheit sei eine Zeit zum Lernen und Spielen und der Selbstfindung. Er sagte: »Nein. Die Kindheit ist keine frohe Zeit.« Ich erinnere mich, wie sehr mich das traf. Es klang ganz wie: »Ich hatte eine schlechte Kindheit und ich werde dafür sorgen, daß es jedem Kind in meiner Nähe auch so geht.«

Hans Albert war erst zwölf, als Einstein 1916 die Scheidung wünschte und Mileva einen Zusammenbruch hatte. Evelyn Einstein hatte das Gefühl, er sei immer darüber verbittert gewesen, daß er gezwungen wurde, die Last des Erwachsenseins vorzeitig zu tragen. »Man erwartete von ihm, der Mann im Haus zu sein«, sagte sie. »Wenn ein Wasserhahn tropfte oder eine Glühlampe ausgewechselt werden mußte, war das seine Aufgabe. Ich glaube, das gefiel ihm nicht.« Einstein lobte 1917, er sei seiner Mutter »eine Stütze« gewesen, fast »wie ein erwachsener Mann«. Dies mache ihn »glücklich und stolz«, und wie ein Priester, der mit Höllenqualen droht, fügte er hinzu: »Nicht durch die Freude und das Angenehme entwickelt sich ein rechter Kerl, sondern durch Leiden und Unbill.« Auch sein Weg sei nicht immer »mit Rosen bestreut gewesen wie jetzt, sondern mehr mit Thränen! Lass Dir nur einmal von Mama von den früheren Zeiten erzählen.«

Der junge Mann, der dieses Martyrium durchstand, glich seinem Vater. Er ähnelte ihm in Körpergröße und dem untersetzten Körperbau und schaffte es wie er, alles, was er trug, etwas zerknittert aussehen zu lassen. Selbst die Handschrift ist fast unmöglich zu unterscheiden – was jahrelang eine Quelle der Verwirrung war, weil beide ihre Briefe mit »Albert« unterschrieben. Aber der Widerstand, den Einstein entdeckt hatte, verschwand nicht wieder. Während der Ferien in Lübeck 1922 berichtete er von »einer unangenehmen und heiklen Szene« mit seinem ältesten Sohn. Er schrieb Mileva, wie sich schließlich herausgestellt habe, sei der Grund für den Ausbruch gewesen, daß Hans Albert nicht den Vermittler zwischen ihnen spielen wolle. Im folgenden Jahr berichtete er, sein ältester Sohn habe ihm einen Brief geschrieben, aus dem »Misstrauen, Mangel an Achtung und eine rohe Gesinnung mir gegenüber« sprachen. Einstein appellierte an Eduards Mitgefühl, indem er schrieb: »Aber so darf kein Vater mit sich umgehen lassen ... Ich habe das wirklich nicht verdient und kann es mir nicht gefallen lassen, so sehr ich darunter leide, wenn zwischen mir und Albert eine Entfremdung eintritt.«

Es kam nicht zur endgültigen Trennung, aber es gab immer wieder Kabbeleien. Hans Albert kam als erster der Söhne zu Besuch nach Berlin und zeigte Elsa gegenüber ganz offen seinen

Ärger. Das wiederum verärgerte Einstein sehr, der ihn warnte, daß er nicht willkommen sein würde, wenn er nicht höflicher wäre. Einstein war wirklich dankbar, als das Verhalten seines Sohnes ausgeglichener wurde. Er schrieb: »Wenn sie auch manchmal auf die Nerven gehen mag und kein großes Geisteskind ist, so zeichnet sie sich doch durch Gutherzigkeit aus.«

Hans Albert zeigte seinen Widerstand vor allem in der Wahl seines Berufs und seiner Frau. Er kündigte schon als Jugendlicher an, er wolle Ingenieur werden, also sich eher dem praktischen als dem theoretischen Zweig der Naturwissenschaft zuwenden. Dies war für Einstein – der trotz seines Interesses an der Technik ein überzeugter Theoretiker war – eine herbe Enttäuschung, und seine Versuche, seine Gefühle zu verbergen, betonten sie nur. »Ich freue mich«, schrieb er 1918 an Mileva, »daß Albert sich so sehr für ein bestimmtes Gebiet interessiert. Wofür er sich interessiert, ist nicht wirklich wichtig, selbst wenn es denn das Ingenieurwesen ist. Man kann nicht erwarten, daß die eigenen Kinder einen Verstand ererben.« Auch Heinrich Zangger erhielt eine ähnlich doppelte Botschaft: »Albert fängt schon ganz lustig zu denken an, merkwürdigerweise über technische Fragen. Aber schließlich freut mich jede geistige Regsamkeit, wenn sie auch am Spiessigen klebt. Vielleicht kommt ihm doch einmal die Einsicht von der Überflüssigkeit der vielen Nützlichkeiten.« Schließlich, so überlegte er, hatte er »ursprünglich auch Techniker« werden sollen. »Aber der Gedanke, die Erfindungskraft auf Dinge verschwenden zu sollen, welche das werktägliche Leben noch raffinierter machen, mit dem Ziel der Kapitalschinderei war mir unerträglich.« Denn »das Denken ist seiner selbst willen wie die Musik«, meinte er. »Wenn ich kein Problem zum Nachdenken habe«, schrieb er weiter, »dann leite ich mit Vorliebe mathematische und physikalische Sätze wieder ab, die mir längst bekannt sind.« Warum, so war die ungeschriebene Frage, konnte sein Sohn nicht genauso sein?

Hans Albert brachte erneut seine Berufsabsichten vor, als Einstein ihn nach seiner Eheschließung 1919 in Zürich besuchte. Eine farbige Schilderung dieses Treffens – und von Milevas Reaktion darauf – verdanken wir Peter Michelmore; sie beruht auf Gesprächen mit Hans Albert, der später seine Zustimmung gab.

Hans Albert behandelte seinen Vater feindselig. Er war jetzt ein stämmiger, entschieden selbständiger Bursche von fünfzehn Jahren und sagte dem Vater, er habe sich endgültig entschlossen, Ingenieur zu werden, obwohl er sehr wohl wußte, daß Einstein für ihn eine »rein naturwissenschaftliche« Laufbahn vorgesehen hatte.
»Ich halte das für eine abscheuliche Idee«, sagte Einstein.
»Und trotzdem werde ich Ingenieur«, erwiderte der Junge.
Einstein ließ ihn einfach stehen und sagte, er wolle seinen ältesten Sohn nie wieder sehen. Mileva wartete, bis er sich beruhigt hatte und brachte die beiden später wieder zusammen. Sie erzählte beiden Söhnen immer wieder, daß Einstein als ihr Vater Liebe und Achtung verdiene. In vieler Hinsicht sei er ein seltsamer Mensch, erklärte sie, dennoch sei er im Grunde gutherzig. Mileva wußte, daß er trotz aller Verstellung in persönlichen Dingen tief verwundbar war.

Wie Einstein in seinem Brief an Zangger angedeutet hatte, war der Streit eine genaue Umkehrung des Konflikts, den er etwa im Alter seines Sohnes mit seinem Vater gehabt hatte. Wie Einstein war auch Hans Albert stur genug, seiner Berufung treu zu bleiben, ohne doch je den Schatten seines Vaters völlig abschütteln zu können. Er folgte den Schritten beider Eltern und schrieb sich 1922 an der Eidgenössischen Hochschule ein; dort erwarb er 1927 ein Diplom als Bauingenieur und arbeitete vier Jahre lang für die Dortmunder Stahlwerke. Um 1930 spielte er mit dem Gedanken, Patentprüfer zu werden – also den Weg seines Vaters zu gehen –, ging aber 1931 als Forschungsassistent an das Laboratorium für Hydraulik am Polytechnikum. Seine Arbeit hatte meistens mit Flüssen zu tun. »Flüsse lassen sich nicht gern verlegen«, sagte er einmal. »Sie kämpfen zurück.«

Nachdem Einsteins anfänglicher Ärger nachgelassen hatte, war er richtig stolz auf seinen Sohn. »Mein Albert ist ein tüchtiger, fester Kerl geworden«, schrieb er Besso Anfang 1924. »Grossmann schrieb mir, dass er von allen seinen Kameraden das beste Examen gemacht hat. Er ist ein ganzes Mannsbild, vorzüglicher Segler, schlicht und zuverlässig.« Einstein behauptete jetzt sogar, froh darüber zu sein, daß sein Sohn nicht Physik studiert hatte und solchen Schwierigkeiten wie der Suche nach der Einheitlichen Feldtheorie aus dem Weg gehen konnte. »Die Wissenschaft ist ein schwerer Beruf. Manchmal bin ich froh, daß Du ein praktisches Metier gewählt hast, wo man nicht vierblättrige Kleeblätter suchen muß«, schrieb er Hans Albert im März 1924. Dieses Thema kehrte in seinen Briefen immer wieder – aber nicht sehr überzeugend. Einstein glaubte, nur schwierige Arbeit sei etwas wert. »Ich habe wenig Geduld mit Wissenschaftlern, die ein Brett dahernehmen, sich die dünnste Stelle aussuchen und dort einen Haufen Löcher bohren, wo es sich mühelos bohren läßt«, sagte er.

Hans Albert hatte immer eine Antwort parat, wenn er gefragt wurde, warum er nicht Physik studiert habe. »Wenn am Strand jemand schon alle schönen Muscheln aufgelesen hat«, sagte er, »geht man an einen anderen Strand«. Öffentlich beharrte er darauf, daß Einstein niemals versucht habe, ihm oder seinem Bruder seinen Willen aufzuzwingen. Selbst wenn dies für seine Laufbahn zutreffen mag, so doch sicherlich nicht für seine Ehe. Hans Albert lernte Frieda Knecht kennen, als er mit seiner Mutter in Zürich in der Gloriastraße wohnte. Die beiden Familien wohnten im selben Haus, und Frieda war eine der wenigen Menschen, die Hans Alberts steinerne Reserviertheit durchbrechen konnten. Sie war neun Jahre älter als er – eine unauffällige und recht kleine Frau, kaum 1,50 m groß, sehr unvermittelt in ihren Manieren, aber sehr scharfsinnig. Ihre Ähnlichkeit zu Mileva war ausgeprägt, und es paßt auch, daß ihre Beziehung sich entwickelte, als Albert am Polytechnikum studierte. Er verkündete 1925 seine Entscheidung, heiraten zu wollen, und weckte damit donnernden väterlichen Zorn. Evelyn Einstein sagte: »Albert hatte es mit seinen Eltern bei seiner eigenen Ehe so höllisch schwierig gehabt, daß man denken sollte, er wäre gescheit genug gewesen, sich bei seinen Söhnen nicht einzumischen. Aber nein. Als mein Vater meine Mutter heiraten wollte, folgte eine Explosion der anderen.«

Einsteins Einwände gegen Frieda ähnelten genau jenen, die seine eigenen Eltern gegen Mileva gemacht hatten; sie sei eine intrigante ältere Frau und von ihrer Herkunft her durch Krankheit gefährdet. Nach Meinung von Einstein war Friedas Körpermaß ein Hinweis auf Zwergenwuchs, der etwaigen Nachkommen vererbt werden könne. Er meinte, ihre Mutter sei unausgeglichen (tatsächlich litt sie unter einer überaktiven Schilddrüse), und diese erbliche Belastung könne an seine zukünftigen Enkel weitergegeben werden. Zweifellos waren diese Befürchtungen durch seine eigenen verwirrten Gefühle gegenüber dem kränklichen Eduard beeinflußt; überraschenderweise hat Mileva diese Vorbehalte anscheinend geteilt. Sie erörterte ihre Sorgen noch vor der Ankündigung ihres Sohnes mit Einstein, der sie zunächst beruhigte, weil er glaubte, Hans Albert habe sich noch nicht gebunden. Als die Wahrheit herauskam, diente sie dazu, die neuerdings entspannte Beziehung zwischen dem Paar zu stärken, weil sie sich in der Gegnerschaft zur geplante Heirat einig fühlten. In einer Reihe von Briefen an seine erste Frau beklagte Einstein die Sturheit von Hans Albert. Er spielte dunkel auf das Buch Exodus an, in dem gewarnt wird, die Sünden der Väter würden bis ins dritte und vierte Glied an den Kindern gerächt werden. »Es wäre ein Verbrechen, wenn man solche Kinder in die Welt setzte«, schrieb er Mileva.

Einstein glaubte, die Ursache des Problems läge zum Teil in den Hemmungen seines Sohnes gegenüber dem anderen Geschlecht. Er schlug vor, Hans Albert zu einer schönen vierzigjährigen Frau aus seinem Bekanntenkreis zu schicken, die ihm nicht genauer beschriebene Hilfe geben sollte. Noch heikler war sein Versuch, seinen Sohn durch Hermann Anschütz-Kaempfe zu beeinflussen, einen gemeinsamen Zürcher Freund. Er schrieb auch direkt an Hans Albert, und er bat Mileva, alles irgend mögliche zu tun, um »ein Unheil zu verhindern«. Schließlich war er gezwungen, seine Niederlage einzugestehen und klagte, Hans Albert sei zu naiv, um die Sache richtig zu beurteilen und zu sehen, »daß das Mädel ihn fest am Kragen hat«. Aber er blieb äußerst widerspenstig. »Wenn Du mir noch den festen Entschluss mitteilst, mit der Knecht kein Kind zeugen zu wollen, werde ich mich ehrlich mit Deinem Entschluss der Heirat abfinden«, schrieb er Anfang 1927, und fuhr fort: »obwohl ich es für Euch beide bedaure.« Aber wie selbstverständlich fügte er hinzu: »Da hat kein Dritter das Recht, sich einzumischen. Er darf nur eigene und fremde Erfahrung zur Verfügung stellen, wenn es gewünscht wird.«

Hans Albert heiratete Frieda am 7. Mai 1927 in Dortmund. Er

enthüllte niemals das volle Ausmaß des Widerstands seines Vaters, aber er gab seinem Gesprächspartner Peter Michelmore deutliche Hinweise. Michelmores abgeschwächter Bericht erwähnt Einsteins Bedenken wegen der Erbfehler nicht, sondern er sieht in der Episode einen Hinweis darauf, daß er ganz allgemein gegen die Ehe war. Einsteins Rat an seinen Sohn war noch am Vorabend der Hochzeit, sie abzusagen: »Heirate nicht!« Sie würden sich später doch nur wieder trennen, so daß es sich gar nicht lohne. Dies gab er auch als Grund an, keine Kinder zu haben, denn sie würden die unvermeidliche Scheidung komplizieren. Als 1930 ein Kind kam, grollte Einstein gegenüber Hans Albert: »Ich verstehe es nicht. Ich glaube, Du bist nicht mein Sohn.«

Der gefürchtete Neuankömmling war ein Junge, den seine Eltern Bernard Cäsar nannten. »Wir fanden, es gäbe genug A's in der Familie, deshalb begannen wir mit B's«, erklärte Hans Albert einmal. Einstein hatte die Nachricht von der Schwangerschaft mit fatalistischem Trübsinn aufgenommen – das Schicksal nimmt jetzt seinen Lauf, so tragisch es auch ist –, aber seine Befürchtungen erwiesen sich als völlig unbegründet. Bernard, oder Hardi, wie er in seiner Familie hieß, war ein gesundes Kind und wurde zum Liebling des Großvaters, der ihm seine Geige vererbte. Einstein gab sogar zu, daß Hans Alberts Ehe sehr glücklich war und seinen Sohn heiterer und offener gemacht hatte. Maja Einstein, die Frieda 1934 kennenlernte, fand sie »weit besser als ihr Ruf, den mein Bruder und meine Schwägerin bei mir veranlaßt haben. Sie ist ... eher häßlich, klein und unförmlich, aber intelligent, bescheiden und taktvoll«. Heiraten, so fügte sie hinzu, »in jungen Jahren mit einer häßlichen älteren Frau [sind] ein Erbübel, das vom Vater stammt, dessen Abneigung gegen die Schwiegertochter aus ganz tiefen psychologischen Abgründen stammen mag.«

Einsteins Differenzen mit Hans Albert ließen ihn Eduard vorübergehend in einem günstigeren Licht sehen. Trotz ihrer Verschiedenheit sah er nun, wie er Mileva im Januar 1926 schrieb, daß sein jüngerer Sohn »nicht äusserlich, aber in seinem Charakter viel mehr Ähnlichkeit« mit ihm habe als Albert. Sicherlich haben viele von Eduards Zeitgenossen geglaubt, er habe das

Genie seines Vaters ererbt. Hans Alberts Tochter Evelyn erinnerte sich: »Er war sicherlich das Genie. Neben Tede war mein Vater nur ein Arbeitstier«. Aber Einsteins Gefühle waren niemals unkompliziert, und seine Einstellung zu Eduard war in einem selbst für ihn beachtlichen Ausmaß zwiespältig.

Eduard erwies sich nach dem Eintritt in das Gymnasium im Frühling 1923 als ein außergewöhnlich begabter Schüler, langweilte sich aber im Unterricht rasch. Er verwandte seine Energien lieber darauf, Aphorismen und Gedichte zu verfassen, in denen er Freunde und Lehrer mit scharfem Witz und einer frühreifen Eleganz des Ausdrucks verspottete. Viele dieser Bemühungen wurden in Klassenzeitungen veröffentlicht; in einer wird erzählt, wie der vierzehnjährige Eduard »in klarer und verständiger Weise, in mustergültigem Deutsch« ein Referat über die Geschichte der Astronomie hielt. Die Bewunderung der Mitschüler war groß, aber der Bericht enthielt eine kleine Beschwerde: »Es enttäuschte«, so sagte er, »daß er neben den großen Männern wie Kepler, Newton usw. nicht auch Einstein erwähnte.«

Eduards Zeitgenossen waren sich der Berühmtheit seines Vaters wohl bewußt, aber sie glaubten, er sei davon unbelastet. Sie kannten ihn als einen sanften, seltsamen und manchmal verträumten Menschen, aber einen anscheinend ausgeglichenen, bei dem nur die Intelligenz und die ironische Schlagfertigkeit ungewöhnlich waren. Er zeigte keine wirkliche Begeisterung für Mathematik und Physik und widmete sich hauptsächlich der Literatur und der Kunst. In der Musik zeigte sich eine andere seiner Begabungen, und er war ein guter Pianist, der schon früh eine Vorliebe für Chopin und Max Reger fand. Eduards Gefühle waren weniger deutlich erkennbar als in seiner Kindheit, und ein Schulfreund, der ihn daheim besuchte, war erstaunt über sein temperamentvolles Klavierspiel. Es zeigte eine Leidenschaft, die sich gewöhnlich hinter spöttischer Skepsis verbarg. Beim Klavierspiel schien er ein ganz anderer Mensch zu sein.

Als ob Eduard zeigen wollte, daß er es wert sei, Einsteins Sohn zu sein, war er verzweifelt bemüht, einen Gedankenaustausch mit seinem Vater zu pflegen. Er schrieb ihm oft, äußerte sich mit jugendlichem Überschwang über seine Lieblingskomponisten und -philosophen und schickte Beispiele seiner eigenen literarischen Versuche zur Begutachtung. Einstein pries seine Begeisterung und ließ sich in seinen Antworten anfangs von dem »jungenhaften« Schwung seines Sohnes anstecken, die sich mit Leichtigkeit von der Musik (»Dass Du die Haydn Sonaten so verachtest, ist allerdings nicht recht, die zweite zum Beispiel ist von großer Innigkeit«) bis zur Philosophie (»Was Du über Schopenhauer schreibst, hat mir sehr gefallen. Ich finde auch, dass der prachtvolle Stil bei ihm weit mehr taugt als der eigentliche Inhalt«) erstreckten. Im Lauf der Zeit zeigte Einstein jedoch Anzeichen, daß er von der erbarmungslosen Selbstbestätigung seines Sohnes überwältigt war. Eduard beklagte sich über eine Reizbarkeit in seinen Antworten und war nicht völlig überzeugt, wenn Einstein das wortreich leugnete und versicherte, er »freue sich immer wie ein Kind mit der Flasche, wenn ein Brief von Dir kommt, weil ich sehe, dass Du Dich [sic!] über die prinzipiellen Dinge den Kopf zerbrichst.«

Der Rest der Familie erhielt eine viel deutlichere Botschaft. Einstein schrieb wiederholt an Mileva, wie sehr er Eduard liebte, wünschte sich aber auch laut, er wäre weniger anmaßend. Er schrieb an Hans Albert, sein jüngerer Bruder sei ein netter Kerl, der aber »ganz unpersönlich« schreibe und oberflächlich sei. »Dicke Bretter zu durchbohren ist wohl nicht seine Leidenschaft. Aber es muss auch Kerle geben, die sich einfach an Gottes Schöpfung freuen, vielleicht ist dies der eigentliche Zweck der letzten. Denn unsere Ziele sind doch nur Seifenblasen.«

Eduard »unpersönliche« Briefe waren jedoch voll tiefen Gefühls. Er näherte sich seinem Vater auf der intellektuellen Ebene zum Teil deshalb, weil seine gefühlsmäßige Beziehung zu ihm niemals einfach war. Aber was er schrieb, war wohl gelegentlich überschwenglich, aber nicht platt überheblich. Eduard hatte in Kunst und Kultur eine Möglichkeit gefunden, seine Leidenschaften auszudrücken, ganz ähnlich wie der junge Einstein in der Religion und dann in der Physik. Die Tragödie bestand darin, daß Vater und Sohn, außer in ihrer Liebe zur Musik, verschiedene Sprachen sprachen. In Eduards Augen waren Einsteins Briefe höchst unpersönlich. Er schrieb später an eine mitfühlende Freundin: »In meiner Gymnasiumzeit schickte ich oft etwas überschwengliche Briefe an meinen Vater und machte mir nachher einige Male Gedanken, weil er eine kühlere Natur war. Erst später erfuhr ich, wie sehr er sie geschätzt hatte.«

Einsteins Verhalten gegenüber seinem jüngeren Sohn mußte ihn verwirren. Nachdem er anfangs Eduards Aphorismen gelobt hatte, deutete er später an, sie seien abgeschrieben. Dieser Gedanke – der Eduard sehr verletzte – setzte sich dennoch in der Familie fest. Hans Albert behauptete später, die Fähigkeiten seines jüngeren Bruders seien rein reproduktiv, und er habe bei all seinem unersättlichen Lesen und seinem fotografischen Gedächtnis keine schöpferische Begabung und plappere nur die Gedanken anderer nach. Diese Ansicht wird von den Klassenkameraden seines Bruders widerlegt, von denen einer eine Sammlung von Eduards literarischen Jugendwerken veröffentlichte, die alle originell sind; viele sind sowohl anrührend als auch witzig. Einige der eher schwermütigen scheinen unmittelbar auf das Leben ihres jungen Schöpfers bezogen zu sein.

Wer zu sehnsüchtig die Arme ausstreckt, wird immer zurückgestoßen.

Nichts ist schlimmer für den Menschen als jemanden antreffen, neben dem alle seine Bemühungen und Existenz wertlos sind.

Das schlimmste Schicksal ist es, kein Schicksal zu haben und also auch niemandem ein Schicksal zu sein.

Insgesamt gehen Eduards Arbeiten weit über die rührseligen Versuche des typischen Heranwachsenden hinaus. Aber Einstein hatte es nicht gern, wenn sein Sohn introspektiv war, wie er es auch nicht mochte, wenn er unpersönlich war. Er warnte Eduard mit geflissentlicher Unbeschwertheit davor, sich selbst zu ernst zu nehmen: »Denn man ist doch ein via Affe kaum zweibeinig gewordenes Vieh, ein kurz dauerndes Stückchen Bewußtsein mit starker Beschwerung durch atavistische Instinkte, die das Leben conservieren.«

Einstein meinte weiterhin, Mileva bemuttere Eduard zu sehr. Er schlug vor, Eduard solle von daheim weggehen, vielleicht nach England, um die Sprache zu lernen. Nach Einsteins Meinung war das die einzige Möglichkeit, Eduard von seinen Träumereien abzubringen, und er drängte Mileva, ihre persönlichen Gefühle in dieser Sache außer acht zu lassen. Er setzte, vielleicht in Erinnerung an den langen Schatten seiner Mutter, viel Druck dahinter. Zweifellos war Milevas Bindung an Eduard außerordentlich eng, aber es ist nicht klar, ob sie ihn beschützte, weil er emotional gefährdet war, oder ob ihr Verhalten erst dazu führte. Höchstwahrscheinlich war es von beidem etwas.

Ein Bild von Mutter und Sohn Ende der zwanziger Jahre läßt sich aus den Erinnerungen von Maja Schucan und Waltrud Kappeler gewinnen, die als Jugendliche bei Mileva Nachhilfeunterricht in Mathematik bekamen. Frau Kappeler erinnerte sich an sie als eine freundliche, aber sehr genaue Lehrerin, etwas melancholisch, und ihrer Erscheinung nach viel älter als die meisten Frauen Anfang Fünfzig. Mileva »kleidete sich wie eine Maus«, mochte kein helles Sonnenlicht und klagte häufig über Kopfschmerzen. Frau Kappeler fand sie etwas einschüchternd, aber diesen Eindruck machte sie nicht auf Frau Schucan, die gern zum Unterricht kam und Mileva herzlich und sympathisch fand.

> *Das Wohnzimmer in der Huttenstraße war gemütlich, die Möbel dunkel, die Fenster hoch und auch die Vorhänge waren ziemlich dunkel. Ich saß immer neben Frau Einstein am Tisch in der Mitte des Zimmers, und sie lehrte mich mit viel Geduld und auffallender Klarheit die Grundlagen der Algebra und Mathematik und erklärte mir die Hausaufgaben. Sie hatte eine mütterliche Art, und alles, was kompliziert erschienen war, wurde unter ihrer Anleitung einfach. In der Schule ging es mir gleich besser.*

Beide Schüler wußten, wie berühmt ihr Name war, und Frau Schucan erinnerte sich, sie als »Frau Professor Einstein« angesprochen zu haben. Bei den wenigen Gelegenheiten, bei denen Mileva von ihrem eigenen Leben sprach, erzählte sie Frau Schucan, »sie habe immer mit ihrem Mann zusammen gearbeitet«. Aber keines der Mädchen hatte den Eindruck, Mileva wolle behaupten, eigentlich habe sie die Relativitätstheorie entwickelt. Sie zeigte auch keine Anzeichen von Bitterkeit gegenüber ihrem früheren Ehemann.

Beide Mädchen fanden, daß Eduard in diesem Haushalt im Mittelpunkt der Aufmerksamkeit stand. Frau Schucan erinnerte sich, daß Mileva ihren Sohn immer rief, wenn die Stunde vorüber war. Sie bat ihn dann oft, Klavier zu spielen, und stand lächend dabei, während sie die Mädchen mit Tee und Keksen bewirtete. Eduard war zwei Jahre älter als Frau Schucan. Sie hatte durch einen gemeinsamen Freund von seiner Begabung – besonders seiner dichterischen – gehört und bat ihn, ihr seine Gedichte zu zeigen. Sie freute sich sehr, als er sofort eines für sie dichtete. Sie traf ihn oft bei Festen und Bällen und hatte sich bald in ihn verliebt. Eduard war keineswegs im üblichen Sinn attraktiv, er hatte sehr schlechte Zähne und wenig Talent zum Tanzen (er trat seiner Partnerin gewöhnlich auf die Füße), aber das machte nichts. »Er war nicht wie die anderen, und das faszinierte mich«, sagte Frau Schucan.

Obwohl Eduard große Zuneigung zu seiner Bewunderin zeigte, wurde ihre Liebe nicht erwidert. Er begann 1929 an der Universität Zürich mit dem Medizinstudium (genau wie seine Mutter vor dem Wechsel zum Polytechnikum), um Psychiater zu werden. Eduard zeigte dieselbe Liebe zur Psychologie, die seine Mutter in ihrer Jugend gespürt hatte und erklärte schon im Alter von fünfzehn Jahren seinen Schulfreunden die Theorien Sigmund Freuds. Ein ungenannter Klassenkamerad schrieb später: »Auf einer Wanderung schilderte er mir einmal das Wesen der Schizophrenie. Ahnte er wohl damals schon, dass ihm von dieser Seite Gefahr drohte? Das wäre entsetzlich.« In gewisser Weise war die Psychologie ein natürlicher Treffpunkt zwischen den von Eduard geliebten Geisteswissenschaften und den exakten Naturwissenschaften seines Vaters. Trotzdem war es kein Beruf, den Einstein guthieß. Er schrieb Eduard, er habe Freud gelesen, sei aber nicht bekehrt worden, und er hielte seine Methoden für zweifelhaft – sogar für betrügerisch. Einstein hatte Freud in Berlin kennengelernt und mit ihm über Krieg und Abrüstung korrespondiert. Freud hatte ihm jedoch 1936 geschrieben: »Ich habe immer gewußt, daß Sie mich nur ›aus Höflichkeit‹ bewundern und daß Sie nur von sehr wenigen meiner Aussagen überzeugt sind.«

Für Eduard war Freud dagegen »eines der größten Genies«. Er sagte, so schrieb Eduard, »manchmal in seinen Werken in ein paar Worten Dinge, die an die tiefsten Sachen rühren und über die man tagelang nachdenken kann.« Er hatte ein Bild seines Helden über dem Bett, auf dem er sehr mißmutig aussah. Tragischerweise war Eduard dazu verdammt, ein Patient und kein Praktiker der Kunst der Psychoanalyse zu werden. Zu Beginn seiner Universitätszeit erlitt er eine traumatische Depression, von der er sich nie wieder erholte. Er versank in lustlose Apathie, mied seine Freunde und schwänzte die Vorlesungen; statt dessen verbrachte er seine Tage alleine zu Hause in seinem Zimmer voller Bücher.

Frau Kappeler, die bei Mileva Unterricht hatte, als Eduard sein Studium begann, sah wenig, was auf seine zunehmende Verzweiflung deuten ließ. Oft bat Mileva ihn, den Unterricht für sie zu übernehmen, weil sie Kopfschmerzen hätte, und er tat das mit großer Selbstsicherheit. Eine andere Seite zeigte sich, als Eduard seine Schülerin und einige ihrer Freunde auf einen Ausflug begleitete. Er hatte gezeigt, daß er sich zu ihr hingezogen fühlte, aber er reagierte mit unerwarteter Heftigkeit, als ein anderer junger Mann sich ihr näherte, um sich mit ihr zu unterhalten. »Ich erinnere mich, daß seine Augen ganz dunkel wurden, er sah so aufgeregt aus, und ich bekam etwas Angst«, sagte Frau Kappeler. »Er sah so seltsam aus.« Frau Schucan erinnert sich, ähnlich verstört gewesen zu sein, als sie Eduard kurz vor ihrer Maturaprüfung besuchte. Er gab zu, daß nicht alles in Ordnung sei, und sagte, er versuche, bei sich eine »Selbst-Analyse« nach Freudscher Art durchzuführen. »Das kam mir ziemlich unheimlich vor«, sagte Frau Schucan, die Eduard überredete, sein Zimmer zu verlassen und mit ihr durch die abendlichen Straßen zu gehen. »Der Mond schien, und Teddy schien gleichzeitig nah und endlos weit entfernt zu sein. In seinen Augen war etwas Angsterregendes, Fremdes.«

Eduards Zusammenbruch wurde unmittelbar durch eine unerfüllte Liebesbeziehung ausgelöst: Entsprechend der Familientradition hatte er eine Beziehung zu einer älteren Frau aufgenommen. Sein Schulfreund Eduard Rübel sagte, sie sei eine reifere Medizinstudentin gewesen, die Eduard bemutterte und in die er sich verknallte. Einige Berichte sagen, sie sei verheiratet gewesen. Einstein scheint davon gewußt zu haben und warnte in einem undatierten Brief, Eduard solle seine ältere Freundin verlassen – sie sei zu gerissen für ihn – und statt dessen ein harmloses Spielzeug suchen. Eine anderer Brief warnte: »Die Beschäftigung mit dem anderen Geschlecht ist so erfreulich wie nötig, aber sie darf nicht der Haupttenor des Lebens werden, sonst ist der Mensch verloren ...«

Einstein konnte keine bessere Kur anbieten als harte Arbeit: »Wie wohltätig wird ein Beruf für Dich sein. Selbst ein Genie wie Schopenhauer wurde zermürbt durch die Beruflosigkeit«, schrieb er seinem Sohn. »Denn beim Menschen ist es wie beim Velo. Nur wenn er fährt, kann er bequem die Balance halten.« Andererseits meinte er: »In einer Beziehung müßtest Du eigentlich über Deine Krankheits-Erscheinungen froh sein«, fügte er mit heiterer Gelassenheit hinzu. »Man kann nichts so gut lernen, als wenn man es selbst erlebt. Wenn Du also die Sache überwindest, wirst Du die Aussicht haben, ein besonders guter Seelenarzt zu werden.«

Solche Ratschläge waren wenig geeignet, Eduards Stimmung zu verbessern. Im Sommer 1930 wurden seine Briefe an seinen Vater ziemlich hysterisch und giftig. Nach Antonina Vallentin, die wohl durch Elsa von ihnen wußte, waren sie »bittere Anklagen, heftige Verwünschungen«, in denen »der Wunsch, eine schwache Persönlichkeit durch großartige Sprache unter Beweis zu stellen, mit Verzweiflungsausbrüchen abwechselte«. Aus Sicht von Hans Albert beschuldigte Eduard seinen Vater, ihn verlassen und einen Schatten über sein Leben geworfen zu haben. Eduard erklärte, er hasse seinen Vater.

Einstein kam nach Zürich, um mit seinem Sohn zu reden, hatte aber keinen Erfolg. Später im selben Jahr verlor Eduard nach Aussage einer serbischen Biographin Milevas völlig die Kontrolle und drohte, sich vom Fenster seines im zweiten Stock gelegenen Schlafzimmers zu stürzen. Mileva soll »den kräftigen, rasenden Jungen« zurückgehalten haben. Ganz außer sich erklärte er ihr, er wolle seinen Qualen ein Ende bereiten.« Mileva sei sofort nach Berlin gereist, »um Einstein in seinem Institut aufzusuchen. Dort sagte man ihr, er sei im Schöneberger Rathaus. Mit letzter Kraft dort angekommen, traf sie eine große Menschenmenge. Elsas Tochter Margot wurde mit Dimitri Marianoff getraut. Sie wäre Marianoff nicht aufgefallen, wenn ihr Blick nicht so brennend gewesen wäre. Er schrieb: »Margot flüsterte mir zu: ›Das ist Mileva‹ ... Wir wußten weder dann noch später, warum sie da war.«

Der Inhalt der späteren Gespräche zwischen Mileva und Einstein ist uns nicht bekannt. Aus ihren Briefen läßt sich jedoch schließen, daß er vor seinem zweiten Amerikabesuch im Dezember 1930 noch einmal nach Zürich fuhr. Er verglich sich mit einem Nomaden, der seine Zelte in seiner früheren Heimat aufgeschlagen hatte, und schrieb Hans Albert, das Schönste an seinem Aufenthalt sei das Musizieren mit Tetel und »der heißblütigen Baronin«. Ob dies eine spöttische Bemerkung über Mileva war, bleibt unklar. Auffallend ist, daß Vater und Sohn nach allem Geschehenen immer noch in der Musik Frieden finden. Antonina Vallentin beschrieb, wie sie Eduards inneren Aufruhr miterlebte, als sie ihn in Berlin beim Klavierspiel beobachtete.

> *Er war ganz vertieft in sein Spiel. Auf einmal sah ich jedoch seinen Blick in die Ferne gerichtet, und der kam mir unsagbar traurig vor. In seiner Beziehung zum Vater zeigte der Knabe eine heiße, hingebende Bewunderung, die mit plötzlicher Verschlossenheit abwechselte.*

Peter Michelmore schrieb nach einem Gespräch mit Hans Albert ebenfalls von Eduards »sehr intensiver und dennoch zwiespältigen« Beziehung zu seinem Vater – »ein Gefühl der Liebe, ja sogar der Verehrung verband sich mit einem Bewußtsein der Zurücksetzung und persönlicher Unzulänglichkeit«. Anscheinend konnte Eduard beim Musizieren mit Klavier und Geige diese Gefühle entwirren und buchstäblich in Harmonie mit Einstein sein – jedenfalls solange sie musizierten.

Mileva versuchte, Eduard daheim zu pflegen; im Frühsommer 1932 ging es ihm besser, und er konnte Einsteins Schwester Maja in Italien besuchen. Er stand praktisch unangemeldet mit einem kleinen Koffer vor der Tür und blieb acht Tage lang. Den größten Teil dieser Zeit saß er vor dem Stutzflügel, den Einstein ihr gekauft hatte und spielte Mozart »mit größter Sachlichkeit und Nüchternheit, so dass einem manchmal schier seekrank zumute wird«. Bald nach seiner Rückkehr nach Zürich jedoch verschlechterte sich sein Zustand. Ende 1932 wurde Eduard zum ersten von vielen Aufenthalten in die Nervenheilanstalt Burghölzli eingewiesen, wo man ihn wegen Schizophrenie behandelte.

Im Burghölzli hatte Jung seine Lehrjahre als Psychiater abgeleistet; er behauptete, es sei damals eine Institution mit bedrükkend engem Horizont gewesen, die »vom Menschen abstrahierte« und den Patienten mit seiner Diagnose etikettierte. Dieses Urteil war hart, denn für den Standard der damaligen Zeit war die Klinik relativ fortschrittlich. Der Begriff der Schizophrenie war 1908 von ihrem damaligen Direktor Eugen Bleuler gefaßt worden, dessen Sohn Manfred während des größten Teils der Zeit, die Eduard dort verbrachte, der Leiter war. Zugleich war Bleulers Definition der Schizophrenie sehr breit. Heute könnte ein Fall wie der Eduards anders diagnostiziert werden, und er würde fast sicherlich keine stationäre Behandlung erforderlich machen. Eduard wurde zum ersten Mal eingeliefert, als moderne Therapien die Zwangsbäder und -jacken der Vergangenheit ersetzten, viele aber hielten die neuen Methoden für äußerst mangelhaft. Ihr Nutzen für Eduard bleibt fraglich.

Eduard erhielt eine Insulintherapie, wie es damals üblich war. Sie hatte das Ziel, ein mindestens zweistündiges Koma zu erzeugen, bei dem sich das Gehirn regenerieren sollte. Einige Patienten erwachten mit neuer Gelassenheit aus der Bewußtlosigkeit, auf andere jedoch hatte sie keine Wirkung. Wieder andere erwachten nie mehr oder mit einem dauerhaften Hirnschaden. In einem Brief vom November 1940 schrieb Einstein, die Insulinbehandlung sei bei Eduard ein gründlicher Fehlschlag gewesen.

Es gibt auch Hinweise darauf, daß Eduard eine Elektroschockbehandlung erhielt, bei der durch das Gehirn geleitete elektrische Ströme einen Schock auslösen. Es gibt keine einleuchtende Erklärung dafür, warum dies helfen sollte, obwohl einige Fachleute auch heute noch darauf bestehen, die Behandlung sei bei schweren Depressionen die beste Behandlungsmöglichkeit. Hans Albert soll nach Aussage seiner zweiten Frau einmal gesagt haben, die Schocktherapie habe seinen Bruder »ruiniert«. Die Bedingungen waren sicherlich primitiv, als dieses Verfahren im Burghölzli und anderen Heilanstalten Ende der dreißiger Jahre eingeführt wurde. Die Patienten waren bei vollem Bewußtsein; man verabreichte Ströme bis zu dreißig Milliampere, aber keine muskelerschlaffenden Mittel, die verhinderten, daß bei den durch den Schock ausgelösten Krämpfen Knochen gebrochen oder verrenkt wurden. Einige Patienten erlitten einen Herzinfarkt oder erstickten: Die Aussicht, so behandelt zu werden, war schrecklich.

Heute ist das Burghölzli ein freundlicher und gut geführter Ort. Die Lebensbedingungen waren zu Eduards Zeit jedoch schwierig, und immer waren die dunklen und düsteren Stationen überfüllt. Den meisten Patienten wurde nur wenig Freiraum gelassen, und selbst in den reformfreudigen dreißiger Jahren sprach das Personal ganz selbstverständlich von »Zöglingen« und »Insassen«. Wahrscheinlich wurden Eduard die schlimmsten Unwürdigkeiten erspart, da Einstein anscheinend für die Unterbringung in der elitären ersten Klasse zahlte, wo einige Patienten Einzelzimmer hatten und ein eigenes Speisezimmer und ein Aufenthaltsraum mit Plüschmöbeln zur Verfügung standen. Viele hatten auch ihre eigenen Krankenschwestern und brauchten nicht im Garten oder in den Werkstätten der Klinik zu arbeiten. Dies wurde so diskret arrangiert, daß die meisten Patienten der gewöhnlichen dritten Klasse gar nicht wußten, daß es eine erste Klasse gab.

Eduard schrieb im Dezember 1932 an Frau Schucan, um ihr für ein Gedicht zu danken, das sie ihm geschickt hatte. Er zeigte kein Selbstmitleid, sondern sagte, sein Zustand sei »doch schon ganz erträglich« geworden. Er schrieb fast nur, er wünsche ihr alles Gute und entschuldigt sich, daß sie nicht immer Freude an ihm gehabt habe. Das Ausmaß seines Verfalls zeigte sich vor allem in seiner Handschrift, die einmal flüssig und elegant gewesen war, jetzt aber eher hingeschmiert wirkt. In einem anderen Brief an sie schrieb er: »Manchmal tut mir der Kopf stundenlang so weh wie ein schmerzender Zahn, wenn man Zahnweh hat. Du mußt übrigens nicht von mir denken, daß ich alle diese Strapazen auf mich nehme, um weise zu werden. Man muß schon recht dumm sein, wenn man so mit Gewalt weise werden wollte. Ich möchte davon bloß wieder leidlich zufrieden werden. Manchmal geht es mir allerdings wie jenem Mann in der schönen Geschichte ›Iris‹ von Hermann Hesse, der sich auch in seine Vergangenheit vertiefte und dann den Rückweg nicht mehr fand.«

Einstein schrieb seinem Sohn, er solle sich über seine »klösterliche Behandlung« nicht grämen. Er machte einen plumpen Versuch, Eduard zu trösten, indem er ihm von einem – vielleicht erfundenen – Freund in Pasadena erzählte, der wegen einer Depression in ein Nervenkrankenhaus kam und dort blieb, weil er meinte, ein Mann mit seinem Gehirn könne nirgends besser arbeiten. Einstein zeigte weiterhin großes Mißtrauen in die Psychoanalyse und erzählte Eduard, daß Menschen, die damit angefangen hatten, sich ihr anscheinend nicht wieder entziehen konnten. Er bat seinen Sohn, ihn in Berlin zu besuchen – und fügte hinzu: »Ich habe das Gefühl, daß niemand außer mir Dir unter diesen Umständen gut tun kann«. Elsa erzählte ihrer Freundin Vallentin, Einstein sei wegen der Not seines Sohnes tief besorgt: »An Albert nagt es, er wird schwer damit fertig, viel schwerer, als er zugibt«. Er habe immer danach gestrebt, bei allem, was ihn persönlich betraf, unverwundbar zu sein. »Er ist es auch mehr als andere Menschen, die ich kenne, aber diese Begebenheit war und ist entsetzlich.« Einstein sagte sogar, wenn sein Sohn ihn besuchen würde, könne dieser ihn Psychoanalyse lehren, was Eduards Hoffnung entgegenkam, sein Vater würde sich einer Selbstprüfung unterwerfen. Dieser Versuch, seinen Sohn zu verstehen, wurde jedoch durch einen Anflug erstaunlicher Hochmütigkeit beeinträchtigt: Einstein sagte, er würde versuchen, nicht zu grinsen, wenn er Eduards Wünsche erfüllte.

Einsteins Haltung verstimmte seinen treuen Freund Michele Besso, der selbst Mitte der zwanziger Jahre eine Psychoanalyse durchgemacht hatte, nachdem er den Glauben an seine Arbeitsfähigkeit verloren hatte. Bessos sechzigster Geburtstag stand jetzt kurz bevor. Sein weißes Haar und sein Bart hatten ihm das Aussehen eines Propheten des Alten Testaments gegeben, das so eindrucksvoll war wie Einsteins. In seinen Briefen kam er immer öfter von Thema ab, aber er hatte seine alte Gabe des Mitgefühls nicht verloren. Im September 1932 schrieb er einen langen und bewegenden Brief an seinen »lieben guten alten Freund«, in dem er Einstein dringend bat, Eduard mehr Hilfe und Verständnis entgegenzubringen. Mit dem für ihn charakteristischen Takt und

Feingefühl betonte Besso, wie sein eigener Sohn Vero in seinem Leben ein »einheitlicher Mittelpunkt« geworden sei und ihm geholfen habe, die »Gegensätzlichkeiten zwischen ihm und seiner Frau« zu ertragen. Er betonte seine Verbundenheit mit Einstein – seit den Tagen in Bern, als er »reine Freude« spürte, wenn er das Genie seines Freundes am Werk sah, und auch in den Tagen der Trennung, als Besso das Gefühl hatte, seine Bemühungen um Versöhnung hätten die Scheidung nur beschleunigt. Er beschrieb, wie eine »unbeteiligte Seele« angesichts eines Bildes von Einstein mit einer seiner Stieftöchter bemerkt habe: »Ich meinte, er hätte einen Sohn; von Söhnen sieht man nie etwas.« Und es gab doch Eduard – klug und sympathisch, aber belastet und zurückgezogen – der die väterliche Hand so verzweifelt brauchte.

Besso konnte sich Einsteins Reaktion auf diese Vorhaltungen denken und lieferte seine eigene entwaffnende Zusammenfassung, wie sie ausfallen würde.

> *Was kann ich dazu tun? Es muss jeder mit sich selbst fertig werden. Ich musste es und muss es auch jetzt. Was weisst du weisshaariges Kind von der Last des Suchenden, und von den Lasten, die man mir von allen Seiten noch dazu aufhalsen will! Hilf, wenn du kannst, und sonst bescheide dich, wie sich andere Leute auch bescheiden müssen.*

Und doch, schrieb Besso – und doch. Er bat Einstein, Eduard ein einziges Mal mit auf eine seiner großen Reisen zu nehmen: »Wenn Du ihm dann so die freie Zeit von 6 Deiner Lebensmonate gewidmet hast – so wirst Du ja auch allerlei getragen haben an ihm, was wir an anderen ungern sehen – weil es von aussen anders aussieht als von innen; aber dann werdet ihr auch ein für alle mal wissen, was ihr aneinander habt.«

Einstein antwortete nicht sofort, und Besso fürchtete, er habe die Grenzen ihrer Freundschaft überschritten. Er schrieb noch einmal und legte diesmal einen »erfreulichen« Briefwechsel zwischen Eduard und sich selbst dazu, der Einsteins Herz anrühren sollte. Er bemerkte, er habe in seinem Brief an Eduard einen Hinweis auf »deinen gewaltigen Vater« berichtigt, um ihn nicht noch mehr aufzuregen. Er hatte Eduard gedrängt, Einstein in

Berlin zu besuchen – und ihm gesagt: »Wir älteren Leute haben ja alle die Jungen noch viel mehr nötig als wir meinen.«

Einstein antwortete am 17. Oktober 1932 und versicherte Besso, er sei nicht beleidigt, ging aber doch in die Defensive. Er wiederholte seine Ansicht, wonach Eduards Problem erblich sei und äußere Einflüsse wenig Anteil daran hätten. Er schrieb auch, er habe Eduard eingeladen, ihn im folgenden Jahr in Princeton zu besuchen. Wie ernst das auch gemeint gewesen sein mag, Einsteins Pläne wurden mit der Machtergreifung der Nazis drei Monate später nichtig. Jetzt brauchte er selbst Hilfe, und ein Angebot kam aus unerwarteter Richtung. Als Mileva hörte, daß er nicht in sein Berliner Heim zurückkehren konnte, bot sie ihm und Elsa an, vorübergehend in ihrer Wohnung in Zürich zu wohnen. Die Einladung überraschte und freute Einstein, obwohl er ablehnte.

Aus seinem selbstgewählten Refugium in Belgien kam Einstein im Mai 1933 zu einem kurzen Besuch in die Schweiz. Er mußte deshalb eine Reise nach England verschieben, wo er zu einem Forschungsaufenthalt ans Christ Church College in Oxford eingeladen war. Er schrieb seinem Gastgeber, Professor Frederick Lindemann, sein jüngerer Sohn sei ernstlich erkrankt. »Ich hätte in England keinen ruhigen Augenblick«, fügte er hinzu. »Sie sind selbst kein Vater, aber ich weiß, Sie werden das sicherlich verstehen«, fügte er hinzu. Wir wissen nichts über seinen kurzen Besuch in Zürich und über die Stunden, die er bei seiner Familie verbrachte, aber es gibt eine Fotografie dieser letzten Begegnung von Vater und Sohn – beide im Anzug – auf der sie in einem gut möblierten Zimmer etwas befangen nebeneinander sitzen. Einstein hält Geige und Bogen und blickt traurig nach links. Der Sohn, die übergeschlagenen Beine vom Vater weggerichtet, sieht mit intensivem, fast schmerzlichem Ausdruck auf ein Manuskript.

Im Juni 1933 versprach Einstein Mileva weiterhin seine finanzielle und moralische Unterstützung. Er betonte wieder, daß eine Arbeit, gleich welche, für Eduard die beste Medizin wäre und schlug vor, Eduard solle eine Arbeit schreiben, um seinem skeptischen Vater die Wahrheit von Freuds Überzeugungen zu beweisen. Vier Monate darauf schiffte er sich nach Amerika ein, um

Europa für immer zu verlassen. Mileva und ihr unglücklicher Sohn sollten ihn nie wieder sehen.

Mileva nahm Eduard so oft sie konnte nach Haus, und Einstein zahlte für Besuche bei Spezialisten in der Schweiz und in Wien. Hans Albert behauptete, auch Freud selbst sei darunter gewesen, aber dafür gibt es keine weiteren Belege. Eduards Kenntnisse der Psychiatrie erschwerten die Behandlung, weil er die üblichen Verfahren und Wege der Untersuchung kannte. Die vorübergehende Hoffnung auf Heilung durch einen Wiener Arzt wurde später von Einstein als grausamer Schwindel bezeichnet. Eduard besuchte 1934 wieder Maja Einstein in Italien, dieses Mal in Begleitung eines Krankenpflegers, der nicht von seiner Seite wich. Maja war über die Veränderung seit ihrem Treffen vor zwei Jahre früher entsetzt: Eduard war »aufgedunsen, kommt über gewisse Theorien, die er sich macht, nicht weg und dazu liegt eine bleischwere Melancholie über ihm, die sein altes sonniges Lächeln, das blitzschnell ganz selten kommt und geht, nur noch trauriger macht. Gott sei Dank ist sein Pfleger mit ihm. Ich wäre alleine sicher nicht mit ihm zurecht gekommen. Er leidet furchtbar. Armer, armer Junge.«

Maja schrieb von ihrer starken Bindung zu Eduard und wie ihr beständig die Tränen gekommen seien, besonders, wenn er zwischendurch »seine alte Heiterkeit« und »seinen beweglichen Blick« wiedergefunden hatte. Michele Besso zeichnete nach einem Besuch in Milevas Wohnung 1937 ein ähnliches Bild. Dort sah er Eduard am Klavier, wie er Bach und Händel wundervoll zart und gleichzeitig kraftvoll spielte. Aber Besso bemerkt auch sein Übergewicht, seine Scheu vor dem Ausgehen – seit einem Jahr hatte er die Wohnung nicht verlassen. Einsteins Sohn hielt ihm »ganze wohlaufgebaute, höchst originelle Vorträge auf psychologischem Gebiet«, aber die Worte kamen ihm langsam von den Lippen, »mit einiger Ähnlichkeit mit jenen alten Orgeln, auf denen man mit den Fäusten spielen mußte.«

Als Besso 1938 von Zürich wegzog, weil seine Lehrerlaubnis nicht erneuert wurde, waren solche Besuche nicht länger möglich. Im selben Jahr gab Hans Albert seine Stellung an der Eidgenössischen Technischen Hochschule auf und emigrierte mit seiner Familie nach Amerika. Sein Vater hatte ihn nach Elsas Tod

1937 zu einem längeren Aufenthalt eingeladen. Pressefotografen machten Bilder von ihrer Begegnung im Hafen von New Jersey – die beiden Männer stellten sich gemeinsam etwas widerwillig den Fotografen, wobei Hans Albert die Pfeife seines Vaters anzündete. Einstein verweigerte ein Interview und sagt den Journalisten: »Privatleben ist schließlich Privatleben«. Er ermutigte seinen Sohn zur Übersiedlung und gab ihm das nötige Geld, und Hans Albert fand am Department of Agriculture in South Carolina eine Anstellung als Hydraulik-Ingenieur, von wo er 1947 an die University of California in Berkeley ging. Im Jahr seiner Auswanderung starb sein zweiter Sohn Klaus im Alter von sechs Jahren an Diphtherie. Sein Vater schrieb ihm damals: »Das tiefste Leid, das liebevolle Eltern erleben können, wurde Dir zuteil.«

Einstein freute sich sehr, daß sein Sohn sich im selben Land niederließ, in dem er lebte, obwohl sie sich nur gelegentlich trafen. Für Mileva jedoch vergrößerte die Auswanderung von Hans Albert ihre Isolation. Ihr Vater hatte im Februar 1920 einen tödlichen Schlaganfall erlitten. Ihre Mutter war am Neujahrstag 1935 im Alter von 88 Jahren gestorben. Jetzt, im Jahr, in dem Hans Albert auswanderte, erfuhr sie vom Tod ihrer Schwester. Zorka Marić' Behandlung im Burghölzli war so wenig erfolgreich gewesen wie die Eduards, und sie war bald wieder zu ihren Eltern nach Novi Sad zurückgekehrt. Sie war weiterhin deutlich verwirrt. Sie betrachtete Menschen mit fast völlig universaler Abscheu und zeigte nur Tieren ihre Zuneigung. Als ihr Vater kurz vor seinem Tod den Gutshof verkauft hatte, versteckte er recht unklug einen Teil des Erlöses in einem großen, schönen und unbenutzten Kachelofen. Zorka zündete das Papiergeld mit Streichhölzern an. Nach dem Tod ihrer Mutter begann sie zu trinken und lebte allein, von Dutzenden von Katzen umgeben, im Elternhaus. Ihre Leiche wurde erst einige Tage nach ihrem Tod »auf Stroh auf dem Fußboden liegend« gefunden; die Katzen strichen um sie herum.

Damit ist nur das Schicksal von Milevas Bruder Miloš noch nicht geklärt. Es blieb ein Geheimnis, was nach seiner Gefangennahme im Ersten Weltkrieg mit ihm geschah, und er wurde 1935 offiziell für tot erklärt. Tatsächlich jedoch hatten ihm die Russen erlaubt, als Arzt zu arbeiten, und er hatte inmitten der Wirren der russischen Revolution und ihrer Nachwehen als Professor für Zoologie und Histologie Karriere machen können. Er arbeitete zuerst in der Stadt Dnepropetrowsk und später in Saratow, wo er 1944 starb. Seine Kollegen und Schüler schätzten sein erstaunliches Gedächtnis und seine Gründlichkeit, die mit einer ungewöhnlichen Fähigkeit einherging, komplizierte Probleme kurz und einleuchtend zu erklären. Er war wie Mileva scheu und schweigsam; während jedoch das Leben seiner begabten älteren Schwester eine tragische Wendung genommen hatte, hatte er Anerkennung und Erfüllung gefunden.

11
ALLES NUR ILLUSION

Während Mileva zusehen mußte, wie Eduard weiter im Elend versank und die Welt in den Krieg taumelte, verbarg sich Einstein im akademischen Frieden Princetons. Er beschrieb es als eine »Schicksalsinsel«, ein Refugium, in das »kaum die wirren Stimmen des menschlichen Kampfes dringen«. In dieser kleinen amerikanischen Universitätsstadt behauptete er »jene Einsamkeit« zu finden, die sich »nur unter Menschen mit ganz verschiedener Vergangenheit und ganz verschiedener Einstellung zur Zukunft einstellen« kann.

Diese Bemerkungen sind etwas irreführend. Einstein hatte daheim eine treue Gefolgschaft, deren Vergangenheit und Einstellung zum Leben seiner eigenen kaum ähnlicher hätte sein können. Es war ihre Gegenwart, die seine »Einsamkeit« erträglich machte, auch wenn er das nur widerwillig anerkannte. Trotzdem waren beide Bemerkungen für Einsteins späte Jahre charakteristisch. Sie stammen aus Briefen, die er an Königin Elisabeth von Belgien schrieb; mit ihr war es vor seiner Abreise aus Europa zu einer ungewöhnlichen Freundschaft gekommen. Die beiden waren sich 1929 begegnet, als sie ihn zum ersten von mehreren Besuchen in ihren Palast eingeladen hatte; Einstein wechselte viele sehr offenherzige Briefe mit der Frau, die er einfach mit »Verehrte Königin« anredete. Sie und ihr Mann, König Albert, waren so bescheiden und natürlich, wie man es sich von königlichen Hoheiten nur vorstellen kann. Einstein war besonders erfreut, als er 1931 einmal unerwartet zum Mittagessen blieb: ohne Bedienung, vegetarisch, Spinat mit Setzei und Kartoffeln, punktum. Trotz solcher Informalität – er war bürgerlicher Herkunft und sie königlicher: Die beruhigende Absurdität der Beziehung und die Gewißheit, daß sie über einen gewissen Punkt einfach nicht hinaus konnte, war ein wichtiger Grund dafür, warum Einstein diesen Kontakt so genoß.

Seine Briefe an Elisabeth zählen zu seinen intimsten, aber immer wieder betont Einstein darin, wie gleichgültig ihm alle Intimität war. Typisch dafür ist der Brief, den Einstein im März 1936 schrieb, als Elsa todkrank war. Er wurde auf Anregung eines gemeinsamen Freundes geschrieben, der Einstein drängte, Elisabeth (jetzt Königin-Mutter) zu trösten, die nach dem Tod ihres Mannes und ihrer Schwiegertochter in eine langandauernde Depression versunken war. Einstein begann mit einer Beschreibung, wie der erste Frühlingssonnenstrahl ihn aus dem »gleichmäßigen Traumzustand« geweckt habe, »in den die wissenschaftliche Arbeit unsereinen versetzt«. Er drängt Elisabeth, angesichts des sich neu entfaltenden Lebens Mut zu fassen. »Es gibt doch etwas Ewiges, das der Hand des Schicksals und aller menschlichen Verblendung entrückt ist.« Aber der Hauptabschnitt lautet so:

> *Haben Sie je die Maximen von La Rochefoucauld gelesen; sie scheinen sehr herb und düster, bringen aber durch ihre Objektivierung der menschlichen und allzumenschlichen Natur eine seltsame Befreiung. Da hat sich einer frei gemacht, der es nicht leicht gehabt hat, das schwere Gepäck von Leidenschaft loszuwerden, das ihm die Natur auf den Lebensweg mitgab. Am hübschesten liest sich dies mit Menschen zusammen, deren Schifflein durch manchen Sturm gegangen ist ...*

Einstein hätte dies ebenso an sich selbst wie an Elisabeth schreiben können. Er stellte klar, daß er jetzt für eine gemeinsame Lektüre von La Rochefoucaulds Werk nicht zur Verfügung stand, weil »es das große Wasser verbieten würde«, das er nicht noch einmal überqueren wolle. Keineswegs umsonst hatte Einstein sich in einem Brief an Elisabeth unmittelbar nach dem Tode ihres Mannes damit gebrüstet, daß seine Freunde ihn »das große Steingesicht« nannten.

Einstein war entsetzt über Hitlers Aufstieg in Europa, aber immer noch nicht willens, sich in seiner Privatwelt durch solche Dinge stören zu lassen. Im Sommer 1939 schrieb er an Elisabeth mit Wendungen, die jenen verblüffend ähneln, die er im Ersten

Weltkrieg Ehrenfest gegenüber benutzt hatte. »Außer durch die Zeitungen und die zahllosen Briefe würde ich kaum wissen, daß ich in einer Zeit lebe, in der menschliches Unvermögen und Grausamkeit schreckliche Ausmaße annehmen.« Im Vorjahr hatte er mit schwarzem Zynismus an Michele Besso geschrieben und seinen Freund ausgelacht, weil er meinte, die Engländer würden gegen die Nazis kämpfen. Nicht völlig ohne Grund argwöhnte Einstein, daß der englische Premierminister Chamberlain bereit sei, Osteuropa in der Hoffnung zu opfern, daß Hitler mit dem Rußlandfeldzug beschäftigt sein würde. Seine eigene Reaktion war, seine Hände in bezug auf diese ganze traurige Sache in Unschuld zu waschen. »Ich gebe keinen Pfifferling mehr für Europas Zukunft ... Ich möchte nicht mehr leben, wenn ich die Arbeit nicht hätte. Jedenfalls ist es gut, dass man schon alt ist und also wenigstens als Person nicht mehr mit einer fernen Zukunft zu rechnen braucht.«

Diese dem Selbstschutz dienende Gleichgültigkeit wurde von Einsteins Begeisterung für Hitlers Niederlagen Lügen gestraft. Er hatte jetzt seinen alten Pazifismus aufgegeben und unterstützte die gewaltsame Niedermachung der Nazis von ganzem Herzen. Organisierte Macht könne nur durch organisierte Macht besiegt werden, sagte er – »so sehr ich es auch bedauere«. Er wurde im Oktober 1940, etwas über ein Jahr nach der Kriegserklärung durch England und Frankreich, amerikanischer Staatsbürger. Er forderte, die »deutschen Bluthunde« um jeden Preis aufzuhalten, und betrachtete seine früheren Landsleute als moralisch entartet.

Im Sommer 1942 schrieb er an Sayen, »Aufgrund ihrer erbärmlichen Tradition sind die Deutschen ein so schlimm verdorbenes Volk, daß es sehr schwierig sein wird, die Situation durch vernünftige, um nicht zu sagen, menschliche Mittel zu bessern. Ich hoffe weiter, daß sie sich am Kriegsende mit Gottes gütiger Hilfe alle gegenseitig getötet haben.« Einstein unternahm praktische Schritte, um dieses Ende zu beschleunigen. In den späteren Stadien des Krieges half er in einer Nebentätigkeit der US-Marine, indem er für eine Beratergebühr von 25 Dollar pro Tag theoretische Überlegungen zu Explosionen anstellte. Er forderte auch Hans Albert auf, »Kriegsarbeit« zu leisten, und sein Sohn wurde Angestellter des Army Corps of Engineers.

Einstein behauptete später, niemals irgendwie für das Militär gearbeitet zu haben. In den Worten seines Biographen Ronald Clark »war er menschlich genug, die unangenehmen Tatsachen, von denen er nichts wissen wollte, ganz weit weg zu schieben.« Diese Zurückhaltung hatte mit der Verantwortung zu tun, die Einstein spürte, weil er der Entwicklung von Atomwaffen Vorschub geleistet hatte, indem er 1939 einen Brief an Präsident Roosevelt geschrieben hatte, der die militärischen Implikationen der Kernspaltung verdeutlichte. Einstein sprach vor allem für seine Kollegen, die ihm geholfen hatten, den Brief abzufassen, und hatte eine nur sehr vage Vorstellung von den technischen Schwierigkeiten und der Form, die eine Atombombe haben könnte (er warnte, sie würde wahrscheinlich zu schwer sein, um in einem Flugzeug transportiert werden zu können). Sicherlich haben andere, weniger gefeierte Interventionen die amerikanische Atomforschung viel stärker gefördert als Einsteins. Trotzdem äußerte Einstein später sein Bedauern darüber, daß er bei der Zerstörung von Hiroshima und Nagasaki eine Rolle gespielt hatte. Hans Albert bekam zu spüren, daß der Name seiner Familie für immer mit den Schrecken des Atomkriegs verknüpft blieb. Einige Jahre nach Einsteins Tod, als er auf einer Vortragsreise in Lahore war, sprang plötzlich ein Mann nach vorn, ergriff seine Krawatte und begann, ihn durchzuschütteln. »Ihr Vater war verantwortlich für die Atombombe, und jetzt sollen Sie dafür zahlen«, wütete der Angreifer, anscheinend bereit, auf der Stelle Rache zu nehmen. Er wurde von einer Gruppe von Professoren und Studenten weggebracht, aber es war ein grauenvoller Augenblick.

Zu der Zeit, als die Bomben abgeworfen wurden, war die Reaktion Einsteins die größtmögliche Untertreibung. Die Nachricht von dem Bombenabwurf auf Hiroshima erreichte ihn am Saranac Lake in den Adirondack Mountains im Staat New York. Am 6. August 1945 ruhte sich Einstein nach dem Mittagessen aus, als Helene Dukas im Radio hörte, über Japan sei eine neue Art Bombe abgeworfen worden war. Sie erzählte es ihm, als er zum Tee kam, und seine einzige Reaktion war: »Oh weh!«

Dukas war jetzt immer an der Seite ihres Arbeitgebers; sie lebte als Köchin, Haushälterin und »Mädchen für alles« mit ihm in der Mercer Street. Ihre Arbeitslast war überwältigend, und das Telefon in ihrem Zimmer läutete Tag und Nacht. Sie war Einstein während der Jahre in Princeton absolut ergeben, und ihre Feindschaft gegenüber neugierigen Außenseitern – selbst aus der Familie – wurde zur Legende. Sie sah dem Drahthaarterrier Chico nicht unähnlich, der Anfang 1940 ein Familienmitglied geworden war und immer versuchte, den Postboten Stücke aus dem Bein zu reißen, wenn sie die Briefe zustellten. Es machte Dukas nichts aus, in einer schmutzigen Schürze aus dem Haus zu laufen, um Einstein vor einer Horde Journalisten zu bewahren, indem sie rief: »Professor Einstein, sie sind Reporter, sagen Sie nichts, sagen Sie nichts.« Als die Presse anläßlich von Einsteins fünfundsiebzigsten Geburtstag 1954 auf einen Phototermin und eine Pressekonferenz drängte, lautete ihre Anweisung an seine Kollegen am Institute for Advanced Study einfach: »Sagen Sie ihnen, sie sollen in den See springen.« Sie schrieb selbst, es habe daraufhin »großes Hallo und Gelächter« gegeben. Vielleicht sei es besser, hätten sie taktvoll vorgeschlagen, statt dessen zu sagen: »Kein Kommentar.«

In späteren Jahren sichtete Dukas sogar die Briefe von Einsteins Familie, um jede Störung zu verhindern. Seine Enkelin Evelyn erinnerte sich: »Manchmal entschied sie, Albert sei zu beschäftigt, um einen Brief von mir zu lesen oder zu beantworten. Dann las sie den Brief und beantwortete ihn, was mich immer gekränkt hat.« Mark Darby, der Archivar des Institute for Advanced Study fühlte sich durch ihre ständige Anwesenheit gestört, als er die Sammlung von Einsteinbildern des Instituts durchschaute: »Mir fiel auf, daß sie es geschafft hatte, auf jedes Foto mit drauf zu kommen ... Man sieht geradezu ihre Augen in der Kamera. Sie hatte einfach das Gefühl, Einstein gehöre ihr.«

Dukas war so sehr ein Teil von Einsteins Leben, daß mindestens eine junge Besucherin sie für Einsteins Frau hielt. Man hat sogar vermutet, die beiden hätten eine Affäre gehabt. Peter A. Bucky, der Sohn von Einsteins Freund und Arzt Gustav Bucky, hat behauptet, Hans Albert habe eine solche Verbindung vermutet und privat mehrmals darauf angespielt. Dukas selbst gab jedoch zu, daß Einstein für sie gewöhnlich nicht mehr Zuneigung zeigte als für einen Tisch oder einen Stuhl. Buckys Glaubwürdigkeit wird auch durch seine Behauptung geschwächt, Dukas sei das lang verschollene Lieserl gewesen, unter einem anderen Namen adoptiert worden und durch unerklärliche Zufälle und mit List zu ihm zurückgekommen. Die Wahrheit scheint viel einfacher gewesen zu sein: Dukas war eine Frau, die jemanden brauchte, den sie verehren konnte, und Einstein war ein Mann, der Verehrer brauchte. Es gibt jedoch keinen klareren Hinweis auf ihre Beziehung als Einsteins Testament, das er 1950 aufsetzte und das – unter anderem – von Kurt Gödel beurkundet wurde, einem der größten Logiker, die je gelebt haben. Einstein hinterließ Helene Dukas nicht nur seine Bücher und seinen persönlichen Besitz, sondern auch 20 000 Dollar – 5000 Dollar mehr als Eduard und doppelt soviel wie Hans Albert. Wichtiger noch, ihr stand das Nettoeinkommen der Schutzgebühren und Druckrechte aller Artikel und Bücher Einsteins zu, solange sie lebte. Wie die ›New York Times‹ kommentierte: »In seinem Testament hinterließ Einstein seinen wertvollsten Besitz Fräulein Dukas.«

Natürlich hatte Einstein schon seit langem unter Beweis gestellt, daß er weibliche Gesellschaft im Plural der in der Einzahl vorzog. Dukas war nur eine von drei Frauen, die mit ihm in der Mercer Street wohnte. Seine Stieftochter Margot (der er in seinem Testament ebenfalls 20 000 Dollar vermachte) war Einstein näher gekommen als jeder seiner Söhne. Ihr Mann, Marianoff, war ursprünglich mit ihr in die USA gekommen; sie trennten sich jedoch im Sommer 1934. Sie und Dukas legten 1940 mit Einstein zusammen den Eid auf die amerikanische Verfassung ab. Ein aufmerksamer Beobachter entdeckte zwischen Einstein und Margot eine solche Ähnlichkeit in Haltung und Aussehen, daß es ihm schwerfiel, sich vorzustellen, sie seien nur über Seitenlinien miteinander verwandt.

Margots Bewunderung für ihren Stiefvater grenzte manchmal an das Absurde. In ihren Augen segelte Einstein nicht einfach, sondern er war »wie Odysseus« – eine Heldenfigur, »so natürlich und stark«, daß er ihr wie eine Elementarkraft vorkam, »ein Stück Natur«. Die sentimentale Seite von Margots Charakter scheint Einstein angesprochen zu haben, der einmal sagte: »Wenn Margot spricht, sieht man die Blumen wachsen.« Das Haus war voll mit ihren Skulpturen, und sie gingen oft miteinander spazieren.

Die dritte in Einsteins weiblichem Trio war seine Schwester Maja. Er hatte sie eingeladen, bei ihm zu wohnen, als Mussolini 1939 in Italien die Anti-Judengesetze eingeführt hatte. Ihr Mann, Paul Winteler – mit dem die Ehe nicht immer einfach war –, blieb in Europa und zog zu seinem Schwager Michele Besso nach Genf. Maja wollte zu ihrem Mann, den sie »Paulus Rex« oder König Paul nannte, zurückkehren und hatte »ewiges Heimweh« nach Florenz. Aber der Krieg und ihre schlechte Gesundheit führten dazu, daß sie Europa nicht wiedersehen sollte. Maja tröstete sich mit der Liebe ihres Bruders, der ihr eine uneingeschränkte Zärtlichkeit und Fürsorge zeigte, der sich keine seiner Frauen hatte erfreuen dürfen. Alle Spuren einer Spannung, die es in früheren Jahren gegeben hatte – als Einstein seine Schwester gern geärgert und sie insgeheim zu den Philiströsen gezählt hatte – waren seit seiner zweiten Ehe und dem Tod ihrer Mutter verschwunden. Sie schrieb, Bruder und Schwester seien einander jetzt näher denn je.

Maja war jetzt Einstein noch ähnlicher, als selbst Elsa es gewesen war. Die wilden silbrig strahlenden Haarsträhnen hatten ihr den Kosenamen »Sonne« eingetragen, obwohl Maja schrieb, wegen seiner unendlichen Freundlichkeit habe ihr Bruder »mehr von einem durchstrahlenden Wesen als sie« und sei »die ganze Zeit ihre Sonne« gewesen.

Gegen Ende ihres Lebens schickte Maja ihren Verwandten in Genf ein Bild von sich auf der Veranda in der Mercer Street; sie berichtete mit Genugtuung, nur ihr Mann sei sicher gewesen, daß es sie zeige und nicht Einstein. Selbst der Klang von Majas Stimme und die skeptische Einfachheit, mit der sie jede Aussage formulierte, erinnerten deutlich an ihren Bruder.

Zunächst hatte Maja Angst gehabt, Einsteins Bekanntenkreis in Amerika würde in ihr lediglich ein Anhängsel sehen und nur deshalb freundlich zu ihr sein, »weil man den Herrn meint und den Hund streichelt.« Aber, so schreibt sie stolz, »er unterläßt es nie, mich vom Fortschritt seiner eigenen Arbeiten zu unterrichten.« Ihr Bruder schätzte ihre Intelligenz, obwohl sie sich nicht zur Diskussion über abstruse Physik eignete. Er behielt das Bedürfnis nach einem bewundernden Publikum, das ihm zuhörte, wenn er laut dachte. Ernst Straus, einer von Einsteins Mitarbeitern, sagte: »Da sie eine sehr gute Zuhörerin war, erklärte er ihr gern seine neuesten Gedanken. Er hatte nicht das Gefühl, etwas verstanden zu haben, bis er es selbst auf diese einfache und grundlegende Weise erklären konnte.« Wie warm ihre Beziehung war, zeigt sich bei einem von Einsteins harmloseren Späßen auf Majas Kosten. Sie war Vegetarierin, aber er aß ganz außerordentlich gern Würstel. Einstein versuchte das Problem zu lösen, indem er verfügte, in Majas Fall könne ein Würstel als Gemüse klassifiziert werden.

Den rührendsten Beweis seiner Zuneigung gab er, als Maja 1946 einen Schlaganfall erlitt und bettlägerig wurde und Margot sie als Krankenschwester umsorgte. Einstein las seiner Schwester jeden Abend aus den Werken ihrer Lieblingsautoren »etwas sehr Schönes« vor. »Ich freue mich jeden Tag auf diese Stunden und habe die Genugtuung zu sehen, daß er sich auch darauf freut«, schrieb sie mit zittriger Schrift an eine Freundin. »Er versäumt nur sehr ungern diese Abende, wenn wichtiger Besuch da ist.«

Noch eine andere Person – diesmal ein Mann – war für Einsteins Zeit in Princeton von überragender Bedeutung. Dr. Otto Nathan war einer der ersten Besucher Einsteins gewesen, als er und Elsa 1933 nach Amerika gezogen waren, und hatte angeboten, ihnen beim Eingewöhnen zu helfen. Auch er war vor den Nazis aus seinem Heimatland Deutschland geflohen. Nathan war ein angesehener Volkswirtschaftler, der zur Zeit der Weimarer Republik Regierungsberater und 1927 ein Delegierter bei der Weltwirtschaftskonferenz in Genf gewesen war. Er war als Dozent an die Universität Princeton gekommen und machte sich bald als Einsteins wirtschaftlicher Berater und Helfer unentbehrlich. Ein Band zwischen ihnen war ihre radikale politische Ansicht – Nathan hatte in den fünfziger Jahren sogar Schwierigkeiten, vom Außenministerium einen Paß zu bekommen. Er hatte während der Untersuchungen McCarthys viel zu leiden und wurde während der Kommunistenhetze eine Zielscheibe des Komitees für unamerikanische Angelegenheiten. Diese Erfahrungen dienten jedoch nur dazu, ihn noch ernster und argwöhnischer werden zu lassen. Als ein Asket, der weder rauchte noch trank und selten einmal einen Spaß machte, stellte Nathan lange über Einsteins Tod hinaus seine unwandelbare Ergebenheit unter Beweis; fast ein halbes Jahrhundert lang erwies er sich als engster Freund und Verbündeter von Helene Dukas.

Der ältere Einstein war für seine amerikanischen Gastgeber eine reiche Quelle für Anekdoten. Man sah ihn oft auf den Straßen von Princeton, wenn er zum Institut oder zum nahen Marquand Park ging – und man erzählte von einem Autofahrer, der gegen einen Baum fuhr, als er ihn erkannte, und von dem ehrfurchtsvollen Schweigen, das sich über jedes Physikseminar legte, wenn Einstein erschien. Er kam besonders gut mit Tieren und kleinen Kindern zurecht. Ein achtjähriges Mädchen versuchte, Einstein mit Bonbons zu bestechen, ihr die Hausaufgaben zu machen. Er lehnte das Angebot höflich ab, versöhnte sie jedoch mit Keksen. Wenn es regnete, tröstete er die Familienkatze mit den Worten: »Ich weiß schon, was nicht stimmt, meine Liebe, aber ich weiß nicht, wie man es abstellt.« Mit der Schrulligkeit ging jedoch ein ziemlicher Zynismus einher. Als Margot sich einmal um ihren Wellensittich sorgte – er schien ihr recht bedrückt –, fragte sie Einstein und seinen Assistenten, ob er sich wohl nach einem Partner sehne. »Alles nur Illusion«, sagte Einstein. »Auch der Gedanke, einen Partner zu haben, ist Illusion.«

Diese Bemerkung hätte Mileva nicht überrascht. Während ihrer letzten Jahre in der Schweiz war sie eine dunkel gekleidete, immer gebrechlichere Gestalt. Aber sie besaß nach Aussage ihres Landmanns, des Nobelpreisträgers für Chemie Vladimir Prelog, der auf der anderen Straßenseite wohnte, immer noch eine undefinierbare Ausstrahlung. Unter seinen Nachbarn bemerkte er »eine alte Dame, die wir oft von unserem Balkon aus das Haus betreten und verlassen sahen, die anders war als die anderen – in einer gewissen Weise ›eminent‹. Später erfuhren wir, daß sie Mileva Einstein-Marić war. Obwohl ich mit ihr in unserer gemeinsamen Muttersprache hätte reden können, wagte ich nicht, sie anzusprechen, weil ich Angst hatte, sie würde zu oft von Menschen angesprochen, die etwas über ihren früheren Ehemann wissen wollten.«

Hans Alberts Tochter Evelyn fand ihre Großmutter schlechtgelaunt und angsterregend, wenn sie als kleines Mädchen zu Besuchen zu ihr mitgenommen wurde. Mileva sprach über die Fünfjährige, als ob sie nicht im Raum sei. »Für Mileva war ich »das fremde Kind«, weil ich in Amerika geboren worden war«, erinnerte sich Evelyn. Die trockene und stachelige Seite von Milevas Charakter fand einen recht offensichtlichen Ausdruck in der großen Kakteensammlung, die sie anlegte – vermutlich einschließlich der Exemplare, die Einstein ihr aus Südamerika mitgebracht hatte. Evelyn hatte das Gefühl, sie sei an nichts anderem interessiert; andere Berichte sind jedoch freundlicher. Maria Grendelmeier, die mit ihrem Mann Josef 1942 in das Haus in der Huttenstraße einzog, erinnerte sich an Milevas ungeheuchelte Freude, als im folgenden Jahr ihr erster Sohn geboren wurde. Mileva hatte eine siamesische Katze, die sie mit Verwöhnung und Zuneigung überschüttete, und sie pflanzte Brombeerbüsche im Garten, die heute noch Früchte tragen.

Im Lauf der Jahre empfand Mileva Eduards Aufenthalte daheim als schwere Last. Seine Krankheit war für Nachbarn wie Frau Grendelmeier offensichtlich, die sich an Eduard als einen »freundlichen, aber unberechenbaren« jungen Mann mit einer »Haßliebe« zu seiner Mutter erinnerte. Als ihr erster Sohn geboren wurde, sagte er ihr mit höflicher Bestimmtheit: »Frau Grendelmeier, wenn Sie irgend etwas Medizinisches über das Baby wissen möchten, brauchen Sie nur anzurufen.« Aber sein Charme und seine scheinbare Selbstsicherheit wurden von Anfällen wilder Erregtheit abgelöst, die oft mit dem bedrückenden Föhnwetter zusammenfielen. Die meisten dieser Ausbrüche waren harmlos, wenn auch beunruhigend. Eduard hämmerte dann sehr laut auf das Klavier ein oder warf Bilder und andere Dinge zum Fenster hinaus. Er sprang aus dem Dunkel auf der Treppe Nachbarn an oder erschreckte seine Mutter, indem er die Tür öffnete, wenn er keine Hosen anhatte.

Aber es gab auch Anzeichen für wirkliche Gefahr. Bei mindestens einer Gelegenheit hörte Frau Grendelmeier, daß Eduard seine Mutter angriff und so tat, als ob er sie erwürgen wollte. Ähnliche Berichte von Gewaltanwendung wurden auf Hans Alberts Seite der Familie weitergegeben. Wenn es zu diesen Ausbrüchen kam, war Milevas letzte Zuflucht ein Anruf im Burghölzli, und Eduard wurde wieder dort in Pflege genommen. Frau Grendelmeier erinnerte sich, wie einmal in den frühen Morgenstunden ein gelbes Auto vorfuhr und ihn mitnahm.

Eduard schrieb weiter seine philosophischen Aphorismen, und ein mitfühlender Arzt schickte Beispiele davon an Einstein in Amerika, ohne zunächst die Identität des Urhebers zu verraten. Es ist sehr unwahrscheinlich, daß Einstein keine Ahnung von dem hatte, was sich abspielte, aber er schrieb Besso, ihre Klarheit und Präzision habe sie von all den vielen Briefen unterschieden, die er erhielt. »Es ist jammerschade um den Jungen, daß er ohne Hoffnung auf eine normale Existenz sein Leben hinbringen muß«, schrieb Einstein. »Seitdem die Insulinbehandlung endgültig fehlgeschlagen ist, halte ich nichts mehr von medizinischem Beistand. Ich halte überhaupt wenig von dieser Zunft und finde es im Ganzen besser, die Natur damit unbehelligt zu lassen.« In einem Brief an Eduard, der offensichtlich etwa zur gleichen Zeit abgeschickt wurde, berichtete Einstein seinem Sohn, was passiert war, und drängte ihn, weiter zu schreiben: »Auf die Dauer«, sagte er, »macht nichts so viel Freude und Befriedigung als was man sich abgerungen und in die beste Form, die man hervorzubringen vermag, gebracht hat. Dies empfinde ich besonders jetzt, wo mein Leben nahezu aus ist.«

In der zweiten Hälfte der vierziger Jahre verschlechterte sich Milevas Gesundheit rapide, und man vermutet, sie habe »mehrere leichte Hirnschläge« gehabt. Einmal brach sie sich das Bein, anscheinend während sie sich auf eisigen Straßen zu einem Besuch bei Eduard im Burghölzli durchkämpfte. Vorbeikommende fanden sie bewußtlos auf der Straße zur Klinik liegen, eine gebrechliche und unbekannte alte Frau, die keine Kraft mehr hatte. Sie wurde ins Krankenhaus gebracht, erholte sich aber im Gefühl des nahen Todes und voller Sorgen um die Zukunft ihres Sohnes nur teilweise. Ihr Geist litt so sehr wie ihr Körper. Eine Schilderung ihrer letzten Monate beschreibt, sie sei Anfang 1947 in orthopädischer Behandlung gewesen. Dabei habe sie »das eintönige Weiß des Krankenzimmers mit dem Eindruck gequält, sie befinde sich in einer Schneewolke und könne nicht hinaus zum Sohn.«

In dieser traumatischen Zeit verschlechterten sich Milevas Beziehungen zu Einstein wieder zu Feindschaft und Mißtrauen. Die Spannung hatte sich seit dem Ende der dreißiger Jahre aufgebaut, als Mileva die Kosten für die Pflege von Eduard zuviel wurde. Sie hatte ernsthafte finanzielle Probleme, die sie zum Verkauf von zwei der drei mit dem Geld für den Nobelpreis gekauften Häuser in der Huttenstraße zwangen. Um nicht auch ihr Wohnhaus zu verlieren, hatte Mileva zugestimmt, daß Einstein 1939 in einer eigens dazu gegründeten Gesellschaft in New York die Eigentümerschaft übernehmen sollte. Nach seiner eigenen Darstellung behielt Mileva das Verfügungsrecht über das Haus und die Mieten, soweit sie nicht zur Abzahlung der Hypothek nötig waren. Einstein ließ auch regelmäßig Bargeld in die Schweiz überweisen, um ihren und Eduards Lebensunterhalt sicherzustellen, und er sorgte außerdem für »Reparaturen, extra Steuern und eine Hypothekenrückzahlung«.

Jetzt, als für seine frühere Frau das Ende nahte, entschloß sich Einstein zu drastischem Handeln. Er traf Anordnungen, das Haus in der Huttenstaße zu verkaufen, um Kapital für die Pflege Eduards zu schaffen. »Wenn das Haus verkauft ist und Tetel einen zuverlässigen Vormund hat, wenn Mileva nicht mehr da ist, kann auch ich mit Gemütsruhe ins Gras beißen«, schrieb er im Juli 1947. Es wurde ein Käufer gefunden, und im Herbst wurde angesichts Milevas hilflosem Widerstand der Vertrag geschlossen. Es bestand keine Gefahr, daß sie aus ihrer Wohnung ausgewiesen würde, aber der psychologische Schlag war verheerend. Einstein handelte fast so, als ob sie schon tot wäre, und es war klar, daß Eduard den Rest seines Lebens in der Wohnung eines Fremden verleben würde. Mileva war völlig verzweifelt und griff zur offensichtlichsten Vergeltungswaffe, die ihr zur Verfügung stand. Da sie noch die Generalvollmacht hatte, wurde ihr der Erlös von dem Verkauf ausgehändigt. Einstein erwartete, sie werde das Geld sofort nach Amerika überweisen, aber Mileva behielt es einfach. Einsteins Briefe wurden ignoriert; sie verriet nicht einmal, wieviel Geld sie durch den Verkauf erhalten hatte.

Einstein suchte Hilfe bei Dr. Karl Zürcher, einem Schweizer Rechtsanwalt und Bruder seines alten Freundes Emil Zürcher, der die Scheidung abgewickelt hatte und mit Mileva befreundet war. Er bat den Rechtsanwalt im Dezember 1947, er möge Mileva »ihre Pflicht« tun lassen, ihm das Geld auszuhändigen. Er warnte sie, er würde Eduard enterben, wenn sie nicht nachgäbe. Das sei hart, aber, darauf bestand Einstein, er habe keine andere Wahl, wenn er eine »zu große Schädigung seiner anderen Erben vermeiden« wolle. Im folgenden Monat übte er weiteren Druck aus und beschrieb im einzelnen die finanzielle Hilfe, die er seiner früheren Frau seit ihrer Scheidung hatte zukommen lassen. »Ich weiß«, schrieb Einstein an Zürcher, »dass Frau Mileva es immer so hinstellt wie wenn sie von mir von jeher vernachlässigt worden wäre.« Der Tonfall ist der gleiche wie in einem Brief an Hans Albert im Sommer 1948, in dem er seiner Verwunderung darüber Ausdruck verleiht, daß die Summe und der Verbleib des Geldes immer noch unbekannt waren. »Vielleicht hat sie es aber auch in bar versteckt und es ist einfach gestohlen worden ... Bei ihrem verschlossenen und mißtrauischen Wesen ist alles möglich.«

Zu dieser Zeit war Milevas Leben bereits am Verlöschen. Sie hatte Ende Mai offenbar einen weiteren Schlaganfall erlitten, der ihre linke Seite lähmte, nachdem Eduard auf der Suche nach einem imaginären Etwas die Wohnung durchstöbert hatte. Sie wurde in einem nahegelegenen Krankenhaus versorgt, wo Besucher wie Lisbeth Hurwitz sie zerstreut und verwirrt vorfanden. Man hatte ihre Klingel ausgeschaltet, nachdem sie wiederholt um Hilfe geklingelt hatte, ohne einen nach Meinung der Schwestern überzeugenden Grund zu haben. Sie sprach davon, sie wolle auch ins Burghölzli, um bei Eduard sein zu können, dann wieder war sie kaum bei Bewußtsein und murmelte nur »Nein, nein«. Der Tod holte die 73jährige am 4. August 1948 ein. Frau Grendelmeier, die sie besuchen wollte, aber weggeschickt wurde, sagte: »Sie starb allein. Sie starb ganz allein.«

Es war ein nüchternes Ende, das zu einem Leben paßte, das überschattet war von gebrochenen Versprechen und enttäuschten Hoffnungen. Eduard erschien wie benommen, erinnerte sich Frau Grendelmeier. Er hat anscheinend niemals wieder von seiner Mutter gesprochen.

Mileva wurde auf Zürichs Nordheimer Friedhof bestattet, wo ihr Grab im Zuge von Umorganisationen seitdem verschwunden ist. Die Todesanzeige in der Lokalzeitung erwähnt ihren früheren Mann nicht: »Nach langem Krankenlager ging heute im 73. Altersjahr unsere geliebte Mutter Mileva Einstein-Marić zur ewigen Ruhe ein. Um stille Teilnahme bitten in tiefer Trauer Hans Albert und Frieda Einstein-Knecht und Eduard Einstein.« Frieda – und ebenso Otto Nathan – fuhren nach Zürich, um Milevas Habe durchzusehen und die Wohnung aufzulösen.

Nach Aussage von Helene Dukas fand man unter Milevas Matratze einen versteckten Schatz mit 85 000 Schweizer Franken. Dies war vermutlich das vermißte Geld von dem Hausverkauf. Dukas sah darin den endgültigen Beweis für Milevas Verrücktheit und Bösartigkeit, und sie empfand es als eine Demütigung für Einstein, weil Mileva in den letzten Monaten von einem Armenarzt betreut worden war. Noch Jahre später war Dukas den Gerüchten gegenüber, Einstein habe seine Frau als Arme sterben lassen, höchst empfindlich. »So entstehen Legenden«, schrieb sie im November 1956, als sie von Bemerkungen gehört hatte, die einer der Mileva behandelnden Ärzte gemacht hatte. »Und man sieht auch hier, wie schnell Leute bereit sind, immer das Negative zu glauben.« Dukas kam im November 1957 noch einmal auf das Thema zurück, als sie wieder gegen die Ungerechtigkeit protestierte, die damit der Erinnerung an Einstein getan wurde, und sie beklagte wieder die Einfältigkeit des Arztes. »Er hätte doch sehen müssen, daß er es mit einer armen Irren zu tun hat«, schrieb sie.

In Milevas Todesjahr entdeckte Einstein seine eigene Todeskrankheit. Er hatte seit einiger Zeit häufig unter Übelkeit gelitten, die er so beschrieb: »Es fängt an, im Bauch zu murmeln und zu gurgeln, und nachdem es sich ausrumort hat, setzen Übelkeit und unerträglich starke Schmerzen ein, die zwar nicht genau zu lokalisieren sind, aber zwischen Magengrube und Gallenblase am stärksten sind. Diese Schmerzen ziehen sich bis hinauf zwischen die Schulterblätter und führen schließlich zu Durchfall.« Im Herbst 1948 wurde ein Geschwür im Unterleib diagnostiziert. Eine Operation, die im Dezember von Dr. Rudolf Nissen im Jewish Hospital in Brooklyn durchgeführt wurde, zeigte ein Aneurysma in der Unterleibsaorta. Etwa achtzehn Monate später fand man, daß das Aneurysma sich unter dem Druck des Bluts in diesem geschwächten Bereich vergrößert hatte. Helene Dukas sagte, von diesem Moment an habe ein Damoklesschwert über Einstein und seiner Umgebung gehangen. Der Tod von Maja im Juni 1951 hatte ihm seine eigene Sterblichkeit besonders klar vor Augen geführt. Einstein hatte Hans Albert anvertraut, ihr Leiden sei in ihren letzten Lebensjahren so groß gewesen, daß der Schlaganfall im Jahre 1946 sie besser sofort getötet hätte.

Eduard war jetzt in der Obhut eines Vormunds, Dr. Heinrich Meili, der ihn Anfang 1950 nach Uitikon, einem schön gelegenen Dorf auf den Hügeln oberhalb Zürichs, in die Obhut eines Pfarrers gab. Der Pfarrer, Hans Freimüller, hatte eine Grundausbildung in Psychoanalyse und kombinierte das Evangelium mit einer Therapie für gestörte junge Männer. Er erinnerte sich an die erste Begegnung mit Eduard, einem untersetzten und nervösen Vierzigjährigen mit faszinierenden Augen. »Ihr sehnsuchtsvoller Glanz schillerte mit einem wunderbaren Leuchten, das sich nicht anders deuten ließ, denn als ein Ausdruck von Güte, die Schutz sucht«, schrieb der Pfarrer. Unter Eduards wenigen Besitztümern waren einige vergilbte Notenhefte aus seinen Studententagen, und zuerst schien es, als ob sich nur über die Musik mit ihm eine Verbindung herstellen ließe. Pfarrer Freimüller erinnerte sich: »In den ersten Wochen interessierte sich Herr Einstein fast ausschließlich für das Klavierspiel. Gelegentlich fürchtete man, die Saiten würden von solch wildem Spiel springen.« Allmählich ließ Eduards Schüchternheit nach, als er die drei jungen Söhne des Pfarrers kennenlernte, die er mit Gedichten und Späßen unterhielt. Er gab Konzerte für Kinder aus der Jugendgruppe, mit denen er sich bei Besuchen im Pfarrhaus angefreundet hatte, und er wurde in die Dorfgemeinschaft aufgenommen. Die Frau des Pfarrers verschaffte ihm eine Stellung, bei der er in einer Firma des Ortes Umschläge adressierte. Eduard war offensichtlich erfreut, etwas Geld zu verdienen und unabhängig zu sein.

In Uitikon war damals einer von Eduards besten Schulfreunden, Peter Herzog, inzwischen ein verheirateter Lehrer. Seine Witwe Nora erinnerte sich an den Schock, den es für ihren Mann bedeutete, als er sah, welch traurige Figur aus Eduard geworden war, so völlig anders als der Junge, dessen Intelligenz seinen Lehrern anscheinend Angst eingeflößt hatte und dem all seine Kameraden eine großartige Karriere zugetraut hatten. Eduard besuchte sie in ihrem Haus, aber Herzog war unfähig, wirklichen Kontakt mit seinem Gast aufzunehmen, der von wenig anderem als seiner Angst und Ungewißheit in bezug auf die Zukunft sprechen konnte. Vielleicht hätten diese Ängste nachgelassen, wenn man es Eduard erlaubt hätte, in der verständnisvollen Obhut von Pfarrer Freimüller zu bleiben. Er wurde jedoch von seinem Vormund nach nur einem Jahr zu einer Rechtsanwaltswitwe in dem Zürcher Vorort Höngg gegeben. Sie schenkte ihm Zuneigung und Verständnis, aber Freimüllers Bemühungen, ihn in ein normales Leben zurückzuführen, waren beendet. Selbst heute noch erinnert sich der Pfarrer an den »sehr schmerzlichen Abschied«.

Einstein hätte in diesen Jahren fast keinen Kontakt mit Eduard gehabt, wenn nicht einer seiner Biographen, Carl Seelig, ihn hergestellt hätte. Dieser warmherzige Mann, der in Zürich lebte, pflegte die Freundschaft mit Einstein durch eine neuartige List, indem er ihn ständig mit einem Vorrat an getrockneten Suppen versorgte. Sie bedeuteten für Einstein, was Zitronentee und Madeleines für Proust waren, und erinnerten ihn an nostalgische frühere Zeiten. Er dankte Seelig ausgiebig dafür, daß er »ihn und seine Nase mit einer ganz schweizerischen Umgebung« versehe, wobei »auch der Patriotismus durch Erwecken schöner Erinnerungen neu belebt wird.« Selbst die abschirmende Dukas wurde gewonnen und erzählte Seelig, die Suppen seien angesichts der Ernährungsprobleme, die Einsteins Krankheit mit sich brachten, »himmlisches Manna«. Das so entstandene Vertrauen diente beiden Seiten: Seelig gewann mehr Zugang zu Einsteins Geheimnissen als jeder andere Biograph, aber er fühlte sich so sehr als Teil der Familie, daß er die meisten Einzelheiten für sich behielt.

Der geisteskranke Eduard faszinierte Seelig, der Anfang 1952 ein Treffen mit ihm arrangierte. Einstein gab seinen Segen dazu und fügte hinzu, sein Fall sei zwar »relativ milde«, aber es sei doch »eine Einordnung ins Berufsleben ausgeschlossen«. Wie er meinte, müsse es »starke emotionale Hemmungen« geben, deren »Natur wenigstens den Laien unzugänglich ist«. Seelig erzählte, er habe »mit Eduard in einem nahen Restaurant bei der Kirche Fraumünster« gegessen und ihn gesprächsbereit gefunden. »Auch von sich erzählte er«, berichtete Seelig, »von der Zeit, als er Sie in Berlin besuchte und durch das Fernrohr auf der Veranda den Mond sah und fast noch lieber in die gegenüberliegenden Häuser spähte, wie er sagte.« Bald jedoch wurde Seelig klar, daß Eduards Gedächtnis viele Lücken aufwies. Er war besonders erstaunt, daß Eduard überhaupt nichts über seine väterlichen Großeltern sagen konnte. Einstein schrieb das später der »unüberbrückbaren« Feindschaft zwischen Mileva und seiner Mutter zu – sein Vater war ja noch vor Eduards Geburt gestorben – und erklärte, daß es zwischen den beiden Seiten der Familie »keinerlei persönliche Beziehungen« gegeben habe. Trotzdem kam es Seelig so vor, daß die Ignoranz des Sohnes ein Symptom für etwas Umfassenderes sein könne. Während Eduard kettenrauchend und mit Stoppelbart dasaß und »sein armes Hirn zerquälte«, um sich an Einzelheiten aus den frühen Jahren zu erinnern, sagte Seelig ihm, er solle sich nicht mit Ereignissen quälen, an die er sich nicht erinnern könne, weil er zu jung gewesen war. Nein, so die lächelnde Antwort, mit Seeligs Hilfe könne er jetzt seine Familie zum ersten Mal kennenlernen.

Es war in Seeligs Interesse, bei diesem Thema zu bleiben und Einstein zu ermutigen, ihm biographische Information zur Verfügung zu stellen. Aber er faßte auch eine tiefe und echte Zuneigung zu Eduard. »Das Gesicht Ihres Sohnes hat etwas Gequältes und Brütendes, aber auch ein heiteres Lächeln und eine Zutraulichkeit, die rasch bezaubern«, schrieb er Einstein. Sie trafen sich oft, gingen gemeinsam ins Theater und unterhielten sich bei Spaziergängen mit Seeligs Dalmatiner. Nach wenigen Wochen schon bot Seelig an, Eduards Vormund zu werden. Einstein schien bewegt, lehnte das Angebot jedoch höflich ab und erklärte, der Posten sei schon vergeben. Einsteins Reaktion war sehr bedauerlich, denn es war zu dieser Zeit klar, daß Eduard sich aus der Vormundschaft von Dr. Meili lösen wollte, den er anscheinend »als Symbol seiner Situation und seines Zustands haßte«. Seelig wurde sein engster Freund und blieb es auch nach Einsteins Tod.

Seelig berichtete Einstein von Veränderungen im Zustand seines Sohnes, aber alle Briefe mußten zunächst durch die Hände von Dukas gehen. Sie gab 1952 zu, sie sei versucht gewesen, eine besonders ärgerliche Nachricht für sich zu behalten, und habe sie erst nach einer Beratung mit Margot an ihren Arbeitgeber weitergegeben. Selbst dann verzichtete sie ungern darauf, die Nachrichten durch ihre eigenen Kommentare »abzupolstern«. Zwei Jahre später kündigte Dukas an, sie und Nathan hätten beschlossen, alle schlechten Nachrichten über Eduard zurückzuhalten, um Einstein nicht zu belasten. Wahrscheinlich erahnten sie damit die Wünsche ihres Herrn ganz richtig. Einstein schrieb im Januar 1954 an Seelig, um zu erklären, warum er jeden Kontakt mit seinem Sohn abgebrochen hatte: »Sie haben sich wohl schon gewundert, warum ich mit Teddy nicht in Briefwechsel bin. Es liegt da eine Hemmung zu grunde, die völlig zu analysieren ich nicht fähig bin. Es spricht aber mit, dass ich glaube, schmerzliche Gefühle verschiedener Art bei ihm zu wecken, dadurch, daß ich irgendwie in Erscheinung trete.«

Hans Albert feierte 1954 seinen fünfzigsten Geburtstag. Seine Meinungsverschiedenheiten mit seinem Vater blieben ungelöst, und sie trafen sich nur selten. Hans Albert erzählte einem Gesprächpartner, sein berühmter Name führe immer wieder zu Problemen bei der Telefonvermittlung, mit Postangestellten und argwöhnischen Verkehrspolizisten. Menschen schauten ihm ins Auge und sagten: »Unmöglich, Einstein hat keinen Sohn.« Als dieser Gesprächspartner ihn bat, sich mit einer Büste von Einstein vor der Bibliothek der Universität Berkeley fotografieren zu lassen, an der er regelmäßig vorbeikam, sträubte sich Hans Albert. »Wissen Sie, wie es ist, wenn der Vater eine Statue ist?« fragte er. Hans Albert gab dieses Interview erst, nachdem sein Vater seine schriftliche Erlaubnis gegeben hatte (anscheinend hatte er nicht erwartet, sie zu erhalten), und er betonte, wie stolz er auf Einsteins Leistungen war. Aber er gab auch zu, wie unbequem es war, wenn Fremde ihn wie eine Kuriosität anstarrten oder wenn er die verstohlenen Blicke seiner Kollegen bemerkte, wenn sie insgeheim wenig schmeichelhafte Vergleiche über seine Begabung anstellten. »Das kann einen Sohn seine Identität völlig verlieren lassen«, sagte er. Hans Albert bemerkte einmal, er führe ein absolut ruhiges Leben. »Nach der Ausbildung erhielt ich meine erste Anstellung, und seitdem war ich niemals ohne eine Beschäftigung. Ich habe in meinem Leben immer gearbeitet.« Diese ernsthafte Hingabe lobte Einstein in einem Brief anläßlich des halben Jahrhunderts seines Sohnes. Er erinnerte kurz an Hans Alberts Kindheit und an eine Gelegenheit, bei der sein Sohn sein Rasiermesser zum Holzschnitzen genommen hatte, und es nachher wie eine Säge aussah. Er erinnerte sich auch an Hans Alberts kindliche Verballhornung des Wortes »Vorhang« zu Voio-Voio – und wie das Kind dieses Wort auf alles Große, aber Unwesentliche anwandte, ob es nun der Rauch vom Kamin war oder eine gegenstandslose Unterhaltung. Dies sprach Einsteins zynische Ader an, und er zollte seinem Sohn jetzt dafür Beifall, daß er Zurschaustellung und Oberflächlichkeit gemieden habe, um sich der Hydraulik zu widmen.

> Es ist mir eine Freude, einen Sohn zu haben, der die hauptsächliche Seite meines eigenen Wesens geerbt hat. Sich erheben über das blosse Dasein, indem man seine besten Kräfte durch die Jahre hindurch einem unpersönlichen Ziel hingibt. Dies ist ja das beste, ja das einzige Mittel, durch das wir uns von dem persönlichen Schicksal und von den Menschen unabhängig machen können.

Einstein schreibt dann weiter davon, ihnen beiden sei das »unablässige Grübeln und die Abneigung gegen das Viel-Studieren von Literatur« gemeinsam. »Das ist zwar ein Laster, aber für unsereinen ein unvermeidliches.« Sein Brief schließt mit der Aufforderung, so weiterzumachen wie bisher. »Behalte Deinen Humor, sei gut zu Menschen, aber kümmere dich nicht um ihre Worte und Taten. Dein Vater.«

Als Hans Alberts zweite Frau ihre Erinnerungen an ihren Mann aufschrieb, zitierte sie aus diesem Brief, ließ dabei aber alles Unangenehme aus. Sie übersah auch eine Einzelheit, die ihrem Mann wichtig genug war, sie einem BBC-Korrespondenten gegenüber zu erwähnen. Hans Albert sagte, Einstein habe es nie geschafft, an die Geburtstage seiner Söhne zu denken. Er bestätigte, er habe »einen sehr netten Brief« erhalten, als er fünfzig wurde, »aber der allererste Satz habe gelautet: ›Die Ehrlichkeit verlangt es zu gestehen, dass Frieda mich an Deinen 50. Geburtstag erinnert hat.‹«

Einsteins Anerkennung für Hans Albert kam in einer Zeit, in

der seine eigene Arbeit immer mehr den Kontakt zur aktuellen Forschung verlor. Seine Ansichten, besonders sein zäher Widerstand gegen die Quantentheorie, hatten ihn von einem schöpferischen Menschen, der seiner Zeit voraus war, zu einem Einzelgänger auf wissenschaftlichen Nebenschauplätzen gemacht. Einstein sagte zu Leopold Infeld, seine Kollegen hielten ihn mehr für ein historisches Relikt als für einen aktiven Wissenschaftler. Infeld schrieb später: »Es war bedrückend zu sehen, wie weit Einstein von der wesentlichen physikalischen Forschung isoliert und entrückt war. Bei mehreren Gelegenheiten sagte dieser Mann, vermutlich der größte Physiker der Welt, in Princeton zu mir: ›Die Physiker halten mich für einen alten Narren, aber ich bin überzeugt, daß die zukünftige Entwicklung der Physik von der jetzigen Straße abweichen wird.‹«

Die Suche nach einer befriedigenden einheitlichen Feldtheorie ging unvermindert weiter. Wenn Einstein auf der richtigen Spur zu sein schien, erklärte er: »Dies ist so einfach, Gott kann es nicht verpaßt haben.« Alle Bemühungen waren jedoch nach Meinung des Physikers, der später in seinem Haus in Mercer Street leben sollte, Frank Wilczek, im Grunde ein Mißverständnis. »Einstein versuchte, die Probleme seiner Jugend zu lösen, die inzwischen überholt waren«, sagte Wilczek. »Sie waren einfach irrig, und niemand, der die experimentelle Wirklichkeit der Zeit kannte, hätte sich dieses Programm vorgenommen ... Es war niemals auch nur näherungsweise plausibel, daß der Reichtum der Struktur, die wir um uns herum sehen, und die Gesetze der Quantenmechanik lediglich aus der Vereinigung von Gravitation und Elektromagnetismus folgen sollten.« Einstein stellte seine Gedanken zur Vereinheitlichung in einem neuen Anhang zur dritten Auflage seines Buchs ›The Meaning of Relativity‹ (Grundzüge der Relativitätstheorie) 1949 dar. Es wurde zu einem weltweiten Medienereignis – vor allem, weil es mit seinem siebzigsten Geburtstag zusammenfiel. Die ›New York Times‹ druckte eine Seite des Manuskripts unter der Überschrift ›Neue Einstein-Theorie liefert den Schlüssel zum Universum‹.

In England druckte der ›Daily Telegraph‹ die vier Gleichungen ab, die »den Kern der Theorie ausmachen«. Einstein bat Dukas, den Reportern zu sagen, sie sollten in zwanzig Jahren wiederkommen, und murrte Hans Albert gegenüber, die Veröffentlichung sei nicht genehmigt worden und geschmacklos: »Es ist ein Blödsinn, so etwas dem Publikum vorzusetzen, ganz abgesehen davon, dass nur ein ganz kleiner Teil verstehen kann, um was es sich überhaupt handelt.«

Der Trubel war ein Beweis für Einsteins Fähigkeit, die Phantasie der Öffentlichkeit zu fesseln. Am Institute for Advanced Study erinnerte man sich, wie danach dafür gesorgt werden mußte, daß »Einstein vor Heldenverehrern und Spinnern« geschützt wurde, »die auf ihre Weise so einfallsreich waren wie Backfische, die einem Idol aus der Unterhaltungsbranche nachjagen«. Die Öffentlichkeit sah Einstein nicht nur als den größten Mathematiker, sondern als Staatsmann, Philosophen, Orakel und Symbol – und obendrein als Autorität auf so verschiedenen Gebieten wie Kunst, Astrologie und (bei einer Gelegenheit) alte Knochen. Seine Bewunderer versuchten Tag und Nacht, ihn telefonisch zu erreichen. Sie überfluteten ihn mit Post. Und sie besuchten ihn persönlich, indem sie mit Bus, Zug und Flugzeug zum Institut kamen. Wenn sie auch nur die geringste Gelegenheit bekamen, spürten sie wie Bluthunde die Flure des Instituts ab in dem Versuch, sein Arbeitszimmer zu entdecken, das im Erdgeschoß am Ende eines Gangs hinter zwei dünnen unbezeichneten Eichentüren verborgen war.

Einstein hatte nichts getan, um die öffentliche Neugier zu verringern, als er sich auf die Politik einließ, was er niemals öfter tat als nach dem Zweiten Weltkrieg. Er schrieb einen offenen Brief an die Vereinten Nationen, in dem er die Bildung einer Weltregierung forderte, die sich dem Ende aller Kriege widmen sollte und die die Macht hatte, sich in einzelnen Staaten einzumischen, um die Unterdrückung von Minderheiten zu beenden. Einstein sagte oft, dies sei die einzige Möglichkeit, Kernwaffen zu kontrollieren. Er war immer ein Kritiker des Kalten Krieges gewesen, sowohl in Aufsätzen wie in Radiosendungen, und er trat für bessere Beziehungen zur Sowjetunion ein, als dies nur einer Minderheit wünschenswert erschien. Während der McCarthy-Ära, als viele Kritiker ihn als einen Feind Amerikas angriffen, unterstützte er die Art gewaltlosen Ungehorsams, die Gandhi vertrat. Kriegsdienstverweigerer fanden in Einstein einen Verbündeten, genau wie Akademiker, die um Gedankenfreiheit kämpften. Er war auch ein stimmkräftiger Freund und Unterstützer Israels, obwohl er höflich ein Angebot ablehnte, als Nachfolger von Chaim Weizmann der zweite Präsident des Landes zu werden.

In deutlichem Gegensatz dazu hielt sein Haß auf alles Deutsche unvermindert an. Er machte klar, daß er nichts mehr mit seinem Geburtsland zu tun haben wollte, dessen Einwohner er unterschiedslos für das Massaker an den Juden unter Hitler für schuldig befand. Die Intellektuellen hätten sich so schlecht verhalten wie die Massen, sagte er, und er nahm nur wenige seiner engsten Kollegen davon aus. Er war zu der Überzeugung gekommen, die Deutschen seien die grausamste Rasse der Erde; sie hätten die Mentalität von Gangstern und zeigten, so behauptete er, keine Anzeichen von Reue für die Jahre des Massenmords. Er äußerte eine tiefe und ungemilderte Abscheu, die viele störte, die ihn kannten. Aber Einstein war darin unbeirrbar. Als sein Leben sich dem Ende näherte, wandte er dem Land resolut den Rücken zu, das geholfen hatte, ihn zu formen.

Eine andere Brücke zur Vergangenheit zerbrach am 15. März 1955, am Tag nach Einsteins 76. Geburtstag, mit dem Tod von Michele Besso. Sein Kollege am Patentamt, der Vermittler zwischen ihm und Mileva und sein lebenslanger Vertrauter, wäre zwei Monate später zweiundachtzig Jahre alt geworden. Wir erwähnten in unserem ersten Kapitel das bewegende Beileidsschreiben, das Einstein an Bessos Sohn Vero und seine Schwester Bice schrieb, in dem er den Freund um sein Eheglück beneidete. Nach Meinung Einsteins ist »diese Begabung zum harmonischen Leben selten gepaart mit einer so scharfen Intelligenz, wie es bei ihm in so seltener Weise zusammentraf«. Er hatte gegenüber Bice einige Jahre zuvor eine ebenso verräterische Bemerkung gemacht, als sie fragte, warum Besso niemals eigene große Entdeckungen gemacht habe, die den seinen vergleichbar gewesen wäre. Ihr Schwiegersohn hielt seine Antwort in einem Artikel für den ›New Yorker‹ fest. »Aber Frau Bice«, sagte Einstein lachend, »dies ist ein sehr gutes Zeichen. Michele ist ein Humanist, ein Universalgeist, zu interessiert an zu vielen Dingen, als daß er ein Monomane werden könnte. Nur ein Monomane erhält das, was wir gewöhnlich Ergebnisse nennen.«

Einstein erzählte Besso später, er habe gemeint, was er gesagt habe, aber er drängte seinen Freund, sich darüber keine Gedanken zu machen. »Ein Schmetterling ist kein Maulwurf; das soll aber kein Schmetterling bedauern.«

Weniger als einen Monat später, am Dienstag, dem 12. April 1955, machte Einstein seinen letzten Besuch am Institute for Advanced Study. Seine Assistentin Bruria Kaufman fragte ihn, ob alles in Ordnung sei. »Alles ist in Ordnung«, sagte er lächelnd, »nur ich nicht.« Er hatte starke Schmerzen in den Leisten, wie er sie zuvor nicht gekannt hatte, und daheim klagte er am nächsten Tag über Müdigkeit und Appetitlosigkeit. Er legte sich am frühen Nachmittag nieder, aber etwa um 15.30 Uhr hörte ihn Dukas ins Badezimmer laufen, wo er zusammenbrach. Dukas hatte schon zwei Vorwarnungen an Einsteins Hausarzt Dr. Guy Dean geschickt, und bat ihn jetzt, sofort zu kommen. Dukas war während der folgenden Untersuchung, an der auch zwei weitere Ärzte teilnahmen, immer an Einsteins Seite und half Dr. Dean sogar, ein Elektrokardiogramm zu machen. In dieser Nacht, die Einstein mit Hilfe von Morphium verbrachte, schlief sie in seinem Arbeitszimmer. Dukas hatte Sorgen, ihr Schlafzimmer wäre zu weit entfernt, als daß sie helfen könne, wenn es ihm schlechter ginge. Sie bestand – trotz seiner Einwände – darauf, in seiner Nähe zu sein. Sein Körper war jetzt »ganz vertrocknet«, und Dukas fütterte ihn mit Eiswürfeln und gab ihm löffelweise Mineralwasser.

Am nächsten Tag beriet sich eine Gruppe von Ärzten, darunter Dr. Gustav Bucky und ein Chirurg aus New York, der auf Aorta-Operationen spezialisiert war, über seinen Zustand. Vielleicht ließe sich die vom Aneurysma herrührende Blutung chirurgisch stillen. Einstein hörte geduldig zu, aber er protestierte, ein solcher Eingriff sei geschmacklos: »Ich gehe, wann ich will, elegant.« Er fragte, ob der ihm bevorstehende Tod schrecklich sei. Der mitfühlende, aber ehrliche Dr. Dean sagte, das Sterben könne eine Minute dauern oder Wochen, es gebe keine Möglichkeit, das zu wissen. Einsteins Humor hatte ihn nicht verlassen, denn er sagte zu Helene Dukas: »Ich kann ohne die Hilfe von Ärzten sterben.«

Am Morgen des Sonnabends war Einstein quittegelb und

hatte von der inneren Blutung fürchterliche Schmerzen. Er konnte seinen Kopf nicht vom Kissen heben. Trotz seiner Qualen hatte er oft schmerzstillende Injektionen abgelehnt und Dukas getadelt, weil sie sich soviel um ihn kümmerte. Jetzt stimmte er endlich zu, daß man ihn in ein Krankenhaus bringen sollte, nachdem man ihm gesagt hatte, Dukas könne ihn nicht länger pflegen. Bald nach seiner Ankunft im Princeton Hospital rief er sie an und bat sie um seine Brille. Am folgenden Tag ließ er sich den Entwurf zu einer Rede und seine neuesten Berechnungen zur einheitlichen Feldtheorie bringen. Als sich der Tod näherte, zeigte er auf sein Herz und sagte Otto Nathan, er fühle sich in Gedanken dem Erfolg nahe. Er hatte einmal gesagt: »Es würde mir wenig Eindruck machen, wenn ich wüßte, daß ich in drei Stunden sterben müßte. Ich würde mir überlegen, wie ich die Stunden am besten nutzen könnte, dann ruhig meine Papiere ordnen und mich friedlich hinlegen.«

Hans Albert war erst am Freitagnachmittag durch einen Anruf von Margot benachrichtigt worden – über achtundvierzig Stunden nach dem Zusammenbruch seines Vaters. Er nahm das nächste Flugzeug und kam am Sonnabendvormittag an. Einstein schien erfreut zu sein, seinen Sohn zu sehen, und habe sich mit ihm am Sonntagnachmittag »wissenschaftlich unterhalten, dann später mit ihm und Nathan politisiert, wobei Einstein sich über die Gefahr verbreitete, die es mit sich brächte, wenn Deutschland wieder eine Militärmacht werden dürfe.« Hans Albert dachte, er würde seinen Vater überredet haben können, in eine New Yorker Spezialklinik zu gehen, wenn er nur etwas mehr Gelegenheit dazu erhalten hätte. Aber die Zeit war verstrichen. In den frühen Morgenstunden des nächsten Tages bemerkte Einsteins Krankenschwester, Alberta Rozsel, daß er Schwierigkeiten mit dem Atmen hatte. Eine andere Schwester kam zu Hilfe; sie ging wieder, und Rozsel hörte Einstein etwas auf Deutsch murmeln, das sie nicht verstehen konnte. Das waren seine letzten Worte. Kurz danach, um 1.15 Uhr, machte er zwei tiefe Atemzüge und starb.

Die Nachricht wurde um 8 Uhr morgens bekanntgegeben. Eine aus Anlaß seines Todes veröffentlichte Karikatur fing die Reaktion der Welt ein: Als einer unter den Planeten dreht sich die Erde am Himmel; ihre eine Hälfte ist durch ein großes Plakat bedeckt, auf dem steht: »Hier lebte Albert Einstein«. Als jedoch die ersten Würdigungen erschienen, waren Einsteins sterbliche Überreste bereits in aller Hast beseitigt. Die Leiche wurde um 14 Uhr zu einem Beerdigungsinstitut in Princeton und schon neunzig Minuten später zum Ewing Crematorium in Trenton gebracht, wo zwölf von denen, die Einstein am nächsten standen – darunter Nathan, Dukas und Hans Albert –, eine äußerst kurze Feier abhielten. Nathan las einige Verse aus Goethes Nachruf für Schiller, und dann wurde der Körper sofort verbrannt. Einsteins Asche wurde an einem Ort verstreut, der nie bekanntgegeben wurde, damit er nicht später Ziel von Pilgern würde; man nimmt an, es sei ein naher Fluß gewesen.

Das war jedoch noch nicht der endgültige Schluß. Früher an diesem Morgen hatte Dr. Thomas Harvey eine Autopsie vorgenommen und dabei Einsteins Gehirn entfernt und zur Untersuchung konserviert. Diese makabre Geschichte ist es wert, erzählt zu werden. Wenige Monate vor seinem Tod hatte Einstein an Seelig geschrieben, ihm sei der Gedanke, durch Hergabe seiner Überreste zur medizinischen Kenntnis beizutragen, an sich sympathisch. Aber er fügte hinzu, er habe keine ausdrücklichen Anweisungen dafür hinterlassen, weil er fürchtete, das würde »eine Art Theatereffekt abgeben«. Die Entfernung des Gehirns geschah ausschließlich auf Initiative des Arztes. Dr. Harvey kannte die Einstellung der Familie dazu nicht: »Ich wußte einfach, daß wir die Erlaubnis hatten, eine Autopsie durchzuführen, und ich nahm an, daß wir das Gehirn untersuchen würden.« Einsteins Familie erfuhr davon erst am nächsten Tag durch einen Bericht in der ›New York Times‹, nachdem einer von Harveys Kollegen mit einem Journalisten gesprochen hatte.

Die Familie litt, denke ich, unermeßlich, als Thomas Harvey Einsteins Gehirn bei der Autopsie an sich riß und nicht einmal sagte, daß er das tun werde, bemerkte ein Arzt, der seitdem Untersuchungen an dem Gewebe durchgeführt hat. »Es war ein offensichtlicher und sehr guter Gedanke, aber es ist erstaunlich, daß er das ohne einen einzigen Anruf tat, bei dem er sagte: ›Also, ich habe hier die Leiche Ihres Großvaters. Meinen Sie nicht auch, wir sollten das Gehirn herausnehmen?‹ Es einfach tun und nachher darüber nachdenken ist wirklich abstoßend.« Selbst

Otto Nathan, der bei der Sektion von Einsteins Körper zugegen war, hatte sich nicht klargemacht, was ablief, nahm aber Kontakt mit Harvey auf und gab nachträglich seine Genehmigung. Der Arzt nahm an, Nathan handele im Auftrag von Hans Albert, aber er hatte keinen direkten Kontakt mit Einsteins Sohn.

Bevor Dr. Harvey Einsteins Gehirn entfernte, hatte er durch die Arterien das Konservierungsmittel Formalin hineingepumpt. Teile des Organs sind heute noch erhalten; einige sind in Formalin aufbewahrt, der größte Teil aber wurde in dünne Scheiben geschnitten und in Celoidin, ein haltbares, aber durchsichtiges Material eingebettet, das mikroskopische Untersuchungen zuläßt. Die folgende Analyse hat faszinierende Ergebnisse gebracht. Dr. Marian Diamond, Professorin für Integrierte Biologie in Berkeley, berichtete in der Zeitschrift ›Experimental Neurology‹, daß Einsteins Gehirn sich wesentlich von der Norm unterschied. Frühere Forschungen hatten ergeben, daß das Gehirn von Ratten, die in einer sehr anregenden Umwelt aufwachsen – mit vielen Spielgefährten und vielen Leitern, Schaukeln und Tunneln, die sie erkunden können –, im Vergleich zum Gehirn »normaler« Ratten deutliche Veränderungen aufweisen. Insbesondere hatten sie mehr von den Gliazellen, die Informationen verarbeiten und weitergeben. Ähnliche Untersuchungen sind auch mit Katzen und Affen durchgeführt worden; die Anzahl der Gliazellen scheint ein wesentlicher Indikator dafür zu sein, daß ein entwickelteres Gehirn größere, stärker verknüpfte Nervenzellen hat. Dr. Diamond sagte, sie habe entdeckt, daß Einsteins Gehirn – im Vergleich mit einer Datenbasis von elf »normalen« Männerhirnen – mehr Gliazellen pro Neuron hätte. Ob er so geboren wurde oder ob er von den Anreizen in seiner Umwelt profitierte, läßt sich unmöglich sagen.

Das Feld der Molekularbiologie, das sich seit Einsteins Tod entwickelt hat, ermöglicht es, die Reste seines Gehirns der genetischen Analyse zu unterwerfen. Jede Zelle seines Hirngewebes enthält wie jede andere Körperzelle Einsteins gesamte genetische Ausstattung. So hat zum Beispiel Dr. Charles Boyd, ein Molekularbiologe an der Universität von New Jersey, einen Teil von Einsteins Gehirn als eine Quelle für DNA verwendet, um zu erkunden, ob Einsteins tödliches Aneurysma durch eine Mutation in einem der Gene verursacht worden war, die für die Bildung der Blutgefäße verantwortlich sind. Er sagte, die Existenz des Gehirns »biete eine einzigartige Gelegenheit, die Erblichkeit von Aneurysmen in der Familie Einstein zu untersuchen.«

Wenn Einstein heute noch lebte, würde ihn vielleicht der Gedanke trösten, daß mit Hilfe seiner Erbmasse überprüft werden könnte, ob, wovon er überzeugt war, erworbene Eigenschaften von einer Generation zur anderen weitergegeben werden. Seine Gene könnten auch geklont werden, so daß sie fortwährend zerschnitten und analysiert werden könnten. Forscher könnten stark versucht sein, diesen Bauplan auf der Suche nach genetischen Faktoren zu verwenden, die die Intelligenz beeinflussen. Eine Gesellschaft in Kalifornien hat sogar Interesse an dem Handel mit Andenken geäußert, die Einsteins DNA enthalten, das durch Verfahren der Genvermehrung zu einem sichtbaren weißen Klecks vermehrt und mit einem Foto zusammen verkauft wird. Die Konservierung von Einsteins Gehirn hat sichergestellt, daß ein genetisches Denkmal an den Mann bestehen bleibt, der niemals ein Denkmal gesetzt haben wollte.

Dies ist genau die Art von makabrem posthumem Interesse an Einstein, das Nathan befürchtet hatte. »Ich habe das Gefühl, daß je weniger über seine Krankheit und die Entwicklungen, die zum Tode führten, veröffentlicht wird, um so besser. Ich kann nicht sehen, warum die Öffentlichkeit ein Interesse an jenen Einzelheiten haben sollte oder warum wir dieses Interesse befriedigen sollten, wenn es besteht.« Dies schreckte Janos Plesch, Einsteins Arzt und Freund aus den Berliner Tagen, nicht ab, der zu den letzten gehörte, die Einstein im Krankenhaus besuchten. Sobald er im Radio von Einsteins Tod hörte, setzte er sich nieder, um einen Brief an seinen Sohn Peter zu schreiben. Dieser vom 18. April 1955 datierte lange Brief enthält die außergewöhnliche Vermutung, Einstein sei an Syphilis gestorben. (»Warum soll solch ein gesunder und schöner Mensch nicht einmal Pech gehabt haben und in seinem jugendlichen Draufgängertum eine Lues akquiriert haben?«) Plesch behauptete, Einsteins Symptome seien völlig in Übereinstimmung mit der Krankheit und brüstete sich damit, daß er sich in all den Jahren seiner medizinischen Praxis niemals geirrt habe, wenn er ein abdominales Aneurysma auf diese Ursache zurückführte.

Es scheint, daß dieselben Gedanken auch Seelig beschäftigten, denn die Frage nach der Ursache des Aneurysma war ein Punkt, auf den er Nathan hindrängte. Der erwiderte, die Ärzte seien »zu keinen bestimmten Schlüssen« gekommen, ermahnte ihn aber, sie nicht zu belästigen und meinte, es könne auch Arteriosklerose oder »ein Unfall gewesen sein, den Einstein vor vielen Jahren hatte.« Man ist versucht, sich zu fragen, ob die Möglichkeit einer Syphilis auch Nathan beschäftigt hatte. Dr. Harvey hat festgestellt, daß medizinisch gesehen Plesch »gerechtfertigt war, wenn er in dieser Weise dachte«. Harvey hatte jedoch keine Blutproben auf diese Krankheit hin untersucht und sah keine weiteren anatomischen Hinweise darauf. »Es ist bekannt, daß tertiäre Syphilis zu Aneurysmen führen kann, aber nicht sehr oft an diesem Ort«, sagte er. »Einsteins rührte nicht daher.« An Pleschs Behauptung ist nicht so sehr interessant, ob sie zutrifft oder nicht, sondern daß sie überhaupt aufgestellt wurde. Dukas nannte Plesch einen »genialischen Kerl«, einen »sogenannten Pseudologen«, der dramatisierte und »nach Noten ausschmückte«, bei dem man alles, was er sage, mit »pfundweis Salz« nehmen müsse, aber er hatte Einstein gut gekannt, und seine Schriften zeigen eine psychologische Einsicht, die oft zutraf, selbst wenn seine Fakten mangelhaft waren. Seine Bemerkungen geben weitere skurrile, aber faszinierende Hinweise auf Einsteins Ruf als Frauenheld.

Das Testament Einsteins hatte Dukas und Nathan gemeinsam zu den Hütern seines Namens bestellt, indem es ihnen die Kontrolle über seinen gesamten literarischen Nachlaß gab. Alle Rechte sollten schließlich der Hebräischen Universität von Jerusalem zukommen, aber bis dahin sollte nichts von seinen persönlichen Papieren ohne ihre Zustimmung veröffentlicht werden. Es fällt schwer, sich zwei Menschen vorzustellen, die weniger geneigt gewesen wären, Einsteins Geheimnisse preiszugeben. Beiden war daran gelegen, sein Bild in der Öffentlichkeit zu bewahren, und sie hatten keinerlei Wunsch, den Feinden, die er sich mit seinen politischen Kampagnen gemacht hatte, Munition zu liefern. Dukas erzählte Carl Seelig 1953, ihr selbst seien »persönliche Bekenntnisse« niemals angenehm gewesen. »Ich kann über mein Privatleben kaum zu meinen Freunden reden.« Und dann fügte sie hinzu: »Gut, dass ich nicht katholisch geboren bin – und für die Psychoanalyse scheine ich auch verdorben zu sein.«

Aber es gab eine Wendung in ihrer Einstellung, die das öffentliche Bild von Einstein in den kommenden Jahren formen sollte. Dukas und Nathan hatten Einstein beide während seiner zweiten Ehe kennengelernt und sahen in Elsa und ihren Töchtern seine wahre Familie. Ihr Mitgefühl für Mileva und ihre Söhne hielt sich allenfalls in sehr engen Grenzen. Ein Einsteinforscher meinte, Dukas und Nathan seien nicht nur daran interessiert gewesen, den großen Gott Einstein zu schützen: Sie haßten auch alles, was mit der ersten Familie zu tun hatte. Sie betrachteten sich selbst als Teil der zweiten Familie.

In den dunklen Stunden unmittelbar nach Einsteins Tod gab es nur Einigkeit. Hans Albert war mit Dukas in der Mercer Street, als Dr. Dean die Nachricht telefonisch übermittelte. Sie brach kurz zusammen, aber dann saß Hans Albert neben ihr und sie sprachen, bis der Morgen graute. Sie schrieb, sie hätte ohne seine Unterstützung nicht gewußt, wie sie die Nacht überleben sollte. Es war, als ob ihr Vater zu ihr gesprochen hätte, sagte Dukas. In den folgenden Wochen verteilte sie einen Teil der persönlichen Habe, die Einstein ihr hinterlassen hatte, an die Familie. Pfeifen, Uhren, einen ledernen Tabakbeutel, einen Ledergürtel, einen Druckbleistift und Federhalter – alle wurden mit steifer Gründlichkeit ausgehändigt. Dukas traf sogar Vorrichtungen, Eduard ein Bündel mit der Kleidung seines toten Vaters zu schikken, von Pullovern bis zur Unterwäsche und den kurzärmeligen Sporthemden, die Einstein lieber trug als normale Oberhemden. Obwohl Eduard »ziemlich dick« war, hoffte sie, daß ihm einige Anzüge aus der Zeit passen würden, in der Einstein noch »ganz hübsch breit« gewesen war.

Dukas bemerkte mit Wohlwollen, daß Hans Albert bei seiner Wahl dieser Güter »sehr bescheiden« war und nur um einige von Einsteins wissenschaftlichen Büchern bat. Die entwürdigende Lage, in die er versetzt worden war, scheint ihr gar nicht aufgefallen zu sein: Wenige Söhne würden gern die Sekretärin ihres Vaters um das Recht auf ein posthumes Andenken bitten – wenn sie zudem wissen, daß diese Sekretärin den Löwenanteil des Geldes erhalten hat und ihr die Kontrolle über jedes Wort zustand, das ihr Vater, selbst an sie, je geschrieben hatte. Die Demütigung für Hans Albert wurde nicht durch die Tatsache geschmälert, daß Nathan – der andere Erbe der Veröffentlichungsrechte – auch der einzige Vollstrecker des Testaments war, das ihn so weitgehend ausließ.

Hans Albert behielt seine Kränkung für sich, seine Frau machte aus ihrer Wut jedoch keinen Hehl. Nach einer gespannten Begegnung mit Frieda erklärte Dukas, sie habe »so etwas von offener Habgier und Mißgunst vereint in einer Person« noch nie gesehen. »Es wäre lustig, wenn es nicht so traurig und erschütternd wäre.« Es lag neben Entrüstung eine gewisse Nervosität in Dukas' Worten, da sie wußte, daß Frieda plante, ihr auf höchst sensationelle Art zu trotzen. Frieda hatte Milevas Versteck mit Briefen von Einstein gefunden, als sie 1948 die Wohnung in der Huttenstraße aufgelöst hatte. Die Briefe waren seitdem in ihrem Besitz und hatten in ihr den Ehrgeiz geweckt, die unbekannte Geschichte vom Privatleben ihres Schwiegervaters zu schreiben, ein Unterfangen, das helfen sollte, die Krankenhausrechnungen für Eduard zu begleichen. »Meine Mutter entschloß sich, die menschliche Seite Einsteins aufzuzeigen«, erinnerte sich Friedas Tochter Evelyn.

Dukas und Nathan wußten, daß es die Briefe gab, aber sie konnten weder genau wissen, was sie enthielten, noch wie Frieda sie verwenden würde. Ihr Argwohn war groß genug, um für sie zu einem richtigen Problem zu werden, und sie wußten auch, daß Frieda versuchte, der biographischen Skizze Einsteins durch seine Schwester habhaft zu werden. Nathan versuchte, Hans Albert 1955 Information zu entlocken, als sie zufällig auf dem Weg nach Princeton im selben Zug fuhren. Er hatte keinen Erfolg. Auch Freunde und Bekannte wie Seelig wurden gedrängt, weiterzugeben, was sie hörten, aber erst Anfang 1957 ging Nathan zum Handeln über – er bat Hans Albert, ihm Kopien der Briefe für das entstehende Einsteinarchiv zu geben. Dukas behauptete, die Bitte sei »sehr diplomatisch« formuliert gewesen, aber sie wurde abgelehnt. Frieda reichte vielmehr ihr jetzt vollständiges Manuskript beim Origo Verlag in Zürich ein. Es bestand aus Auszügen aus Einsteins Briefen an Mileva, Hans Albert und Eduard und einer Einführung, in der Frieda ihre eigene Schilderung gab. Darin machte sie klar, daß ihrer Meinung nach Mileva die eine wirkliche Liebe Einsteins war.

Dukas und Nathan waren entsetzt und davon überzeugt, das Buch ziele schlichtweg darauf ab, auf Kosten von Einsteins Ruf Geld einzubringen. Sie gingen, unterstützt von Margot, 1958 in der Schweiz vor Gericht, um sein Erscheinen zu verhindern. Die treue Dukas schrieb, Einstein wäre entsetzt gewesen, hätte er gewußt, daß Privatbriefe an seine Familie – »vor allem an Mileva« – veröffentlicht würden. Ihr Zorn nahm weiter zu, nachdem Eduards Vormund, Dr. Meili, in die Affäre verstrickt wurde. Er behauptete, die Interessen seines Mündels seien gefährdet, und überschüttete Nathan mit aggressiven Briefen. Dukas hatte sich beschwert, daß Meili sich »außerordentlich provokativ, um nicht zu sagen pöbelhaft gegen den armen Otto benommen« hätte, den sie als »die Honorigkeit und Selbstlosigkeit in Person« beschrieb. Es verstimmte Dukas wirklich, daß ein solch häßlicher Streit öffentlich mit Einsteins Namen verknüpft werden könnte. »Die andere Seite ist nicht so feinfühlend – Sie würden staunen! – und benutzt es als Waffe!« schrieb sie Seelig.

Wenn Dukas je Zuneigung für Hans Albert gefühlt hatte, dann war das jetzt vorbei, da er auf Seiten seiner Frau stand und entschlossen war, das Buch gedruckt zu sehen. Dukas erzählte Seelig, sie habe einige von Hans Alberts alten Briefen gelesen: »Er kann furchtbar grob, um nicht zu sagen roh, sein und absolut kalt ... Teddy war ganz anders – feinfühlig und gütig. Zu schade!« Dukas' Sympathie hatte sich jetzt ganz dem hilflosen und für sie nicht bedrohlichem Eduard zugewandt. Es war eine Verschiebung, die sich schon drei Jahre zuvor, bald nach Einsteins Tod, angebahnt hatte, als sie bemerkte, wie stark Eduards Gesicht sie jetzt an seinen Vater erinnerte. In der Vergangenheit, sagte sie, habe Eduard sie immer mehr an die Mutter erinnert. Der Makel dieser Ähnlichkeit ging jetzt auf Hans Albert über, als Dukas ihm vorwarf, er sei gegenüber Nathan nicht offen gewesen. »Was fast noch schlimmer ist als die Habgier und feindselige Einstellung (unprovoziert), ist die Unaufrichtigkeit – genau wie bei Mileva«, schrieb sie im Juni 1958 an Seelig. Dann wieder, einige Monate später: »Er ist der Sohn seiner Mutter – viel mehr als Teddy – ... da sieht man das ganz deutlich.«

Zur ungeheuren Erleichterung von Dukas und Nathan entschieden die Schweizer Gerichte zu ihren Gunsten. Die Rechtsanwälte, die Frieda und Hans Albert vertraten, behaupteten, das Manuskript enthielte Familieninformation, die ihr eigenes Leben beträfen, und die könnten sie veröffentlichen, wenn sie es wollten. Aber diese Ansprüche wurden verworfen, weil die Briefe ein literarisches Werk seien, das zum Nachlaß von Albert Einstein gehöre. So kamen sie unter die Kontrolle nicht der Familie, sondern der beiden Nachlaßverwalter. Ohne deren Erlaubnis war es Hans Albert verboten, Briefe, die ihm sein Vater geschrieben hatte, zu veröffentlichen.

Frieda Einstein-Knecht lebte nicht lange genug, um gegen das Urteil Berufung einzulegen. Sie starb im Oktober 1958 in Berkeley, nachdem sie während eines Konzerts, in das sie gemeinsam mit Hans Albert gegangen war, zusammengebrochen war. Die Briefe, die sie so gern veröffentlicht hätte, lagen bis nach dem Tode von Hans Albert in seinem Haus in Berkeley.

Hans Albert überwand niemals den Schmerz über den Verlust von Frieda, aber er konnte auch nicht alleine leben. Er heiratete im Juni 1959 ein zweites Mal. Elizabeth Roboz, eine ungarische Jüdin, war 1940 nach Amerika emigriert. Sie war eine Neurochemikerin und hatte Hans Albert und Frieda kennengelernt, während sie am Caltech in Pasadena arbeitete.

Elizabeth hat ihre eigene Darstellung der Ehe gegeben, die betont, daß sie sich – obwohl sie einander sehr gern hatten – beide ihren jeweiligen Disziplinen widmeten. Sie schreibt, sie habe Hans Albert einmal, als er mit Kollegen über Hydraulik sprach, gesagt, sie könne ihre Unterhaltung nicht verstehen. Hans Albert erinnerte sich scherzend an die Bemerkung seines Vaters, er sei froh, daß Elsa nichts von Physik verstand. Elizabeth gab zu, sie hätte versprochen, etwas über die Grundlagen der Hydraulik zu lesen, um sicherzustellen, daß sie den Präzedenzfall widerlegen konnte, aber sie kam niemals dazu. »Wir haben niemals über diese Probleme gesprochen und weiter in Frieden und Harmonie gelebt.«

Das Leiden Eduards dauerte an. Er wurde im Sommer 1960

fünfzig Jahre alt und hatte eine traurige kleine Feier mit Seelig, wobei er darauf bestand, seinem Bruder in Amerika eine Ansichtskarte zu schreiben. Seelig war erschüttert über Eduards schlechten Gesundheitszustand:

Er mochte nicht einmal richtig Süsses essen, was bei ihm noch nie vorkam. Alle paar Meter mußte er stehen bleiben und während dem Essen perlte ihm kalter Schweiß auf der Stirne, so daß er hinaus mußte. Dabei rauchte er andauernd eine Zigarette nach der anderen. Ich vermute, es sind die Anzeichen einer Angina pectoris, bedingt durch das Rauchen, die Fettleibigkeit, das Phlegma, die Stimmen, die er gelegentlich hört usw. Er lächelte mir oft so lieb und traurig zu, dass es mir ins Herz schnitt.

Nach dem gemeinsamen Essen brachte Seelig Eduard ins Burghölzli zurück. Er war jetzt als Patient wieder dort und hatte immer weniger Kontakt mit der Außenwelt. Hans Alberts Tochter Evelyn war in ein Schweizer Pensionat geschickt worden und war eine der wenigen Besucher ihres Onkels. »Ich fühlte mich ziemlich verlassen und ausgeschlossen in dieser Schweizer Schule«, sagte sie. »Ich dachte – er ist verstoßen worden, ich bin verstoßen worden, vielleicht sollten wir zusammenkommen.« Evelyn fand Eduard ganz hospitalisiert, in schäbiger Kleidung und mit Fingern, die gelb waren vom Tabak. Er kam ihr hilflos und fügsam, »dickbäuchig und schwerfällig in all seinen Bewegungen« vor. Bei all ihren Gesprächen erwähnte er seine Eltern nie. Vielmehr bedrängte er seine junge Besucherin mit Fragen, die von einem Mann zu stammen schienen, der von der Wirklichkeit weit entfernt war – als ob er sein Leben lang in die Klinik eingeschlossen gewesen sei und kein anderes Leben gekannt hatte.

Er fragte mich nach Autos und ob man sich entschlossen hätte, den Verbrennungsmotor zu nehmen oder die Elektroautos weiterentwickelte. Sein Geist schwirrte herum ... er war wie ein Schwamm, der ein wenig der Außenwelt ausgesetzt wurde und versuchte, soviel Information von mir aufzusaugen, wie er konnte. Man erlaubte mir, mit ihm in die Stadt zu gehen. Seine Augen waren groß wie Untertassen, und er war wie ein kleines Kind. Dies alles schien für ihn neu zu sein, und das wiederum störte mich.

Ein anderer Besucher war Pfarrer Hans Freimüller, der Eduard in der Krankenabteilung der Heilanstalt antraf. Er stand vor einem Stapel von Blumentöpfen, die er einen nach dem anderen unter fließendem Wasser wusch, um sie von dem Lehm zu reinigen. »Das ist jetzt meine Arbeit«, sagte er entschuldigend. Sie unterhielten sich etwas, aber Eduard schien zerstreut und schmerzlich introvertiert. Der Pfarrer fragte jemanden vom Personal, ob Eduard noch Klavier spiele, weil er sich daran erinnerte, welch unschätzbare Therapie die Musik für Eduard gewesen war, als er 1950 bei der Familie Freimüller gelebt hatte. »Das ist unmöglich, bei so vielen Patienten«, war die Antwort, »sonst würden alle spielen wollen.«

Dieselbe traurige Stimmung wurde später in einem Artikel unter der Überschrift »In Zürich vergessen« in der ›Neuen Zürcher Zeitung‹ geschildert. Der anonyme Verfasser beschrieb einen Besuch bei Eduard, der im blauen Overall und in Holzschuhen im Park der Klinik arbeitete. Ein Schnurrbart verlieh seinem blassen Gesicht eine verblüffende Ähnlichkeit mit seinem Vater und ließ seine »großen, tiefen, leuchtenden Kinderaugen« noch eindrucksvoller erscheinen. Er sprach davon, wie schwer es sei, nicht Klavier spielen zu dürfen (das Personal hatte ihm gesagt, es störe andere Patienten) und er war unglücklich, daß er kein eigenes Schlafzimmer mehr hatte. Aber er schien sich mit seinem Los abgefunden zu haben und, so die Zeitung, »suchte die zu verteidigen, die ihn verlassen hatten.« Während des ganzen Gesprächs schaute er auf den Boden, in dem er mit den Füßen herumstocherte. Seine Sätze überstürzten sich und schweiften in komplizierter Weise ab, aber seine Wortwahl verriet noch seine Bildung und Intelligenz. In den Augen des Verfassers dieses Artikels war Eduard ein Mann, der durch sein eigenes gutes Wesen ruiniert worden war, »der, leider, seine Nächsten mehr liebte als sich selbst und daran zerbrach«.

Eduard erlitt 1964 einen Schlaganfall; danach besuchten ihn Hans Albert und seine zweite Frau. Sie unterhielten sich mit ihm, während sie seinen Rollstuhl durch den Garten der Anstalt schoben. Als sie zum Auto zurückgingen, sagte Hans Albert mit einer Mischung aus Sorge und Zorn: »Welch erbärmliches Leben Eduard gehabt hat.« Der Tod kam in der Nacht des 25. Oktober

1965. Die Ankündigung in der Lokalpresse nannte ihn »Sohn des vestorbenen Prof. Albert Einstein«. Mileva wurde nicht erwähnt.

Hans Albert überlebte seinen Bruder um fast acht Jahre. Er hielt auch nach seiner Emeritierung 1971 weiterhin in aller Welt Vorlesungen und erhielt mehrere Ehrungen für seine Arbeit in der Hydraulik und der Flußregulierung. Sein Fachwissen hat die Regulierung des Mississippi, des Missouri, des Rio Grande und von Flüssen in Thailand und Indien mitgestaltet. Obwohl er es vermied, Bücher zu schreiben, weil er behauptete, seine Gedanken seien zu kurzlebig, gehörten seine Facharbeiten zu den am häufigsten zitierten ihres Gebiets. Seine langen Arbeitsjahre hatten ihm Ansehen und Prestige gebracht, selbst einen gewissen Frieden. Und wenn all seine Arbeit getan war, fuhr Hans Albert an Sonntagnachmittagen in seinem alten Oldsmobile zum Jachthafen von Berkeley hinaus, das Autoradio immer auf einen Sender mit klassischer Musik eingestellt, um mit seiner sieben Meter langen hölzernen Schaluppe aufs Meer zu fahren. Die Liebe zum Segeln, die er von seinem Vater geerbt hatte und die ihren Anfang in seiner Jugend hatte, als sie auf dem Zürichsee gesegelt hatten, blieb ihm bis zum Ende. Es war, sagte er, »die beste Art, der Natur nahe zu kommen.«

Hans Albert freute sich darauf, am Nachmittag zur Insel von Martha's Vineyard zu segeln, als er im Sommer 1973 in Woods Hole, Massachusetts einen tödlichen Schlaganfall erlitt. Er wurde auf einem kleinen Friedhof oberhalb des Meeres in Vineyard Sound beerdigt. Auf seinem marmornen Grabstein stehen die Worte: »Er widmete sein Leben seinen Studenten, seiner Forschung, der Natur und der Musik«. Mit einem Gefühl, das ihrem Schwiegervater gefallen hätte, schrieb seine Witwe: »Ich fand keine andere Ausflucht vor dem Schmerz, meinen Mann verloren zu haben, keinen anderen Weg, meinen Schmerz zu bewältigen, als mich in Arbeit zu vertiefen.«

12

HÜTER DER FLAMME

Weit über ein Vierteljahrhundert nach Einsteins Tod lebte sein Geist in seinem Haus in der Mercer Street weiter. Eine seiner letzten Anweisungen auf seinem Totenbett war gewesen: »Laßt das Haus kein Museum werden.« Statt dessen überlebte es als ganz privates Denkmal, in dem Helene Dukas und Margot bis ins hohe Alter lebten, und in dem der ebenfalls langlebige Otto Nathan sie regelmäßig besuchte. Einsteins spartanische Räume im ersten Stock wurden weitgehend so gelassen, wie sie zu seinen Lebzeiten waren – mit Fotografien seiner Mutter und Schwester an den Wänden und seinen Büchern und Schallplatten auf den Regalen. Es waren lediglich einige Zimmerpflanzen dazugekommen, und ein Portrait von Newton war durch abstrakte moderne Kunst ersetzt worden. Besucher dieses Heiligtums wurden nach Möglichkeit abgewehrt. Alle Bemühungen von Dukas und Nathan gingen dahin, sicherzustellen, daß Einstein vom Geheimnis umgeben und sein Ruf unangetastet blieb.

Biographen und Forscher, die versuchten, Einsteins Leben zu erforschen oder seine Schriften zu nutzen, fanden ihre Bemühungen ständig vereitelt. Entscheidende Informationsquellen wurden entweder vorenthalten oder zensiert. Ein Beispiel sind die Briefe von Michele Besso, die von Professor Pierre Speziali, einem Schweizer Wissenschaftshistoriker, aufgespürt wurden. Er hatte Besso kennengelernt, als er sich nach dem Zweiten Weltkrieg um die Mathematikbücherei der Universität Genf kümmerte. Ganz gleich, wie das Wetter war, kam damals jeden Tag ein kleiner weißhaariger Mann herein und stöberte versunken in den Büchern. Man kam ins Gespräch, und Speziali erfuhr etwas von der langjährigen Beziehung zwischen Besso und Einstein. Nach Bessos Tod nahm Speziali Verbindung mit seinem Sohn auf, und 1962 entdeckten sie in einem Kellerraum ein von Ratten benagtes Konvolut von Briefen. Sie konnten sie durch weitere Nachforschungen ergänzen, bis 1968 weit über zweihundert Briefe zwischen Besso und Einstein gefunden worden waren. Professor Speziali erhielt von den Nachlaßverwaltern die Genehmigung, diese aufschlußreiche Korrespondenz zu veröffentlichen, aber sie erschien erst 1972.

Nathan hatte die Auslassung der persönlicheren Mitteilungen aus der Zeit der Scheidung verlangt, um das ganze Ausmaß von Einsteins Feindseligkeit gegenüber Mileva zu verbergen. Nathan stellte auch sicher, daß die Briefe nicht auf Englisch erschienen, indem er vorgeschlagene Übersetzungen mit dem Hinweis ablehnte, sie seien unangemessen. Diese Briefe wurden nur auf Deutsch und Französisch veröffentlicht, was sicherstellte, daß ihr Inhalt in dem Land nicht sehr viel Eindruck machen konnte, in dem Einstein die letzten zwei Jahrzehnte seines Lebens verbrachte.

Nathan sollte noch bereuen, daß er Speziali so viel veröffentlichen ließ – besonders den aufschlußreichsten aller Briefe, in dem Einstein eingestand, er habe in seinen beiden Ehen »ziemlich erbärmlich versagt«. Nathan behauptete 1982, er habe die Erlaubnis zur Veröffentlichung dieses Briefes gegeben, als er sich der Abneigung Einsteins gegen die Veröffentlichung persönlicher Papiere noch nicht voll bewußt gewesen sei. Ihm wurde, so sagte er, Einsteins Abneigung dagegen erst später klar, als er einen Brief fand, in dem Einstein sich weigerte, seinem frühen Biographen Frank seine Tagebücher zu zeigen. Wenn dies zutreffen sollte, müßte Nathan alle Hinweise seiner Augen und Ohren während der gesamten Zeit, die er in der unmittelbaren Nähe zu Einstein verbrachte, ignoriert haben. Man zweifelt auch, ob Hans Albert und Frieda Nathan 1958 solche Naivität zuerkannt hätten. Man kann nur vermuten, daß er entsetzt war, weil er die Bedeutung des Materials nicht erkannt hatte, sich aber nicht dazu bringen konnte, seinen Fehler zuzugeben.

Wie empfindlich Nathan war, wurde in seiner Reaktion auf die Einsteinbiographie von Ronald Clark klar, die zuerst 1971 in den USA veröffentlicht wurde. Clark wies nur flüchtig auf die Besso-Briefe hin, aber es war Nathan doch klar, daß er sie gesehen hatte, auch die zensierten Abschnitte. Nathan folgerte schnell, die Quelle müsse Dr. Jagdish Mehra von der Universität von Texas in Austin gewesen sein, der Fotokopien der gesamten Sammlung erhalten hatte. Mehra erhielt selbst eine ganze Reihe von Briefen und zornigen Telefonanrufen von Nathan, der forderte, er solle das gesamte Material den Nachlaßverwaltern aushändigen. »Er war mir sehr böse, weil ich es Clark gezeigt hatte«, erinnerte sich Mehra. »Ich sagte ihm, er solle sich zum Teufel scheren. Er wollte die ganze Geschichte von Einsteins Beziehung zu Mileva einfach verschweigen. Er wollte nicht, daß der Scheidung oder Einsteins unglücklicher Beziehung zu seinen beiden Frauen irgendwelche Beachtung geschenkt wurde.« Selbst heute noch ist Mehra verbittert über die Behandlung, die Nathan ihm und allen anderen zuteil werden ließ, die mit der schwierigen Aufgabe der Veröffentlichung der Einsteinbriefe zu tun hatten, so etwa Max Born.

Clark war von Hans Albert gewarnt worden, er würde Schwierigkeiten mit Nathan und Dukas bekommen, und er bekam sie. Dukas hatte Clark nicht nur vor der besten Darstellung von Hans Alberts Version der Geschichte gewarnt – der Biographie von Michelson, auf die wir uns oft bezogen haben —, sondern sie machte ihm auch deutlich, daß sie keine in die Einzelheiten gehende Erörterung der Zerrüttung seiner Ehe wollte. Ihm wurde mit gerichtlichen Schritten gegen ihn selbst und seine Quellen gedroht, und wichtige Urheberrechte für die englische Ausgabe seines Buchs wurden ihm verweigert. Obwohl Clark sich heftig wehrte, zwang ihn Nathan, das Buch teilweise umzuschreiben, bevor es 1973 in England veröffentlicht wurde. Clark war überzeugt, daß Dukas und Nathan versuchten, sein Buch zu unterdrücken, weil es darauf hinwies, daß Einstein das hatte, was er als »eine Achillesferse an beiden Füßen« bezeichnete. Privat nannte er die Nachlaßverwalter die »St. Einstein-Brigade«. Ein Vergleich der Danksagungen Clarks in seiner amerikanischen und englischen Ausgabe ist aufschlußreich. Die amerikanische Ausgabe beginnt mit einem Dank an Nathan und Dukas (für ihre »großzügige und unermüdliche Hilfe«), wobei bemerkt wird: »Wenn zwei hingebungsvolle Kollegen und ein unparteiischer Biograph allezeit gleicher Meinung wären, könnte irgendwo etwas nicht stimmen.« Die spätere englische Ausgabe sagt (wie die deutsche) einfach: »Ich bin dankbar dafür, daß ich das Einstein-Archiv in Princeton habe einsehen dürfen«.

Obwohl Dukas und Nathan einen Teilsieg über Clark errangen, hatten sie sich auf einen Krieg eingelassen, den sie in Wahrheit nicht gewinnen konnten. Die ersten Schritte zur Entdekkung der Geheimnisse Einsteins waren bald nach seinem Tode gemacht worden – und das mit ihrer eigenen Mitarbeit. Es begann, als Philipp Frank sich daran machte, ein Symposium zum Gedächtnis seines alten Freundes zu organisieren, und einen seiner Assistenten in Harvard, Gerald Holton, um Hilfe bat. Als Holton mit den Vorbereitungen begann, fand er, daß die Wissenschaftshistoriker überraschend wenig über den Einfluß von Einsteins Werk gearbeitet hatten. »Das war ein Vakuum in der Geschichte der Physik des frühen zwanzigsten Jahrhunderts«, erinnert er sich, und er beschloß, es zu füllen.

Holton war fasziniert von Archiven und griff Franks Vorschlag gerne auf, Dukas zu besuchen. Er wußte, daß sie einen Teil von Einsteins Briefwechsel hatte, aber er war nicht auf das vorbereitet, was ihn erwartete, als er am Institute for Advanced Study ankam. Holton betrat das eindrucksvolle rote Backsteingebäude – Fuld Hall – und suchte seinen Weg in den Keller, wo winzige Fenster ein wenig Licht unter eine niedrige Decke lassen, unter der sich Rohre und Drähte entlangziehen. Am westlichen Ende der verlassenen Korridore kam er an einen riesigen begehbaren Tresor. Dort saß Helene Dukas, flankiert von etwa zwanzig Aktenschränken, und war schwer an der Arbeit. Holton erzählt: »Ich erinnere mich, wie Miss Dukas dort im Schein der Lampe – der einzigen Beleuchtung in dem Raum – saß, etwa so wie Julia in der Krypta, und immer noch Briefe beantwortete, die an Einstein gerichtet waren – Briefe mit der Bitte um Nachdruckerlaubnisse und dergleichen.« Als die Türen der Schränke geöffnet wurden, zeigte sich ein Durcheinander von Tausenden von Papieren. Es waren Briefe und Dokumente, die Einsteins ganzes Leben umfaßten – selbst ein kleines Geometriebuch, das sie (fälschlich) für das »heilige« hielt, das die Phantasie des kleinen Einstein angeregt hatte. Viele der Papiere waren nur knapp dem Zugriff der Nazis entgangen und mit Hilfe der französischen Botschaft von Berlin nach Amerika gelangt. Holton hatte das Gefühl, in ein Schatzhaus geraten zu sein.

Bald machten sich Holton und einige Studenten an die Arbeit, aus dem Papierchaos ein geordnetes Archiv zu machen. Selbst damals war ihm klar, daß Dukas bei dem, was sie in die Ordner getan hatte, sehr wählerisch gewesen war. Viele Briefe – solche, die sie für zu privat hielt, als daß sie mit seiner wissenschaftlichen Korrespondenz vermischt werden sollten – waren in Einsteins Haus in der Mercer Street geblieben. »Meine Aufgabe war es, Frau Dukas klarzumachen, was ein Wissenschaftshistoriker benötigt«, sagt Holton. »So brachte sie schließlich einen Ordner nach dem anderen vom Haus mit.« Er glaubt, sie habe vor jedem Zettel große Ehrfurcht gehabt, andere Forscher jedoch vermuten, daß wichtiges Material versteckt oder vernichtet wurde. Mark Darby, Bibliothekar und Archivar am Institut, sagt: »Es geht das Gerücht, und ich weiß nicht, ob es zutrifft, daß sie Sachen wegwarfen. Ein Teil des Problems lag, wie ich vermute, bei Helen Dukas und Otto Nathan, die einfach nicht wollten – absolut und entschieden einfach nicht wollten – daß irgend etwas veröffentlicht würde, das Albert Einstein als nicht völlig vollkommen würde erscheinen lassen.« Zu den Dingen, von denen man glaubt, sie seien vernichtet worden, gehören die Originale von etwa einem halben Dutzend Briefen, die Einstein zu Beginn seiner Beziehung an Elsa schrieb.

Schließlich wurde 1971 ein Vertrag zwischen der Princeton University Press und den Nachlaßverwaltern unterzeichnet, wonach seine gesammelten Papiere bandweise veröffentlicht werden sollten. Dukas und Nathan gaben ihre Genehmigung anscheinend in der Überzeugung, sie könnten die Aufnahme aller sehr persönlichen Daten verhindern, während gleichzeitig ein bleibendes Zeugnis für Einsteins Leistung geschaffen wurde. Man brauchte nur noch einen Wissenschaftshistoriker, der das umfangreiche Projekt herausgeben und beaufsichtigen würde, das ursprünglich auf vierzig Bände geplant war. Die lange Zeit, die verstrich, bis dieser Posten besetzt wurde, wirft ein Licht auf die extreme Empfindlichkeit von Dukas und Nathan. Mehrere Leute wurden für die Aufgabe in Betracht gezogen, und einer von ihnen, Martin Klein, hatte schon mit der Arbeit begonnen, bevor er darauf wieder verzichtete, wobei er anfangs eine Beraterrolle behielt und dann ein beratender Herausgeber wurde. Es gab persönliche Gründe für seine Entscheidung, aber er gibt zu, er habe »in der Magengrube das Gefühl gehabt«, es würde zu Auseinandersetzungen mit Nathan und Dukas kommen. »Ich wollte nicht, daß mir einer über die Schulter sieht.«

Die Mühen, die Stelle zu besetzen, gingen dank der Hartnäkkigkeit des Direktors der Princeton University Press, Herb Bailey, weiter. Es dauerte volle fünf Jahre, bevor er sie John Stachel anbot, einem Relativitätstheoretiker, der an der Boston University eine Vorlesung über Einsteins Leben und Zeit gehalten hatte. Stachel war begeistert. Für ihn war Einstein nicht nur ein Held der Wissenschaft, sondern mehr noch auch ein Herold für politische Freiheit. »In den fünfziger Jahren, während der McCarthy-Ära, war Einstein in diesem Land ein Leuchtturm, weil er sich für die Rechte des Einzelnen einsetzte, sich der Inquisition zu widersetzen«, sagte er. Aus ähnlichen Gründen bewunderte Stachel auch Nathan.

Stachel zog nach Princeton und begann im Januar 1977 mit der Arbeit. Er fand, daß der Umgang mit Nathan und Dukas sein ganzes diplomatisches Geschick erforderte. »Dukas war eine Vorratskammer mit so viel Information über das Archiv, daß die Zusammenarbeit mit ihr absolut nötig war«, erinnert er sich. »Sie konnte reizend sein. Ich kam gut mit ihr aus, aber sie hatte sicherlich ihre Vorstellung von Einstein – er wurde als Held gesehen.« Stachel erinnert sich, daß Dukas gelegentlich von »der Feindesliste« sprach, und sagt: »Der Zugang zum Archiv wurde auf einer sehr persönlichen Basis gewährt, ganz danach, wie sich die Beziehung zu ihr herausstellte«. Er hatte Verständnis für ihren Wunsch, es sollte ein faires Spiel gespielt werden, aber es war eine schwierige Situation. »Offensichtlich brauchte ich vom wissenschaftlichen Gesichtspunkt aus volle Unabhängigkeit als Herausgeber, und das führte schließlich zu Reibungen.«

Sechs Monate nach Stachels Ankunft in Princeton beschloß Nathan, er wolle drei Herausgeber, nicht nur einen. Obwohl Herb Bailey und Stachel den Plan für undurchführbar hielten, war Nathan darauf versessen, das Projekt im Griff zu behalten. Ihn alarmierte der Gedanke, daß das Geld von der National

Science Foundation an die Bedingung geknüpft war, der Herausgeber müsse völlige Freiheit haben. »An diesem Punkt«, sagt Stachel, »beschloß Nathan, er wolle nicht länger, daß ich unter den Bedingungen weiter mache, auf die wir uns geeinigt hatten. Wir, der Verlag und ich, unterzeichneten einen Vertrag, aber Nathan verweigerte die Unterschrift.« Der Streit kam vor ein Schiedsgericht, wo Nathan verlor, aber er ging in Berufung, bis der Fall alle Instanzen des Rechtssystems von New Jersey durchlaufen hatte. »Der Fall schleppte sich ein paar Jahre lang durch die Gerichte«, sagt Stachel. »Ich hing in der Luft und konnte nicht am Projekt weiterarbeiten ... es war eine sehr unerfreuliche Zeit.« Die Berufungsmöglichkeiten waren erst 1980 ausgeschöpft, und damit war endlich der Weg zur Veröffentlichung offen. Aber inzwischen war die Arbeitsbeziehung von Stachel mit Dukas und Nathan im Eimer.

Wohlweislich hatte Stachel bereits mühsam eine genaue Kopie vom Einstein-Archiv des Institute for Advanced Study gemacht. Die Arbeit ging jetzt mit dieser Kopie in der nahen Princeton University Press weiter. Das Projekt wurde später nach Boston verlagert, wo Stachel noch Professor der Physik war.

Stachel und seine Kollegen beschränkten ihr Interesse nicht auf die Dokumente, die Holton in den Aktenordnern in Princeton gefunden hatte. Vielmehr steckten sie, wie sich Hans Alberts Tochter Evelyn erinnert, »ihre Nasen in alles und jedes«. Stachel hatte gerüchtweise von Briefen gehört, die Hans Albert hinterlassen hatte und die sich jetzt in den Händen seiner Witwe Elizabeth befinden mußten. Er wußte auch, daß ein auf ihnen basierendes Buch von den Nachlaßverwaltern blockiert worden war, und welche gespannten Beziehungen sich daraus mit der Familie von Hans Albert ergeben hatten. Das Jahr, das er auswählte, um Kontakt mit Elizabeth aufzunehmen, war bedeutungsvoll: Es war 1979, ein Jahrhundert nach Einsteins Geburt. Biographien und Erinnerungsbände überfluteten den Markt, und es wurden viele Feiern geplant, darunter eine am Institute für Advanced Study. Der Organisator der Gästeliste fragte Stachel, ob Elizabeth eingeladen werden sollte. Er antwortete: »Unbedingt: es wäre eine gute Gelegenheit, die Dinge zu glätten.« Dann erwähnte er das zufällig gegenüber Dukas. »Das war das einzige Mal in meinem

Leben, in dem ich sah, daß sie ihre distanzierte Haltung verlor«, sagt er. »Sie war eine sehr charmante Person, und selbst, wenn sie verärgert oder böse war, wußte sie, wie man die Dinge höflich austrägt. Aber sie wurde wirklich fast hysterisch. Im Rückblick glaube ich den Grund zu kennen: Sie wußte, was in jenen Briefen stand, und sie befürchtete einen Skandal«.

Elizabeth nahm an der Jahrhundertfeier teil. Sie versuchte, mit Dukas zu sprechen, wurde aber abgewiesen – nicht zum ersten Mal. Stachel, der sich schon nicht mehr mit Dukas verstand, machte sich daran, Elizabeth sowohl dort und bei einer späteren Jubiläumsfeier in Jerusalem unabhängig von Dukas zu bearbeiten. Als Jüdin gefiel ihr der Gedanke, die Briefe an die Hebräische Universität in Jerusalem zu geben, die später der letzte Aufbewahrungsort des Archivs werden sollte. Aber vielleicht fühlte sie sich auch von daheim unter Druck, die Briefe in der Familie zu behalten; sie gab sie schließlich in die Obhut von Hans Alberts Enkel Thomas Einstein. Stachel wußte nicht, was in den Briefen stand, und wollte unbedingt herausfinden, wie weit sie zurückreichten. Elizabeth versicherte ihm, es sei nichts aus der Zeit vor 1914 dabei.

Helene Dukas starb schließlich am 10. Februar 1982 im Alter von fünfundachtzig Jahren. »Einstein starb ein zweites Mal, als sie starb«, sagte Nathan der Presse. »Sie hatte sich völlig mit Einstein identifiziert.« Kurz vor ihrem Tod hatten Dukas und Nathan in Übereinstimmung mit seinem letzten Willen die Kontrolle über den Nachlaß der Hebräischen Universität in Jerusalem übergeben. Die Originaldokumente des Archivs wurden der Jüdischen National- und Universitätsbibliothek in Jerusalem übergeben. Nathan jedoch machte in Amerika den Einsteinforschern bis zu seinem eigenen Tod am 27. Januar 1987, im Alter von siebenundachtzig Jahren, weiterhin die Hölle heiß. Der Biograph von Einsteins amerikanischen Jahren, Jamie Sayen, stand beiden, Dukas und Nathan, nah. Er bemerkte: »Ohne ein Urteil über die Veröffentlichung der Briefe Einsteins an Mileva abzugeben, kann ich versichern, daß Helen und Otto tief betrübt sein würden. Ich bin froh, daß sie vor der Veröffentlichung starben.« Ihr Tod wurde nicht von vielen Einsteinforschern betrauert: Jagdish Mehra bemerkte, daß »jeder sich freute«, als Nathan starb.

Hinweise auf die Briefe an Mileva wurden von Robert Schulmann aufgenommen, einem Historiker, der an der Universität von Pennsylvania Deutsche Geschichte lehrte und im Herbst 1981 mit der Arbeit am Einstein-Projekt begonnen hatte, drei Jahre bevor es von Princeton nach Boston umzog. Er hatte im November 1985 an einer Abendgesellschaft im Heim des Schweizer Physikers Professor Res Jost in einem Vorort von Zürich teilgenommen. Frau Jost sagte, ihr hätte Aude Einstein, die Frau eines Enkels von Einstein, von den Liebesbriefen erzählt, die sie »wunderschön« gefunden hatte. Bei diesem Essen schlug Gina Zangger, die Tochter von Einsteins Freund Heinrich Zangger, Schulmann vor, er solle Evelyn Einstein besuchen. Dies war schon an sich ein Druchbruch, denn Evelyn war von ihrer Familie nach dem Tod von Hans Albert praktisch verstoßen worden. Wir haben nur ihre eigene Erklärung dafür, denn ihre Stiefmutter Elizabeth hat unsere Bitte um Information nicht beantwortet. Aber es scheint uns bedeutungsvoll, daß Elizabeth bei all ihren Gesprächen mit Stachel niemals Evelyn erwähnte.

Robert Schulmann arrangierte 1986 ein Treffen mit Evelyn in Berkeley, California. Sie hatte die handgeschriebene Einleitung ihrer Mutter zu dem verbotenen Buch behalten, die Ausschnitte aus einigen der Briefen enthielt. Als Schulmann das Material durchblätterte, erkannte er, daß es sich auf einen ausführlichen Briefwechsel zwischen Einstein und Hans Albert von 1914 bis 1955 stützte. Am aufregendsten aber war, daß Frieda offenbar etwas umschrieb, was nur der Inhalt der Liebesbriefe zwischen Einstein und Mileva sein konnte. Für Schulmann war es wie ein Blick in das verheißene Land. Frieda sagte selbst von ihrem Material: »Der Leser wird sofort in ihren Bann gezogen. Auch der gute Kenner von Albert Einsteins Persönlichkeit blickt hier in eine Welt, die ihm bisher verschlossen war.«

Ein größerer Schock stand ihm noch bevor. Evelyn hatte angeboten, für Schulmann eine Photokopie von Friedas Einführung zu machen. Als sie dazu das Manuskript aus seiner Plastikhülle herausnahm, fiel ihr etwas auf: »Ich sah einige Blätter darunter herausgucken«, sagt sie. »Ich zog sie heraus, und das waren alle Briefe Milevas – nicht die Originale, sondern Kopien, die aber ganz offensichtlich von den Liebesbriefen stammten.« Sie rief

Schulmann an, der noch nicht nach Boston zurückgekehrt war, und erzählte ihm: »Denken Sie, ich habe einige Liebesbriefe!« Mit diesem Material bewaffnet wußten die Einsteinforscher, was auf dem Spiel stand und konnten, wie Evelyn es ausdrückte, »ein ziemlich scharfes Spiel wagen«.

Die Hebräische Universität und das Einstein Papers Project handelten mit dem Treuhänder der Familie eine Vereinbarung aus, in der Hans Alberts Familie endlich die Erlaubnis erhielt, das unterdrückte Manuskript zu veröffentlichen, wenn sie dafür die Kopien aller Briefe zurückgeben würde. Die Herausgeber des Projekts boten auch die Zahlung eines großen Geldbetrags an, aber Thomas Einstein sah das Thema einzig als eine Grundsatzfrage. »Er hat niemals auch nur um einen Cent gebeten«, sagt Stachel. Der Vertrag wurde gemacht, und die Forscher konnten am Abend des 18. April 1986 endlich die Kopien der Briefe im Büro des Rechtsanwalts Michael Ferguson an der Shattuck Avenue in Berkeley in Empfang nehmen. Etwas früher hatte Mr. Ferguson die Witwe von Hans Albert dazu überredet, die Briefe in einem Tresor in der Bank of America zu deponieren. Ein Dokument, das die Vereinbarung besiegelte, wurde von Stachel, Ferguson, Reuven Yaron von der Hebräischen Universität und von Thomas Einstein unterzeichnet. Dann wurde der aus dem Tresor geholte Kasten geöffnet, und von jedem Stück Papier wurden zwei Kopien gemacht: eine für Stachel und eine für die Hebräische Universität. Das geschah an Ort und Stelle, Brief für Brief, durch Michael Ferguson. Er erinnert sich an die Atmosphäre: »Wir waren ungeheuer erleichtert und ziemlich erschöpft nach einem langen Verhandlungstag«. Stachel sagt: »Es war nichts in dem Kasten, das nicht kopiert wurde. Jeder war froh, daß wir nach so vielen Jahren der Verbitterung auf Seiten der Familie Einstein und der Nachlaßverwalter zu einer so freundschaftlichen Übereinkunft gekommen waren.«

Friedas Manuskript bleibt unveröffentlicht. Sie hatte es vorgezogen, nicht alles zu enthüllen, was in den Briefen stand, und ihre Versuche, sie in eine chronologische Ordnung zu bringen, konnten es nicht mit den Bemühungen aufnehmen, die die Forscher in Boston jetzt unternahmen. Schulmann war bereit, die Öffnungszeiten von Bibliotheken um die Jahrhundertwende zu überprüfen, um das Datum eines bestimmten Ereignisses festlegen zu können. »Wenn es einen Hinweis auf ein Konzert gab, das Einstein besuchte«, erinnert sich Stachel, »fuhr Robert in die Schweiz und suchte in den Zeitungen, bis er wußte, welche Konzerte in Frage kamen.« Jürgen Renn, damals ebenfalls Mitarbeiter am Einstein Papers Project, erinnert sich daran, wie die Aufregung wuchs, als die Briefe nach der allmählichen Umschrift der schwer zu entziffernden deutschen Schrift und der darauf folgenden Übersetzung ihre Geheimnisse zu enthüllen begannen. Das Gerangel mit Dukas und Nathan hatte die Veröffentlichung des ersten Bandes der Collected Papers um viele Jahre verzögert. »Die Arbeit an diesen Briefen verzögerte sie noch mehr«, sagt Renn, »andererseits gaben sie dem ganzen eine besondere Würze.«

Als 1987, wenige Monate nach Nathans Tod, schließlich die Veröffentlichung erfolgte, revolutionierte sie unser Wissen über die frühen Jahre Einsteins. Die Aufmerksamkeit richtete sich am unmittelbarsten auf Lieserl und die möglichen Beiträge Milevas zur Relativitätstheorie, aber das machte nur einen Teil des Reichtums der Sammlung aus. Einer der überraschendsten Funde war für Renn und Stachel die weite Spanne wissenschaftlicher Themen, mit denen sich der junge Einstein beschäftigte, die viel mehr als nur die umfaßten, für die er bekannt war. »Nur einige erwiesen sich als erfolgreich«, sagt Renn. »Auch das macht ihn menschlich.«

Jetzt ist diesem Durchbruch die Freigabe der frühen Briefe Einsteins an Elsa gefolgt. Sie gehörten zu etwa fünfhundert Briefen, die auf Drängen von Margot Einstein nach ihrem Tod 1986 zwanzig Jahre verschlossen gehalten werden sollten. Die Originale fielen John Stachel zuerst ins Auge, als er das Duplikat des Archivs anlegte, um Schwierigkeiten mit Nathan vorzubeugen. Er bemerkte, daß sie nicht in den gewöhnlichen Ordnern mit dem Briefwechsel waren, sondern von Dukas auf die Seite gelegt worden waren. Nachdem er ihren Inhalt überflogen hatte, wurde ihm ihre Bedeutung sofort klar, und er kopierte sie alle. Seitdem sind mindestens sechs Originale verschwunden – sie gelangten nicht mit den anderen Originalen ins Einstein-Archiv der Hebräischen Universität in Jerusalem. Die ersten drei Briefe, aus dem

Jahr 1912, und drei weitere aus dem Dezember des folgenden Jahres, haben nur als Fotokopien überlebt.

Die wahrscheinlichste Erklärung ist, daß die Originale absichtlich zerstört wurden. Die Hebräische Universität gab jedoch 1992 der Princeton University Press die Erlaubnis, ihren Inhalt zu veröffentlichen. Es war eine Entscheidung, die einen klaren Bruch mit der von Dukas und Nathan auferlegten Zensur darstellt und eine neue Ära verheißt, die die systematische Veröffentlichung aller Dokumente erlauben wird. Dies wiederum wird eine objektive Einschätzung sowohl des Wissenschaftlers als auch des Menschen Einstein erlauben. Alle, die an seinem Leben interessiert sind, stehen in der Schuld der Hebräischen Universität.

Schon jetzt ist Einsteins privates Gesicht deutlicher denn je zuvor erkenntlich. Vielleicht sollte es als ein großartiger Witz über die Menschlichkeit gesehen werden, daß solche Stärke und solche Schwäche, solche Weisheit und solche Beschränktheit in einer Person vereint sein können. Für Einstein und die Menschen seiner Umgebung war der Witz jedoch sehr bitter. Eine der beißendsten Ermahnungen daran findet sich in einem Buch, an dessen Herausgabe Helene Dukas beteiligt war und das Otto Nathan gewidmet ist, und das als seine Absicht ankündigte, Einsteins »menschliche Seite« mit Hilfe von Auszügen aus dem Archiv zu enthüllen. Wie zu erwarten, betont die Auswahl sein Mitgefühl, seine Weisheit und seinen Humor. Aber es ist fast unmöglich, auf Einsteins nichtwissenschaftliche Schriften einzugehen, ohne auf persönliche Probleme zu stoßen .

Dukas und ihr Mitherausgeber Banesh Hoffmann veröffentlichten einen Brief aus Einsteins letzten Jahren – einen Brief, der vielleicht nie abgeschickt wurde, und der nur als Entwurf entdeckt wurde. Einstein antwortete einem Psychologiestudenten, der ihn 1951 um Rat gebeten hatte. Der Student war Jude, erwog aber die Ehe mit einer Christin. Seine Eltern hatten ihren Widerstand bekundet und der junge Mann war, wie Dukas und Hoffmann sagten, »zwischen seiner Liebe zu dem Mädchen und dem Wunsch zerrissen, seine Eltern nicht vor den Kopf zu stoßen und ihnen anhaltenden Schmerz zu bereiten«. Dies war die Antwort, die Einstein entwarf:

Ich muß offen sagen, dass ich es nicht billige, wenn Eltern auf die Entschliessungen ihrer Kinder Einfluss nehmen, die für die Gestaltung ihres Lebens entscheidend sind. Solche Probleme muß jeder für sich selbst lösen.
Wenn Sie aber eine Entscheidung treffen wollen, mit der Ihre Eltern nicht einverstanden sind, so müssen Sie sich fragen: Bin ich innerlich unabhängig genug, um entgegen dem Willen der Eltern handeln zu können, ohne dabei mein inneres Gleichgewicht zu verlieren? Wenn Sie dessen nicht sicher sind, so ist der Schritt auch im Interesse des Mädchens nicht zu empfehlen. Davon allein sollten Sie Ihre Entscheidung abhängig machen.

In Dukas' Buch gibt es keinen Hinweis darauf, welche Bedeutung dieser Brief für Einsteins eigenes Leben hatte, aber das Echo seiner Erfahrungen mit Mileva, seinen Eltern und seinen Söhnen ist deutlich zu vernehmen. Hatte Einstein je ganz zutiefst volle Unabhängigkeit erreicht? Hatte er je sein »inneres Gleichgewicht« gefunden? Die Antwort scheint Nein zu sein. Dies war ein Problem, das er nicht hatte lösen können.

EPILOG

Juli 1993

Die Bemühungen von Nathan und Dukas, Einsteins Namen zu schützen, haben Vermutungen genährt, sie könnten andere Geheimnisse verbergen wollen. Unter denen, die sich weiterhin mit Einsteins Leben beschäftigen, gibt es einen lebhaften Handel mit Klatsch über Einstein und endlosen Spekulationen über seine sexuellen Abenteuer, die von Verbindungen mit Damen der Berliner Gesellschaft bis zu einem Bericht über einen Besuch in einem Bordell gehen, den er mit Otto Stern unternommen haben soll, einem Wissenschaftler, mit dem er in Prag und Zürich zusammenarbeitete. Das hartnäckigste Thema, das in unseren Gesprächen mit Familienmitgliedern und Forschern immer wieder angesprochen wurde, war die Behauptung, Albert Einstein hätte außer Lieserl noch weitere uneheliche Kinder gezeugt.

Zum ersten Mal wurde die exakte Naturwissenschaft der Molekularbiologie zur Überprüfung eines dieser Gerüchte eingesetzt. In diesem Jahr wurde in den USA ein Gentest durchgeführt, um die Behauptung zu überprüfen, Einstein habe eine zweite Tochter gehabt.

Die Frau, die der Familie Einstein nahesteht, hat uns gebeten, ihren Namen nicht zu nennen. Ihre Überzeugung, Einstein sei ihr Vater, beruht auf mehreren Hinweisen, die sich nicht beschreiben lassen, ohne ihre Identität preiszugeben. Hinweise, die ihre Stiefeltern hinterließen – und die seitdem durch Gerüchte in Europa bestätigt wurden – lassen vermuten, daß ihre biologische Mutter eine Tänzerin war, der Einstein 1940 in New York begegnet war. So unwahrscheinlich das auch klingen mag, waren die Einzelheiten des Beweismaterials doch zwingend genug, um den Einsteinforscher Robert Schulmann einen Gentest anfordern zu lassen. Im April 1993 bereitete ein Labor in

New Jersey Einsteins genetisches Material so weit vor, daß in einem zweiten Labor in Maryland, das Erfahrung mit Gerichtsmedizin hatte, ein genetisches Profil gewonnen werden konnte. Einer der beteiligten Wissenschaftler beschreibt die Probleme, die sich stellten. »Wenn wir es mit intaktem DNA aus frischem Blut zu tun hätten, könnten wir sicher sein. Aber wir wissen wenig darüber, ob der Test mit einem Stück Gewebe durchgeführt werden kann, das schon vierzig Jahre alt ist«. Obwohl Einsteins erhaltene DNA etwas degeneriert war, konnte es mit der DNA aus einem Stück Haut verglichen werden, das die Frau zur Verfügung stellte. Die erste Schwierigkeit ergab sich überraschenderweise bei der Analyse der von der Frau zur Verfügung gestellten DNA. Als eine neue Probe verfügbar war, versuchte das Laboratorium in Maryland, die DNA aus Einsteins erhaltener Hirnmasse zu extrahieren. Man probierte ein Verfahren nach dem anderen aus, aber keines brachte ein Ergebnis. Im Juli hatten die üblichen Verfahren zur Extraktion nur stark degradierte DNA erzeugt, vermutlich weil das Gehirn in Celoidin aufbewahrt wird.

Möglicherweise wird einmal ein Verfahren entwickelt werden, das diese Schwierigkeit überwinden kann. Aber, so bemerkte einer der Wissenschaftler, selbst wenn es erfolgreich wäre, würden die Ergebnisse wahrscheinlich immer noch nicht eindeutig sein. »Ich vermute, es ist immer degradiert, wenn es in einem Protokoll degradiert ist«, sagte er. Vielleicht liegt die Wahrheit über die Abstammung der Frau in den noch versiegelten Dokumenten über Einsteins geheime Leben.

Stammbaum der Familie Einstein

Abraham Einstein
1808–1868
∞
Helene Moos
1814–1887

Julius Koch
1816–1895
∞
Jette Bernheim
1825–1886

Jakob Einstein
1850–1912
∞
Ida Einstein
1865– ca. 1922
gesch. 1909

Jette Einstein
1844–1905
∞
Cosman Dreyfus
1835–1918

Hermann Einstein ∞ Pauline Koch
1847–1902 1858–1920

Caesar Koch
1854–1941
∞
Mathilde Lev
1868–1927

Maja Einstein
1881–1951
∞
Paul Winteler
1882–1952

Albert Einstein -- 2. Ehe -- Elsa Einstein
1879–1955
1. Ehe
Mileva Maric
1875–1948

Elsa Einstein
1876–1936
1. Ehe
Max Löwenth
1864–1914

Lieserl Einstein
1902–?

Hans Albert Einstein
1904–1973
1. Ehe --------------- 2. Ehe
Frieda Knecht
1895–1958

Elizabeth Roboz
*1902

Eduard Einstein
1910–1965

Evelyn Einstein
adoptiert
* 1941

Klaus Einstein
1932–1938

Bernhard Caesar Einstein
*1930
∞
Aude Ascher
*1930

Fünf Kinder

Ruppert Einstein
1759–1853
∞
Rebekka Obernauer
1770–1853

Rafael Einstein
1806—1880
∞
Jette Baruch

Jakob Koch
1850–1925
∞
Julie Koch
1857–1914

Fanny Koch
1852–1926
∞
Rudolph Einstein
1843–1928

Clementine Einstein
1842–1930
∞
Leopold Marx
1829–1909

Paula Einstein
1878– ca. 1955

Hermine Einstein
1872–1942
∞
Ludwig Gumpert
?–1942

Ilse Löwenthal
1897–1934

Margot Löwenthal
1897–1986

Sohn (ohne Namen)
* und † 1903

Anmerkungen und Nachweise

1 DAS VERMÄCHTNIS
Seite 13 – 20

Im Sommer 1973 – E. Einstein 1991: 77f.
vor seiner Herzschwäche – Interview mit Evelyn Einstein vom 15. März 1992
am meisten Angst – Interview mit Evelyn Einstein vom 15. März 1992
über seine natürliche Dauer hinaus – Pais 1983: 482
beim Anstehen in der Mensa – Interview mit Evelyn Einstein vom 15. März 1992
über fachliche Fragen hinaus – E. Einstein 1991: 103
chinesische Wasserfolter – E. Einstein 1991: 44
immer gleichbleibenden sanften Lächeln – E. Einstein 1991: 2
unterdrückten Groll – Interview mit Evelyn Einstein vom 15. März 1992
mit einer erleuchteten frommen Vogelscheuche – Goldsmith et al. 1980: 4
einem jüdischen Heiligen – Dukas und Hoffmann 1979:63 (Brief an Paul Ehrenfest, 12. April 1926, und Albert Einstein an Carl Seelig, 12. 8. 1954)
solch unsolide Grundlage – Einstein 1934: 8
in die hintersten Winkel – Clark 1991: 24
ein ziemlich starkes Ego – Goldsmith et al. 1980: 8
das Nur-Persönliche – Schilpp 1959: 22
unsere Arbeit – Stachel 1987: Doc 94 (27. März 1901)
rechte Hand – Stachel 1987: Doc 71 (August 1900)
gleich kräftig und selbständig – Stachel 1987: Doc 79 (3. Oktober 1900)
Neu veröffentlichte Dokumente – Klein et al. 1993
wo ihn sein Vater niemals besuchte – Interview mit Evelyn Einstein vom 15. März 1992

ein wenig vorausgegangen – Speziali 1972: 537 (Albert Einstein an Vero und Bice Besso, 21. März 1955)
in einer Küchenschublade – Michael Ferguson in einem Brief an Roger Highfield, 6. Juli 1992
Einstein-Priester – Interview mit Karlheinz Steinmüller vom 8. Oktober 1992

2 ERSTE LIEBE
Seite 21 – 50

Das ist Disziplin – Ernesta Marangoni, Momenti pavesi nella vita di Alberto Einstein, in: La Provincia Pavese, 14. Mai 1955: 1
großgewachsen und strotzte vor Gesundheit – Stachel et al. 1987: LVII
kritische Seite – Frank 1948: 97
eine Mißgeburt – Stachel et al. 1987: LVI
Läßt sich nicht sagen – 20 Fragen von Bela Kornitzer, 1948, Clark-Archiv, Edinburg
Damit entfällt also die Frage – Albert Einstein an Carl Seelig, 11. März 1952, ETH
Janos Plesch schrieb – Janos Plesch an Peter Plesch, 18. April 1955
an seinem Vater orientiert – Reiser 1931: 27
die Seele des merkwürdigen Haushalts – Stachel et al. 1987: LVI
praktische Intelligenz und große Energie – Stachel et al. 1987: XLIX
einsames und verträumtes Kind – 20 Fragen von Bela Kornitzer, 1948, Clark-Archiv, Edinburg
Ja, aber wo hat es denn seine Rädchen? – Stachel et al. 1987: LVII
Pater Langweil – Reiser 1931: 29
Musik bedeutete seinem Vater wenig – Reiser 1931: 28
nicht über das Handwerksmäßige hinaus – Hoffmann und Dukas: 28
innere Notwendigkeit – 20 Fragen von Bela Kornitzer, 1948, Clark-Archiv, Edinburg
hätt einen Stiefpapa bekommen – Stachel et al. 1987: Doc 48 (28. Juli 1899)
Zuflucht in der Musik – Whitrow 1967: 21
hervorragenden Fähigkeit, Gefühle auszudrücken – Dukas und Hoffmann:148
Hören, spielen, lieben – Dukas und Hoffmann: 140
nur zwei Prozent der Bevölkerung – Pyenson: 3, 29
ganz irreligiös – Schilpp 1955: 3
nicht allzu bösartig – Stachel et al. 1987: LX (3. April 1920)

unangenehm wie hinderlich – Stachel et al. 1987: Doc 94 (27. März 1901)
weigerte er sich, Schweinefleisch zu essen – Stachel et al. 1987: LX
tiefen Religiosität – Schilpp 1955: 1
Nur-Persönlichen – Schilpp: 1955: 2
Spezialbegabung für Mathematik – Stachel et al. 1987: LIX
ein glänzendes Zeugnis – Stachel et al. 1987: Doc 2 (1. August 1886)
ein großer Professor – Reiser 1931: 29
auswendig herplappern – Hoffmann und Dukas: 33
trügerischen Gesichtspunkt – Schilpp 1955: 1
einem amüsanten Spiel – Reiser 1931: 37
Professur in griechischer Formenlehre – Stachel et al. 1987: LXI
wissenschaftliche Kenntnisse – 20 Fragen von Bela Kornitzer, 1948, Clark-Archiv, Edinburg
die Algebra machte er zu einem amüsanten Spiel – Reiser 1931: 37
mit atemloser Spannung – Schilpp 1955: 5
der Offenbarung gleich – Reiser 1931: 38
Hauptbelege für die allgemeine Relativitätstheorie – Renn und Schulmann in: Einstein/Marić 1993: 31. Diese Parallelen sind auch von Frederick Gregory von der Universität Florida gezogen worden.
Da gab es draußen diese große Welt – Schilpp 1955: 2
Ich kann nicht glauben, daß Gott mit der Welt Würfel spielt – Seelig: 140, auch Born, Albert Einstein an Max Born, 4. Dezember 1926
Raffiniert ist der Herrgott, aber boshaft ist er nicht – Hoffmann und Dukas: 172
Wissen, wie Gott diese Welt erschaffen hat – Seelig: 318
kosmische religiöse Erfahrung – New York Times, November 1930
Gottes Plan – Stephen Hawking, Eine kurze Geschichte der Zeit. Reinbek 1989: 218
ausschließlich von Menschen geschaffen – Dukas und Hoffmann: 63, 66
Es hätte mir leid getan – Albert Einstein zu Ilse Rosenthal-Schneider 1919
tiefen und bleibenden Eindruck – Schilpp 1955: 3 und Hoffmann und Dukas: 9
heilige Geometrie-Büchlein – Schilpp 1955: 4
notwendige Lüge – Reiser 1931: 41f.
wohlhabenden philiströsen Atmosphäre – Reiser 1931: 29
einen einzigen Schulfreund – Reiser 1931: 34. Spätere Informanten haben jedoch gemeint, er habe mehrere Freunde gehabt.
Zeugen ihrer liebsten Erinnerungen – Stachel et al. 1987: LIII

Krampfadern und Plattfüße – Stachel et al. 1987: Dok 91 (13. März 1901)
Elektro-Ingenieur oder Techniker – Reiser 1931: 43
sogenannten Wunderkindern – Stachel et al. 1987: Doc 7 (25. November 1895)
außerhalb seines eigenen Interessengebiets – Plesch: 219
eine unvergeßliche Oase – Seelig 1954: 24
Pensions-Bedingungen – Stachel et al. 1987: Dok 11 (29. Oktober 1895)
Geschichte, Germanistik und Philologie – Stachel et al. 1987: 388
Sehr geehrter Herr Professor – Stachel et al. 1987: Doc 15 (30. Dezember 1895)
ein alter Dorfschulmeister – Stachel et al. 1987: Doc 97 (10. April 1901)
eigenwillig und selbstgefällig – Reiser: 48
Mamerl – Stachel et al. 1987: Doc 34 (7. Juni 1897)
wie zu Hause – Stachel et al. 1987: Doc 11 (29. Oktober 1895)
kecken Schwaben – Seelig 1954: 16f.
mit Vögeln unterhalten – Interview mit Robert Schulmann am 20. Februar 1992; H. Kalshin an Carl Seelig, Aarau, Februar 1952, Clark-Archiv, Edinburg
dem blinden Schicksal – Stachel et al. 1987: 41 (3. November 1906)
Marie war die hübscheste – Interview mit Robert Schulmann am 20. Februar 1992; Marie Winteler war am 24. April 1877 geboren worden.
in solch trefflicher Obhut – Stachel et al. 1987: Doc 15 (30. Dezember 1895)
Sie sind meiner Seele mehr als früher die ganze Welt – Stachel et al. 1987: Doc 18 (21. April 1896)
angenehmer Hausgast – Stachel et al. 1987: 18
verständnisinnige Wiedergabe – Stachel et al. 1987: Doc. 17 (31. März 1896)
aufgeputzten Paveser Damen – Stachel et al. 1987: Doc 18 (21. April 1896)
durchaus ideale Liebe – Brief von Marie Müller-Winteler, Einstein-Archiv, Boston, 71-183-5
In Maries Erinnerung war er bildschön – Brief von Marie Müller-Winteler, loc cit
mein geliebtes Kind – Stachel et al. 1987: Doc 18 (21. April 1896)
Gedanken-Experiment – Seelig 1956b: 10. Frederick Gregory von der Universität Florida hat auf die Verbindung mit der Arbeit von Aaron Bernstein hingewiesen.

den theoretischen Teil wählen – Stachel et al. 1987: Doc 22 (18. September 1896)
beschwörte es sein Bild herauf – Stachel et al. 1987: Doc 30 (30. November 1896)
seine schmutzige Wäsche – Einstein/Marić 1994: 24
fürchterlich lang – Stachel et al. 1987: Doc 30 (30. November 1896)
fürchterlich faul – Stachel et al. 1987: Doc 31 (13. Dezember 1896)
ein Paar Tage Wonne mit neuem Schmerz – Stachel et al. 1987: Doc 35 (Mai 1897)
Ich nehme ihn beim Wort – Interview mit Robert Schulmann vom 19. Oktober 1992
im Kopf herum so allerliebst toll – Stachel et al. 1987: Doc 35 (7. Juni 1897)
das kritische Töchterlein – Stachel et al. 1987: Doc 57 (September 1899)
entschuldigte er sich bei Pauline Winteler – Stachel et al. 1987: Doc 56 (11. September 1899)
ein ausschweifendes Leben – Stachel et al. 1987: Doc 111 (28. Mai 1901)
Nervenkrankheiten – Interview mit Robert Schulmann vom 20. Februar 1992
Maries unglückliche Beziehung – Interview mit Aude Einstein vom 20. März 1993
eine Liebesbeziehung zu einem älteren Mann – Stachel et al. 1987. Seelig (1954: 23) behauptet jedoch, der ältere Mann habe um ihre Hand angehalten. Siehe auch Stachel et al. 1987: Doc 51 (August 1899)
Wie doch so eine Mädchenseele aussieht! – Stachel et al. 1987 (August 1899)

3 JOHONESL UND DOXERL
Seite 51 – 80

Einsteins deutscher Heimat – Plesch 1947: 34
Räuberländchen – Stachel et al. 1987: Doc 36 (Oktober 1897)
Militärschule in Novi Sad – E. Einstein 1991: 86
echt patriarchalischer Autorität – Trbuhović-Gjurić 1983: 135
ein seltsames Phänomen! – Trbuhović-Gjurić 1983: 21
Heilige – Trbuhović-Gjurić 1983: 22
nur Gymnasien für Jungen – Trbuhović-Gjurić 1983: 23
Obergericht in Zagreb – Trbuhović-Gjurić 1983: 26

eine Sondergenehmigung – Stachel et al. 1987: 380 und E. Einstein 1991: 88

einfach bizarr – Interview mit Gerald Holton, 19. Februar 1992

Ihre Noten in Mathematik und Physik waren die besten – Trbuhović-Gjurić 1983: 26, E. Einstein 1991: 26

eine schwere Lungenentzündung – Trbuhović-Gjurić 1983: 28, E. Einstein 1991: 88

als Kind gehabt – Albert Einstein an Carl Seelig, 5. Mai 1952

mit dem Medizinstudium – Anderson und Zinsser 1990: 188

den Weg gebahnt – Trbuhović-Gjurić 1983: 35

ein liebes, sympathisches, schüchternes Mädchen – Seelig 1956a: 44, 52

ein bescheidenes, keusches Geschöpf – Stachel et al. 1987: Doc 59, 212, 213 (20. Oktober 1897, 16. Februar 1898, April - November 1898)

ein so kluger Kopf – Trbuhović-Gjurić 1983: 49, E. Einstein 1991 89

sehr gute Manieren – Trbuhović-Gjurić 1983: 50

mit einem pensionierten Schäferhund verglichen – Nigel Calder, Einstein's Universe: A Guide to the Theory of Relativity, London 1982: 12

recht kräftig gebaut – Plesch 1947: 215

ein ungewöhnlich starker Mann – in: Goldmann et al. 1980

eine anschauliche Beschreibung ihrer ersten Begegnung – Erinnerungen von Margarete von Uexküll, Frankfurter Allgemeine Zeitung, 10. März 1956

bei Johanna Bächtold – Stachel et al. 1987: 59

die erste Person – Erinnerungen von Margarete von Uexküll, Frankfurter Allgemeine Zeitung, 10. März 1956

bis in alle Ewigkeit warten – Stachel et al. 1987: Doc 36 (20. Oktober 1897)

einer gehörigen Portion Spottlust – Einstein/Marić 1994: 20

im dicken Nebel – Stachel et al. 1987: Doc 58 (10. Oktober 1899)

versäumte Vorlesungen – Stachel et al. 1987: Doc 37 (Dezember 1897 bis Juni 1898; Notizen zu den Vorlesungen von H. F. Weber)

kleinen Ausreißerin – Stachel et al. 1987: Doc 39 (16. Februar 1898)

an Klarheit & Präzision zu wünschen übrigläßt – Stachel et al. 1987: Doc 40 (16. April 1898)

doch immer geistvoll & tief – Stachel et al. 1987: Doc 39 (16. Februar 1898)

LSD – (Liebes süßes Doxerl) Stachel et al. 1987: Doc 50, 52, 58

kürzesten und reizendsten – Stachel et al. 1987: Doc 61 (1900)

Aber sie hat eine so liebe Stimme. – Seelig 1956a: 38

weil sie Verstand hatte – Interview mit Gerald Holton vom 19. Februar 1992
von Ihrem Albert – Stachel et al. 1987: Doc 45 (März 1899)
nudeldick – Stachel et al. 1987: Doc 69 (1. August 1900)
gepuzerlinet – Stachel et al. 1987: Doc 68 (Juli 1900)
guten Kollegen und Kaffeesaufbrüderchen – Stachel et al. 1987: Doc 58 (10. Oktober 1899)
welch großartige Wirkung – Stachel et al. 1987: 63
als abstoßend empfunden – Michelmore 1962: 52
er trank keinen Alkohol – Seelig 1954: 138
berühmten Leiden – Stachel et al. 1987: Doc 109 (Mai 1901)
unser psychisches und physiologisches Leben verknüpft ist – Stachel et al. 1987: Doc 45 (März 1899)
die unentschuldbare slawische Neigung, Dinge laufen zu lassen – Clark 1979: 68
im Kampf gegen den Staub, die Motten und den Schmutz – Clark 1979: 41
geschickten Hände – Stachel et al. 1987: Doc 69 (1. August 1900)
gluckenartige Begeisterung – Stachel et al. 1987: Doc 71 (9. August 1900)
mit der sie für ihn sorgte – Stachel et al. 1987: Doc 75 (13. September 1900)
aus ihrer schlechten Stimmung heraus – Michelmore 1962: 36
kritischen Auge – Stachel et al. 1987: Doc 39 (16. Februar 1898)
er hatte sich ein Buch ausgeliehen – Stachel et al. 1987: Doc 41 (April 1898)
eine Krankheit an sein Zimmer fesselte – Stachel et al. 1987: Doc 40 (16. April bis 8. November 1898)
bitterem Groll – Stachel et al. 1987: Doc 52 (August 1900)
Schmollen Sie mit drum nicht, Hexchen! – Stachel et al. 1987: Doc 54 (10. September 1899)
lebhaft an Sie erinnert – Stachel et al. 1987: Doc 45 (März 1899)
die sonst die Schranke bewahrt – Stachel et al. 1987: Doc 57 September 1899)
von dem bewußten Züricher Philister – Stachel et al. 1987: Doc 50 (August 1899)
den Zungen der Menschen zuliebe – Stachel et al. 1987: Doc 57 (September 1899)
in der nahen Unionstraße – Stachel et al. 1987: 234
bei ›uns‹ doch am nettesten und gemütlichsten – Stachel et al. 1987: Doc 57 (September 1899)

seine Briefe heimelten sie an – Stachel et al. 1987: Doc 53 (August - September 1899)
direkt Plattenstraße 50 – Stachel et al. 1987: Doc 58 (September 1899)
schreckliche Hitze – Stachel et al. 1987: Doc 53 (August - September 1899)
Durchschnitt von 5,7 Punkten – Stachel et al. 1887: 214
Fiedlerei – Stachel et al. 1987: Doc 57 (September 1899)
Haben Sie nicht Mitleid mit mir? – Stachel et al. 1987: Doc 53 (August - September 1899)
arg viel Bücherstaub schlucken – Stachel et al. 1987: Doc 57 (September 1899)
wieder einmal einen Sieg mehr – Stachel et al. 1987: Doc 54 (10. September 1899)
aber außen lachts & innen krachts – Stachel et al. 1987: Doc 57 (September 1899)
Lebenskraft und Gesundheit in ihrem kleinen Leibchen – Stachel et al. 1987: Doc 52
prächtiges Mädel – Stachel et al. 1987: Doc 57 (September 1899)
ihre Einstellung zum Examen – Stachel et al. 1987: Doc 54, 57, 58 (September 1899)
glatte 5,0 und 4,75 – Prüfungsergebnisse, ETH
einfacher darstellen lassen wird – Stachel et al. 1987: Doc 52 (August 1899)
Felder und Kräfte – Stachel et al. 1987: Doc 23. Die Arbeit beginnt: Daß die Elektrodynamik Maxwells in ihrer Anwendung auf bewegte Körper zu Asymmetrien führt ... ist bekannt ... Bewegt sich nämlich der Magnet und ruht der Leiter, so entsteht in der Umgebung des Magneten ein elektrisches Feld ... Ruht der Magnet und bewegt sich der Leiter, so entsteht in der Umgebung des Magneten kein elektrisches Feld.
Die Einführung des Namens »Äther« – Stachel et al. 1987; Doc 52 (August 1899)
Da muß ich doch nicht noch meines aufrücken lassen – Stachel et al. 1987: Doc 54 (10. September 1899)
alten Henn & Schwester – Stachel et al. 1987: Doc 50 (August 1899)
stumpfsinnigen Geschwätz – Stachel et al. 1987: Doc 52 (August 1899)
Meine Mutter & Schwester – Stachel et al. 1987: Doc 50 (August 1899)
an diesem reizenden ruhigen Plätzchen – Stachel et al. 1987: Doc 52 (August 1899)

einen sehr begreiflichen Schmerz bereiten würde – Stachel et al. 1987: Doc 54 (10. September 1899)
Ihr spitzbübisches Freunderl – Stachel et al. 1987: Doc 49 (August 1899)
tausend herzliche Grüße – Stachel et al. 1987: Doc 54 (10. September 1899)
mit ihm ins ›Paradies‹ zu gehen? – Stachel et al. 1987: 219
mit jemandem musizieren können – Trbuhović-Gjurić 1983: 50
sehr liebenswürdig mit mir – Trbuhović-Gjurić 1983: 54
wegen ihrem Deutschen, den ich hasse – Stachel et al. 1987: 55 (7. Juni 1900)
oder sonst was – Stachel et al. 1987: Doc 64 (4. Juni - 23. Juli 1900)
großen Effekt – Stachel et al. 1987: Doc 45 (März 1899)
die Geschichte wegen Mama und Ihnen nur einbildete – Stachel et al. 1987: Doc 52 (August 1899)
können Sie es mir schon tun! – Stachel et al. 1987: Doc 53 (August - September 1899)
ohne Antwort so viel schriebe – Stachel et al. 1987: Doc 58 (10. Oktober 1899)
alte Frau so sehr gemocht hatte – Stachel et al. 1987: Doc 64 (4. Juni - 23. Juli 1900)
einen Durchschnitt von 5 – Troemel-Ploetz 1990: 244
Selbst die klügste Studentin – Troemel-Ploetz 1990: 415-32
einen argen Schulmeister – Stachel et al. 1987: Doc 39 (16. Februar 1898)
Leichtigkeit der Auffassung – Albert Einstein an Carl Seelig, 15 Mai 1952, ETH
genau dieselbe Schwäche gehabt zu haben – Stachel et al. 1987: 61. Einstein verwendete den Ausdruck »Leichtigkeit der Auffassung«
doch ›piu piano‹ – Stachel et al. 1987: Doc 68 (Juli 1900)

4 DAS HEIKLE THEMA
Seite 81 – 114

Balsam auf das verletzte Schwiegermutterherz – Stachel 1987: Doc 70 (6.August 1900)
Ich hätt besser getan – Stachel 1987: Doc 71 (August 1900)
und das bis Du – Stachel 1987: Doc 70 (6.August 1900)
heiligen Sakraments teilhaftig – Stachel 1987: Doc 72 (August 1900)
nicht mehr beeinflussen – Stachel 1987: Doc 73 (20. August 1900)

Meine Eltern sind sehr bekümmert – Stachel 1987: Doc 74 (30. August oder 6. September 1900)
Ich begreife meine Alten recht gut – Stachel 1987: Doc 70 (6. August 1900)
daß mir ganz Angst wurde – Stachel 1987: Doc 74 (30. August oder 6. September 1900)
furchtbar lieb – Stachel 1987: Doc 69 (1. August 1900)
ich gehöre doch nirgends hin – Stachel 1987: Doc 71 (August 1900)
fehlt es mir an Selbstgefühl – Stachel 1987: Doc 72 (August 1900)
verweichlicht, aufgeputzt und faul – Stachel 1987: Doc 69 (1. August 1900)
trostlos öde – Stachel 1987: Doc 68 (Juli 1900)
eine niedrige Form in der sozialen Entwicklung – Stachel 1987: Doc 70 (6.August 1900)
auch bei Einstein – Einstein las nach Frank, 1948: 67, »zur Erbauung« Schopenhauer und Nietzsche
Bescheidenheit bei mittelmäßigen Fähigkeiten – Schopenhauer, Essays und Aphorismen, Sämtliche Werke, Bd 5, Frankfurt/Main, 1986: 706
die Weiber im ganzen genommen – Schopenhauer, Über die Weiber, Sämtliche Werke, Bd 5, Frankfurt/Main, 1986: 727
geschicktes rühriges Ding – Stachel 1987: Doc 69 (1. August 1900)
prächtig herausfüttert – Stachel 1987: Doc 69 (1. August 1900), auch: Stachel 1987: Doc 72 (August 1900)
Ich kanns gar nicht erwarten – Stachel 1987: Doc 71 (August 1900)
O schöne Illusion! – Stachel 1987: Doc 75 (September 1900)
O mei! Der Johonzel – Stachel 1987: Doc 73 (20. August 1900)
in diesem traurigen Menschengewühl – Stachel 1987: Doc 74 (30. August oder 6. September 1900)
Du wirst gucken Toxerline! – Stachel 1987: Doc 75 (September 1900)
kaum einen Zweifel – Stachel 1987: Doc 79 (3. Oktober 1900)
Sie lassen sich nie etwas sagen – Seelig 1956a: 29
Du, Herr Schmied – Stachel 1987: LVIII
'S geht halt nix über ein Frauenzimmer – Stachel 1987: Doc 79 (3. Oktober 1900)
Kapillarität konzentriert – Stachel 1987: 264
Kannst dir vorstellen – Stachel 1987: Doc 85 (20. Dezember 1900)
nach physikalischem Standard übertrieben – John Stachel 1987, American Association for the Advancement of Science, Februar 1991
eine seiner beiden wertlosen Anfängerarbeiten – Einstein/Marić 1994: 28

zu recht vergessen – Pais 1983: 68, 57
Wenn sich dabei ein Naturgesetz ergibt – Stachel 1987: Doc 79 (3. Oktober 1900)
unserer Arbeit – Stachel 1987: Doc 101, 102, 107 (15. April 1901, 30 April 1901, Mai 1901)
Wir haben sie auch privatim – Stachel 1987: Doc 85 (20. Dezember 1900)
Direkte Beiträge zu dieser Arbeit – Stachel 1987: Doc 79 (3. Oktober 1900)
Sogar meine Arbeit – Stachel 1987: Doc 75 (September 1900)
Es ist so besser für seine Carrière – Stachel 1987: Doc 83 (11. Dezember 1900)
in seinem Fett ersticken – Stachel 1987: Doc 76 (19. September 1900)
'S Maderl hod gwoant – Stachel 1987: Doc 86 (20. Dezember 1900)
von der Nordsee bis an Italiens Südspitze – Stachel 1987: Doc 96 (4. April 1901)
wenn nicht Weber – Stachel 1987: Doc 100 (14. April 1901)
drückt ihn noch das Bewußtsein – Stachel 1987: Doc 99 (13. April 1901)
die Armen – Stachel 1987: Doc 93 (23. März 1901)
Schätzchens Liebe gegen Elternliebe – Stachel 1987: Doc 96 (4. April 1901)
nicht im geringsten gebrochen – Stachel 1987: Doc 97 (10. April 1901)
äußerst glückliche Idee – Stachel 1987: Doc 101 (15. April 1901)
gar nicht entmutigt – Stachel 1987: Doc 97 (10. April 1901)
Wie glücklich und stolz – Stachel 1987: Doc 94 (27. März 1901)
ein junger Mann gewesen, sehr verliebt – John Stachel, American Association For the Advancement of Science Comments, 5. März 1990
eine wunderbare Arbeit – Stachel 1987: Doc 101 (15. April 1901)
von Mileva so gehaßte Fach – Stachel 1987: Doc 53 (August/September 1899)
Der wackre Schwabe forcht sich nicht – Stachel 1987: Doc 101 (15. April 1901)
wie frisch und lustig – Stachel 1987: Doc 102 (30. April 1901)
Ich wurde ein bischen lustiger – Stachel 1987: Doc 105 (3. Mai 1901)
eine wunderschöne Abhandlung von Lenard – Stachel 1987: Doc 111
Weißt Du noch – Stachel 1987: Doc 112 (Mai 1901)
genialen Kerl – Stachel 1987: Doc 96 (4. April 1901)
trauriges Subjekt – Stachel 1987: Doc 115 (8. Juli 1901)
Es ist kein Wunder – Stachel 1987: Doc 114 (Juli 1901)
Pflichtgefühl – Albert Einstein an Carl Seelig, 5. Mai 1952, ETH

nicht um eine schlechteste Stelle – Stachel 1987: Doc 116 (8. Juli 1901)
über das Stadium der reinen menschlichen Empfindung hinaus – Stachel 1987: Doc 121 (Juli 1901)
Prügel, die Marija Marić ihm verheißen hatte – Stachel 1987: Doc 128 (17. Dezember 1901)
zur Lebensaufgabe – Stachel 1987: Doc 125 (23. November bis Mitte Dezember 1901)
Nur keinen weiteren Stürmer – Stachel 1987: Doc 123 (November 1901)
dieselbe, anekelnde Empfindung – Stachel 1987: Doc 124 (13. November 1901)
ein sehr böses Maul– Stachel 1987: Doc 125 (23. November bis Mitte Dezember 1901)
Ich glaube zwar, daß er meine Dissertation nicht zu refüsieren wagt – Stachel 1987: Doc 126 (28. November 1901)
wirklich schauderhaft – Stachel 1987: Doc 128 (17. Dezember 1901)
Die Dissertation – Stachel et al. 1989: 179
begabten Jünglingen – Stachel 1987: Doc 127 (12. Dezember 1901)
mein einziges menschliches Vergnügen – Stachel 1987: Doc 126 (28. November 1901)
außer wenn ich mit Dir zusammen bin – Stachel 1987: Doc 128 (17. Dezember 1901)
Es lebe die Unverfrorenheit! – Stachel 1987: Doc 127 (12. Dezember 1901)
bittren Medizin – Stachel 1987: Doc 131 (28. Dezember 1901)
doch nicht ganz so dumm – Stachel 1987: Doc 130 (19. Dezember 1901)
was noch zu lösen übrig wäre – Stachel 1987: Doc 127 (12. Dezember 1901)
Bald bist Du wieder grad so meine ›Studentin‹ – Stachel 1987: 130 (19. Dezember 1901)
Bis Du mein liebes Weiberl bist – Stachel 1987: Doc 131 (28. Dezember 1901)

5 MEINE EINZIGE BEGLEITUNG UND GESELLSCHAFT
Seite 115 – 149

vor Schreck fast umgefallen – Stachel 1987: Doc 134 (4. Februar 1902)
haben es ihm unmöglich gemacht – Interview mit Robert Schulmann vom 20. Februar 1992
Die Geschichte mit Liesel – Klein et al. 1993: Doc 13 (September 1903)

die Hälfte dieser Kinder hatte Schweizer Mütter – Lewis Pyenson, History of Science, Vol. 28, pt. 4, No. 82 (Dezember 1990) S. 268

Illegitimität war in gewissen Bevölkerungsschichten annehmbar – Interview mit Robert Schulmann vom 20. Februar 1992

die bittersten Stunden meines Lebens – Stachel 1987: Doc 138 (Pauline Einstein an Pauline Winteler, 20. Februar 1902)

zu was wichtigem helfen – Stachel 1987: Doc 124 (13. November 1901)

wäre es seltsam gewesen – Interview mit John Stachel vom 21. Februar 1992

von Savićs Tochter vernichtet – Interview mit Robert Schulmann vom 20. Februar 1992

besten Empfehlung an ihre Frau Gemahlin – Klein et al. 1993: 152 (2. Mai 1909)

Eines Tages könnte sie hereinkommen – Interview mit Gerald Holton vom 19. Februar 1992

Kontakt mit Bekannten Einsteins – Interview mit Don Howard vom 10. Oktober 1992

ein warnendes Telegramm – Telegramm von Frederick Lindemann an Hermann Weyl vom 23. November 1953, Einstein-Archiv, Boston

Ähnlichkeiten im Aussehen – Plesch 1947: 221

außerordentlich komisch – Interview mit Don Howard vom 10. Oktober 1992

Anscheinend stritt Einstein jede Bekanntschaft mit der Frau ab – Clark-Archiv, Edinburg, 0174; Brief von Lindemann von Bertha Bracey. Er scheint verloren gegangen oder aus dem Nuffield-Archiv entfernt worden zu sein.

Grete Markstein, eine Berliner Schauspielerin – F. Bial, Bericht vom 12. August 1936

Alle Freunde sagen – Plesch 1947: 221

Freunde hatten bemerkt – Michelmore 1962: 42

mißtrauisch, schweigsam und zu Depressionen neigend – Albert Einstein an Carl Seelig, 5. Mai 1952, ETH

träumerisches, schwermütiges Wesen – Seelig 1960: 73

Geradliniges und Herbes – Frank 1948: 35

ihre Liebe zu ihm stark genug – Michelmore 1962: 42

mit ihrer Umgebung in angenehmen Kontakt – Frank 1948: 44

mit Knalleffekt abgesegelt – Stachel 1987: Doc 133 (4. Februar 1902)

Geheimnisse der theoretischen Physik – French 1979: 71

kräftiges Herein! – Maurice Solovine, Vorwort zum Briefwechsel Einstein-Solovine

die Akademie Olympia – Seelig 1954: 69

Fachmann in den edlen Künsten – Klein et al. 1993: Doc 3 (A. D. 1903)

viel weniger kindisch war als jene angesehenen, die ich später kennenlernte – Seelig 1954: 69

ein allgemeiner Überblick – Gerald Holton in Woolf 1980: 49f.

unbestechliche Skepsis und Unabhängigkeit – Schilpp 1955: 8

unter einem Schmuckbogen von Würsten – Klein et al. 1993: Doc 3 (A. D. 1903)

Wenn Einstein etwas aß – Maurice Solovine, Vorwort zum Briefwechsel Einstein-Solovine

Brauchst nicht auf Habicht und Frösch eifersüchtig zu sein – Stachel 1987: Doc 137 (17. Februar 1902)

Ich ginge morgen viel lieber mit Dir – Klein et al. 1993: 1 (28. Juni 1902)

die Arbeit sei sehr langweilig – Stachel 1987: Doc 137 (17. Februar 1902)

Schusterarbeit – Seelig 1954: 68

strenger als mein Vater – Clark 1979: 79

niemals ohne Schuldgefühle – Hoffmann und Dukas 1986: 39

Das Aufgebot – Klein et al. 1993: 10 und E. Einstein 1991: 91

ich habe wieder meine Schlüssel vergessen – Seelig 1954: 44

Ich bin jetzt ein verheirateter Ehemann – Klein et al. 1993: Doc. 5 (Januar 1903)

meinem lieben Schatz noch enger verbunden – Mileva Marić an Helene Savić, etwa 20. März 1903; John Stachel, American Association for the Advancement of Science, Februar 1991

das Kind selbst zu erziehen – Renn und Schulmann 1992: 102

Morgenübelkeit – Klein et al. 1993: Doc 12 (27. August 1903)

Ich bin sogar froh darüber – Klein et al. 1993: Doc 13 (27. August 1903)

Erst jetzt akzeptierten – E. Einstein 1991: 92 und Trbuhović-Gjurić 1983: 94

Milevas sprödes Herz – Seelig 1956b: 72

Witz von der alten Hure – Michelmore 1962: 43

mußten sie lachen, daß sie meinten, sterben zu müssen – Klein et al. 1993: 227 (Maurice Solovine an Carl Seelig, 31. Juli 1955)

Total betrunken – Postkarte 12-429, Einstein-Archiv, Boston

die Arbeit im Patentamt – Klein et al. 1993: 7 (Mileva Marić an Helene Savić, 20. März 1902)

Die Familien Besso und Einstein – Jeremy Bernstein, A Critic At Large: Besso. New Yorker, 17. Februar 1989: 89.

Mehrere Forscher – unter anderen Arthur Miller und Gerald Holton

besonderen Sicht – Interview mit Jürgen Renn vom 27. März 1992. Eine ausführliche Besprechung der Arbeiten findet sich bei Stachel et al. 1989

vorwiegend ästhetischer Natur – Woolf 1980: 55

sehr revolutionär – Klein et al. 1993: Doc 27 (Albert Einstein an Conrad Habicht, Mai 1905)

am 17. März an die ›Annalen der Physik‹ – Stachel et al. 1989

jeder Hinz und Kunz – Pais 1983: 389

mit einem Zauberkunststück – French 1979: 3

Dabei entdeckte ich – Schilpp 1955: 18

Es war sein Freud Besso – Stachel et al. 1989: 206ff.

Einstein hatte wieder eine Theorie aufgenommen – Interview mit Jürgen Renn vom 28. Februar 1993

absoluter Ruhe oder absoluter Bewegung – Dieser Gedanke machte Newton Schwierigkeiten, der nicht sehr überzeugend behauptete, daß es »in den fernen Bereichen der Fixsterne oder vielleicht auch weit jenseits davon einen absolut ruhenden Körper geben könnte.«

Die Minute in Gefahr – Frank 1949: 79

einen weiteren kurzen Artikel – Albert Einstein, Ist die Trägheit eines Körpers von seinem Energieinhalt abhängig? Annalen der Physik. Vol. 18 (1905): 639

die Umkehrung zutrifft – Albert Einstein, Jahrbuch der Radioaktivität und Elektronik. Band 4 (1907).

In diesen Zeilen lebt ihr Geist – Trbuhović-Gjurić 1983: 77

Ihr Anteil war nicht klein – E. Einstein 1991: 98

ein Phantast – Feststellung der Boston University, Februar 1990

Ich hatte keinerlei Interesse oder Motiv dieser Art – Interview mit Evan Harris Walker vom 22. Januar 1993

Mrs Einstein's Claim to Fame – The Times, 20. Februar 1990

erhielten 1903 gemeinsam mit Henri Becquerel beide den Nobelpreis – Abir-Am und Outram 1989: 66

in Anerkennung der Beiträge seiner Frau – Abir-Am und Outram 1989: 114

Einsteins frühe Arbeit zu dem Thema – Pais 1983: 52

Alles, was ich geschaffen und erreicht habe – Trbuhović-Gjurić 1983: 76

Interview mit einem Belgrader Journalisten – Alle Versuche, es aufzufinden, blieben ergebnislos – Interview mit John Stachel vom 26. März 1993

unserer großen Serbin – Trbuhović-Gjurić 1983: 77

seltsame Ergebnis – Pais 1983: 114

genauso fähig – Evan Harris Walker, Physics Today, Februar 1991: 123

an Mileva geschrieben hatte – John Stachel, Anwortentwurf an Walker für ›Physics Today‹, 1992: 5

sehr interessant – Stachel 1987: Doc 57 (September 1899)

die Originale gesehen – Trbuhović-Gjurić 1983: 79

sowjetischen Physikzeitschrift – Uspekhi Fizicheskikh Nauk, Band 57, Nr. 2 (1955): 187

Einstein-Marity – John Stachel, Anwortentwurf an Walker für ›Physics Today‹, 1992: 5

Nur wenn Joffe wirklich das Manuskript gesehen hat – Evan Harris Walker, Baltimore Sun, 30 März 1990

eine wohlbekannte Einstein-Biographie – z. B. Seelig, 1954. John Stachel, Anwortentwurf an Walker für ›Physics Today‹, 1992: 5

Warum wartete Röntgen bis 1906 – John Stachel, American Association for the Advancement of Science, 5. März 1990

wie es seine Gewohnheit war – Hoffmann und Dukas 1986: 87

Eine Liste seiner Mitarbeiter – Pais 1983: 488-502

die Papiere in sein Pult – Reiser 1931: 67

Albert und seiner Studentin – Klein et al. 1993: Doc 17 (Albert Einstein an Marcel Großmann, April 1904)

Von Anfang an – Interview mit Gerald Holton vom 19. Februar 1992

Wenn Menschen zusammenarbeiten – Interview mit Peter Bergmann vom 16. März 1993

still, bescheiden – E. Einstein 1991: 98

Milevas Urenkel – Interview mit Paul Einstein vom November 1992

Mileva half ihm bei der Lösung – Michelmore 1962: 45

bis zu einem gewissem Grade – Schilpp 1955: 6

sie dagegen nur 5 – Stachel et al. 1987: 247. Bei der Berechnung der Durchschnitte wurden einige Noten doppelt und die der Diplomarbeit sogar vierfach gerechnet.

Wenn er mit dieser Art Mathematik Hilfe gebraucht hätte – Interview mit Jürgen Renn vom Mai 1992. Seine Dissertation erforderte viele Rechnungen.

Nixen? – Abraham Pais in einem Brief an Roger Highfield

während seines Vortrags 1922 in Japan – Pais 1983: 139. Die Zahl von fünf oder sechs Wochen kommt an anderer Stelle vor, so zum Beispiel im Brief von Albert Einstein an Carl Seelig vom 11. März 1952.

Resonanzboden – Arthur Miller in einer Vorlesung am University College in London am 11. Februar 1992

aufgrund seiner eigenen Studien – Renn und Schulmann in Einstein/Marić 1994: 36

Jeder am Patentamt – Jeremy Bernstein, A Critic At Large: Besso. New Yorker, 17. Februar 1989: 91

unerwarteterweise ein Freund in Bern – Pais 1983: 135

den Vergleich für sie zurückgewiesen – Siehe Senta Troemel-Ploetz, Index on Censorship, 9/1990: 36

Eigentlich machte sie zu fast allem Bemerkungen – Interview mit John Stachel vom 21. Februar 1992

6 HUNGRIG NACH LIEBE
Seite 151 – 182

die Reaktion des höchst einflußreichen Max Planck – Wir wissen nicht, wann dieser Briefwechsel begann; Einstein erwähnt ihn in einem Brief an Solovine vom 3. Mai 1906.

Vater der Relativitätstheorie – Pais 1983: 309 und Seelig 56a: 309, auch in einem Brief von Max von Laue an Carl Seelig vom 13. März 1952 im Clark-Archiv Edinburg: »Im allgemeinen Empfangsraum sagte mir ein Beamter, ich sollte wieder auf den Korridor gehen, Einstein würde mir dort entgegenkommen. Ich tat das auch, aber der junge Mann machte mir einen so unerwarteten Eindruck, daß ich nicht glaubte, er könne der Vater der Relativitätstheorie sein. So ließ ich ihn vorübergehen und erst als er aus dem Empfangsraum zurückkam, machten wir Bekanntschaft miteinander.«

von Laue bekannte als alter Mann – Max von Laue an Margot Einstein, 23. Oktober 1959, zitiert in Holton 1988: 212

der Copernicus des 20. Jahrhunderts – Clark 1991: 101

Faulpelz – Hoffmann und Dukas 1976: 103

noch ein so bescheidenes Häufchen – Pais 1983: 150

ehrwürdigen eidgenössischen Tintenscheisser! – Klein et al. 1993: Doc 43 (5. Januar bis 11. Mai 1907)

Ob ihre arme Börse – Brief an Helene Savić von 1906

unglaublichen Fragen – Trbuhović-Gjurić 1983: 82

den glücklichsten Gedanken – Pais 1983: 175f.

Maschinchen – Eine ausführliche Beschreibung findet sich in Klein et al. 1993: 51

Gebrüdern Habicht verfaßt – Conrad Habicht und Paul Habicht, ›Elektrostatischer Potentialmultiplikator‹ nach A. Einstein. Physikalische Zeitschrift, Band 11 (1910): 532

ein Stein – Trbuhović-Gjurić 1983: 65

Ein flüchtiger Hinweis – Seelig 1954: 73 – »Die Versuche, es zu vervollkommnen, zogen sich unter gelegentlicher Mitarbeit von Mileva über mehrere Jahre hin.«

was ihn wissenschaftlich gerade begeisterte – Klein et al. 1993: Doc 96 (17. April 1908)

der erste, mit dem gemeinsam er eine Arbeit veröffentlichte – Siehe zum Beispiel Pais 1983: 486 und Klein et al. 1993: 640

sie engen seinen Blick ein – Helene Dukas an Carl Seelig, 9. September 1952, ETH

schon der Anblick eines Berges – Hans Albert Einstein im Gespräch mit Bela Kornitzer, in: American Fathers and Sons, Hermitage House, 1952; auch in: Gazette & Daily, York, Pa., 20. September 1948

nicht im entferntesten mit Einsteins zu vergleichen – Clark 1979: 130

Die Geschichte von Adlers Selbstaufopferung – Frank 1947: 95f.

ein Gesuch zugunsten von Adler – Speziali 1972: 105 (Albert Einstein an Michele Besso, 29. April 1917)

eigentlich die zweite Wahl – Interview mit Robert Schulmann, 20. Februar 1992

zu den bedeutendsten theoretischen Physikern – Pais 1983: 184

den Himmel voll Bassgeigen – Klein et al. 1993: 154 (12. Mai 1909)

unpassenden weiteren Brief – Klein et al. 1993: 199 (23. Mai 1909)

durchaus ehrenwert – Klein et al. 1993: Doc 166 (7. Juni 1909)

Seelisches Gleichgewicht – Klein et al. 1993: Doc 187 (17. November 1909)

Man muss es allein hinuntermurgsen – Klein et al. 1993: Doc 204 (28. April 1910)

mit ungewöhnlicher Häßlichkeit – Klein et al. 1993: Doc 199 (27. Juli 1951)

die erste Bemerkung gewesen, die ihn schockiert habe – Interview mit John Stachel vom 21. Februar 1992

hart und starr wie eine Gipsmaske – Marianoff und Wayne 1944: 40

etwas herb, fast grob – Konrad Wachsmann in: Grüning 1990: 157

Sie.war eine typische Slawin – E. Einstein 1991: 20

schon mehrere Wochen vor Beginn – Arthur Miller, Vorlesung am University College, London, 11. Februar 1992

so viele schöne, und ich muß sagen, auch bittere und schwierige Tage – Interview mit John Stachel vom 21. Februar 1992
führenden deutschsprachigen Physikern – Mileva Marić an Helene Savić, 1909, in: John Stachel (im Druck)
Der Druck, unter dem er in seiner Jugend oft gestanden hatte – Frank 1948 131f.
Der wachsende Erfolg – Reichinstein 1934: 29
Titel des Notenheftes mit den alten Tänzen – Klein et al. 1993: Doc 192 (17. Dezember 1909)
bei soviel Berühmtheit – John Stachel, im Druck
Hart? Streng? – Jerry Tallmer, Sons of the Famous. New York Post, Daily Magazine, 23. Mai 1963: 27
der Storch ein gesundes Bübchen – Klein et al. 1993: Doc 217 (vor dem 1. August 1910)
In meiner Relativitätstheorie – Frank 1948: 131
besonderes Interesse an meinem Bruder oder mir – Bela Kornitzer, American Fathers and Sons, Hermitage House 1952; auch in: Gazette & Daily, York, Pa., 20. September 1948
eines der schönsten Spielzeuge – Whitrow 1967: 19
Er saß in seinem Arbeitszimmer – Clark 1993: 42
daheim beim Kind – Reichinstein 1934: 27
musikalische Gelegenheiten – Mileva Marić an Helene Savić, Januar 1911
der schönen Jugendzeit – Albert Einstein an Anna Meyer-Schmid, 17. Dezember 1926
Y. bemerkte noch nicht die Wandlung – Reichinstein 1934: 46
nach reichlicher Überlegung – Mileva Marić an Helene Savić, Januar 1911
hervorragenden Forscher und Dozenten – Klein et al. 1993: Doc 210 (23. Juni 1910)
Ob ich wohl auch so denkfaul würde – Stachel et al. 1987: Doc 111 (Mai 1901)
einige höfliche Redesarten – Clark 1979: 143
machen mir sehr Freude – Pais 1983: 191
Eduards Weinen – Levinger 1962: 53. Sie wohnten zunächst im Hotel Viktoria (Klein et al. 1993: 627).
Drei-Zimmer-Wohnung – Illy 1979: 79
gebrauchte Matratze – Levinger 1962: 53
voller Flöhe – Michelmore 1962: 52
Je dreckiger ein Volk lebt – Seelig 1954: 154
wirklich robusten Gesundheit – Klein et al. 1993: Doc 267 (Mai 1911)

Das schadet nicht viel – Frank 1979: 138
Wolldecken kaufen – Klein et al. 1993: Doc 263 (7. April 1911)
Menschen mit natürlichem Empfinden – Klein et al. 1993: Doc 267 (Mai 1911)
experimentelle Abenteuer – Klein et al. 1993: Doc 263 (7. April 1911)
schönen Fach – Klein et al. 1993: Doc 354 (4. Februar 1912)
auch aus diesem Wald – Albert Einstein an Heinrich Zangger, 1911
halbwegs brauchbare Studentinnen – Klein et al. 1993: Doc 354 (4. Februar 1912)
die hohe Statthalterei – Klein et al. 1993: Doc 266 (27. April 1911)
Tintenscheißerei – Pais 1986: 192, auch Klein et al. 1993: Doc 374 (17. März 1912)
eine teure Uniform – Wickert 1984: 62
Seine übliche Kleidung – Seelig 1954: 144
ergebenster Diener – Klein et al. 1993: Doc 374 (17. März 1912)
standesdünkelhaft und servil – Klein et al. 1993: Doc 267 (13. Mai 1911)
in den Gärten der Cafés – Marianoff und Wayne 1944: 54, 52
im Heim von Berta Fanta – Illy 1979: 82
an einer geplatzten Blase – Dreyer 1890: 309
seine Schwester Sophia – Abir-Am und Outram 1989: 46
eine depressive und schlechtgelaunte Frau Barbara – Caspar 1959: 71, 175, 206
etwas Außermenschliches, unbegreiflich Gefühlloses – Brod 1917: 267
gegenüber der wahrgenommenen Meinung gleich intolerant – Max Brod an Albert Einstein, 22. Februar 1949, ETH, und an Carl Seelig 1952
Einsteins Persönlichkeit – Frank 1948: 107
einen Teil der Verrückten – Frank 1979: 142; Illy (1979: 78) berichtet, er habe eine Straße und einen schattigen Garten überschaut, die die Mauern und Gebäude der Heilanstalt umgaben.
Wirken nicht Körper auf Licht aus der Entfernung? – Newton, Principia. Buch III, Query I
fast dieselbe Ablenkung – Pais 1986: 200
Philipp Lenard ließ von Soldners Arbeit nachdrucken – Pais 1986: 200 und Bernstein 1973: 193
Briefwechsel zur Strahlungstheorie – Klein et al. 1993: Doc 146 (30. März 1909)
Ich bewundere diesen Mann – Klein et al. 1993: Doc 161 (19. Mai 1909)
bei Lorentz wohnte – Ein zufälliges erfreuliches Ergebnis dieses

Besuchs war das Wiedertreffen des Ehepaars Einstein mit Margarete von Uexküll, der Kommilitonin aus Zürich, deren Ergebnisse Einstein einst so gekommt gefälscht hatte und die jetzt mit ihrem Mann Anton Willem Nieuwenhuis, einem holländischen Arzt und Ethnologen, in Leiden wohnte. Von Uexküll hatte Albert und Mileva aus den Augen verloren und war sehr verwirrt, als Lorentz ihr sagen ließ, alte Freunde würden sie gern wiedersehen. Der Name bedeutete ihr nichts, aber sie erkannte Mileva sofort mit »freudiger Überraschung« wieder. Die Ankündigung, daß Mileva jetzt Frau Einstein war, sagte ihr immer noch nichts, und erst als Alberts vertrautes Gesicht im Nebenzimmer sichtbar wurden, erkannte von Uexküll auch ihn. »Das war einer der peinlichsten Augenblicke meines Lebens«, erinnerte sie sich. (Erinnerungen von Margarete von Uexküll. Frankfurter Allgemeine Zeitung, 10. März 1956)

Güte und Menschenfreundlichkeit – Klein et al. 1993: Doc 254 (15. Februar 1911)

unvergleichlichem Takt und unglaublicher Virtuosität – Klein et al. 1993: Doc 303 (7. November 1911)

Lorentz saß lächelnd – Bernstein 1975: 176

wie ein köstliches Kunstwerk – Hoffmann und Dukas: 266

Jeder folgte ihm gern – In memoriam Paul Ehrenfest, 1934

kolportierte Schauergeschichte – Klein et al. 1993: Doc 303 (7. November 1911)

inniger Anwandlung von Zärtlichkeit – Klein et al. 1993: Doc 300 (28. Oktober 1911)

ein dunkler Punkt in meinem Leben – Klein et al. 1993: Doc 331 (26. Dezember 1911). Als Marie im folgenden August ein Kind hatte, sagte Einstein, er fühlte sich als eine Art Onkel (Maja war mit Paul Winteler verheiratet).

ein uneheliches Kind – Illy 1979: 79

besten Lehrer – Sayen 1985: 17f.

Die beiden Männer verstanden sich sofort – Klein 1970: 176

sorgfältig Tagebuch – Interview mit Robert Schulmann vom 20. Februar 1992

mit Einstein zusammen – Klein 1970: 176

eine Woche später zum Abschied – Illy 1979: 81

Erst als sie nach Haus ging – Klein 1970: 176

liebes, liebes Buberl – Klein et al. 1993: Doc 605 (24. Februar 1912)

Er ging gern zur Schule – Mileva Marić an Michele Besso, Clark-

Archiv Edinburg, 0291 (26. März). Das Jahr wurde durch Vergleich mit Klein et al. 1993: 432 bestimmt.

der Beginn einer Faszination mit Wasser – E. Einstein 1991: 7

nach seinem achten Geburtstag im Mai 1912 – E. Einstein 1991: 18

7 JEMAND LIEBHABEN MUSS ICH ABER
Seite 183 – 210

Elsa wurde für hübscher gehalten als Mileva – Interview mit Herta Waldow vom 15. September 1992

Die Ähnlichkeit zwischen Frau Einstein und ihrem Mann – Rabbig Harry Cohen in: The Jewish Spectator , Januar 1969

dieselbe Dialektfärbung – Vallentin 1955: 64 und Reiser 1931: 124

die Kinder spielten oft zusammen – Hoffmann und Dukas 1986: 134; siehe auch Reiser 1931: 124. Die Familie verkaufte ihre Textilfabrik in Hechingen und zog nach Berlin. – Interview mit John Stachel vom 26. März 1993.

sie habe sich schon als Kind in ihren Vetter verliebt – Pais 1983: 301

Einstein-Biographien – z. B. Hoffmann und Dukas 1986: 134

die Scheu von Kätzchen – Marianoff und Wayne 1944: 6, 16

Die Verbindung wurde wieder aufgenommen – Klein et al. 1993: 641 und Illy 1979: 82

Ich habe Dich in diesen wenigen Tagen so lieb gewonnen – Klein et al. 1993: Doc 389 (30. April 1912)

alle ihre Briefe zu vernichten – Interview mit Robert Schulmann vom 20. Februar 1992

besonders schöne Briefe aus den besten Jahren – Klein et al. 1993: 458

Marianoff wußte offenbar von diesen Briefen – Marianoff und Wayne 1944: 54

eine eher nervöse Liebeserklärung – Klein et al. 1993: Doc 389 (30. April 1912)

Ich kann Dir nicht sagen, wie leid Du mir thust – Klein et al. 1993: Doc 391 (7. Mai 1912)

er schriebe Elsa zum letzten Mal – Klein et al. 1993: Doc 399 (21. Mai 1912)

bei uns Alten und beiden Bärchen grosse Freude – Klein et al. 1993: Doc 352 (2. Februar 1912)

Mileva hätte den Ausschlag gegeben – Frank 1979: 169

kaum Heimweh nach dort verspüren – Mileva Marić an Michele Besso, Clark-Archiv, Edinburg, 0291 (datiert vom 26. März aus Prag; das Jahr wurde aus Klein et al. 1993: Doc 374 geschlossen.

mit schwerem Herzen – Klein et al. 1993: Doc 313 (23. November 1911)
Das macht nichts – Frank 1979: 170
Hans Albert fand seinen Vater dann ›prima‹ – Michelmore 1962: 56
eine kühne Fortsetzung der Relativitätstheorie – Klein et al. 1993: Doc 434 (23. März 1913)
Grossmann, du mußt mir helfen – Pais 1986: 213
eine Kinderei – Pais 1986: 217
Hier kommt der ganze Einstein-Hühnerstall – Trbuhović-Gjurić 1983: 103
schweigsam und düster gewesen – Trbuhović-Gjurić 1983: 102. Trbuhović-Gjurics Buch bezieht sich auf das Tagebuch von Lisbeth Hurwitz, das jetzt verloren ist.
Er arbeitet unermüdlich an seinen Problemen – Trbuhović-Gjurić 1983: 104 und E. Einstein 1991: 96
Mileva sei geschlagen worden – Whitrow 1967: 21
etwas marode – Trbuhović-Gjurić 104, siehe auch Klein et al. 1993: Doc 431
zum Geburtstag gratuliert – Klein et al. 1993: 516
Wenn Dich Dein Weg nach Zürich führt – Klein et al. 1993: Doc 432 (ca. 14. März 1913)
drängt Elsa mit neuer Kraft – Klein et al. 1993: Doc 434 (23. März 1913)
geradezu übermenschlichen Anstrengungen – Klein et al. 1993: Doc 441 (28. Mai 1913)
sonst geh ich baldigst kaputt – Klein et al. 1993: Doc 434 (23. März 1913)
Das kleine Schauspiel fand statt – Klein et al. 1993: 534
alle Verpflichtungen abgenommen – Klein et al. 1993: Doc 467 (10. Oktober 1913)
noch ein goldenes Ei legen – Seelig 1956a: 148
Einstein erinnert sich – Frank 1979: 182
listig genug – Clark 1974: 124
liebevollen Fürsorge – Pais 1983: 242
Dich oft zu sehen – Klein et al. 1993: Doc 454 (Juli 1913)
mit sehr gemischten Gefühlen – Klein et al. 1993: Doc 465 (August 1913)
die wunderbare Fülle von Dingen – Klein et al. 1993: Doc 435 (3. April 1913)
die Verlegenheit, mit der zwei Unbedarfte die Fremde erleben – Clark-Archiv, Edinburg, 0285

Unsere Abreise ging neulich abends so rasch vor sich – Clark-Archiv, Edinburg, A3: 4
Eduard war am Tag der Abreise krank – Trbuhović-Gjurić 1983: 105
erhabene und ungetrübte Beziehung – Albert Einstein 1934: 77
Frau Curie ist sehr intelligent – Klein et al. 1993: Doc 465 (August 1913)
Sehr wenige Frauen sind kreativ – in: Listener, 8. September 1968
die Ohrentzündung, an der er litt – E. Einstein 1991: 97
nach serbisch-orthodoxem Ritus getauft – Trbuhović-Gjurić 1983: 106
durch sein aufgeregtes Herumlaufen – E. Einstein 1991: 97
Na ja, mir kann's egal sein – Trbuhović-Gjurić 1983: 125, siehe auch Seelig 1956a: 113
Da bin ich wieder in Zürich – Klein et al. 1993: Doc 476 (10. Oktober 1913)
das schönste Gedicht noch so göttlich – Klein et al. 1993: Doc 482 (7. November 1913)
Haarbürste wird regelmäßig verwendet – Klein et al. 1993: Doc 486 (November 1913)
als Heiliger und schalenloses Ei – Klein et al. 1993: Doc 488 (vor dem 2. Dezember 1913)
Minimum medizinischer Hilfe – Klein et al. 1993: Doc 466 (nach dem 11. August 1913)
aus ächt wissenschaftlichen Erwägungen – Klein et al. 1993: Doc 489 (nach dem 2. Dezember 1913)
unverbesserlichen Mistfinken – Klein et al. 1993: Doc 497 (21. Dezember 1913)
eine kleine Zigeunerwirtschaft – Klein et al. 1993: Doc 478 (November 1913)
fahrendes Volk – Klein et al. 1993: Doc 486 (nach dem 22. November 1913)
unersättlichem schmerzlichem Ehrgeiz – Klein et al. 1993: Doc 478 (November 1913)
nützliche Arbeit – Klein et al. 1993: Doc 476 (10. Oktober 1913)
Tag und Nacht – Klein et al. 1993: Doc 497 (nach dem 21. Dezember 1913)
eisiges Schweigen – Klein et al. 1993: Doc 489 (Dezember 1913)
Glaubst Du, es sei so leicht, sich scheiden zu lassen – Klein et al. 1993: Doc 488 (Dezember 1913)
unfreundliche humorlose Kreatur – Klein et al. 1993: Doc 489 (Dezember 1913)
sauerste Sauertopf – Klein et al. 1993: Doc 497 (Dezember 1913)

unliebenswürdig und mißtrauisch – Klein et al. 1993: Doc 498 (Dezember 1913)
die Liebe zur Wissenschaft – Klein et al. 1993: Doc 497 (Dezember 1913)
wirklich grossen Dingen – Klein et al. 1993: Doc 509 (Dezember 1913)
Je weniger persönliche Reibereien – Klein et al. 1993: Doc 489 (Dezember 1913)
Vergnügen an seiner Ehe – Klein et al. 1993: Doc 498 (Dezember 1913 – Januar 1914)
eine gewisse Gefahr – Klein et al. 1993: Doc 505 (Januar 1914)
Befehl des Arztes – Klein et al. 1993: Doc 511 (5. März 1914)
Das Einleben hier gelingt wider Erwarten gut – Seelig 1954: 182
recht menschlich – Seelig 1956a: 150
Sie hatte keine Freunde – Michelmore 1962: 62
im September nach Deutschland zurück – Michelmore 1962: 63
Warum es zur Trennung kam – Whitrow 1967: 20
Einstein ging weinend vom Bahnhof zurück – Pais 1983: 240
nahe am Wasser gebaut – Janos Plesch an Peter Plesch, 18. April 1955
allein um den Verlust seiner Kinder – Vallentin 1955: 98 und Interview mit Robert Schulmann vom 20. Februar 1992
Ohne Dich ist mein Leben kein Leben – Stachel Doc 72

8 EIN AMPUTIERTES GLIED
Seite 211 – 233

das Säbelgerassel – Klein et al. Doc 424
Europa in seinem Wahn – Klein 1970: 300 (Albert Einstein an Paul Ehrenfest, 19. August 1914)
Abgesehen von der allgemeinen Misere – Albert Einstein an Heinrich Zangger, 17. Mai 1915
bewußte Loslösung – Pais 1986: 244 und Albert Einstein an Heinrich Zangger, wahrscheinlich Frühjahr 1915
Das war vermutlich die schlimmste Zeit – Whitrow 1967: 20
Der Gedanke an eine freundliche Beziehung – Albert Einstein an Mileva Marić, 1914
ohne wenn und aber – Albert Einstein an Mileva Marić, 1914
Kunde von meinen lieben Buben – Albert Einstein an Mileva Marić, 18. Juli 1914
regelmäßige Korrespondenz – Albert Einstein an Mileva Marić, 12. Januar 1915
Er sah keinen Grund – Albert Einstein an Mileva Marić, 1. April 1916

meine grösste Liebhaberei – Albert Einstein an Hans Albert Einstein, 26. November 1915
Dich im Denken zu üben – Albert Einstein an Hans Albert Einstein, 25. Januar 1915
Sie war zu stolz – Trbuhović-Gjurić 1983: 114
Die Familie Hurwitz gab ihr Noten – Trbuhović-Gjurić 1983: 114
Ich hätte dir noch mehr Geld überwiesen – Albert Einstein an Mileva Marić, 15. September 1914
jährliche Unterhaltszahlungen – Albert Einstein an Mileva Marić, 12. Dezember 1914
Hätte ich Dich vor 12 Jahren so gekannt – Albert Einstein an Mileva Marić, 12. Januar 1915
für die Familie zu sorgen – Trbuhović-Gjurić 1983: 116
nie so ruhig und glücklich – Albert Einstein an Heinrich Zangger, 7. Juli 1915
so schön ausruhen, wie noch nie, seit ich erwachsen bin – Albert Einstein an Heinrich Zangger, 7. Juli 1915
Menschen wie das Meer – Albert Einstein an Hans Albert Einstein, aus Princeton, undatiert, 1914
Einstein hatte ihre Erlaubnis gewonnen – Albert Einstein an Heinrich Zangger, 7. Juli 1915 und 28. Mai 1915
in letzter Minute – Albert Einstein an Heinrich Zangger, 7. Juli 1915
reisten er und sein Vater nach Süddeutschland – Michelmore 1962: 67
nicht besuchen – Albert Einstein an Hans Albert Einstein, 30. November 1915
Dein Brief hat mich aufrichtig gefreut – Albert Einstein an Mileva Marić, 15. November 1915
Einstein seit 1907 wußte – Interview mit John Stachel vom 26. März 1993
er habe Herzklopfen – Pais 1983: 253
in allen Fasern des Leibes jucke – Klein 1970: 302 (Albert Einstein an Paul Ehrenfest, 26. Dezember 1915)
an der Grenze warten – Albert Einstein an Hans Albert Einstein, 1. Dezember 1915
betteln müssen – Albert Einstein an Mileva Marić, 1. April 1916
viele interessante Dinge – Albert Einstein an Hans Albert Einstein, 1916
die Schwingungen eines anderen aufzunehmen – Frieda Bucky, Clark-Archiv, Edinburg, 0382a
nunmehr erprobte Trennung – Albert Einstein an Mileva Marić, 6. Februar 1916

sie möge sich in ihn hineindenken – Albert Einstein an Mileva Marić, datiert als »wahrscheinlich 1918«, aber nach einem Hinweis auf Elsas älteste Tochter wahrscheinlich 1915 oder 1916

wie ich mir's nicht besser wünschen könnte – Albert Einstein an Mileva Marić, 8. April 1916

körperlich und seelisch kaput – Speziali 1972: 74 (Albert Einstein an Michele Besso, 14. Juli 1916)

das Ende sei da – Trbuhović-Gjurić 1983: 138, aber ohne Quellenangabe. Siehe auch Albert Einsteins Hinweis auf Gehirntuberkulose in: Speziali 1972: 80 (Albert Einstein an Michele Besso, 24. August 1916)

eine Reihe von Herzanfällen – Trbuhović-Gjurić 1983: 138

ruhen und alle Aufregung vermeiden – Speziali 1972: 90 (Albert Einstein an Michele Besso, 5. Dezember 1916)

lebten sie zeitweise bei Helene Savić – Trbuhović-Gjurić 1983: 183 und Interview mit Milan Popović vom 16. März 1993

Du hast keine Ahnung – Albert Einstein an Michele Besso, 14. Juli 1916

Weitaus der größte Teil war simuliert – Pauline Einstein an Elsa Löwenthal, 6. August 1916

Wir Männer sind jämmerliche, unselbständige Geschöpfe – Albert Einstein an Michele Besso, 21. Juli 1916

dankbar für die Nachrichten – Speziali 1972: 124 (Albert Einstein an Michele Besso, 5. Januar 1918)

seine Pflegemutter – Speziali 1972: 119 (Albert Einstein an Michele Besso, 3. September 1917)

Noch nie ist jemand derart unverschämt gegen mich gewesen – Speziali 1972: 126 (Albert Einstein an Michele Besso, 23. Juni 1918)

Dein Schweigen beruhigt mich – Speziali 1972: 74 (Albert Einstein an Michele Besso, 11. August 1916)

meiner Frau langsam besser geht – Speziali 1972: 80 (Albert Einstein an Michele Besso,

häufigen Krankenhausaufenthalten – Trbuhović-Gjurić 1983: 122

Mileva lesen zu lassen – Speziali 1972: 90 (Albert Einstein an Michele Besso, 5. Dezember 1916)

nicht mehr mit der Scheidung behelligen – Speziali 1972: 81 (Albert Einstein an Michele Besso, 6. September 1916)

Ich werde dafür sorgen – Speziali 1972: 84 (Albert Einstein an Michele Besso, 31. Oktober 1916)

durch den Schein getäuscht ein getrübteres Bild – Albert Einstein an Heinrich Zangger, 17. Mai 1915

dankte er Savić dafür, daß sie ihn nicht verurteilte – Trbuhović-Gjurić 1983: 125
den Gefrierpunkt nach unten unterschritten – Speziali 1972: 80 (Albert Einstein an Michele Besso, 24. August 1916)
Lass Dirs allein mit Tete nicht Angst werden – Albert Einstein an Hans Albert Einstein, 13. Oktober 1916
Davon, daß ich Albert gegen Mizas Willen wegnähme – Speziali 1972: 96 (Albert Einstein an Michele Besso, Dezember 1916)
Albert aus der Schule zu nehmen – Speziali 1972: 101 (Albert Einstein an Michele Besso, 9. März 1917)
redliche und geschätzte Menschen werden – Trbuhović-Gjurić 1983: 121
Nichts soll ohne Not geschehen – Albert Einstein an Heinrich Zangger, 5. Mai 1915
nur darauf, was sich für den Jungen empfiehlt – Speziali 1972: 112 (Albert Einstein an Michele Besso, 8. Mai 1917)
lange Abschnitte auswendig – E. Einstein 1991: 23
Er las schon bei Schuleintritt gern Zeitung – Interview mit Maria Grendelmeier, Juli 1992
Freuden Goethes und Schillers – Rübel 1986: 11
kein Bücherwurm zu werden – Albert Einstein an Eduard Einstein, 1917
ein feines Kerlchen – Heinrich Zangger an Albert Einstein, Frühling 1918
anhaltenden Kopf- und Ohrenschmerzen – Trbuhović-Gjurić 1983: 151
aber ich mache mir keine grossen Illusionen – Speziali 1972: 96 (Albert Einstein an Michele Besso, Dezember 1916)
Wer weiss, ob es nicht besser wäre – Speziali 1972: 101 (Albert Einstein an Michele Besso, 9. März 1917)
die Methode der Spartaner – Albert Einstein an Heinrich Zangger, 10. März 1917
Mit kaum verhülltem Sarkasmus – Albert Einstein an Mileva Marić, 31. Januar 1918
Tete muß zurück – Speziali 1972: 121 (Albert Einstein an Michele Besso, 22. September 1917)
in einer Art Desinfektionsapparat – Albert Einstein an Heinrich Zangger, 6. Dezember 1917)
dann diagnostizierte sein Arzt Gallensteine – Speziali 1972: 101 (Albert Einstein an Michele Besso, 9. März 1917)
Einsteins Berliner Verwandten ergänzten seine Vorräte – Pais 1986: 300ff.

Ich bringe den hiezu nötigen Aberglauben schwer auf – Speziali 1972: 112 (Albert Einstein an Michele Besso, 8. Mai 1917)
ein Geschwür am Zwölffingerdarm – Speziali 1972: 124 (Albert Einstein an Michele Besso, 5. Januar 1918)
Ich fühle mich so solidarisch mit allem Lebenden – Clark 1991: 141
Besso den Eindruck zu vermitteln – Clark 1979: 194
Er lobte Elsas Kochkünste – Albert Einstein an Heinrich Zangger, 6. Dezember 1917
Da brauchen Sie aber keine Gewissensbisse zu haben – Frank 1948: 154
in dieser Zeit ein Unikum – Elsa Löwenthal an Pauline Einstein, September 1918
wie ein Tropfen Öl auf dem Wasser – Albert Einstein an Heinrich Zangger, 5. Mai 1917
die Wandelbarkeit aller menschlichen Beziehungen – Albert Einstein an Heinrich Zangger, 10. März 1917
als unbeschreiblicher Segen für mich erwiesen hat – Michelmore 1962: 93
Anzeichen einer depressiven Geisteskrankheit – Trbuhović-Gjurić 1983: 140 und Heinrich Zangger an Albert Einstein, 21. Februar 1918
Nervenheilanstalt der Universität Zürich – Heinrich Zangger an Albert Einstein, 22. Oktober 1919
Haber hatte allen Grund – Goran 1967
so viel wie möglich herauszuhandeln – Clark-Archiv, Edinburg, 0331
sehr nett – Albert Einstein an Heinrich Zangger, 22. April 1918
seine Ersparnisse – Speziali 1972: 116 (Albert Einstein an Michele Besso, 15. Mai 1917)
Ich werde Zangger das geben – Speziali 1972: 124 (Albert Einstein an Michele Besso, 5. Januar 1918)
nicht einen Pfennig mehr – Albert Einstein an Mileva Marić, 31. Januar 1918. Die Summe entspricht der, die in seinen Briefen an Besso erwähnt wird.
Wert von etwa 180 000 Schweizer Franken – Pais 1983: 503
Einstein war zwar schon 1910 für den Preis nominiert worden – Pais 1983: 505
Die Sache mit dem originellen Scheidungsrat habe ich bekommen – Speziali 1972: 128 (Albert Einstein an Michele Besso, 9. Juli 1918)
mit dem Rasiermesser die Kehle durchgeschnitten – Speziali 1972: 132 (Albert Einstein an Michele Besso, 20. August 1918)
Die Initiative dazu war von Zangger ausgegangen – Speziali 1972: 139 (Albert Einstein an Michele Besso, 8. September 1918)

den Erhalt eines Portfolios von Aktien – 7. Dezember 1918, Einstein-Archiv, Boston
auf einem Berliner Standesamt – Clark 1979: 218

9 DER HEILIGE
Seite 235 – 268

die Geburt der Einstein-Legende – Pais 1983: 309
Die Sache erinnert an das Märchen – Albert Einstein an Heinrich Zangger, Weihnachten 1919
Ähnlichkeit mit Midas – Clark-Archiv, Edinburg, 0314, und Albert Einstein an Max Born, 9. September 1920
eine Haarsträhne abzuschneiden – Bericht über das Treffen des Komitee für Intellektuelle Zusammenarbeit in: Daily Telegraph, 1922
Gibt es dich wirklich? – Sayen 1985: 78
ein regelmäßiger Besucher verglich sie mit Zerberus – Plesch 1947: 220
Sie ist da, um mich zu beschützen – Whitrow 1967: 54
alle gleich häßlich – Vallentin 1954: 98
Im Salon, dem sogenannten Bierdermeierzimmer – Herneck 1978: 14
An den Wänden hingen Bilder – Frank 1948: 154 und Pais 1983: 301
ein Glas mit ein oder zwei Goldfischen – Herneck 1978: 84
bürgerliche Behaglichkeit – Clark-Archiv, Edingburgh, Brief von Max Herberger vom 22. Januar 1970, der Einstein in Berlin besucht hatte
ein Bohémien in einem Bürgerhaus – Frank, 1948: 154
weil sie Krebs hatte – Albert Einstein an Carl Seelig, 20. April 1952, Clark-Archiv, Edinburg, 304.15
am Ende des folgenden Jahres – Speziali 1972: 147 (Albert Einstein an Michele Besso, 12. Dezember 1919). Er glaubte, sie würde nur noch sechs Monate leben.
den Wunsch, bei ihrem Sohn zu sein – Pais 1983: 302
eine traurige Affäre – Speziali 1972: 147 (Albert Einstein an Michele Besso, 12. Dezember 1919
Jetzt zehrte ihre letzte Krankheit an seinen Kräften – Born 1971: 21 (Albert Einstein an Max Born, 24. Januar 1920)
schrecklichen Qualen – Albert Einstein an Heinrich Zangger, März 1920
Denn Einstein weinte, wie andere Menschen auch – Clark 1979: 191
die Mutter in Todesqual – Born 1971: 29 (Albert Einstein an Max Born, 18. April 1920)

betrübt, aber nicht verzweifelt – Michelmore 1962: 89
Ich empfinde darüber keinen Schmerz – Klein et al. 1993: Doc 510 (Februar 1914)
diese Liebe ließ Beobachter nicht an die Liebe eines Vaters denken – Grüning 1990: 160
Unglück bekommt der Menschheit unvergleichlich viel besser als Erfolg – Albert Einstein an Heinrich Zangger, Ende 1919
antirelativistische GmbH – Wickert 1972: 82f.
mit der für ihn typischen Sturheit – Infeld 1950: 119-121. »Ich erinnere mich auch, daß in der Pause zwischen zwei Vorlesungen alle zu der Loge schauten, in der Einstein saß. Ich weiß nicht, warum er kam, aber er schien sich sehr zu amüsieren, begrüßte Leute, lachte laut und brachte es so fertig, seinen Gegnern einfach durch seine Anwesenheit die Schau zu stehlen.«
ein Deutschnationaler, ob mit oder ohne Hakenkreuz – Pais 1983: 316
diese verfluchten Schweine – Klein 1970: 321 (Paul Ehrenfest an Albert Einstein, 2. September 1920)
durch Menschen noch enttäuscht – Born 1971: 34 (Hedwig Born an Albert Einstein, 8. September 1920)
am Altar der Dummheit – Born 1971: 35 (Albert Einstein an Max und Hedwig Born, 9. September 1920)
Er und Elsa hatten getrennte Schlafzimmer – Herneck 1978: 29
eine Rückzugsmöglichkeit unter dem Dach – Herneck 1978: 16
puritanische Einfachheit – Reiser 1931: 189
Einstein blieb eisern – Plesch 1947: 201
Sprich von dir oder mir – Janos Plesch an Peter Plesch, 18. April 1955
Stets ein Abgrund, der noch zugedeckt – Hoffmann und Dukas 1979: 157
so gut, wie man es von einem erwarten kann – Reiser 1931: Vorwort
Einstein will das und das – Grüning 1990: 40
Wie sein Geist keine Grenzen kennt – Plesch 1947: 206; siehe auch in: Jewish Sentinel, 1. September 1944: 50. Elsa »bewachte ihn, wie man ein Kind bewachen würde.«
Nach Marianoff begann eine Mahlzeit gewöhnlich damit – Marianoff und Wayne 1944: 15
einem in einer Traumwelt verlorenen Kind – Pais 1983: 301
immer bereit, sie sehr kritisch zu betrachten – Frank 1948: 155
Elsas Intelligenz hätte ihr gestattet – Vallentin 1954: 45
normale Selbstgefälligkeit – Vallentin 1954: 59
Sie hielt sich so weit wie möglich im Hintergrund – Plesch 1947: 220
Er hatte gern Publikum – Clark-Archiv, Edinburg, 0331

Kennte ich Sie nicht – Born 1971: 64 (Max Born an Albert Einstein, 7. Oktober 1920)

Du verstehst das nicht – Born 1971: 63 (Max Born an Albert Einstein, 13. Oktober 1920)

Mir ist die ganze Sache gleichgültig – Born 1971: 67 (Max Born an Albert Einstein, nicht datiert)

das Buch gegen ein anderes umzutauschen – Albert Einstein an Hans Albert Einstein, 18. Juni 1919. Dieses Datum wird für falsch gehalten, weil das Buch 1921 von Fontane in Berlin veröffentlicht wurde.

ohne die Gebärde eines Vorkämpfers – Moszkowski 1921b: 79 ff

fast immer an Frauen rächt – Albert Einstein an Melania Serbu, 9. Januar 1929

nur Frauen mit männlicher Veranlagung – Albert Einstein an Eduard Einstein, 27. März 1928

wie wenige theoretische Physiker weltweit – Interview mit Peter Bergmann vom 16. März 1993

›definitive Lösung‹ – Pais 1986: 353

Katzenparadoxon – Man stelle sich eine Katze vor, die in einem Kasten sitzt, der etwas radioaktiven Stoff und eine Flasche mit Zyankali enthält. Wenn ein Atom der radioaktiven Substanz zerfällt, führt ein eingebauter Mechanismus dazu, daß ein Hammer die Flasche zertrümmert und das Giftgas freisetzt, das die Katze tötet. Der gesunde Menschenverstand sagt uns, daß die Katze entweder lebendig ist oder tot. Der radioaktive Zerfall ist jedoch ein quantenmechanisches Ereignis; sein Eintreten läßt sich deshalb nur im Sinn der Wahrscheinlichkeitstheorie vorhersagen. Der Kasten und sein Inhalt lassen sich also mit Hilfe der Quantenmechanik durch Wellenfunktionen beschreiben, die die beiden möglichen und einander ausschließenden Ergebnisse des Zustands der Katze kombinieren. Solange der Kasten nicht geöffnet wird, um die Katze zu beobachten – die Wellenfunktion also nicht kollabiert –, muß sie mathematisch durch die Überlagerung der beiden Zustände beschrieben werden.

im Stich gelassen worden zu sein – Pais 1983: 443

mit allen Chicanen der Neuzeit – Maja Einstein-Winteler an Theresia Mutzenbecher, 8. August 1930

einige Möbel kamen aus der Haberlandstraße – Erika Britzke, 19. Oktober 1992

unbeschreibliche Freude – Albert Einstein an Mileva Marić, 4. Juli 1929, und Michelmore 1962: 144, Plesch 1947: 224 und Peter

Plesch: Einstein, Joffe and the Plesch Family. Vortrag vor dem A. F. Joffe Physical-Technical Institute Leningrad, 21. April 1989

das schönste von allem – Maja Einstein-Winteler an Theresia Mutzenbecher, 30. September 1930

unvergleichlich majestätisch – Albert Einstein an Eduard Einstein, nicht datiert

Jedesmal, wenn sein Sohn etwas machte – Chain Tschernowitz, A Day With Albert Einstein. In: Jewish Sentinel, September 1931

Seine 1990 veröffentlichten Erinnerungen – Grüning 1990

Er war aufgebracht – Marianoff und Wayne 1944: 129

an die vierte Dimension – Clark-Archiv Edinburg, 0224, und Seelig 1954: 134

eine überaus starke Anziehung – Pais 1983: 320. Er schrieb, der entsprechende Briefwechsel sei nicht im Einstein-Archiv.

viel stärker noch als in seiner Beziehung zu Mileva – Abraham Pais in einem Brief an Roger Highfield vom 3. November 1992

zu ernsten Verstimmungen – Interview mit Guiseppe Castagnetti vom 20. Oktober 1992

fast täglich besucht – Pais 1983: 489

aus Mitleid – Vera Weizmann, The Impossible Takes Longer. London 1967: 102f.

zum derben Naturkind – Janos Plesch an Peter Plesch, 18. April 1955

Einstein liebte Frauen – Interview mit Peter Plesch vom 13. August 1992

der Anblick einer schönen jungen Frau – Konrad Kellen, Clark-Archiv, Edinburg, 0384

Für schöne Frauen hatte er eine Schwäche – Interview mit Herta Waldow vom 15. September 1992, auch Herneck 1978: 48

Wie lange sind Sie schon verheiratet? – Herneck 1978: 133

eine wohlhabende und elegante jüdische Witwe – Herneck 1978: 146

ihre enge Freundschaft – Herneck 1978: 44

Frau Mendel in Ontario – Clark-Archiv, Edinburg, 0346

häufige Besuche von Estella Katzenellenbogen – Herneck 1978: 71. Sie werden auch in Einsteins Reisetagebüchern erwähnt.

eine blonde Österreicherin – Herneck 1978: 123 und Interview mit Herta Waldow vom 15. September 1992.

Englein singen – Albert Einstein, Für Frau Grete Lebach. Einstein-Archiv Boston, 31-064

Wenn sie kam, fuhr Frau Professor immer nach Berlin – Herneck 1978: 123

eine gute Bekannte Einsteins – Grüning 1990: 215

heimliches Laster zur Schau gestellter Tugend – Seelig 1956a: 114
Wir tun Dinge, aber wir wissen nicht, warum – Marianoff und Wayne 1944: 186
bis ihr die Zunge raushängt – Plesch 1947: 207
einem phantasielosen Schwein – Janos Plesch an Peter Plesch, 18. April 1955
Sklaverei in einem kulturellen Gewande – Grüning 1990: 159
Die Ehe ist der erfolglose Versuch – Sayen 1985: 80
Es ist gefährlich – Sayen 1985: 70
Mein Ziel ist das Rauchen – Pais 1983: 302
Mehr geahnt als gewußt – Grüning 1990: 159
Wo die Natur großzügig gab – Clark-Archiv, Edinburg, 0317, Auszug aus einem von 1929 datierten Brief, der anscheinend an Hermann Struck gerichtet ist, einen Schriftsteller und Maler, bei dem Einstein in Palästina wohnte.
vier Monate das Bett hüten – Pais 1983: 317
Eine Stunde mit einem hübschen Mädchen – Sayen 1985: 130
Ohne sie wüßte keiner – Grüning 1990: 51
jede Biographie Mist zu nennen – Dukas erzählte Ronald Clark am 30. November 1970, daß Michelmores Buch »Mist« sei. Siehe auch Helene Dukas an Carl Seelig, 12. Juli 1952 und 30. Juli 1952: »Soviel zu Herrn Reichinsteins Wahrheitsliebe. Man macht dieselbe Erfahrung mit dem Buch von Marianoff.« In einer Bemerkung zu Infelds Biographie sagt sie in einem Brief an Seelig vom 27. August 1953: »Solche persönlichen Bekenntnisse sind nicht angenehm.« Am 27. September 1953 tat sie Vallentin als ein »Klageweib« ab.
von den leeren Bäuchen Deutschlands – Daily Telegraph, 12. Dezember 1930
Du siehst's nie wieder – Pais 1983: 318
von Kommunisten versteckte Waffen – Frank 1948: 286
die Auswanderung vorzubereiten – Frank 1848: 324 und Pais 1983: 450
in Berlin die Oberhand – Cherwell Papers, D51-69, Albert Einstein an Frederick Lindemann, 7. Mai 1933
Sie war eine sehr gutaussehende Dame – Interview mit Micha Battsek vom 29. Oktober 1992
hohl und uninteressant – Speziali 1972: 204 (Albert Einstein an Michele Besso, 5. Juni 1925)
wo die Professoren sich für klug hielten – Albert Einstein an Eduard Einstein, aus Princeton, nicht datiert
von seiten des schönen Geschlechts – Einstein 1954: 7

Trotzdem klang es genügend nach Einstein – Clark 1979: 274
Beim Essen kam Einstein immer wieder darauf zurück – Churchill Eisenhart, Albert Einstein as I remember him. Journal of the Washington Academy of Sciences, Band 54 (1964): 325-328
der rücksichtsvollste, liebevollste Ehemann – Clark-Archiv, Edinburg, 0222, Elsa Einstein an Leon Watters, 10. September 1936
Ilse hatte Tuberkulose – Marianoff und Wayne 1944: 176
mutig wieder aufgenommen – Vallentin 1954: 172
gelassen blieb und unablässig arbeitete – Sayen 1985: 75 und *Infeld 1941: 282*
Angstschreie – Interview mit Peter Bergmann vom 16. März 1993
Wir diskutierten eine ernsthafte Schwierigkeit – Infeld 1941: 257
Ich habe mich hier vortrefflich eingelebt – Born 1971: 177 (Albert Einstein an Max Born, nicht datiert)
Aber solange ich arbeiten kann – Albert Einstein an Hans Albert Einstein, 4. Januar 1937

10 DIE LAST DES SUCHENDEN
Seite 269 – 297

in seine Arbeit zu vertiefen – Albert Einstein an Carl Seelig, 5. Mai 1952
meistens getrennt von seiner neuen Frau – Trbuhović-Gjurić 1983: 123
Die badischen Schulen sind vorzüglich – Albert Einstein an Mileva Marić, 15. Oktober 1919
ein ausgezeichneter Mann – Speziali 1972: 147 (12. Dezember 1919)
technische Hochschule – Albert Einstein an Mileva Marić, 15. Dezember 1920
ungeheure Erleichterung – Speziali 1972: 147 (12. Dezember 1919)
seine Söhne ihn häufiger sehen könnten – Albert Einstein an Mileva Marić, 15. Dezember 1920
daß sie wieder gesund sei – Albert Einstein an Maurice Solovine, 24. April 1920
längere Zeit in Krankenhäusern – Trbuhović-Gjurić 1983: 149
zu einer Spezialklinik – Trbuhović-Gjurić 1983: 132
von dieser Reise – Trbuhović-Gjurić 1983: 155 (Mileva Marić an Milana Bota, 15. November 1916)
einfach lächerlich – Albert Einstein an Mileva Marić, 23. August 1920
Aber solche Dinge sind Absurditäten – Albert Einstein an Mileva Marić, 15. Oktober 1919
Pläne für Herbstferien – Speziali 1972: 151 (26. Juli 1920)

besonders dankbar – Albert Einstein an Mileva Marić, 8. August 1920
Sie besuchten Florenz – Speziali 1972: 170f. (20. Oktober 1920)
Man hielt Eduard für zu jung – Albert Einstein an Hans Albert und Eduard Einstein, 1921
Der Junge führte das Geschenk stolz Besuchern vor – Trbuhović Gjurić 1983: 132
wie wir uns treffen sollen – Speziali 1972: 171 (26. Oktober 1920)
guter Stimmung – Trbuhović-Gjurić 1983: 132
Er hatte seinen Söhnen versichert – Albert Einstein an Hans Albert und Eduard Einstein, 1921
Ich wohne bei meiner ersten Frau – Clark 1979, 380
dieser Einwand Einstein jedoch völlig kalt – Grüning 1990: 157
daß er zwei Söhne hatte – Grüning 1990: 39
er habe keinen Einfluß auf die Zeitungen – Albert Einstein an Mileva Marić, 15. August 1922
Das Geld wurde im folgenden Jahr an Mileva überwiesen – Pais 1986: 503
Lorentz zum Beispiel schrieb ihm vertraulich – Clark 1979: 287
Mit dem Geld wurden in Zürich drei Häuser gekauft – Albert Einstein an Karl Zürcher, 8. Januar 1948
Ich machte gerade im Badezimmer Versuche – Interview mit Georg Busch, Frühling 1992
sich wieder Mileva Einstein nennen zu dürfen – Pais 1986: 301
Daran mag ich gar nicht denken – Albert Einstein an Mileva Marić, 27. Mai 1925
etwas fremdländischer Typ – Herneck 1978: 49
Doch als Einstein in den Salon kam – Grüning 1990: 157
wenn mein Räderwerk abgelaufen ist – Albert Einstein an Mileva Marić, 19. April 1925
der Apfel fällt niemals weit vom Baum – Albert Einstein an Mileva Marić, 13. Juni 1925
War sie einmal da, spürte man sie sehr stark – Michelmore 1962: 124
hatte er einen Schrecken vor Scheidungen – Interview mit Evelyn Einstein, 15. April 1992
Die ganze Erfahrung war für ihn sehr bedrückend – Interview mit Evelyn Einstein, 17. Februar 1992
Ich erinnere mich an ein Gespräch – Interview mit Evelyn Einstein, 15. April 1992
Laß Dir von Mama einmal von der alten Zeiten erzählen – Albert Einstein an Hans Albert Einstein, 1917
einer unangenehmen und heiklen Szene – Albert Einstein an Mileva Marić, 15. August 1922

Einstein appelliert an Eduards Mitgefühl – 15. Juli 1923
Wenn sie auch manchmal auf die Nerven gehen mag – Albert Einstein an Hans Albert Einstein, 5. Februar 1927
Ich freue mich – Albert Einstein an Mileva Marić, 1918
Albert habe schon Freude am Nachdenken – Albert Einstein an Heinrich Zangger, Anfang 1918
Hans Albert behandelte seinen Vater feindselig – Michelmore 1962: 72
Flüsse lassen sich nicht gern verlegen – Jerry Tallmer, Sons of the Famous. In: New York Post Daily Magazine, 13. Mai 1963
Mein Albert ist ein tüchtiger, fester Kerl geworden – Speziali 1972: 197 (5. Januar 1924)
Die Wissenschaft ist ein schwerer Beruf – Albert Einstein an Hans Albert Einstein, 7. März 1924
alle schönen Muscheln aufgelesen – E. Einstein 1991: 43
seinen Willen aufzuzwingen – Bela Kornitzer, American Fathers and Sons. Hermitage House 1952; auch in: Gazette & Daily, York, Pa., 20. September 1948
Albert hatte es mit seinen Eltern bei seiner eigenen Ehe so höllisch schwierig gehabt – Interview mit Evelyn Einstein, 17. Februar 1992
überaktiven Schilddrüse – Interview mit Aude Einstein, 20. März 1993
auf das Buch Exodus – Albert Einstein an Mileva Marić, 9. November 1925
Es wäre ein Verbrechen – Albert Einstein an Mileva Marić, 23. Dezember 1925
zu einer schönen vierzigjährigen Frau – Albert Einstein an Mileva Marić, 17. Oktober 1925
Noch heikler war sein Versuch – Albert Einstein an Mileva Marić, 9. November 1925. Anschütz-Kaempfe versuchte Hans Albert davon zu überzeugen, daß er Frieda nicht heiraten solle. Er schrieb auch einen Brief an Einstein, in dem er sie nicht sehr schmeichelhaft schilderte. (Interview mit Robert Schulmann, 19. Oktober)
ein Unheil zu verhindern – Albert Einstein an Mileva Marić, 28. Januar 1926
kein Kind zeugen – Albert Einstein an Hans Albert Einstein, 5. Februar 1927
die unvermeidliche Scheidung – Michelmore 1962: 113
Ich verstehe es nicht – Michelmore 1962: 130
das Schicksal nimmt jetzt seinen Lauf – Albert Einstein an Mileva Marić, 15. Oktober 1919

Hans Alberts Ehe war sehr glücklich – Albert Einstein an Mileva Marić, 15. Oktober 1919

weit besser als ihr Ruf – Maja Einstein-Winteler an Theresia Mutzenbecher, 13. August 1934

Er war sicherlich das Genie – Interview mit Evelyn Einstein vom 17. Februar 1992

in klarer und verständiger Weise – Rübel 1986: 21

Beim Klavierspiel schien er ein ganz anderer Mensch zu sein – Rübel 1986: 95

Was Du über Schopenhauer schreibst – Albert Einstein an Eduard Einstein, 28. Januar 1927

er freue sich immer wie ein Kind mit der Flasche – Albert Einstein an Eduard Einstein, 17. Dezember 1926

Dicke Bretter zu durchbohren – Albert Einstein an Eduard Einstein, 7. August 1927

etwas überschwengliche Briefe – Eduard Einstein an Maja Schucan, nicht datiert

rein reproduktiv – E. Einstein 1991: 23, auch in Trbuhović-Gjurić 1983: 147 und Michelmore 1962: 122, 131

nur die Gedanken anderer nachgeplappert – Albert Einstein an Eduard Einstein, Sommer 1929

Eduards literarische Jugendwerke – Rübel 1986: 81, 108f.

zweibeinig gewordenes Vieh – Albert Einstein an Eduard Einstein, 17. April 1926

Erinnerungen von Maja Schucan und Waltrud Kappeler – Die folgenden Zitate basieren auf Gesprächen, die Ende August 1992 mit Maja Schucan und Waltrud Kappeler geführt wurden.

das Wesen der Schizophrenie – Rübel 1986: 99

für zweifelhaft – sogar betrügerisch – Albert Einstein an Eduard Einstein, nicht datiert, aber vermutlich Ende 1930 oder Anfang 1931

Ich habe immer gewußt, daß Sie mich nur ›aus Höflichkeit‹ bewundern – Sigmund Freud an Albert Einstein, 3. Juni 1936

ein Bild seines Helden – Eduard Einstein an Maja Schucan, nicht datiert

eine reifere Medizinstudentin – Eduard Rübel, Brief an Roger Highfield vom 5. April 1992

sie sei zu gerissen für ihn – Albert Einstein an Eduard Einstein, nicht datiert

Die Beschäftigung mit dem anderen Geschlecht – Albert Einstein an Eduard Einstein, nicht datiert. Die »unglückliche Liebensgeschichte« wird auch von Maja Einstein-Winteler in einem Brief an Theresia Mutzenbecher vom 26. Mai 1932 erwähnt.

Wie gut wäre doch ein Beruf für Dich – Albert Einstein an Eduard Einstein, 30. Juli 1928

In einer Hinsicht solltest du dich über die Symptome Deiner Krankheit freuen – Albert Einstein an Eduard Einstein, 5. Februar 1930

bittere Anklagen, heftige Verwünschungen – Vallentin 1954: 141

Schatten über sein Leben geworfen haben – Michelmore 1962: 146

vom Fenster seines im zweiten Stock gelegenen Schlafzimmers – Trbuhović-Gjurić 1083: 169

Sie wäre Marianoff nicht aufgefallen – Marianoff und Wayne 1944: 12

Er verglich sich mit einem Nomaden – Albert Einstein an Hans Albert Einstein, 5. Dezember 1930

Er war ganz vertieft in sein Spiel – Vallentin 1954: 141

sehr intensiver und dennoch zwiespältigen – Michelmore 1962: 147

mit größter Sachlichkeit und Nüchternheit – Maja Einstein-Winteler an Theresia Mutzenbecher, 26. April 1932

eine Institution mit bedrückend engem Horizont – C. G. Jung, Erinnerungen, Träume, Gedanken. Zürich 1962

die Insulinbehandlung sei endgültig fehlgeschlagen – Speziali 1972: 352 (11. November 1940)

die Schocktherapie habe einen Bruder ruiniert – E. Einstein 1991: 25

um ihr für ein Gedicht zu danken – Eduard Einstein an Maja Schucan, 28 Dezember 1932

Manchmal tut mir der Kopf stundenlang so weh – Eduard Einstein an Maja Schucan, undatiert

klösterliche Behandlung – Albert Einstein an Eduard Einstein, 8. Oktober 1932

niemand außer mir – Albert Einstein an Eduard Einstein, 27. Juli 1932

An Albert nagt es – Vallentin 1954: 141

Psychoanalyse lehren – Albert Einstein an Eduard Einstein, 8. Oktober 1932

lieben guten alten Freund – Speziali 1972: 285 (18. September 1932)

erfreulichen Briefwechsel – Speziali 1972: 352 (17. Oktober 1932)

im folgenden Jahr in Princeton – Speziali 1972: 290 (21. Oktober 1932)

eine Fotografie dieser letzten Begegnung – Sayen 1985: 133

für Eduard die beste Medizin – Albert Einstein an Mileva Marić, 25. Juni 1933

auch Freud selbst – E. Einstein 1991: 24 und Michelmore 1962: 147

grausamer Schwindel – Albert Einstein an Hans Albert Einstein, 11. Januar 1935
eine bleischwere Melancholie – Maja Einstein-Winteler an Theresia Mutzenbecher, 20. April 1934
höchst originelle Vorträge – Speziali 1972: 315 (5. September 1932)
Lehrerlaubnis nicht erneuert – Speziali 1972: 324 (5. September 1938)
Das tiefste Leid – E. Einstein 1991: 34
Zorka zündete das Papiergeld mit Streichhölzern an – Trbuhović-Gjurić 1983: 133
Ihre Leiche wurde erst einige Tage nach dem Tod gefunden – Trbuhović-Gjurić 1983: 171
erfolgreich Karriere – Trbuhović-Gjurić 1983: 141

11 ALLES NUR ILLUSION
Seite 299 – 333

die wirren Stimmen – Hoffmann und Dukas 1979: 52 (Albert Einstein an Elisabeth von Belgien, 20 März 1936)
das große Steingesicht – Sayen 1985: 75
Ich gebe keinen Pfifferling mehr für Europas Zukunft – Speziali 1972: 330 (10. Oktober 1938)
Aufgrund ihrer erbärmlichen Tradition – Dayen 1985: 146 (Albert Einstein an Otto Juliusburger)
Kriegsarbeit – Albert Einstein an Hans Albert Einstein, 19. Oktober 1942. Siehe auch 10. Juli 1943, wo er erwähnt, ein »Beratungszentrum« für die Marine zu sein. Information über die Arbeit von Hans Albert stammt aus einem Interview mit Evelyn Einstein vom 22. April 1993.
war er menschlich genug – Clark 1979: 538
Ihr Vater war verantwortlich – E. Einstein 1991: 71
das Telefon in ihrem Zimmer läutete Tag und Nacht – Maja Einstein-Winteler an Theresia Mutzenbecher, nicht datiert
Professor Einstein, sie sind Reporter – Sayen 1985: 286
No statement will be given – Helene Dukas an Carl Seelig, 2. März 1954, ETH
Manchmal entschied sie – Interview mit Evelyn Einstein vom 17. Februar 1992
Mir fiel auf, daß sie es geschafft hatte – Interview mit Mark Darby vom 30. April 1992
mindestens eine junge Besucherin – Interview mit Micha Bettsek vom 29. Oktober 1992

privat mehrmals darauf angespielt – Bucky 1991: 238
In seinem Testament – Nachruf auf Helene Dukas. In: New York Times, 14. Februar 1982
Ein aufmerksamer Beobachter – Clark 1979: 577
wie Odysseus – Sayen 1985: 132
jetzt näher denn je – Maja Einstein-Winteler an Theresia Mutzenbecher, 8. August 1940
wegen seiner unendlichen Freundlichkeit – Maja Einstein-Winteler an Theresia Mutzenbecher, Juli 1940
nur ihr Mann sei sicher – Maja Einstein-Winteler an Theresia Mutzenbecher, 8. August 1947
weil man den Herrn meint – Maja Einstein-Winteler an Theresia Mutzenbecher, 15 Dezember 1939
das Neueste von ihm zu erfahren – Maja Einstein-Winteler an Theresia Mutzenbecher, 15. Juli 1946 und 18. Februar 1948
eine sehr gute Zuhörerin – Whitrow 1967: 77
Ich freue mich jeden Tag auf diese Stunden – Maja Einstein-Winteler an Theresia Mutzenbecher, 15. Juli 1946
Er lehnte das Angebot höflich ab – Sayen 1985: 78
All das ist nur eine Täuschung – Sayen 1985:
undefinierbare Ausstrahlung – Vladimir Prolog, Brief an Roger Highfield, 7. Juli 1992
schlechtgelaunt und angsterregend – Interview mit Evelyn Einstein vom 15. April 1992
das fremde Kind – Interview mit Evelyn Einstein vom 17. Februar 1992
ungeheuchelte Freude – Interview mit Maria Grendelmeier vom August 1992
Ähnliche Berichte von Gewaltanwendung – Interview mit Evelyn Einstein vom 15. März 1992
Es ist jammerschade um den Jungen – Speziali 1972: 352 (11. November 1940)
mehr Freude und Zufriedenheit – Albert Einstein an Eduard Einstein, Datum ungewiß
Eine Schilderung ihrer letzten Monate – Trbuhović-Gjurić 1983: 180
Wenn das Haus verkauft ist – Albert Einstein an Karl Zürcher, 29. Juli 1947
von jeher vernachlässigt – Albert Einstein an Karl Zürcher
in Form von Bargeld versteckt – Albert Einstein an Hans Albert Einstein, 7. Juni 1948
wieder einen Schlaganfall – Dord Krstić, Brief an Roger Highfield, 11. April 1192, und Trbuhović-Gjurić 1983: 199

Sie starb allein – Interview mit Maria Grendelmeier, August 1992

niemals wieder von seiner Mutter gesprochen – Trbuhović-Gjurić 1983: 203. Dies wurde in all unseren Gesprächen mit jenen,die Einstein gegen Ende seines Lebens gekannt hatten, bestätigt.

einen Hort von 85 000 Schweizer Franken – Helene Dukas an Carl Seelig, 24. Dezember 1956, ETH

mit einer armen Irren – Helene Dukas an Carl Seelig, 23. November 1956, ETH

Geschwür im Unterleib – Pais 1983: 475

ein Damoklesschwert – Helene Dukas an Carl Seelig, 23. November 1956, ETH

ihr Leiden sei in ihren letzten Lebensjahren – Albert Einstein an Hans Albert Einstein, 8. März 1946

fast ausschließlich für das Klavierspiel – Hans Freimüller, Brief an Paul Carter, 19. November 1992

welch traurige Figur – Interview mit Nora Herzog, Juli 1992

ihn und seine Nase – Albert Einstein an Carl Seelig, 4. Januar 1954, ETH

himmlisches Manna – Helene Dukas an Carl Seelig, 24. August 1954, ETH

starke emotionale Hemmungen – Albert Einstein an Carl Seelig, 11. März 1952, ETH

in einem nahen Restaurant – Albert Einstein an Carl Seelig, 11. März 1952, ETH

keinerlei persönlichen Beziehungen – Albert Einstein an Carl Seelig, 26. März 1952, ETH

lehnte das Angebot jedoch höflich ab – Albert Einstein an Carl Seelig, 12. Mai 1952, ETH

als Symbol seiner Situation – Albert Einstein an Carl Seelig, 20. August 1952, ETH

alle schlechten Nachrichten – Helene Dukas an Carl Seelig, 12. Oktober 1955

Sie haben sich wohl schon gewundert – Albert Einstein an Carl Seelig, 4. Januar 1954

sein berühmter Name – Bela Kornitzer, American Fathers and Sons. Hermitage House, 1952; auch in: Gazette & Daily, York, Pa., 20. September 1948. Damals war Hans Albert 47 Jahre alt.

Diese ernsthafte Hingabe – Albert Einstein an Hans Albert Einstein, 1. Mai 1954

aber der allererste Satz – Whitrow 1967: 21

mehr für ein historisches Relikt – Leopold Infeld, As I See It. In: Bulletin of the Atomic Scientists, Februar 1965: 9

Es war bedrückend zu sehen – Leopold Infeld, Uspekhi Fizicheskikh, Band 59, Nr. 1 (1957): 174; Clark-Archiv, Edinburg, 291

Dies ist so einfach – Hoffmann und Dukas 1986: 228

die Probleme seiner Jugend – Interview mit Frank Wilczek vom 30. April 1992

Schlüssel zum Universum – Pais 1983: 350

Es ist ein Blödsinn – Albert Einstein an Hans Albert Einstein, 1. Januar 1950

vor Heldenverehrern und Spinnern – H. Fleming, in: Sunday Times Advertiser, Trenton, NJ, 2. Mai 1955; Clark-Archiv, Edinburg

diese Begabung zum harmonischen Leben – Speziali 1972: 537 (21. März 1955)

Aber Frau Bice – Niccolo Tucci, The Great Foreigner. in: New Yorker, 22. November 1947

Ein Schmetterling ist kein Maulwurf – Speziali 1972: 390 (6. Januar 1948)

Er hatte starke Schmerzen – Helene Dukas an Carl Seelig, 8. Mai 1955, ETH

Ich kann ohne die Hilfe von Ärzten sterben – Sayen 1985: 299

Es würde mir wenig Eindruck machen – Infeld 1941: 268

Eine aus Anlaß seines Todes veröffentlichte Karikatur – Sie ist von Herbloc; siehe Hoffmann und Dukas 1986: 263

es sei ein naher Fluß gewesen – Michelmore 1962: 262. Hans Albert Einstein erzählte seiner Tochter jedoch, die Asche sei in das nahe Meer gestreut worden. (Interview mit Evelyn Einstein vom 22. April 1993)

durch Hergabe seiner Überreste – Albert Einstein an Carl Seelig, 12. August 1954, ETH

Ich wußte nur, daß wir die Erlaubnis hatten – Interview mit Thomas Harvey vom 18. März 1993

Die Familie litt – Interview mit Charles Boyd vom 19. April 1993

wesentlich von der Norm unterschied – Interview mit Marian Diamond vom 18. März 1993

die Erblichkeit von Aneurysmen – Interview mit Charles Boyd vom 19. März 1993 und Fax vom 22. April 1993

je weniger über seine Krankheit – Otto Nathan an Carl Seelig, 26. Mai 1955

der zu den letzten gehörte – Interview mit Peter Plesch vom 13. August 1992
einen Brief an seinen Sohn Peter – Janos Plesch an Peter Plesch, 18. April 1955
zu keinen bestimmten Schlüssen – Otto Nathan an Carl Seelig, 26. Mai 1955, ETH
gerechtfertigt war – Interview mit Thomas Harvey vom 18. März 1993
Gut, dass ich nicht katholisch geboren bin – Helene Dukas an Carl Seelig, 27. August 1953, ETH
als Teil der zweiten Familie – Interview mit Robert Schulmann vom 20. Februar 1992
ihr Vater zu ihr gesprochen – Helene Dukas an Carl Seelig, 8. Mai 1955, ETH
ziemlich dick – Helene Dukas an Carl Seelig, 9. Juni 1955, ETH
der einzige Vollstrecker des Testaments – Albert Einstein an Karl Zürcher, 29. Juli 1947
so etwas von offener Habgier – Helene Dukas an Carl Seelig, 9. Juni 1955, ETH
die Krankenhausrechnungen für Eduard – Interview mit Aude Einstein vom 20. März 1993
Meine Mutter entschloß sich – Interview mit Evelyn Einstein vom 17. Februar 1992
sehr diplomatisch – Helene Dukas an Carl Seelig, 8. Februar 1957, ETH
vor allem an Mileva – Helene Dukas an Carl Seelig, 11. Februar 1958, ETH
außerordentlich provokativ – Helene Dukas an Carl Seelig, 4. Juni 1958, ETH
furchtbar grob – Helene Dukas an Carl Seelig, 4. Juni 1958, ETH
immer mehr an die Mutter – Carl Seelig an Helene Dukas, 29 September 1955, ETH
Was fast noch schlimmer ist – Helene Dukas an Carl Seelig, 29. Juni 1958, ETH
Er ist der Sohn seiner Mutter – Helene Dukas an Carl Seelig, 3. Dezember 1958, ETH
zu ihren Gunsten – E. Einstein 1991: 37
ihre eigene Darstellung der Ehe – E. Einstein 1991: 59-78
Er mochte nicht einmal richtig Süsses essen – Carl Seelig an Otto Nathan, 3. August 1960, ETH

Ich fühlte mich ziemlich verlassen – Interview mit Evelyn Einstein vom 15. April 1992
Das ist jetzt meine Arbeit – Hans Freimüller in einem Brief an Paul Carter vom 19. November 1992: 3
In Zürich vergessen – M.W. in: Neue Zürcher Zeitung, 28. Oktober 1965
Eduard erlitt 1964 einen Schlaganfall – E. Einstein 1991: 25
die beste Art, der Natur nahe zu kommen – Jerry Tallmer, Sons of the Famous. In: New York Post Daily Magazine, 23. Mai 1963
zur Insel von Martha's Vineyard – Interview mit Evelyn Einstein vom 17. Februar 1992
Ich fand keine andere Ausflucht vor dem Schmerz – E. Einstein 1991: 79

12 HÜTER DER FLAMME
Seite 335 – 347

Laßt das Haus kein Museum werden – Clark 1979: 588
weitgehend so gelassen – Bernstein 1973: 11f.
vorgeschlagene Übersetzungen – Jeremy Bernstein, A Critic At Large: Besso. In: New Yorker, 17. Februar 1989: 92
Nathan behauptete 1982 – Sayen 1985: 312
Er war mir sehr böse – Jagdish Mehra, mehrere Telefongespräche im Sommer 1992
Darstellung der Seite Hans Alberts – Ronald Clark, 25. August 1971, Clark-Archiv, Edinburg
Es geht das Gerücht – Interview mit Mark Darby vom 30. April 1992
Aus ähnlichen Gründen bewunderte Stachel auch Nathan – Nachruf auf Otto Nathan. In: New York Times, 30. Januar 1992
der Liste der Feinde – Interview mit John Stachel vom 29. Februar 1992
Ohne ein Urteil über die Veröffentlichung – James Sayen in einem Brief an Roger Highfield vom November 1992
jeder sich freute – Jagdish Mehra, Telefongespräch im Sommer 1992
wunderschön – Interview mit Hilde Jost vom 29. August 1992
Bei diesem Essen – Robert Schulmann in einem Brief an Roger Highfield vom 12. Juni 1992
Der Leser wird sofort in ihren Bann gezogen – Frieda Knecht, unveröffentlichtes Manuskript
Denken Sie, ich habe einige Liebesbriefe! – Interview mit Evelyn Einstein vom 17. Februar 1992

Bank of America – Michael Ferguson in einem Brief an Roger Highfield vom 6. Juli 1992

Wir waren ungeheuer erleichtert – Michael Ferguson in einem Brief an Roger Highfield vom 6. August 1992

Wenn es einen Hinweis auf ein Konzert gab – Interview mit John Stachel vom 21. Februar 1992

dem ganzen eine besondere Würze – Interview mit Jürgen Renn vom 4. Mai 1992

zwanzig Jahre verschlossen gehalten – Ze'ev Rosenkranz in einem Brief an Roger Highfield vom 30. März 1993

nicht in den gewöhnlichen Ordnern – Interview mit John Stachel vom 26. März 1993

nur als Fotokopien – Briefe, die vom Einstein Papers Project mit ALSX (Autographed Letter Signed in Photocopy) bezeichnet sind: 30 April 1912, 7. Mai 1913, 21. Mai 1912, vor dem 2. Dezember 1913, nach dem 2. Dezember 1913 und 21. Dezember 1913.

in einem Buch, an dessen Herausgabe Helene Dukas beteiligt war – Hoffmann und Dukas 1987

Seine Eltern hatten ihren Widerstand ausgedrückt – Hoffmann und Dukas 1987: 27f.

EPILOG
Seite 349 – 350

über einen Besuch in einem Bordell – Res Jost in einem Gespräch mit Otto Stern; aus der Aufnahme zensiert, aber von Hilde Jost bestätigt

Das hartnäckigste Thema – Es wurde unter anderem in Gesprächen mit Karlheinz Steinmüller, Robert Schulmann, Aude Einstein und Evelyn Einstein erwähnt.

BIBLIOGRAPHIE

Abir-Am, Pnina und Outram, Dorinda (Hg.), 1989: Uneasy Careers and Intimate Lives. Women in Science, 1798-1979. Rutgers University Press, New Brunswick, N. J.

Anderson, Bonnie und Zinsser Judith, 1990: A History of Their Own. Volume 2, Penguin, Harmondsworth

Bernstein, Aaron, 1853-1857: Aus dem Reiche der Naturwissenschaft. Für Jedermann aus dem Volke. 12 Bände, Besser, Berlin

Bernstein, Jeremy, 1973: Einstein. Fontana, London
- 1975: dt. von Julia Kindl, München

Born Max (Hg.), 1969: Albert Einstein - Max Born, Briefwechsel 1916 - 1955, München

Bucky, Peter A., 1991: Der private Albert Einstein. Econ Verlag, Düsseldorf

Caspar, Max, 1959: Kepler. Abelard-Schuman, London und New York

Clark, Ronald, 1971: Einstein, the Life and Times. World Publishing, New York
- 1979: Einstein, the Life and Times. Hodder und Stoughton, London
- 1974: dt. von Monika Raethel-Thaler: Albert Einstein, Leben und Werk, Brechtle, Esslingen

Dreyer, J., 1890: Tycho Brahe, a Picture of Scientific Life and Work in the Sixteenth Century. Adam and Charles Black, Edinburgh

Dukas, Helen und Hoffmann, Banesh, 1979: Albert Einstein, the Human Side: New Glimpses From His Archives. Princeton University Press, Princeton

Einstein, Albert, 1934: Mein Weltbild. Querido Verlag Amsterdam
- 1952: Aus meinen späten Jahren. DTV Stuttgart
- und Marić, Mileva, 1994: Sonntag küsse ich Dich mündlich. Piper Verlag, München

Einstein, Elizabeth, 1991: Hans Albert Einstein: Reminiscences of His

Life and Our Life Together. Iowa Institute of Hydraulic Research, Iowa City

Flückinger, Max, 1974: Albert Einstein in Bern. Bern

Fölsing, Albrecht, 1993: Albert Einstein. Suhrkamp Verlag, Frankfurt/M.

Frank, Philipp, 1948: Einstein: His Life and Times. Jonathan Cape, London

- dt. 1979: Einstein. Sein Leben und seine Zeit. Braunschweig

French, A. P. 1979: Einstein. A Centenary Volume. Heinemann, London

- dt. von Sylvia Oeser, 1985: Albert Einstein. Wirkung und Nachwirkung. Braunschweig

Friedman, Alan und Donley, Carol, 1990: Einstein as Myth and Muse. Cambridge University Press, Cambridge

Goldsmith, Maurice, Mackay, Alan und Wourduysen, James, 1980: Einstein. The First Hundred Years. Pergamon, Oxford

Goran, Morris, 1967: The Story of Fritz Haber. Norman, Oklahoma

Gribbin, John und White, Michael, 1993: Einstein. A Life in Science. Simon and Schuster, London

Grüning, Michael, 1990: Ein Haus für Albert Einstein. Verlag der Nation, Berlin

Herneck, Friedrich, 1978: Einstein privat. Herta erinnert sich an die Jahre 1927-1933. Buchverlag Der Morgen, Berlin

Hoffmann, Banesh und Dukas, Helen, 1986: Albert Einstein, Creator and Rebel. Paladin, London

- dt. von Jeanette Zehnder, 1976: Schöpfer und Rebell. Belser Verlag, Zürich.

Holton, Gerald, 1988: Thematic Origins of Scientific Thought. Harvard University Press, Cambridge, Mass.

- dt. von Horst Huber, 1981: Thematische Analyse der Wissenschaft. Suhrkamp Verlag, Frankfurt/M.

Illy, Jozsef, 1979: Albert Einstein in Prague. in: Isis, Band 70, Nr. 251

Infeld, Leopold, 1941: Quest. The Evolution of a Scientist. Gollancz, London

- 1950: Albert Einstein. His Work and Its Influence on Our World. Scribners, New York

- dt. von Engelbert Broda, 1957: Albert Einstein. Sein Werk und sein Einfluß auf unsere Welt. Akademie-Verlag, Berlin

Jordan, Pascual, 1969: Albert Einstein. Verlag Huber, Frauenfeld

Klein, Martin; Paul Ehrenfest, 1970: The Making of a Theoretical Physicist. Volume 1. North Holland, Amsterdam

Klein, Martin; Kox, A. J.; Schulmann, Robert; Renn, Jürgen; Brenni, Paolo; Hentschel, Klaus; Ruetsche, Laura; Lehar, Ann; Lübke, Rita; Pringle, Annette und Smith, Shawn, 1993: The Collected Papers of Albert Einstein. Volume 5. Princeton University Press, Princeton

Kusnecov, B. G., 1977: Einstein. Leben – Tod – Unendlichkeit. Verlag Birkhäuser, Basel

Levinger, E., 1962: Albert Einstein. Dennis Dobson, London

Marianoff, Dimitri und Wayne, Palma, 1944: Einstein. An Intimate Study of a Great Man. Doubleday Doran, New York

Michelmore, Peter, 1962: Einstein. Profile of the Man. Mead and Company, New York
- dt. von Dieter Knuth, 1968: Albert Einstein, Genie des Jahrhunderts. Fackelträger Verlag, Hannover

Mook, Delo und Vergish, Thomas, 1987: Inside Relativity. Princeton University Press, Princeton

Moszkowski, Alexander, 1921: Einstein. Einblicke in seine Gedankenwelt. Hoffmann und Campe, Hamburg

Nathan, Otto und Nordern, Heinz (Hg.), 1975: Über den Frieden. Bern

Pais Abraham, 1983: Subtle is the Lord ... The Science and Life of Albert Einstein. Oxford University Press, Oxford
- dt. von Roman U. Sexl, 1986: Raffiniert ist der Herrgott. Vieweg Verlag, Braunschweig

Plesch, John, 1947: The Story of a Doctor. Gollancz, New York

Plesch, Janos, 1958: Janos erzählt von Berlin. Paul List Verlag, München

Pyenson, Lowis, 1985: The Young Einstein. Adam Hilger, Bristol

Reichinstein, David, 1934: Albert Einstein, A Picture of His Life and His Conception of the World. Prag
- dt. 1935: Albert Einstein. Sein Lebensbild und seine Weltanschauung. Prag

Reiser, Anton (Ps. für Rudolf Kayser), 1931: Albert Einstein. A Biographical Portrait. Thornton Butterworth, London

Rübel, Eduard, 1986: Eduard Einstein. Paul Haupt, Bern

Schilpp, Paul, 1959: Albert Einstein, Philosopher-Scientist. Volume 1. Harper Torchbooks, New York
- dt. 1955: Albert Einstein als Philosoph und Naturforscher. Kohlhammer, Stuttgart

Seelig, Carl, 1954: Albert Einstein. Eine dokumentarische Biographie. Europa Verlag, Zürich
- 1956a: Albert Einstein. A Documentary Biography. Staples Press, London

- (Hg.), 1956b: Helle Zeit, dunkle Zeit. Europa Verlag, Zürich
Solovine, Maurice (Hg.), 1956: Albert Einstein. Lettres à Maurice Solovine. Gauthier Villars, Paris
Speziali, Pierre, 1972: Albert Einstein – Michele Besso, Correspondance 1903-1955. Hermann, Paris
Stachel, John; Cassidy, David; Schulmann, Robert; Renn, Jürgen; Griminger, Olga; Smith, Gary und Summerfield, Robert, 1987: The Collected Papers of Albert Einstein. Volume 1. Princeton University Press, Princeton
Stachel, John; Cassidy, David; Renn, Jürgen; Schulmann, Robert; Howard, Don; Kox, A. J. und Lehar, Ann, 1989: The Collected Papers of Albert Einstein. Volume 2. Princeton University Press, Princeton
Stachel, John (im Druck): Einstein und Marić: A Failed Collaboration. In: Helene Pycior et al. (Hg.): Creative Couples in Science. Rutgers University Press, New Brunswick, N.J.
Trbuhović-Gjurić, Desanka, 1983: Im Schatten Albert Einsteins. Das tragische Leben der Mileva Einstein-Marić. Paul Haupt, Bern
Troemel-Ploetz, Senta, 1990: Mileva Einstein-Marić. The Woman Who Did Einstein's Mathematics. In: Women's Studies International Forum. Band 13, Nr. 5
Vallentin, Antonina, 1954: Einstein. A Biography. London
- dt. 1955: Das Drama Albert Einsteins. Eine Biographie. Günther Verlag, Stuttgart
Whitrow, Gerald, 1973: Einstein, the Man and His Achievement. Dover, New York
Wickert Johannes, 1972: Albert Einstein. Rowohlt Verlag, Reinbek
Will, Clifford, 1986: Was Einstein Right? Basic Books, New York
Woolf, Harry, 1980: Some Strangeness in the Proportion. Addison-Wesley, Reading, Mass.

Personenregister

BILDNACHWEISE

1. AIP Emilio Segré Visual Archives
2. Eidgenössische Technische Hochschule Zürich
3. Schweizerische Landesbibliothek Bern
4. Evelyn Einstein
5. Evelyn Einstein
6. Schweizerische Landesbibliothek Bern
7. Eidgenössische Technische Hochschule Zürich
8. Hebräische Universität Jerusalem
9. AIP Emilio Segré Visual Archives
10. Roger Highfield
11. Pictorial Press Limited
12. Eidgenössische Technische Hochschule Zürich
13. Roger Highfield
14. Roger Highfield